Dirección estratégica
de Recursos Humanos

Gestión por competencias

Director de la colección
Ernesto Gore

Diseño de tapa
MOYANOVILLANUEVAZARATE

MARTHA ALICIA ALLES

Dirección estratégica de Recursos Humanos

Gestión por competencias

GRANICA

BUENOS AIRES - MÉXICO - SANTIAGO - MONTEVIDEO

1ª edición: setiembre de 2000
2ª edición: mayo de 2002
3ª edición: octubre de 2002
4ª edición: junio de 2003
5ª edición: abril de 2004

BUENOS AIRES Ediciones Granica S.A.
Lavalle 1634 - 3º G
C1048AAN Buenos Aires, Argentina
Tel.: +5411-4374-1456
Fax: +5411-4373-0669
E-mail: buenosaires@granicaeditor.com

MÉXICO Ediciones Granica México S.A. de C.V.
Cerrada 1º de Mayo 21
Col. Naucalpan Centro
53000 Naucalpan, México
Tel.: +5255-5360-1010
Fax: +5255-5360-1100
E-mail: mexico@granica.com

SANTIAGO Ediciones Granica de Chile S.A.
San Francisco 116
Santiago, Chile
E-mail: santiago@granica.com

MONTEVIDEO Ediciones Granica S.A.
Scoseria 2639 bis
11300 Montevideo, Uruguay
Tel.: +5982-710-7395
Fax: +5982-712-4857
E-mail: montevideo@granicaeditor.com

www.granica.com

Índice

Capítulo 1

Introduciéndonos al estudio de los recursos humanos. ¿Qué es administración de recursos humanos? Conceptos de línea y staff en la administración de recursos humanos. Ubicación del área de Recursos Humanos dentro de la organización. Los recursos humanos son estratégicos porque… La estrategia de Recursos Humanos. La función de Recursos Humanos cambió sus prioridades. Planeamiento de recursos humanos estratégicos. La estrategia deriva en planeamiento de recursos humanos. ¿Cómo hacer un inventario de recursos humanos? Indicadores de gestión de recursos humanos. Ejemplos de indicadores organizacionales. El mercado de trabajo y los recursos humanos. Concepto de empleabilidad.

Capítulo 2

Introducción a la gestión por competencias. ¿Cómo definir una competencia? Clasificación de competencias. Las competencias y la inteligencia emocional. Ejemplos prácticos. Evolución de las competencias según los niveles jerárquicos. Pasos necesarios de un sistema de gestión por competencias. Criterios efectivos para definir competencias. Definición de los niveles de competencia. Un esquema global por competencias. Cómo aplicar gestión por competencias en cada proceso de recursos humanos.
Anexo: El diccionario de competencias.

Capítulo 3

Necesidades del trabajador. La importancia de una buena selección para las organizaciones. Concepto de contrato psicológico. Una reflexión sobre el título del capítulo: "atracción". Inicio del proceso. Empleo externo *versus* promoción interna. Concepto de cliente interno. La remuneración como un elemento más del perfil. Remuneración *versus* posibilidades reales de obtener ese puesto en el mercado. El perfil y cómo definirlo. El antiperfil. Cómo relevar un perfil. Perfil del puesto por competencias. Breve síntesis sobre el perfil. Planificación de una búsqueda. Concepto de reclutamiento. Elección de métodos y canales de búsqueda. Ventajas y desventajas de cada fuente de reclutamiento. Las consultoras en recursos humanos. Pasos del proceso de selección. La redacción del anuncio. La búsqueda propiamente dicha. Currículum *versus* perfil. Recepción y calificación inicial. Cómo leer un currículum. Relevamiento del perfil por competencias.

con un buen programa de descripción de puestos. Información necesaria para el análisis de puestos. Métodos para reunir información. Pasos a seguir. Cómo redactar las descripciones de puestos. Otros pasos necesarios: el análisis de puestos. La utilización de entrevistas y cuestionarios. Adecuación persona-puesto. Relación de la descripción de puestos con otras funciones de Recursos Humanos. Si una empresa ha adoptado la gestión por competencias. Aplicar el concepto de competencia a la descripción del puesto. Evolución de las competencias en un mapa de puestos. Revisiones. La importancia de las descripciones de puestos en un proceso de búsqueda. El teletrabajo. Nuevas formas de trabajo y la descripción de puestos. Marco necesario para una exitosa experiencia de teletrabajo. Ventajas y desventajas del teletrabajo para la empresa y para el trabajador. Paliativos. Una buena implementación de teletrabajo combina tres elementos.

El papel de la educación en la sociedad. El papel de la capacitación en la empresa. ¿Qué entendemos por capacitación? Elementos básicos de capacitación y entrenamiento. Relación entre entrenamiento y capacitación y el concepto de empleabilidad (capítulo 1). La función Capacitación dentro del área de Recursos Humanos. El capital intelectual y la capacitación. Métodos de desarrollo de personas dentro del trabajo. Métodos de desarrollo de personas fuera del trabajo. Capacitación y entrenamiento en la gestión por competencias. ¿Cómo iniciar capacitación por competencias? Función de Recursos Humanos en la capacitación. ¿Cómo relacionar capacitación y entrenamiento con Desarrollo? Determinar objetivos y necesidades. Los centros de entrenamiento. Esquema de un entrenamiento. Análisis de perfil requerido *versus* habilidades y conocimiento del participante. Diseño o rediseño de un centro de entrenamiento. Evaluación de las necesidades de entrenamiento. Los distintos métodos de capacitación y entrenamiento. Cómo evaluar la capacitación. Ejemplo de un plan de formación. Costes y beneficios de la capacitación. El futuro de la formación: uso intensivo de la tecnología.

El capital intelectual. Desarrollo de recursos humanos. La carrera. Las empresas y los empleados en relación con la carrera. La carrera autodirigida. Desarrollo gerencial de recursos humanos. Desarrollo y competencias. Aplicación de un esquema. Los planes de carreras. La familia de puestos. Planeamiento de carreras para una familia profesional. Planificación de sucesión del management. Un ejemplo de un plan de sucesiones. Factores clave en el éxito del desarrollo ejecutivo. Diagramas de reemplazo. Las competencias del siglo XXI. Planeamiento de carreras centrado en la organización. Planeamiento de carrera centrado en el individuo. Desarrollo y aprovisionamiento interno. Cómo implementar un programa de planes de carrera y planes de sucesión. *Mentoring* y otras tendencias. La entrevista o reunión en la tutoría. El *job posting* como herramienta en el desarrollo de carreras.

¿Por qué evaluar el desempeño? Beneficios y problemas más comunes. Pasos de una evaluación de desempeño. Pasos de la reunión de evaluación. Cuando las evaluaciones de desempeño no son satisfactorias. Evaluar desempeño en el esquema de competencias.

Análisis del rendimiento. Análisis del desempeño. Recomendaciones. Evaluación final. Firmas. Una forma de garantizar el éxito. 360° feedback o Evaluación de 360 grados. ¿Quiénes participan como evaluadores? La devolución al participante o feedback a los evaluados. ¿Cómo integramos la evaluación de 360º con la estrategia general de Recursos Humanos? Cómo evaluar desempeño: revisiones en un esquema sencillo o para una empresa pequeña. El papel de Recursos Humanos en la evaluación de desempeño. Administración de carreras. El papel de Recursos Humanos en la administración de carreras. La importancia de la primera asignación. Manejo de promociones y transferencias.
Anexo práctico.

La remuneración. Administración de remuneraciones. Cómo establecer planes de remuneración. Función del área Compensaciones. ¿Cómo implementar un esquema de remuneraciones? Remuneraciones en un esquema de gestión por competencias. Fuentes para conocer el mercado de remuneraciones. Cómo establecer niveles de remuneración. Tendencias actuales en materia de compensaciones. Cómo compensar los puestos profesionales y gerenciales. Remuneraciones variables. Distintos tipos. La compensación variable: ¿a toda la nómina? La remuneración variable en un esquema por competencias. ¿Qué es puntuación de puestos? Agrupar puestos similares en grados de remuneración. ¿Cuándo se incrementan los salarios? Tendencias en remuneraciones. Objetivos de los beneficios sociales. Tipos de beneficio. Programas de beneficios. La investigación salarial. Beneficios e incentivos financieros. El dinero como motivación.
Anexos para la Argentina.

Renuncia de empleados. Renuncias. La importancia de la entrevista de salida. Renuncias: alerta roja. ¿El capital intelectual es del empleado o de la empresa? El fin de la relación laboral por jubilación o retiro. El fin de la relación laboral por despido: varias clases. Pasos previos. ¿Quién debe comunicar? Consejos para la entrevista de despido. El papel de Recursos Humanos. Algunas reglas básicas para despedir empleados. Cómo preparar una entrevista de despido. Consejos sobre los despidos. Tres razones para comprar un paquete de desvinculación asistida. ¿Qué es desvinculación asistida? Un caso práctico. El enfoque psicológico de la desvinculación. Una ayuda para salir al mercado laboral. El marketing personal. La entrevista de egreso en Recursos Humanos. El retiro anticipado. Cuando llega la edad de la jubilación... Otra opción: el autoempleo. ¿Cómo iniciar una actividad de autoempleo?

Productos relacionados con esta obra

1) En Internet se incluyen los *esquemas (Clases)*

Los esquemas son resúmenes para el lector o guías de clase para docentes, según en qué *lado del mostrador* nos situemos.

Los archivos allí expuestos se corresponden con **transparencias en Power Point,** que al imprimirse pueden servir para el dictado de clases de los docentes que decidan utilizar este libro como base. Direcciones en Internet: **www.granica.com/derrhh** y **www.marthaalles.com/derrhh.**

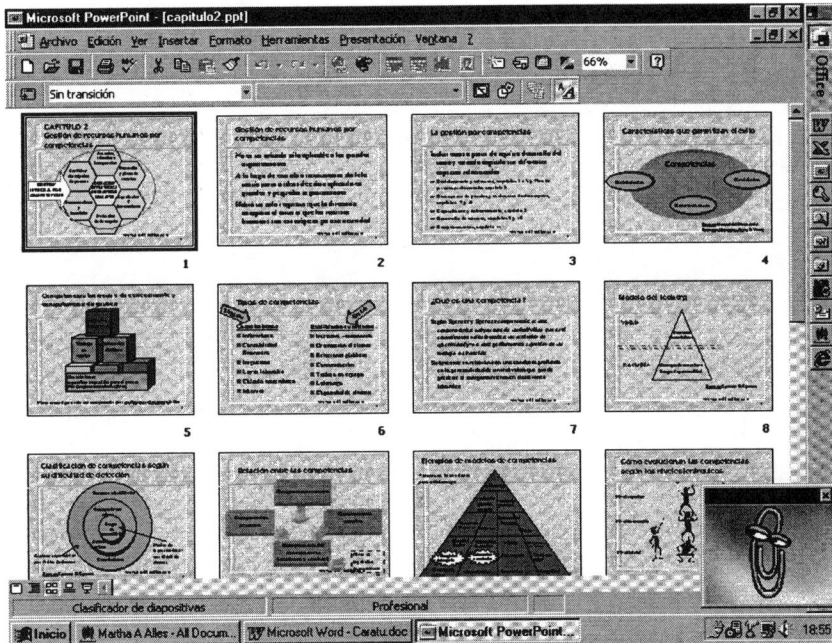

2) Un libro de casos

Los casos se relacionan con todos los temas de esta obra y siguen la misma numeración de capítulos.

Agradecimientos

Cuando se escribe un libro, las palabras de agradecimiento siempre tienen el alto riesgo de incurrir en algún lamentable olvido. En este caso, mi reconocimiento incluye a las personas nombradas en la lista adjunta, a tantas otras que no menciono y me han ayudado de algún modo y a mi familia que me apoya y alienta constantemente.

No quiero dejar de mencionar a mi colega, amigo y director en el posgrado de la Universidad de Buenos Aires, licenciado **Luis Pérez van Morlegan**, ni al fallecido profesor **Ricardo Solana**, quien confió en mí al designarme titular de la materia Administración de Recursos Humanos I en la Universidad de Palermo, lo cual de algún modo dio origen a esta obra.

A mis adjuntos y demás miembros de la cátedra, y colegas que con preguntas y comentarios nutren el trabajo diario.

A mi editor **Juan Granica**, quien me dispensa su confianza, y a **Ernesto Gore** por su apoyo técnico.

Una especial mención a *Carina Caso, José Duduchark, Mariana Grinstein, Marcelo Iglesias, Miguel García Lombardi, Fernando Palacios, Julio García Seisdedos y Juan Carlos Spinelli.*

Por último, un especial agradecimiento a la colaboración de **Adriana Schiffrin**, quien ya no está con nosotros. Que este libro sea mi homenaje a una amiga y profesional admirables.

Presentación

Esta obra tiene como principal propósito transferir a estudiosos del tema, ya sean alumnos o profesionales del área que deseen actualizar sus conocimientos de acuerdo con las nuevas tendencias, la filosofía del manejo de los recursos humanos para que los mismos se transformen en un recurso estratégico de la organización.

Ya no corresponde interpretar los recursos humanos como *un mal necesario o un centro de gastos*, sino aceptar que agregan valor a la organización para mejorar los resultados y permiten, junto con el resto de las áreas, lograr los objetivos de negocios.

La gestión por competencias se trata a lo largo de toda la obra con un enfoque que consideramos novedoso. Todos los temas se analizan primero en forma general y luego bajo un esquema de gestión por competencias. Esto permitirá al lector que no conoce el tema tener una explicación completa, y a los profesionales con experiencia comparar los métodos más conocidos con la metodología por competencias.

Transferir una **filosofía de manejo** de las distintas cuestiones técnicas va más allá de una mera aplicación: incluye el concepto de servicio al cliente interno y externo, con una permanente preocupación por los intereses de las partes involucradas.

Los recursos humanos cumplirán un papel estratégico dentro de las organizaciones en el siglo XXI. Precisamente allí será donde los especialistas deberán insertarse como profesionales modernos y competitivos.

La administración de los recursos humanos es una disciplina necesaria para las diferentes ramas de la Administración. Por ello entendemos que un profesional debe ser capaz de utilizar todas las herramientas. Como responsable del área o como usuario de la misma, en algún momento las necesitará.

Este libro se dirige a brindar un enfoque global sobre el área: cómo seleccionar, capacitar, evaluar, desarrollar y remunerar empleados. El teletrabajo como herramienta del futuro y problemas globales de la humanidad, como la discriminación y el desempleo, complementan la visión integral de la problemática a abordar.

Los dos primeros capítulos son introductorios. En el ordenamiento de los temas que siguen partimos del *nacimiento* de una relación laboral desde el proceso de selección y la posterior incorporación a la organización; luego abordamos el análisis de puestos, capacitación y desarrollo, evaluación del desempeño y remuneración; y finalizamos con la eventual desvinculación de una persona.

Mencionamos en la bibliografía el libro *Hiring, firing and everything in between*, y esa es exactamente nuestra idea: *seleccionar, despedir y todo lo que hay en el medio de ambas acciones*; con ese criterio hemos preparado este trabajo.

Como el mismo está destinado a ser utilizado por empresas, profesores y alumnos de todos los países de habla hispana, no hemos incluido aspectos legales locales en relación con el personal, así como hemos dejado fuera las relaciones sindicales que conforman otro aspecto importante del área de Recursos Humanos. Ambos tienen particulares tratamientos en cada uno de los países, y nos hemos limitado a los temas de incumbencia general.

Esta obra se complementa con otras ya publicadas. En *Elija al mejor. Cómo entrevistar por competencias*, se hace una primera introducción a la gestión por competencias y se brindan al lector ejemplos y mil preguntas para el entrevistador, ya sea inexperto o entrenado. En *Empleo: el proceso de selección* y *Empleo: discriminación, teletrabajo y otras temáticas*, hemos enfocado la problemática del área de Empleos en todas sus facetas. Aquí tratamos algunos temas similares tratando de no repetirnos, ya que al introducir la gestión por competencias fundamentalmente marcamos las similitudes y diferencias.

Dirección estratégica de Recursos Humanos. Gestión por competencias y *Dirección estratégica de Recursos Humanos. Gestión por competencias. Casos*, es en realidad una obra en tres tomos: en el primero se presentan los temas desarrollados en forma teórica, comparando diferentes autores, y en el segundo –con la misma numeración de capítulos para ayudar al lector a correlacionar los temas– casos y ejercicios prácticos donde *la protagonista* será la imaginaria **Consultora,** que describirá –y resolverá– problemas de clientes. Se incluye, además, un tercer tomo, *Clases,* con resúmenes para el lector o guías de clase para docentes, según en qué *lado del mostrador* nos situemos, que encontrará en **INTERNET: www.granica.com/derrhh** y **www.marthaalles.com/derrhh.**

Últimos comentarios

Hemos incluido en cada capítulo unas breves secciones que denominamos **"Del autor al lector".** Estas apostillas incluyen comentarios más informales o, en algunos casos, *consejos* que el autor desea dar al lector sobre ese tema, por lo general producto de la experiencia práctica de muchos años.

El análisis del término competencia en nuestro idioma

Competencia deriva de la palabra latina **compĕtere**[1]. En español existen dos verbos, *competer* y *competir*,[2] que provienen de este verbo latino original.

Para Corominas[3], en el análisis etimológico del término, competencia es una palabra tomada del latín *compĕtere: "ir una cosa al encuentro de otra, encontrarse, coincidir", "ser adecuado, pertenecer",* que a su vez deriva de *pĕtere: "dirigirse a, pedir".* Tiene el mismo origen que competer: *"pertenecer, incumbir".* Estos significados se remontan al siglo XV.

Corominas incluye como derivados de "competir" las palabras *competente: "adecuado, apto"* y *competencia,* desde fines del siglo XVI.

Nos mantenemos en contacto

He asumido el riesgo de "aburrirlos" con la explicación del término competencias, pero me pareció un aporte interesante y pertinente.

Como cierre, deseo dejar establecido un puente para los lectores –especialistas en Recursos Humanos, alumnos y demás interesados en estas temáticas– que deseen comunicarse conmigo, compartir experiencias y aportarnos sugerencias y críticas. En la era de las comunicaciones, el puente será virtual, a través de mi página web: **www.marthaalles.com** y el e-mail **alles@marthaalles.com.ar.**

---

[1] Compĕtere: competo, is, ire: encontrarse en un punto, coincidir. En la segunda acepción compĕtere es responder, corresponder, estar de acuerdo. *Diccionario Latino-español*, Sopena, Editorial Ramón Sopena, Barcelona, 1999.

[2] Competencia-competente en relación con competer. Competer: distíngase de competir. Competer es "pertenecer, tocar o incumbir". En cambio competir es "contender, rivalizar". Seco, Manuel, *Diccionario de dudas de la Real Academia Española*, Espasa Plus, Editorial Espasa, Madrid, 1998

[3] Corominas, Joan. *Breve diccionario etimológico de la lengua castellana*, Madrid, Editorial Gredos, 1998.

Capítulo 1

Introducción al estudio de los recursos humanos

Usted aprenderá en este capítulo

➤ **Qué es administración de los recursos humanos.**

➤ **Los conceptos de línea y staff en la administración de los recursos humanos.**

➤ **La ubicación del área de Recursos Humanos en el organigrama de una empresa.**

➤ **Por qué los recursos humanos se consideran estratégicos.**

➤ **Qué es planeamiento de recursos humanos.**

➤ **Los indicadores de gestión en recursos humanos.**

➤ **El desempleo en relación con los recursos humanos y la empleabilidad.**

Introduciéndonos al estudio de los recursos humanos

Esta obra está destinada a aquellos que toman un primer contacto con el área, o bien conociéndola deseen actualizarse sobre las últimas tendencias. Por lo tanto, sobre cada tema daremos un enfoque general. Adentrarse en el conocimiento de una disciplina como los Recursos Humanos les será útil en cualquiera de las especialidades que sigan en el futuro.

Todos tenemos "algo que ver" con los recursos humanos. Si bien todos los temas se abordarán desde la empresa –y dentro de una empresa como especialistas de

Recursos Humanos– y no del individuo o empleado, este conocimiento será útil a todos, más allá de la especialidad final en la que les toque trabajar, y los ayudará a enfrentar las distintas situaciones que pueden presentarse a lo largo de una carrera laboral.

Las personas que integren un área de Recursos Humanos, o cualquier otra dentro de una organización, como subordinados tendrán jefes, y como jefes tendrán que seleccionar empleados, supervisarlos y comprender todos los aspectos que harán a una fructífera relación laboral.

Pero no termina allí...

Recursos Humanos participa activamente cuando una empresa debe abrir una fábrica o una nueva sucursal o ampliar una línea de productos.

Y como contracara, también participa activamente cuando una empresa cierra o es vendida y debe despedir personal masivamente.

Del autor al lector

Para ser un profesional de recursos humanos, para manejarse con conceptos profesionales sobre el tema aunque trabaje en producción o ventas, es necesario desprenderse de las connotaciones personales. *Mi papá me dijo... A mí me pasó... A mi tío le sucedió...*

La propuesta no es insensibilizarse ante las situaciones personales, pero para entender el contenido de la materia se debe conceptualizar la realidad y los conocimientos técnicos y trabajar con sentido *macro*.

¿Qué es administración de recursos humanos?

Usamos aquí la palabra administración en el sentido amplio del término. No nos estamos refiriendo a los aspectos administrativos del área sino a "la acción de administrar", y administrar en su primera acepción: "gobernar, regir, aplicar". Administración de recursos humanos hace a su manejo integral, "a su gobierno".

Implica diferentes funciones desde el inicio al fin de una relación laboral:

❑ reclutar y seleccionar empleados;

❑ mantener la relación legal/contractual: llevar sus legajos, pagarles los salarios, etc.;

❑ capacitar y entrenar;

❏   desarrollar sus carreras/evaluar su desempeño;

❏   vigilar que las compensaciones (pagos) sean correctas;

❏   controlar la higiene y seguridad del empleado;

❏   despedir empleados.

A lo largo de esta obra nos referiremos a casi todos estos temas.

¿Por qué es importante la administración de los recursos humanos?

Lo es para todos los gerentes, para todas las áreas. Es importante conocer las herramientas de recursos humanos porque no es bueno:

➢   tomar a la persona equivocada;

➢   tener alta rotación de personal o personal insatisfecho;

➢   que la gente no esté comprometida;

➢   que los empleados piensen que su salario es injusto;

➢   que el personal no esté capacitado, o que estándolo en el momento de la incorporación, pierda luego su nivel.

Para evitar estos inconvenientes, los gerentes de todas las áreas deben tener buenas herramientas.

Las nuevas tendencias afectan al personal

Si bien no hay tendencias totalmente nuevas, el mundo va hacia una dirección en materia de calidad de vida que afecta las políticas de recursos humanos. Como contracara, el mundo se encuentra al inicio del nuevo milenio con alto desempleo en muchos países occidentales, personas sin hogar y por debajo del nivel de supervivencia. Parece una paradoja que, por un lado, el trabajo humano requiera de un mejor entorno laboral, y por otro, muchos miles de seres humanos no tengan trabajo ni el más mínimo sustento.

Algunos de los factores a considerar para una buena calidad de vida en el trabajo

❏   Un trabajo digno.

❏   Condiciones de trabajo seguras e higiénicas.

❐ Pagos y prestaciones adecuadas.

❐ Seguridad en el puesto.

❐ Supervisión competente.

❐ Oportunidades de aprender y crecer en el trabajo.

❐ Clima social positivo.

❐ Justicia y juego limpio.

Factores adicionales a tener en cuenta

❐ La fuerza de trabajo está integrada por nuevos oferentes: mujeres y jóvenes.

❐ El desplazamiento de la demanda a los servicios cambia los perfiles requeridos.

❐ La tecnología influye notablemente, desde permitir el trabajo a distancia –que estudiaremos más adelante– hasta cambiar los requerimientos del personal. Cambia además el enfoque del trabajo. Las fábricas pueden ser manejadas por un ingeniero y un ordenador.

❐ La competencia se traslada a la mano de obra.

Conceptos de línea y staff en la administración de Recursos Humanos

De un modo simple se puede definir como línea aquella área o sector que tiene a su cargo las tareas fundamentales para el cumplimiento de los objetivos de la organización, como pueden ser las áreas de producción y de ventas. En cambio son consideradas staff aquellas otras que realizan tareas que, si bien son necesarias para un buen logro de los objetivos centrales, no son imprescindibles o pueden ser tercerizadas, por ejemplo, el procesamiento de la información.

En relación con nuestro tema, ¿la Gerencia de Recursos Humanos es línea o staff? Una respuesta correcta es que Recursos Humanos es línea dentro de su área –respecto del propio equipo– y es staff respecto de las otras gerencias de la empresa.

Sin querer con esto confundir al lector, a su vez todos los gerentes de línea son gerentes de Recursos Humanos, porque también seleccionan, entrenan, evalúan y desarrollan a su personal.

Ubicación del área de Recursos Humanos dentro de la organización

El primer elemento que nos dirá cómo piensa una organización sobre sus propios recursos humanos, es la ubicación que tiene esta área en su estructura. Si tiene un "jefe de personal" que reporta al gerente administrativo, esto indica que la empresa solo se ocupa de liquidar los sueldos de sus empleados y otros temas de índole administrativa. Si por el contrario tiene un área con un gerente del mismo nivel que el comercial, el industrial o el de operaciones, que reporta al gerente general, nos encontramos con una organización que valora y cuida sus recursos humanos.

Dessler[1] hace referencia a la ubicación del área de Recursos Humanos en el organigrama de una empresa relacionándola con las funciones de línea y de staff de la misma.

Aspectos de línea y de staff en la administración de recursos humanos:

⇨ ¿Qué es línea?: El gerente de Recursos Humanos está autorizado para supervisar el trabajo de sus subordinados y es responsable del cumplimiento de los objetivos de la organización.

⇨ ¿Qué es staff? El gerente de Recursos Humanos asiste y asesora a los gerentes de línea.

Desde este punto de vista, el área de Recursos Humanos es en un sentido línea y en otro staff. A su vez, todos los demás gerentes de una empresa pertenecen de alguna manera a Recursos Humanos, porque deben seleccionar a su gente, entrenarla, capacitarla y evaluarla.

En síntesis y volviendo a nuestro tema central: Recursos Humanos es línea dentro de su área –en relación con su propio equipo de gente– y es staff respecto de las otras gerencias de la empresa.

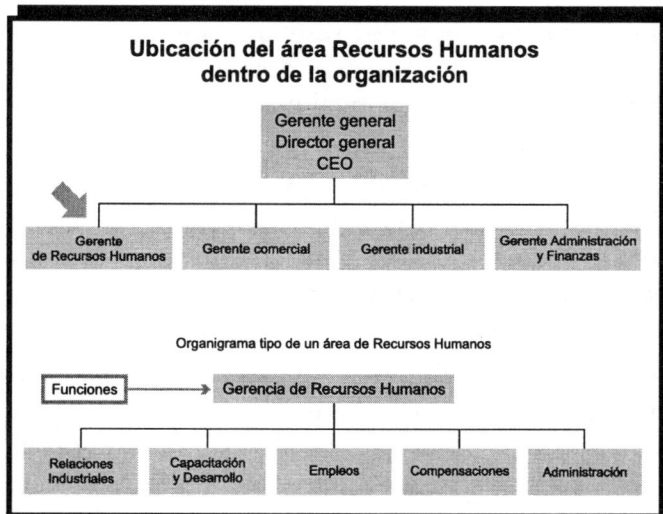

Ubicación del área Recursos Humanos dentro de la organización

Organigrama tipo de un área de Recursos Humanos

---

[1] Dessler, Gary, *Administración de personal,* Prentice-Hall Hispanoamericana S.A., Naulcalpan de Juárez, México, 1996.

En el esquema siguiente se muestran las principales funciones de cada una de las áreas:

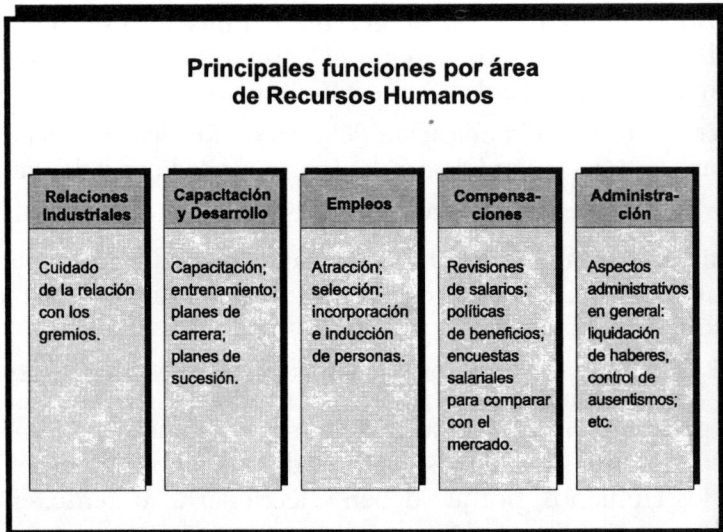

**Principales funciones por área
de Recursos Humanos**

Relaciones Industriales	Capacitación y Desarrollo	Empleos	Compensaciones	Administración
Cuidado de la relación con los gremios.	Capacitación; entrenamiento; planes de carrera; planes de sucesión.	Atracción; selección; incorporación e inducción de personas.	Revisiones de salarios; políticas de beneficios; encuestas salariales para comparar con el mercado.	Aspectos administrativos en general: liquidación de haberes, control de ausentismos; etc.

Este organigrama que incluimos aquí no será ninguna novedad para los jóvenes que trabajan hoy en empresas grandes o multinacionales, y pensarán: ¿para qué lo habrán incluido? En cambio, a las personas mayores que vivieron otra realidad laboral o actúan en empresas más pequeñas les resultará novedoso, y hasta "imposible". Aún quedan empresas con Oficinas de Personal donde solamente se liquidan sueldos y, en ocasiones, se llevan los legajos del personal más o menos actualizados.

Por lo tanto, trataremos de mostrar un esquema típico del área para empresas medianas a grandes. En una empresa pequeña puede no justificarse esta estructura, pero sí es muy importante que exista por lo menos una persona entrenada en los modernos conceptos del manejo de los recursos humanos y cuyo nivel de reporte sea la máxima conducción de la organización.

Jean Fombonne, autor francés, aporta a esta temática desde la perspectiva europea y francesa en particular. Se refiere a la historia de la función de personal desde los años '70 a la actualidad. Nos parece interesante hacer una referencia al respecto. Este autor sitúa sobre fines de los años sesenta algunos hitos importantes en relación con nuestra temática. Después del mayo francés de 1968, cuando se plantearon nuevas prácticas de lucha laboral, comenzaron a verse anuncios solicitando responsables de la función de personal, ubicando a esta tarea en un nivel superior al que ocupaba hasta entonces.

No estaban, de todos modos, muy claras sus funciones ni su nivel; recién después de los '80 se comienza a hablar de los recursos humanos estratégicos.

Nuevos conceptos ocupan a los directivos de empresas; la turbulencia de los mercados internacionales y otras variables derivan en cambios necesarios en las políticas de personal, entre ellas la movilidad de las personas.

"La movilidad profesional, particularmente, es indispensable, ya que las calificaciones tradicionales son devaluadas por las nuevas tecnologías, sobre todo por la electrónica y la informática que evolucionan a velocidad vertiginosa. Las calificaciones ya no son solo el fruto de una escolaridad y de un diploma, sino que se complementan, entre otros factores, con la práctica del trabajo en equipo."

Además del análisis de estos autores, si dirigimos nuestra mirada a la Argentina, por ejemplo, fue también en la década del sesenta donde comenzó el cambio. En la Facultad de Ciencias Económicas de la Universidad de Buenos Aires, con el advenimiento del denominado "Plan E" se creó la carrera Licenciatura en Administración, que incluía la materia Administración de Personal a cargo de profesores como Groba –con quien la cursé en esos años–, pioneros en el estudio de la especialidad.

¿Qué pasaba en el mundo empresario? Escasas empresas tenían una Gerencia de Personal; no era usual aún la expresión recursos humanos; lo habitual en compañías grandes era la existencia de un departamento de Personal a cargo de un empleado de mucha experiencia, con conocimiento de leyes laborales y sin estudios universitarios. Ese era el perfil más común de las personas que manejaban el área por aquel entonces. Cuando comenzaron los conflictos gremiales de la década del setenta, esta figura cambió a la de hombres que tenían una fluida relación con los sindicatos. El perfil del número uno de personal por aquellos años –con activistas de tendencias combativas en la dirección gremial de fábricas y sindicatos fuertes– era un varón, generalmente abogado y hábil negociador.

A partir de los ochenta comienza a tomarse conciencia de la necesidad de otro manejo del área y toma primacía el desarrollo de los recursos humanos. La historia argentina se relaciona con la historia de los demás países latinoamericanos con similares problemas políticos, y con la de otros países del mundo a partir de la globalización de la economía.

No es propósito de esta obra hacer un análisis histórico; solo incluimos esta pequeña referencia a la evolución del área de Recursos Humanos y su ubicación en el organigrama de una empresa, desde la oficina de personal que liquida sueldos y controla las licencias de ley hasta la dirección estratégica de los recursos humanos como la concebimos en la actualidad.

Los recursos humanos son estratégicos porque...

Introduciré un concepto que para algunos puede ser "fuerte" y con el cual otros estarán en franco desacuerdo, pero esta visión es compartida por muchos colegas a los que he consultado en una encuesta informal.

La tecnología es ya un *commodity*. Las máquinas "A" son tan buenas como las máquinas "B". Si esto es así, ¿cuál es la diferencia entre la empresa que vende las máquinas "A" y la que vende las máquinas "B"? La gente que trabaja en las respectivas compañías. De ese modo los recursos humanos marcan la diferencia.

Las firmas deben enfrentar numerosos desafíos en un contexto altamente competitivo. La única "herramienta" diferenciadora con la que cuentan son sus recursos humanos.

Si esta visión de la problemática del siglo XXI es compartida con la dirección de la empresa, entonces será posible que los gerentes operativos, en conjunto con el área de Recursos Humanos, puedan crear ese clima. Juntos deben dedicar tiempo y esfuerzo a la capacitación y entrenamiento de la organización para lograr recursos humanos estratégicos que creen la diferencia entre las compañías que venden productos de similares características.

De este modo es imprescindible vincular las prácticas de recursos humanos con la estrategia empresarial creando valor para la compañía.

➢ La estrategia de recursos humanos intenta agregar valor a la empresa y define la visión, la misión y las prioridades de la función de recursos humanos.

➢ La organización de recursos humanos diagnostica y mejora la función de su área para aportar servicios a la empresa. Crea un proceso que asegura que las estrategias de recursos humanos se concreten.

La estrategia de recursos humanos

Esto requiere un fuerte compromiso de Recursos Humanos con la organización. El gerente de Recursos Humanos deberá abandonar el antiguo rol del jefe de personal cuya tarea finalizaba en el correcto cumplimiento de las leyes.

Deberá lograr convertir las estrategias empresariales en prioridades de recursos humanos. La tarea comenzará por la visión y misión de la compañía –que debe ser fijada por la máxima conducción–; a partir de ellas las competencias –de las cuales nos ocuparemos en el capítulo 2–, y los centros de atención[2] u objetivos principales, que

---

[2]   Ulrich, Dave, *Recursos Humanos Champions*, Granica, Buenos Aires, 1997.

son los valores y puntos más importantes donde centrar su accionar, por ejemplo la calidad del producto o del servicio. A partir de que se fijan los centros de atención u objetivos fundamentales para la compañía, Recursos Humanos debe acompañar la estrategia general del negocio a través de la implementación de procesos pertinentes.

Ejemplo de centros de atención: calidad del producto o servicio, competitividad, formación continua, buen clima laboral (los ejemplos no son excluyentes, por el contrario, deben funcionar "todos a la vez").

La función de Recursos Humanos cambió sus prioridades

Hasta hace pocos años la principal preocupación de un gerente de Recursos Humanos se centraba en resolver problemas gremiales, en forma casi excluyente. Hoy, además de tener bien cubiertos estos frentes, se le exigen muchas otras prioridades:

➢ Los empleados deben ser competitivos.

➢ El área de Recursos Humanos debe ser absolutamente profesional; no se puede improvisar.

➢ Los recursos humanos se miden en resultados financieros.

➢ Recursos Humanos debe crear valor, no reducir costes.

➢ Recursos Humanos debe crear compromiso, no cumplir una función de vigilancia sobre el personal.

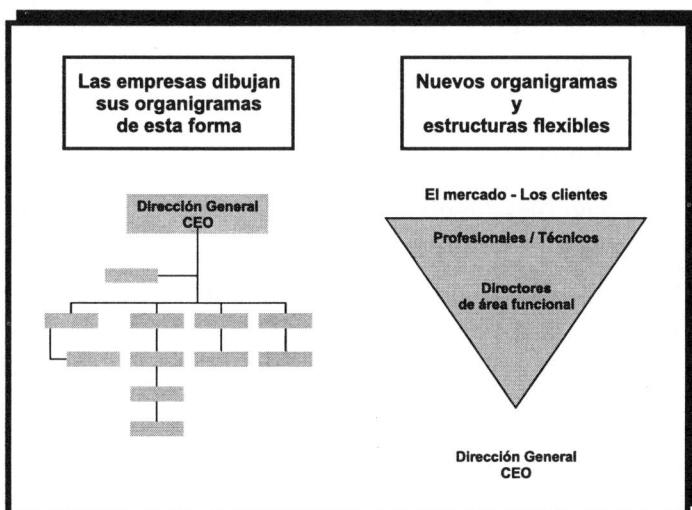

Ninguna empresa dibuja sus organigramas según el esquema de la derecha, pero no es importante cómo lo dibuje sino cómo vea la realidad de los negocios y la situación en la que debe competir.

El mercado "maneja" las relaciones empresariales en casi todos los campos. Las empresas que no lo vean así no tendrán oportunidad de sobrevivir. Bajo el esquema de unidades de negocios, estructuras celulares o cualquier otra variante –siempre dentro de la filosofía de hacer girar nuestra actividad alrededor de lo que el mercado nos mande–, ese será el camino.

Dentro de nuestra especialidad, los cambios se detectan primero en los perfiles que se demandan. Y los perfiles nos marcan una profunda orientación hacia el área de negocios.

Del autor al lector

En materia de políticas

Si una empresa tiene un área de Recursos Humanos, las políticas estarán fijadas y la función del área será su revisión, presentando a la máxima conducción de la empresa sus propuestas de cambio, cuando sea necesario.

Pero muchas otras compañías –aquellas que, como mencionamos, solo tienen un área de Personal– no tendrán políticas ni procesos; además, muchos titulares de empresa consideran que las políticas dentro de una compañía son un signo de límites y burocracia, y tienden a tratarlas u observarlas como si fueran *una plaga*. Si el conductor de su compañía se halla entre estos últimos, será su tarea hacerle descubrir las situaciones en que deseará contar con políticas adecuadas.

Algunas políticas mínimas a definir:

- *Manual del empleado*. Este manual menciona con un lenguaje simple y conciso el comportamiento que se acepta o no en la compañía.

- *Acoso sexual*. La mayoría de las mujeres, y algunos varones, han experimentado el acoso sexual a lo largo de sus carreras. Como empleador o manager, señale claramente que su firma repudia el acoso sexual, no solo porque es ilegal, sino porque es inmoral.

- *Oportunidades equitativas*. Cuando contrata y promociona personal necesita asegurarse de que usted es un empleador que brinda las mismas oportunidades a las mujeres, minorías, personas de todas las edades y de todas las religiones, etc.

- *Vestimenta*. La vestimenta cada vez es más informal; no obstante, usted fija las reglas. Más adelante le daremos algunas ideas.

- *Horarios*. Establezca horarios de oficina regulares. Puede ser flexible en ciertos casos pero debe permanecer firme con respecto a un margen de horario. Si desea fijar un horario flexible, éste tiene igualmente sus límites, y en el caso del teletrabajo también tendrá normas a aplicar.

- *Llamadas*. Evite establecer políticas con respecto al uso personal del teléfono. Si tuviese entre sus filas a un empleado desleal, debe observarlo desde todos los ángulos y no solamente respecto del uso del teléfono.

- *Romances*. Es imposible evitar que las personas que trabajan juntas tengan citas. Si lo desea, puede fijar políticas sobre los vínculos familiares.

- *Fumar*. Establezca una política clara sobre la prohibición o no de fumar. Debe informar a los nuevos empleados sobre su decisión.

- *Préstamos a empleados*. Establezca un límite en la suma que se encuentra dispuesto a prestar a cualquier empleado, para los anticipos de sueldo u otros préstamos de más largo plazo.

Una última idea

En relación con la vestimenta... y si se anima:

Le proponemos utilizar en su empresa el *casual day* y/o la *casual season*. ¿Qué es? ¿Cómo se aplica?

Casual day: se utiliza esta expresión para indicar que los días viernes está permitida la utilización de ropa informal, siempre que no se deba concurrir ese día a reuniones fuera de la compañía que exijan un vestuario más formal. Se apela al buen gusto del personal; no nos imaginamos gente vestida desaprensivamente, sino con ropa cómoda o informal pero adecuada a una actividad laboral.

Casual season: es un concepto similar al anterior pero aplicado a la estación estival, con las mismas limitaciones expuestas.

Este tipo de políticas no son aplicables a todas las compañías, a todos los negocios, a todas las culturas organizacionales. Si usted lo ve viable, a mí me parece una muy buena idea.

Planeamiento[3] de recursos humanos estratégicos

Una de las funciones del área de Recursos Humanos es participar en el planeamiento general de la compañía. Deberá por un lado planear los costes de su área –que para la compañía puede ser considerada como un centro de costes–, pero, además y muy importante, puede aportar, participar y colaborar en el planeamiento general. Un ejemplo: si la compañía decide aumentar su *market share* en el nuevo ejercicio, esto puede significar la necesidad de una fuerza de ventas más agresiva; esto requerirá entrenamiento o estudiar una mejora en su plan de incentivos, o bien contratar más vendedores o mejorar la estrategia publicitaria.

Con este simple ejemplo queda en claro que cuando Recursos Humanos trabaja en forma integrada con las otras áreas puede aportar ideas y soluciones que luego incidirán en procesos de personal. Si, como en el caso del ejemplo, la compañía se propone aumentar su participación en el mercado, solamente lo logrará con su equipo humano.

En consecuencia para realizar el planeamiento de recursos humanos es necesario vincular las prácticas del área con la estrategia empresarial.

La estrategia deriva en planeamiento de recursos humanos

¿Por qué los recursos humanos se consideran estratégicos al inicio de este milenio? Un nuevo enfoque se ha propuesto en los últimos años y generalizado en todos los especialistas que se ocupan del tema: los recursos humanos serán la clave diferenciadora de los negocios de aquí al futuro. Por eso se hace indispensable un adecuado manejo interno.

Ulrich[4] hace hincapié en este concepto y va más allá: sostiene la necesidad de incorporar un representante de Recursos Humanos dentro de la unidad de negocios como miembro de la dirección de la empresa. Para ello debe estar capacitado en cuestiones de negocios así como en las prácticas más modernas del área. Surge así un nuevo perfil del responsable de Recursos Humanos.

El vínculo con el cliente requiere gozar de credibilidad, como un socio que motive al grupo humano. El manejo estratégico de los recursos humanos implica agregar valor a la empresa. Si ese es el objetivo central de la gestión del área, estará incluido en la visión y en la misión de la compañía.

---

[3] El planeamiento en el empleo ha sido tratado en profundidad en *Empleo: discriminación, teletrabajo y otras temáticas*, Ediciones Macchi, Buenos Aires, 1998, capítulo 4, y en la presente obra será tratado el planeamiento de una búsqueda en el capítulo 3.

[4] Ulrich, Dave, obra citada.

Si compartimos este enfoque seguiremos adelante con el manejo interno del área. Una correcta política de recursos humanos incluye necesariamente el planeamiento, y ese es precisamente nuestro tema de estudio.

A partir de la estrategia general de los negocios, el área de Recursos Humanos diagnostica las necesidades y mejora a partir de allí su función para aportar servicios a la empresa.

Los procesos que aplica tienden a asegurar que las estrategias de recursos humanos se cumplan y que estén, a su vez, dentro de las estrategias generales de la empresa. De este modo las estrategias empresariales se convierten en estrategias de recursos humanos. Es un imaginario círculo que se cierra.

¿Cómo se unen las estrategias de recursos humanos con las generales de la empresa? Definiendo aspectos sobre los cuales trabajar. Los autores denominan a estos aspectos "centros de atención".

Si una empresa, por ejemplo, decide focalizar su atención en la calidad, ya sea de un producto o de un servicio, o bien en la competitividad, en la formación continua de su personal, en el buen clima laboral, etc., todos o algunos de estos aspectos pueden ser considerados centros de atención de una compañía en un determinado periodo. Si así los define, luego deberá cumplirlos.

¿Por qué es tan importante que nos preocupemos por los recursos humanos? Las empresas deben afrontar numerosos desafíos en un contexto altamente competitivo. La única solución es la participación acorde de su gente. Los gerentes de las diferentes áreas operativas en conjunto con el área de Recursos Humanos deberán crear el clima.

Pasos mínimos a seguir para el planeamiento de los recursos humanos:

➢ ¿Cuál es el foco de mi negocio?

➢ ¿Qué capacidades necesito de la organización para cumplir los objetivos del negocio?

➢ ¿Cómo aplico las diferentes prácticas de recursos humanos para aprovechar, reforzar o eventualmente adquirir las capacidades necesarias?

Antes de responderlas, tener en cuenta:

➢ Que puede tener diferentes respuestas si la empresa posee diferentes negocios, actúa en diferentes mercados, etc.

➢ Que puede encontrar diferencias, no ya del mercado sino de la gente, si tiene emplazamientos en diferentes zonas geográficas (diferente mercado laboral).

El planeamiento de los recursos humanos es un tema de la Dirección de la empresa. No es posible que sea únicamente responsabilidad de Recursos Humanos. Las otras áreas deben apoyar y participar. Juntos deberán dedicar tiempo y esfuerzo a la capacitación de la organización.

Ningún proyecto de esta naturaleza lo puede realizar Recursos Humanos en soledad.

En síntesis, la función de recursos humanos cambió sus prioridades: debe participar en el negocio, los empleados deben ser competitivos y adecuarse al contexto actual. El área de Recursos Humanos debe ser absolutamente profesional, no puede improvisar. En este nuevo contexto los resultados del área se miden como resultados financieros. Debe crear valor, no reducir costes, y por último Recursos Humanos debe crear compromiso y no cumplir una función de vigilancia sobre el personal.

Para los autores Milkovich y Boudreau,[5] la planificación de recursos humanos consiste en recopilar y usar información para apoyar las decisiones acerca de invertir recursos en las actividades de recursos humanos. Y para los mismos autores, un plan de recursos humanos especifica las alternativas seleccionadas por medio de las decisiones de recursos humanos, y los atributos de las normas que se utilizarán para evaluarlas.

Del autor al lector

Para una correcta definición inicial de las etapas y del planeamiento en sí mismo debemos preguntarnos:

↪ *¿Dónde nos encontramos ahora?*

↪ *¿Dónde queremos estar?*

↪ *¿Cómo hacemos para pasar de aquí a allá?*

Una vez que nos hayamos respondido estas preguntas, las **etapas a cumplir** son:

❑ Analizar la demanda de recursos humanos.

❑ Analizar el aprovisionamiento de recursos humanos: inventario de habilidades.

❑ Resolver las discrepancias importantes entre demanda e inventario de personal.

❑ Aprovisionamiento por medio del mantenimiento o cambio de las actividades de recursos humanos.

---

[5] Milkovich, George, y Boudreau, John, *Dirección y administración de Recursos Humanos. Un enfoque de estrategia,* Addison Wesley Iberoamericana, Wilmington, Delaware, EEUU, 1996.

¿Cuándo planear?

El planeamiento de recursos humanos acompaña el planeamiento general de la compañía. Por lo tanto, cada vez que la empresa realice su plan anual será una ocasión para el planeamiento de recursos humanos, y en los "momentos especiales" de la compañía que pueden o no coincidir con el plan anual.

Se puede pensar en el planeamiento de recursos humanos en las siguientes oportunidades:

❑ al preparar el presupuesto del próximo ejercicio;

❑ como resultado de un análisis estratégico del negocio;

❑ frente a una necesidad derivada del negocio, como abrir una sucursal o fábrica;

❑ frente a una fusión o compra.

Ejemplos:

↗ Reducir en un 5% el tamaño de nuestra fuerza de trabajo en un período de seis meses.

↗ Llevar a cabo una reducción de 5.000 empleados en los puestos de trabajo y reasignar por lo menos a un total de 4.000 en puestos de ventas o comercialización en un lapso de dos años.

↗ Mantener en su nivel actual los costes laborales de este año, sin tener en cuenta si se modifica o no el número de personas en la nómina.

El planeamiento de la nómina debe ser numérico y cualitativo.

❑ Numérico: dar altas y bajas en la nómina.

❑ Cualitativo: necesidades de entrenamiento y capacitación.

¿Cómo medir al personal? Para conocer la nómina se deben actualizar los datos "hard" de una persona, es decir los datos formales que se pueden relevar a través de un formulario: edad, domicilio, estudios formales, conocimientos específicos. Lo más difícil de evaluar son las competencias o capacidades "soft" tales como el trabajo en equipo o la capacidad de liderazgo.

A su vez todos estos datos sobre una persona tienen que estar en relación con el perfil requerido para esa posición.

Cómo evaluar al personal es siempre conflictivo dentro de una organización ya que es prácticamente imposible aislarse de las luchas internas de intereses entre las áreas y otros aspectos de tipo político. El mejor consejo que podemos darle sobre medición de personal es la implementación de alguna pauta y la homogeneidad de su aplicación. ¿Qué queremos decir con ello? Un ejemplo: usted puede definir aplicar evaluaciones o *assessment center* u otra técnica, pero debe ser aplicada a todos.

Pasos a seguir:

❒ Realizar un inventario de la nómina.

❒ Determinar la nómina que realmente necesita.

❒ Comparar el inventario con la nómina necesaria.

❒ Determinar aprovisionamiento externo e interno.

❒ Determinar necesidades de capacitación.

❒ Determinar curso de acción con personas que quedarán fuera de la nómina.

A continuación nos valdremos de un gráfico para explicar los pasos a seguir. El gráfico es "casi" el mismo en sus tres versiones, con pequeños cambios que le explicaremos. No lo vea como un juego de "descubrir errores".

Usted verá que este esquema puede describir una incorporación, diez incorporaciones o cien, y en la situación inversa una desvinculación, diez o cien.

Del mismo modo el gráfico pretende reflejar los casos donde no existan altas ni bajas, pero la organización deba modificar el perfil de la nómina en su conjunto, por un cambio de cultura, por ejemplo. Si bien no habrá cambios numéricos, los mismos pueden derivar de una no adecuación de la nómina actual a los requerimientos futuros, pero no por cantidad sino por calidad.

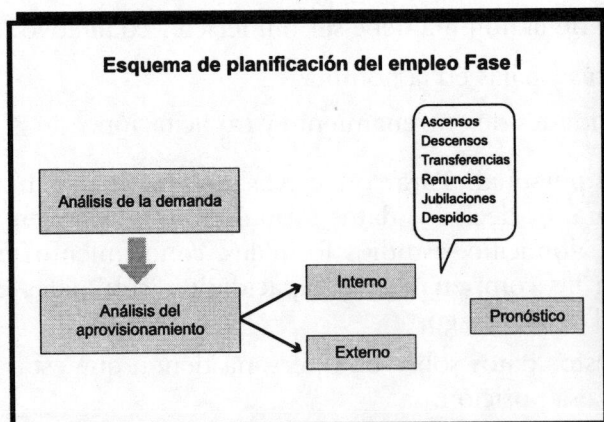

Esquema de planificación del empleo Fase I

Análisis de la demanda

Análisis del aprovisionamiento

Interno

Externo

Ascensos
Descensos
Transferencias
Renuncias
Jubilaciones
Despidos

Pronóstico

Sobre la izquierda se incluye el concepto **"Análisis de la demanda"**. El análisis siempre se inicia de ese modo: por ejemplo, en el inicio de un proceso de búsqueda se parte del análisis de la demanda al relevar un perfil. Igualmente se analiza la demanda cuando se debe planear la apertura de una nueva fábrica o el cierre de una sucursal.

El primer paso es analizar la demanda, lo que propone el cliente interno y/o la Dirección de la empresa, según corresponda.

Esta demanda debe estar relacionada con las estrategias de la organización y con sus planes generales de recursos humanos.

Frente a nuevas necesidades de personal o nuevos requerimientos sobre el mismo, se debe analizar **el aprovisionamiento** del personal. Primero se analiza el aprovisionamiento interno y cuando se agotaron todas las instancias se analiza el aprovisionamiento externo.

De la confrontación de las tres variables: demanda y aprovisionamiento interno y externo, surge el curso de acción a seguir.

El aprovisionamiento interno puede tener muchas vertientes y puede ser negativo o positivo.

Negativo: cuando el personal "sale" por jubilaciones, despidos, renuncias.

Positivo: por puestos nuevos o reemplazos.

Y las sumas y restas por ascensos y descensos, transferencias, etc.

El aprovisionamiento externo provee a la compañía candidatos de distinto tipo y coste que la empresa puede o no estar en condiciones de incorporar.

Esquema de planificación del empleo Fase II

Una vez analizada la situación puede ser necesario **replantear la demanda**. Este esquema teórico funciona si el área de Recursos Humanos tiene *peso* dentro de la organización y participa de las decisiones estratégicas de la compañía; en caso contrario su accionar se verá restringido a un mero informador de la realidad.

Esquema de planificación del empleo Fase III

Interacción entre el aprovisionamiento y la demanda

Replanteo de la demanda

Análisis del aprovisionamiento

Interno

Externo

Ascensos
Descensos
Transferencias
Renuncias
Jubilaciones
Despidos

Pronóstico

En los casos de planeamientos de nómina que impliquen grandes movimientos de mano de obra es necesario primero un análisis detallado y preciso de la nómina, y para ello debe hacerse un inventario. Aunque el término no parezca apropiado ya que nos referimos a personas y no a mercaderías, es necesario tener en cuenta la cantidad y especificaciones del personal.

¿Cómo hacer un inventario de recursos humanos?

Para confeccionar un listado detallado de personas por sector, será muy útil la participación de las áreas involucradas, porque puede suceder que la oficina de personal cuente con información no actualizada sobre ciertos aspectos fluctuantes en la vida de las personas, por ejemplo, los conocimientos. Los autores hablan del inventario de habilidades: es una lista donde se muestran las características relacionadas con la capacidad para desempeñar diferentes trabajos. Estas características podrían incluir asistencia a las clases de formación, experiencia previa, títulos obtenidos, exámenes aprobados, juicios del supervisor sobre capacidad, e incluso sobre fuerza o resistencia. Un inventario de habilidades puede ayudar a que los planificadores estimen la posibilidad de que un empleado cambie a un nuevo puesto de trabajo, basándose en su calificación para éste.

También es factible hacer un inventario por competencias; en este caso el mecanismo es el mismo, y en habilidades se indicarán las competencias.

Área: ....

Nombre	Puesto	Estudios / títulos (1)	Edad	Otras competencias y características (2)

Notas
1) Estudios formales y conocimientos en general
2) Competencias: pueden ser evaluadas en ocasión de realizarse el inventario de recursos humanos o desprenderse de la evaluación de desempeño.

Evaluar la demanda interna con el inventario de recursos humanos

Antes de tomar la decisión de utilizar el aprovisionamiento externo es conveniente evaluar la demanda en relación con el propio inventario. En ocasiones, con pequeñas modificaciones a la demanda, puede satisfacérsela sin necesidad de recurrir al mercado.

En otras ocasiones se sale al mercado, y antes de decidir sobre los candidatos externos se analiza nuevamente el esquema: demanda, aprovisionamiento interno y externo al que la compañía puede acceder. Y la decisión se toma en ese momento con el panorama completo.

Recurso interno *versus* recurso externo

No se debe partir del prejuicio de que uno es mejor que el otro y aplicarlo a las diferentes situaciones. Es altamente aconsejable analizar cada caso y aplicar la política más conveniente en cada uno.

Indicadores de gestión de recursos humanos

Para referirnos a este tema tomaremos como base la conferencia del licenciado Fernando Palacios.[6] En ella se presenta un caso real. En una empresa –filial mexicana de una multinacional de origen norteamericano– se evaluaron diferentes softwares integrados, y luego de un exhaustivo análisis la decisión recayó en una compañía mexicana de software, que a partir del trabajo realizado para la empresa había extendido sus servicios a los Estados Unidos y algunos países de Latinoamérica. El mencionado software prevé diferentes indicadores de gestión para los recursos humanos, y la compañía que lo incorpora decide luego cuáles de ellos utilizar y define los parámetros de medición.

Definición de indicador

Es un parámetro de medición orientado al nivel directivo, que ayuda a visualizar o expresar la situación actual y pasada, derivada de la gestión global del negocio, considerando los factores externos que inciden en su ámbito de actuación.

Objetivo de un sistema de verificación de indicadores

Habilitar el desarrollo de la inteligencia del negocio, propiciando la toma de mejores decisiones cada día.

Proceso para proporcionar "inteligencia" al negocio

Las bases de datos, las comunicaciones y las herramientas que una empresa utiliza en general, proveen información más o menos útil, según el caso, para la toma de decisiones.

Si a partir de una buena base de información la misma compañía diseña una plataforma inteligente de indicadores –simple, sencilla y precisa– y realiza un control de los indicadores clave, esto le permitirá optimizar el resultado de sus negocios, fin último de toda organización.

[6] Palacios, Fernando, *Indicadores de gestión de Recursos Humanos: un caso práctico*. Instituto Mexicano de Ejecutivos de Finanzas, México DF, marzo de 1999.

> *Del autor al lector*
>
> Para que los indicadores sean útiles y se justifique hacerlos, deben ser pocos y muy bien elegidos por representar aspectos importantes para esa compañía en particular.

Operación actual de Recursos Humanos

Indicadores básicos

- *Head-count* (cantidad de personas en relación de dependencia);
- rotación y retención de personal;
- ausentismo;
- siniestralidad;
- grados de riesgo.

Nueva imagen funcional de recursos humanos

Indicadores organizacionales

- Efectividad;
- compensación;
- beneficios;
- reclutamiento y selección;
- capacitación;
- plan de sucesión;
- altos potenciales.

Indicadores de planeamiento del negocio

- Efectividad gerencial;
- plan de carrera;
- altos potenciales.

Indicadores de análisis del negocio

- Compensación;
- beneficios;
- reclutamiento y selección;
- capacitación.

Y por último:

Indicadores básicos

- Head-count;
- rotación y retención de personal;
- ausentismo;
- siniestralidad;
- grados de riesgo.

Ejemplos de indicadores organizacionales

Efectividad

❑ Factor de ingresos = Ingresos netos / Fuerza total de trabajo

❑ Factor de gastos = Gastos de operación / Fuerza total de trabajo

❑ Factor de *head-count* en recursos humanos = Fuerza total de trabajo / Fuerza total de trabajo de Recursos Humanos

❑ Factor de rotación = Separación de recursos humanos / Personal promedio

Objetivos: Identificar de una forma clara el comportamiento de ingresos y egresos del factor humano.

Planes de carrera

❑ Índices de sucesión = Reemplazos hechos de acuerdo con plan / Número de puestos a ser reemplazados

Objetivos: Mostrar el número total de plazas reemplazables de acuerdo con el plan de carrera.

Capacitación

❑ Factor de empleados capacitados = Empleados capacitados / *Head-count*

❑ Coste de capacitación por empleado = Coste de capacitación / Personal capacitado

❑ Capacitación entre gastos = Coste de capacitación / Total de gastos

Objetivos: Verificar el coste de capacitación, así como identificar el personal que requiere o cuenta con capacitación.

Compensaciones y beneficios

❑ Factor de compensación = Compensación (sin beneficios) / Fuerza total de trabajo

❑ Factor de beneficios = Beneficios / Fuerza total de trabajo

❑ Beneficios entre compensación = Coste de beneficios / Gastos de compensación

Objetivos: Mostrar los niveles de gastos que se invierten en la compensación y beneficios del personal.

¿Quién o cuáles áreas generan información para los indicadores de recursos humanos?

Los distintos sistemas de una empresa, ya sea un software integrado o la simple información que genere cada área. Si la compañía opera con un software integrado, de él derivarán los indicadores y cada compañía deberá decidir cuáles le interesan. Si no es así y cuidando de no burocratizar la empresa, elegirá los ítems específicos a considerar. A partir de allí y formando una base de datos se estudiarán los índices definidos.

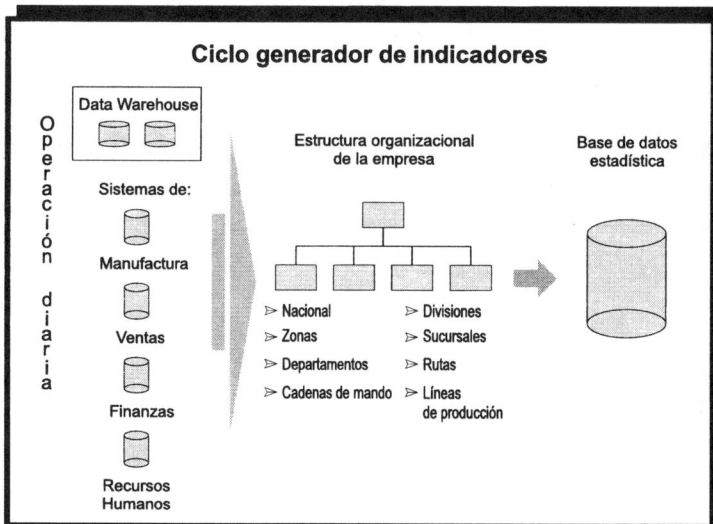

Ciclo generador de indicadores

Para un mejor manejo de los indicadores, usualmente se opera con bases de datos informatizadas. Incluimos a continuación un caso real con utilización de software integrado.

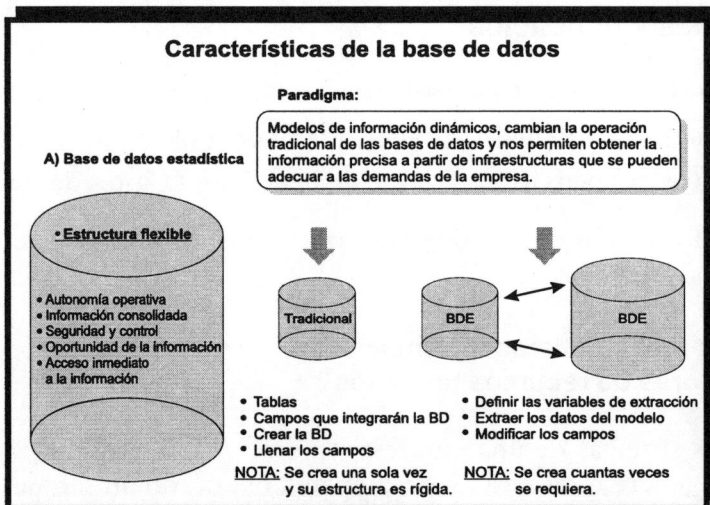

Características de la base de datos

Paradigma:

A) Base de datos estadística

Modelos de información dinámicos, cambian la operación tradicional de las bases de datos y nos permiten obtener la información precisa a partir de infraestructuras que se pueden adecuar a las demandas de la empresa.

• Estructura flexible

• Autonomía operativa
• Información consolidada
• Seguridad y control
• Oportunidad de la información
• Acceso inmediato a la información

Tradicional   BDE   BDE

• Tablas
• Campos que integrarán la BD
• Crear la BD
• Llenar los campos

NOTA: Se crea una sola vez y su estructura es rígida.

• Definir las variables de extracción
• Extraer los datos del modelo
• Modificar los campos

NOTA: Se crea cuantas veces se requiera.

En este caso en particular la herramienta utilizada combina distintas opciones, ya que emite mensajes electrónicos (por e-mail) para comunicar las excepciones, es decir que cuando un indicador está dentro de ciertos parámetros considerados aceptables no emite mensajes. Los mensajes a su vez se comunican a los niveles definidos según la gravedad del desvío.

La frecuencia de los mensajes es otra variable a definir: diaria, mensual, semestral, anual, y puede diferir entre un indicador y otro según qué mida cada uno.

El esquema planteado permite regresar el mensaje indicando la causa del desvío y eventualmente la solución al problema. A partir de estos mensajes y dada su interactividad, es posible también actualizar la base de datos con nuevas causas o soluciones.

Elementos requeridos para crear una plataforma estratégica de gestión en recursos humanos

• Base de datos estadísticos

  ➢ Estructura flexible;

  ➢ información consolidada;

  ➢ seguridad y control;

  ➢ oportunidad de la información;

  ➢ acceso inmediato a la información.

- Trabajar por excepción

  Evaluación y manejo oportuno de indicadores.

- Base de datos inteligente

  ➤ Causas y/o soluciones.

- Memorandos por correo electrónico

  ➤ Comunicación electrónica;

  ➤ enriquecimiento de la base de datos.

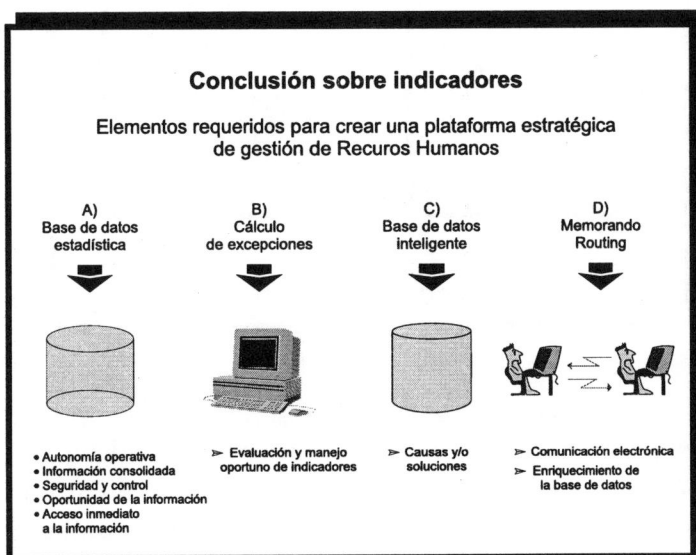

Conclusión sobre indicadores

Elementos requeridos para crear una plataforma estratégica de gestión de Recuros Humanos

A) Base de datos estadística	B) Cálculo de excepciones	C) Base de datos inteligente	D) Memorando Routing
• Autonomía operativa • Información consolidada • Seguridad y control • Oportunidad de la información • Acceso inmediato a la información	➤ Evaluación y manejo oportuno de indicadores	➤ Causas y/o soluciones	➤ Comunicación electrónica ➤ Enriquecimiento de la base de datos

Del autor al lector

El esquema planteado es para una gran empresa que se maneja con un software integrado y tiene una red de comunicaciones on line para todos sus integrantes. Esta no es la realidad de todas las empresas. No obstante es importante conocer el esquema completo aunque no sea posible su implementación completa. ¿Por qué? Entendemos que los criterios generales pueden ser implementados de un modo u otro y en menor escala.

El mercado de trabajo y los recursos humanos[7]

En la Argentina, como en casi todos los países de habla hispana que he tenido la fortuna de visitar, muchos de ellos por razones profesionales, existe hoy un gran problema: conviven dos situaciones ciertas por igual.

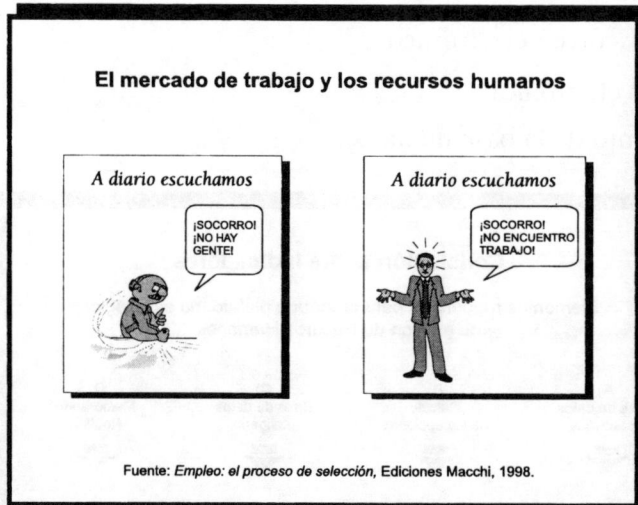

Fuente: *Empleo: el proceso de selección*, Ediciones Macchi, 1998.

Esta contracara del desempleo –que para nosotros forma parte de la rutina– es un fenómeno desconocido en muchos sectores de nuestra sociedad.

El desempleo, desde la óptica del individuo, es siempre doloroso y puede parecer insensible clasificarlo. Pero si dejamos de lado estos sentimientos, es necesario intentar analizar el desempleo para entenderlo y, luego, tratar de resolverlo.

Los perfiles requeridos tienen el foco muy cerrado, y no es fácil encontrar a esos profesionales buscados. Esta realidad no se circunscribe a una especialidad; se presenta por igual en todas.

Tampoco es cierto que los clientes pidan *joven de 25 años con 10 años de experiencia y dos masters*. Los clientes no piden perfiles imposibles, pero sí escasos.

La realidad es una encrucijada. Por un lado, los *buscadores de empleo* no lo encuentran y, por el otro, las *empresas* no encuentran a la gente calificada que necesitan. Cita-

---

[7] Hemos desarrollado este tema extensamente en "Desempleo, problema de todos", primera parte del libro *Empleo: el proceso de selección*, Ediciones Macchi, Buenos Aires, 1998.

remos a dos autores: para Enrique del Río y otros,[8] la formación aparece como un instrumento facilitador para tener un puesto de trabajo, y no todos los que reciban formación tendrán empleo, sino aquellos que estén mejor formados.

Hay ofertas de empleo que todos los años quedan sin cubrir, por falta de coincidencia entre la especialización exigida y la capacitación de los parados. Es decir, que hay puestos de trabajo sin ocupar por falta de especialistas preparados en el momento preciso.

Y para otro autor, francés,[9] ha aparecido un desfasaje en los países occidentales entre las necesidades de formación por parte de las empresas y la formación de recursos de mano de obra. Por ejemplo, en 1989, el 50 % de las empresas encuestadas declararon tener problemas de reclutamiento.

¿Por qué incluir este punto? Por que muchos pensarán que la tarea de Recursos Humanos "es fácil" partiendo de la premisa, verdadera para muchos, de que el recurso humano es un bien abundante. Los que trabajamos en el área sabemos que no es así.

¿Qué pasa hoy con el mercado laboral?

Los perfiles son cada vez más exigentes, tanto en conocimientos como en las competencias requeridas, en un mercado altamente profesionalizado. Esto significa que en ocasiones la demanda queda insatisfecha o es muy difícil de satisfacer.

¿Qué pasa hoy con el mercado laboral?

El mercado altamente profesionalizado

Perfiles exigentes

Calificación técnica
Competitividad
Actitudes comprometidas
No más el trabajo "de cualquier cosa"

Demanda insatisfecha

Pesimismo respecto del futuro del trabajo humano, -Rifkin y otros autores- donde no se ve lugar para la mano de obra no calificada

---

[8] Del Río, Enrique; Jover, Daniel; Riesco, Lola, *Formación y empleo. Estrategias posibles*, Editorial Paidós, Buenos Aires, 1991.

[9] Gautié, J., *Les politiques de l'emploi, Les marges étroites de la lutte contre le chômage*, Librairie Vuibert, París, 1993.

Concepto de empleabilidad[10]

Empleabilidad es la posibilidad de conseguir un nuevo empleo. Las personas son más o menos empleables, tienen una empleabilidad alta o baja y ésta podrá medirse en meses u otra unidad de tiempo.

Los conceptos que la componen

La empleabilidad se sostiene en cuatro grandes pilares. Tres de ellos pueden de algún modo ser modificados por el individuo: las competencias duras o derivadas del conocimiento, las competencias blandas que pueden ser sujeto de entrenamiento y la actitud para la búsqueda de empleo. El cuarto elemento, el mercado, es un factor sobre el cual un individuo en forma aislada no puede actuar, está fuera de su ámbito de acción.

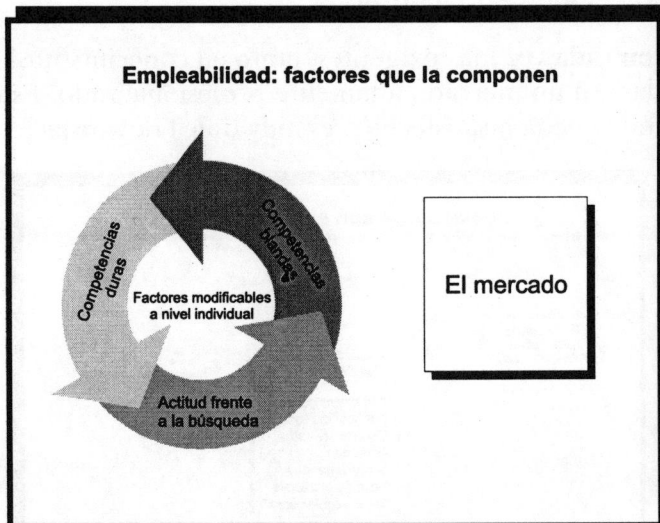

Empleabilidad: factores que la componen

La clave es mantenerse *interesante* a los ojos de un futuro empleador, y esto es responsabilidad del que busca empleo. Ello implica actualización permanente de sus capacidades, compromiso y disponibilidad para el trabajo.

---

[10] Hemos tratado este tema en profundidad en *Empleo: el proceso de selección*, capítulo 4, obra citada.

Síntesis del capítulo

➢ La administración de recursos humanos implica diferentes funciones desde el inicio hasta el fin de la relación laboral: reclutar y seleccionar personal, mantener la relación laboral / contractual dentro de las normas vigentes del país, capacitar y entrenar al personal, desarrollar sus carreras y evaluar su desempeño, vigilar la correcta paga, higiene y seguridad del empleado y cuando es necesario, despedir empleados.

➢ El área de recursos humanos tiene una doble relación dentro de una organización: es de línea dentro de su área y respecto de su jefe y es staff en relación con las otras áreas de la empresa.

➢ En un organigrama, el área de recursos humanos debe estar ubicada dependiendo de la máxima conducción de la empresa.

➢ Los recursos humanos se consideran estratégicos cuando permiten marcar la diferencia entre una compañía y otra. Las empresas deben manejarse en ambientes altamente competitivos y para ello cuentan con sus recursos humanos. Los gerentes operativos conjuntamente con el área de recursos humanos deberán dedicar tiempo y esfuerzos a capacitar y entrenar al personal.

➢ La estrategia de recursos humanos intenta agregar valor a la empresa definiendo la visión, la misión y valores de la organización. El área de Recursos Humanos, de este modo, agrega valor y su gestión puede ser medida como resultados financieros.

➢ El planeamiento de los recursos humanos es una forma de vincular las prácticas de recursos humanos con la estrategia empresarial. Preguntas tales como ¿cuál es el foco de mi negocio? ¿qué capacidades necesito de la organización para cumplir con los objetivos del negocio? marcarán el camino del área de Recursos Humanos. En base a las respuestas a este tipo de preguntas se planearán las necesidades de personal, capacitación, entrenamiento, desarrollo y planes de sucesión.

➢ Los indicadores de gestión ayudan a visualizar la situación actual o pasada de la gestión global del negocio propiciando la toma de decisiones cada día. Así como existen indicadores para otras áreas de la empresa, éstos pueden aplicarse a la gestión de recursos humanos.

➢ El área de Recursos Humanos debe desenvolverse en un medio paradojal: le será difícil resolver las necesidades de personal para cumplir los objetivos del negocio mientras, en ese mismo mercado, muchos buscan trabajo y no lo encuentran.

➢ La empleabilidad es la *chance* de conseguir otro trabajo, es nuestra propia responsabilidad e implica esfuerzo, compromiso y disponibilidad para el trabajo. Mantener actualizadas las competencias del personal de la empresa es una manera de mantener la empleabilidad del personal. Las empresas que cuidan la empleabilidad de su personal son las más deseadas por los buscadores de empleo y –a su vez– las que mantienen un mejor vínculo con sus empleados.

El lector encontrará los esquemas en INTERNET *(Clases):* **www.granica.com/derrhh** y **www.marthaalles.com/derrhh**, y la ejercitación correspondiente a estos temas en la obra **Dirección estratégica de Recursos Humanos. Gestión por competencias.** *Casos.* **Capítulo 1.**

Casos: **Cómo pasar de una estructura tradicional a una dirección estratégica de los recursos humanos.**

Ejercicio grupal sobre recursos humanos estratégicos.

Capítulo 2

La gestión de recursos humanos por competencias

Usted aprenderá en este capítulo

➤ Qué es gestión de recursos humanos por competencias.

➤ Diferencia entre competencias técnicas y de gestión.

➤ Qué es una competencia.

➤ Cómo evolucionan las competencias según los niveles jerárquicos.

➤ Los pasos necesarios para implementar gestión por competencias.

➤ Competencias aplicadas en los distintos procesos de recursos humanos.

➤ El diccionario por competencias.

Introducción a la gestión por competencias

Historia de un vencido[1] es un relato de Tomás Eloy Martínez en que su protagonista, brillante en nuestra concepción actual, no logra –continuando con nuestro vocabulario actual– ser exitoso. Veamos la historia.

Pocas veces se escribe la historia de los vencidos. A ellos, quisiera dedicar las líneas que siguen.

Cros, nacido hace un siglo y medio en Fabrezan, Francia, alcanzó una modesta inmortalidad cuando André Breton incluyó uno de sus poemas en la Antología del humor negro.

---

[1]   Eloy Martínez, Tomás, *La Nación*, Buenos Aires, sábado 3 de julio de 1999

Pero el genio de Cros pertenece menos a la literatura que a la imaginación. En un siglo tan pródigo en inventores como el XIX, Cros llegó, quizá, más lejos que ningún otro con sus extraños hallazgos. Lo malo fue que siempre lo hizo demasiado temprano o sin que nadie lo supiera. Su ambición era imaginar la realidad virtual en la que cada paso de la vida pudiera ser vivido por segunda vez.

El 10 de abril de 1877, este personaje de ojos de ciervo y cabellera leonada que había reunido laboriosamente cincuenta francos para registrar una patente de invención en la Academia de Ciencias de París, salió de su casa, al pie de Montmartre, con un sobre lacrado en cuyo anverso había escrito: "Procedimiento de registro y reproducción de los fenómenos percibidos por el oído". Adentro, en tres páginas manuscritas, describía una sorprendente máquina parlante que había bautizado "paleófono". Era, de hecho, un fonógrafo.

La cigarra y la hormiga

El informe científico de Cros terminaba con un poema premonitorio: "Ya lo he soñado todo. También todo lo he dicho./ Convertí en mis esclavos a los aires y al fuego./ Di a leer mis sonidos. Di a escuchar mis escritos./ Pero nadie se deja conmover por mi ruego."

Charles Cros era "una cigarra condenada de antemano a la derrota", como lo definió uno de sus amigos, Maurice Fleuret. El poeta veía el paleófono como un entretenimiento menor, un hijo marginal de la escritura. Jamás llegó a vislumbrar que, cien años después, sería una industria de la que viven cien millones de personas.

A 7.000 kilómetros de París, la hormiga Thomas Alva Edison avanzaba mientras tanto por un camino inverso al de Cros. Cuatro meses después, en agosto de 1877, completaba la construcción de un prototipo que permitía registrar sonidos sobre cilindros de cera. Los fotógrafos han perpetuado el momento en que Edison, dueño ya de una próspera fábrica en Menlo Park, Nueva Jersey, reunió a tres centenares de científicos para demostrarles la eficacia de su nueva máquina. Hay una imagen que lo muestra acercando sus labios a la bocina del fonógrafo, con una sonrisa de suficiencia. Luego –se sabe– entonó en voz muy alta el primer verso de una canción infantil, Mary had a little lamb *("Mary tenía un corderito"). Esperó unos segundos, volvió el cilindro de cera a su punto de partida, e hizo oír a la sorprendida audiencia cómo su voz salía otra vez de aquel objeto inanimado, sin que se modificaran las inflexiones y las cadencias.*

De ahí al reconocimiento oficial no había sino un paso. La oficina de patentes de Washington saludó a Edison como el autor del nuevo milagro y lo autorizó a negociar la máquina. Cros, mientras tanto, seguía sumido en las neblinas de su bohemia: era el amante de Nina de Villard, el amigo de François Copée y de Villiers de L'Isle Adam, el protector de los amores turbios que unieron a Rimbaud y Verlaine, el fundador de una secta conocida como Los Hidrópatas, el cantor del absurdo y de la soledad.

¿Qué palabras habría pronunciado Cros si hubiera estado en el lugar de Edison, en Menlo Park? Breton conjetura que, en vez de grabar una canción infantil, se habría hecho a un lado para que Rimbaud registrara la primera línea de su "Soneto a las vocales". De todos modos, es simbólico que un poeta y no un hombre de negocios como Edison haya sido el primero en salvar las palabras y la música de su incesante caída en el pasado.

En 1877, Cros estaba a tiempo aún de esquivar el anonimato. Tenía una lista impresionante de antecedentes científicos. A los veinticinco años, ideó la síntesis artificial de las piedras preciosas. A los veintisiete, estableció los principios de la fotografía en colores. A los treinta y dos, estudió varios sistemas para comunicarse con los demás planetas a través de un espejo cóncavo con un foco de longitud igual a la distancia entre Marte y la Tierra. Casi al mismo tiempo trabajó en una idea que intentaba contrarrestar la "molesta lentitud" de la energía eléctrica y que anunciaba la superconductividad. En la Academia de Ciencias registró otros inventos: un cronómetro, un sistema de taquigrafía musical llamado "melótropo" y un telégrafo automático.

Nada de eso le parecía importante. En un resumen biográfico que escribió hacia 1882 para recibir dinero de caridad, señaló que los tres hechos más destacados de su vida eran: 1) haber dado refugio al adolescente Arthur Rimbaud cuando escapó del hogar materno en Charleville; 2) haber regalado el equivalente de dos toneles de ajenjo a Paul Verlaine, y 3) haber publicado en 1873 un libro de poemas simbolistas, El cofrecito de sándalo, *"que aún se recita con agrado en los burdeles".*

Por esa época ya nadie le llevaba el apunte. Era una especie de payaso al que le tiraban piedras por la calle. En 1883, un hábil hotelero de Montmartre lo empleó como hombre sándwich para exponer los méritos de un restaurante que luego sería célebre, Le Chat Noir. *Allí, en esa casa donde trocaba sus servicios por un plato de comida, Cros pasó las noches envenenándose con ajenjo en compañía de un ex campeón de lucha del que ha sobrevivido solo un apodo: el Vándalo.*

Gloria sin nombre

Se supone que Cros murió con el hígado destrozado el 10 de agosto de 1888. Es la fecha que consignan las enciclopedias. El Vándalo enloqueció de tristeza y debió ser internado, diez días más tarde, en el Hôtel-Dieu, donde se perdió su rastro. En aquellas semanas, Alexander Graham Bell comenzaba a fabricar en serie los cilindros de cera en los que iban a eternizarse las últimas voces del siglo XIX.

La ambición de Cros era detener el tiempo: imaginar una realidad virtual en la que cada paso de la vida pudiera ser vivido por segunda vez. La tragedia de su derrota es que nada de lo que hizo le pertenece, ni siquiera su muerte.

Acabo de leer en Le Journal de Genève *que el hombre que murió en* Le Chat Noir *a mediados de 1888 no fue Cros sino, tal vez, el Vándalo. Tanto él como Cros dormían en la cocina del restaurante confundidos en la misma suciedad, ocupándose a dúo de apilar el carbón, limpiar las letrinas y desplumar los pollos. Que el muerto fuera uno u otro daba igual. El certificado de defunción se extendió a nombre de Cros porque en Le Chat Noir nadie sabía cómo se llamaba el Vándalo. La tragedia de la derrota de Cros es que nada de lo que hizo le pertenece, ni siquiera su propia muerte.*

Habría sido Cros, entonces, el que ingresó en el Hôtel-Dieu con una identidad ajena. Desde agosto de 1888 hasta que murió, el 4 de julio de 1899 –hace cien años–, estuvo en una de las enormes salas donde se hacinaban los dementes. Entre sus papeles se encontraron unas notas sobre la transmisión de las variaciones de la luz que prefiguran la fórmula de las células fotoeléctricas. Los archivos del hospital informan que también había fabricado para uno de los reclusos, sordo por una explosión de pólvora, una cajita electroacústica que le permitía ampliar los sonidos. Eso sucedió siete años antes de que el invento fuera patentado en Washington.

La historia, que jamás les hace justicia a los vencidos, ha sido cruel con Charles Cros. Lo hundió en la miseria, le negó la gloria de sus numerosos inventos y ni siquiera le permitió morir su propia muerte. No está de más recordar a los derrotados de este mundo en tiempos como los que corren, en que tantos celebran de antemano sus victorias.

¿Por qué incluir esta historia en un libro técnico y al inicio de este capítulo en particular? Trataremos la gestión de recursos humanos por competencias definiendo primero qué es una competencia. Antes de entrar de lleno al tema haremos una primera aproximación, explicando que competencias son las conductas de las personas. En el caso de Cros sus conductas le impidieron ser exitoso, demostrar al mundo sus conocimientos y la validez de sus descubrimientos. Por lo tanto sus capacidades naturales fueron anuladas por sus conductas.

Es decir, si una persona tiene capacidades naturales estas pueden ser potenciadas o anuladas según sus conductas. Con esta breve y simple primera aproximación iniciaremos el estudio más profundo del tema.

En esta línea de pensamiento, Elliott Jaques[2] plantea la capacidad potencial y la capacidad aplicada de los individuos. La capacidad para el trabajo o para resolver problemas es la capacidad de usar un razonamiento discrecional en la toma de decisiones que hace posible alcanzar los resultados (realizar la tarea).

Señala el autor tres elementos en la capacidad para el trabajo: el nivel de complejidad de los procesos mentales[3], los valores y los intereses de la persona o el compromi-

---

[2] Jaques, Elliott y Cason, Kathryn, *Human Capability*, Cason Hall & Co. Publishers Ltd., Falls Church, 1994.

[3] Según Jaques, es probable que este concepto sea el componente que en 1922 el psicólogo inglés Spearman buscaba para medir lo que él refería como "G" o factor general de la inteligencia.

so con el trabajo, y los conocimientos y habilidades requeridos para ese trabajo en particular. Para Jaques los dos últimos elementos se relacionan con un trabajo en particular, acotando que *ninguno de nosotros es competente para todas las tareas y no está igualmente interesado en todas las clases de tareas. Por otra parte los procesos mentales sí son genéricos. Nosotros debemos argumentar que existe la complejidad mental como parte del carácter de una persona sin considerar el tipo de trabajo.*

Sin embargo, valores, habilidades y conocimientos reunidos para el desarrollo de una tarea en particular, influyen sobre el grado de aprovechamiento del potencial de los procesos mentales de una persona.

David C. McClelland[4] analiza la motivación humana y es la base sobre la que se desarrolla la gestión por competencias. Comprender la motivación humana a partir de este método lleva a la definición de un motivo como el interés recurrente para el logro de un objetivo basado en un incentivo natural; un interés que energiza, orienta y selecciona comportamientos.

La explicación de los términos claves de esta definición debería ayudarnos a clarificar y resumir lo que los psicólogos han aprendido acerca de la motivación humana. Básicamente, un motivo puede darse cuando se piensa acerca de un objetivo con frecuencia, es decir, se trata de un interés recurrente y no de pensamientos ocasionales. Una persona que recién ha comido puede a veces pensar acerca de estar sin alimento, pero una persona que piensa continuamente acerca de verse privada de alimentos, aun cuando no está hambrienta, es aquella que podríamos caracterizar como fuertemente motivada por la comida.

Los tres sistemas importantes de motivación humana según David McClelland

Los logros en el conocimiento acerca de qué son los motivos y cómo pueden ser medidos han llevado a un progreso sustancial en la comprensión de tres importantes sistemas motivacionales que gobiernan el comportamiento humano.

➤ Los logros como motivación

Históricamente, la primera en ser intensamente investigada fue la motivación por el logro o *"n acchievement"*. A medida que se progresó en esta investigación fue

---

[4] Mc Clelland, David C., *Human Motivation*, Cambridge University Press, Cambridge, 1999. Obra original de 1987.

resultando evidente que podría haber sido mejor denominado el motivo eficiencia, porque representa un interés recurrente por hacer algo mejor. Hacer algo mejor implica algún estándar de comparación interno o externo y quizás es mejor concebido en términos de eficiencia o un ratio *input/output*. Mejorar significa obtener el mismo *output* con menos trabajo, obtener un mayor *output* con el mismo trabajo o, lo mejor de todo, obtener un mayor *output* con menos trabajo.

De esta manera la gente con alto *"n acchievement"* prefiere actuar en situaciones donde hay alguna posibilidad de mejoras de esta clase. No son atraídas –y por lo tanto no trabajan más duro– por situaciones donde no hay posibilidades de lograr mejoras, esto es, en trabajos muy fáciles o muy difíciles. Las personas con alta orientación al logro prefieren tener responsabilidad personal por el resultado. Si es bueno, les da información de cuán bien lo están haciendo. Los *entrepreneurs* exitosos tienen alto *"n acchievement"*.

> **El poder como motivación**

La necesidad de poder como clave en el pensamiento asociativo representa una preocupación recurrente que impacta sobre la gente y quizá también sobre las cosas. Se ha demostrado, con experiencias que involucran sentimientos de fortaleza física o psicológica, que los más altos resultados han sido recolectados de individuos con alta *"n power"*.

Altos niveles de *"n power"* están asociados con muchas actividades competitivas y asertivas con un interés en obtener y preservar prestigio y reputación.

Sin embargo, desde que la competencia y particularmente las actividades agresivas son altamente controladas por la sociedad debido a sus efectos potencialmente destructivos, la válvula de escape para esta motivación del poder varía grandemente de acuerdo con las normas que las personas han internalizado como comportamientos aceptables.

> **La pertenencia como motivación**

Se sabe menos de esta motivación que sobre las dos anteriores. Estaría derivada de la necesidad de estar con otros, pero no hay certeza de cuál es la causa natural del amor o el deseo de estar con otros como motivación.

Estas motivaciones se combinan con otras características para determinar acción.

Peretti[5] se refiere a los grandes déficits, para el siglo que se inicia, derivados de las mutaciones tecnológicas con sus consecuencias en materia de empleo, califica-

---

[5]   Peretti, Jean-Marie, *Gestion des ressources humaines*, Librairie Vuibert, París, 1998

ción, formación, motivación y remuneración. Mantener una adecuación cualitativa y cuantitativa del empleo implica un *approach* dinámico, una lógica empleabilidad de cada una de las personas, una gestión preventiva de los recursos humanos, un esfuerzo permanente para la calificación y recalificación del personal en su puesto de trabajo. El desarrollo y movilidad de empleados y los nuevos métodos de selección constituyen el encuadre necesario de un esquema de dirección del empleo y de las competencias.

Para los autores Caretta, Dalziel y Mitrani[6] los complejos escenarios del fin de siglo, en especial dentro del mundo laboral, requieren:

➤ Identificar las características y las capacidades personales necesarias para enfrentar adecuadamente el actual contexto siempre más complejo y desafiante.

➤ Planificar las organizaciones y los recursos humanos para satisfacer la necesidad de la empresa y de los individuos que en ella trabajan.

➤ Adoptar sistemas de gestión y evaluación que contemplen valorar y premiar de un modo coherente a las personas.

Según Ken Blanchard[7], para crear el empowerment[8] del personal y de las organizaciones la clave primera es compartir la información con otros, en realidad *con todos*.

El personal sin información no puede actuar responsablemente. El personal con información se ve impulsado a actuar responsablemente.

Compartir información con todos:

a) *Es la primera clave para el empowerment del personal y las organizaciones.*

b) *Hace que el personal comprenda la situación con claridad.*

c) *Comienza a fomentar la confianza en todo el ámbito de la organización.*

d) *Quiebra el tradicional pensamiento jerárquico.*

e) *Contribuye a que el personal sea más responsable.*

f) *Anima al personal a comportarse como propietario de la empresa.*

---

[6] Caretta, Antonio; Dalziel, Murray M. y Mitrani, Alain, *Dalle Risorse Umanezalle Competenze*, Franco Angeli Azienda Moderna, Milán, 1992.

[7] Blanchard, Ken; Carlos, John P.; Randolph, Alan, *El empowerment*, Ediciones Deusto, Bilbao, 1996.

[8] Nota del autor: permítame el lector que no traduzca la palabra *empowerment* por "empoderamiento" como hacen los defensores a ultranza de la lengua castellana, ya que prefiero "traducirla" utilizando una frase más amplia. *Empowerment* es delegar el poder a través de crear confianza, compartir la visión creando de ese modo un mayor sentido de responsabilidad, reemplazando las antiguas jerarquías por modernos equipos autodirigidos.

La segunda clave, crear autonomía a través de los límites de la estructura organizativa:

a) *Se fundamenta en compartir la información.*

b) *Clarifica la visión (la gran panorámica) a través de los aportes de todos y cada uno.*

c) *Contribuye a traducir la visión en roles y objetivos (panorámicas más reducidas).*

d) *Define los valores y las normas que subyacen en las acciones deseables; si los valores están claros, la toma de decisiones resulta más fácil.*

e) *Desarrolla estructuras y procedimientos para lograr el empowerment del personal.*

f) *Nos recuerda que estamos embarcados en un viaje.*

Y la tercera, reemplazar la jerarquía por equipos autodirigidos:

a) *Los equipos trabajando con empowerment pueden rendir más que los empleados trabajando aisladamente con empowerment.*

b) *Al principio el personal no sabe cómo trabajar en equipos autodirigidos.*

c) *La insatisfacción es una etapa natural del proceso.*

d) *Cada persona tiene que recibir formación sobre trabajo en equipos.*

e) *El compromiso y el apoyo tienen que proceder "de arriba".*

f) *Los equipos que dispongan de información y de técnica pueden reemplazar a la jerarquía antes existente.*

En la visión de Blanchard, las tres claves funcionan en una interacción dinámica.

¿Por qué detenerse a analizar el texto de Ken Blanchard sobre el empowerment? Porque de su texto se desprenden en cascada una serie de temas y conceptos que abordaremos en esta obra y en especial en este capítulo. De todos modos, como en nuestra materia todos los temas se relacionan, estos párrafos son también pertinentes con otros capítulos, por ejemplo el capítulo 8, donde se verá capacitación y entrenamiento, y el 9, donde se verá el capital intelectual en relación con la función de desarrollo de los recursos humanos.

Para Ernst & Young[9] las características (o competencias) que garantizan el éxito son:

1. **Los conocimientos**: que derivan de la aplicación de una técnica específica.

2. **Las habilidades**: que normalmente se adquieren mediante entrenamiento y experiencia.

---

[9] *Manual del director de Recursos Humanos*, Ernst & Young Consultores, Edición especial de Cinco Días. Madrid, 1998.

3. **Las cualidades**: algunas están relacionadas con rasgos o características personales y son más difíciles de obtener y modificar en corto plazo.

Características que garantizan el éxito

Competencias

Conocimientos

Cualidades

Habilidades

Fuente: *Manual del director de Recursos Humanos.*

Nos referiremos muchas veces a las competencias, y en esa palabra englobaremos muchos conceptos. Para graficar mejor la idea hemos denominado competencias específicas o competencias de conocimientos a las técnicas, y competencias de gestión a las que trataremos en esta parte de la obra.

Competencias técnicas o de conocimiento y competencias de gestión

Iniciativa - autonomía

Trabajo en equipo

Orientación al cliente

Conocimientos específicos requeridos para el puesto (Por ejemplo un determinado software)

Nota: se consignan sólo tres competencias para graficar más claramente la idea.

Las competencias de gestión se refieren al comportamiento de las personas en el trabajo o en situación de trabajo. En nuestra opinión las competencias técnicas o derivadas del conocimiento –que son a su vez las más fáciles de detectar o evaluar– son la base para seguir adelante. Por eso la imagen de ladrillos o cubos donde los conocimientos están abajo, o primero que las conductas o competencias. ¿Por qué? Veamos un ejemplo: si se está realizando una selección, lo más sencillo es evaluar los conocimientos de una persona y, por otra parte, estos suelen ser excluyentes en un proceso de búsqueda. El proceso de evaluación comienza *por lo más fácil y a su vez excluyente, los conocimientos requeridos. Los candidatos que posean esos conocimientos excluyentes serán a continuación evaluados en sus competencias o características más profundas.*

Ejemplos de competencias técnicas o de conocimientos

➢ Informática;
➢ contabilidad financiera;
➢ impuestos;
➢ leyes laborales;
➢ cálculo matemático;
➢ idiomas.

Ejemplos de competencias de gestión o derivadas de las conductas

➢ Iniciativa, autonomía;
➢ orientación al cliente;
➢ relaciones públicas;
➢ comunicación;
➢ trabajo en equipo;
➢ liderazgo;
➢ capacidad de síntesis.

Las competencias difieren según las especialidades y los niveles de los funcionarios dentro de un esquema general de la compañía. En ocasiones una misma competencia, como el liderazgo, puede ser requerida para jóvenes profesionales y para los máximos ejecutivos, pero tener diferente importancia entre ambos niveles. Capacidad de aprendizaje puede ser definida como una competencia para niveles iniciales y no incluirse en los niveles de dirección.

A continuación haremos una breve referencia a diferentes autores y algunos ejemplos prácticos en materia de gestión por competencias.

¿Cómo definir una competencia?[10]

Si bien fue David Mc Clelland[11] el propulsor de estos conceptos, comenzaremos por la definición de competencias de Spencer y Spencer[12]: *competencia es una característica subyacente en el individuo que está causalmente relacionada a un estándar de efectividad y/o a una performance superior en un trabajo o situación.*

Característica subyacente significa que la competencia es una parte profunda de la personalidad y puede predecir el comportamiento en una amplia variedad de situaciones y desafíos laborales.

Causalmente relacionada significa que la competencia origina o anticipa el comportamiento y el desempeño.

Estándar de efectividad significa que la competencia realmente predice quién hace algo bien o pobremente, medido sobre un criterio general o estándar. Ejemplos de criterios: el volumen de ventas en dólares para vendedores o el número de clientes que compran un servicio.

Siguiendo a Spencer & Spencer, las competencias son, en definitiva, características fundamentales del hombre e indican "formas de comportamiento o de pensar, que generalizan diferentes situaciones y duran por un largo período de tiempo".

Ernst & Young[13] define competencia como *la característica de una persona, ya sea innata o adquirida, que está relacionada con una actuación de éxito en un puesto de trabajo.*

Todas las personas tienen un conjunto de atributos y conocimientos, adquiridos o innatos, que definen sus competencias para una cierta actividad. Sin embargo, descubrir las competencias no requiere estudiar exhaustivamente el perfil físico, psicológico o emocional de cada persona. Solamente interesan aquellas características que hagan eficaces a las personas dentro de la empresa.

---

[10] Nos hemos referido con anterioridad a este tema en *Elija el mejor. Cómo entrevistar por competencias*, Ediciones Granica, 1999, capítulo 17.

[11] Mc Clelland, David, obra citada.

[12] Spencer, Lyle M. y Spencer, Signe M., *Competence at work, models for superior performance*, John Wiley & Sons, Inc., USA, 1993.

[13] Ernst & Young, "Innovación en la gestión empresarial", Fascículo N° 6 *Gestión por competencias*, Cuadernos Cinco Días, Madrid, 1998

Clasificación de competencias

Para Spencer y Spencer[14] son cinco los principales tipos de competencias:

1. *Motivación*. Los intereses que una persona considera o desea consistentemente. Las motivaciones "dirigen, conllevan y seleccionan" el comportamiento hacia ciertas acciones u objetivos y lo aleja de otros.

    Ejemplo: las personas motivadas que desean éxito se establecen constantemente objetivos, toman responsabilidad propia para alcanzarlos y utilizan la retroalimentación para desempeñarse mejor.

2. *Características*. Características físicas y respuestas consistentes a situaciones o información.

    Ejemplo: tiempo de reacción y buena vista son competencias físicas para los pilotos de combate.

    El autocontrol y la iniciativa son "respuestas consistentes a situaciones" más complejas. Algunas personas no "molestan" a otras y actúan "por encima y más allá del llamado del deber" para resolver problemas bajo estrés. Estas competencias son características de los gerentes exitosos.

    Los motivos y las características son *operarios* intrínsecos o "rasgos supremos" propios que determinan cómo se desempeñarán las personas a largo plazo en sus puestos sin una supervisión cercana.

3. *Concepto propio o concepto de uno mismo*. Las actitudes, valores o imagen propia de una persona.

    Ejemplo: la confianza en sí mismo, la seguridad de poder desempeñarse bien en cualquier situación, es parte del concepto de sí mismo.

    Los valores de las personas son motivos reactivos que *corresponden* o predicen cómo se desempeñarán en sus puestos a corto plazo y en situaciones donde otras personas están a cargo. Por ejemplo, es más probable que una persona que *valora* ser líder demuestre un comportamiento de liderazgo si se le dice que una tarea o empleo será "una evaluación de habilidad de liderazgo". Por lo general, las personas que *valoran* estar "en management" pero no les gusta o no consideran influenciar a otros a un nivel motivacional, ingresan a posiciones de management pero luego fracasan.

4. *Conocimiento*. La información que una persona posee sobre áreas específicas.

    Ejemplo: conocimiento de la anatomía de los nervios y músculos en el cuerpo humano.

---

[14] Spencer & Spencer, obra citada.

El conocimiento es una competencia compleja. En general, las evaluaciones de conocimiento no logran predecir el desempeño laboral porque el conocimiento y las habilidades no pueden medirse de la misma forma en que se utilizan en el puesto. En primer lugar, muchas evaluaciones de conocimiento miden la memoria, cuando lo que realmente importa es la información. La memoria de los hechos específicos es menos importante que saber cuáles son los hechos relevantes para un problema determinado, y dónde encontrarlos cuando se necesitan. En segundo lugar, las evaluaciones de conocimiento son "respondedoras". Miden la habilidad de las personas para determinar cuál es la respuesta adecuada entre una variedad de respuestas, pero no miden si una persona puede actuar en base al conocimiento. Por ejemplo, la habilidad de determinar el mejor argumento es muy diferente a la habilidad para enfrentar una situación conflictiva y discutir persuasivamente. En tercer y último lugar, el conocimiento predice lo que una persona *puede* hacer, no lo que realmente hará.

5. *Habilidad.* La capacidad de desempeñar cierta tarea física o mental.

   Ejemplo: la "mano" de un dentista para arreglar una caries sin dañar el nervio; la capacidad de un programador para organizar 50.000 líneas de código en un orden lógico secuencial.

Las competencias mentales o cognoscitivas incluyen pensamiento analítico (procesamiento de información y datos, determinación de causa y efecto, organización de datos y planos) y pensamiento conceptual (reconocimiento de características en datos complejos).

El tipo o el nivel de competencia tiene implicaciones prácticas para el planeamiento de recursos humanos. Las competencias de conocimiento y habilidad tienden a ser características visibles y relativamente superficiales. Las competencias de concepto de sí mismo, características y motivaciones están más escondidas, más "adentro" de la personalidad.

El conocimiento y la habilidad son relativamente fáciles de desarrollar; la manera más económica de hacerlo es mediante capacitación.

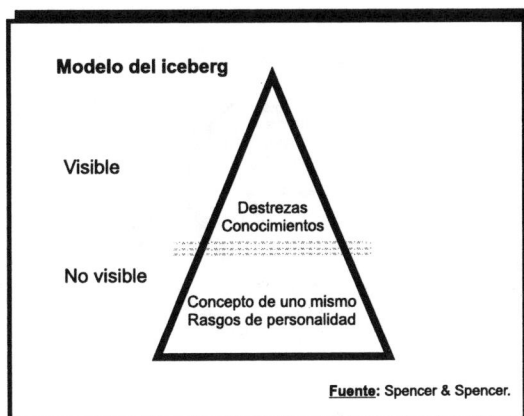

Modelo del iceberg

Visible

Destrezas
Conocimientos

No visible

Concepto de uno mismo
Rasgos de personalidad

Fuente: Spencer & Spencer.

Continuando con los autores mencionados, estos introducen el "Modelo del iceberg", donde muy gráficamente dividen las competencias en dos grandes grupos: las más fáciles de detectar y desarrollar, como las destrezas y conocimientos, y las menos fáciles de detectar y luego desarrollar, como el concepto de uno mismo, las actitudes y los valores y el núcleo mismo de la personalidad. En este esquema las competencias son centrales y superficiales (entiéndase superficial por estar en la superficie).

Para Spencer & Spencer, muchas organizaciones seleccionan en base a conocimientos y habilidades (contratando masters en Administración de Empresas de buenas universidades) y asumen que los nuevos empleados poseen la motivación fundamental y las características necesarias, o que estas competencias se pueden infundir mediante un buen management. Probablemente lo contrario sea más económico: las organizaciones deberían seleccionar en base a buenas competencias de motivación y características y enseñar el conocimiento y habilidades que se requieren para los puestos específicos. Como dice un director de personal: "Se le puede enseñar a un pavo a trepar un árbol, pero es más fácil contratar a una ardilla".

En los puestos complejos, las competencias son más importantes que las habilidades relacionadas con la tarea, la inteligencia o las credenciales, para predecir un desempeño superior. Esto se debe al "efecto restringido de rango". En empleos de niveles superiores técnicos, de management y profesionales, casi *todos* poseen un coeficiente intelectual de 120 o más y un grado avanzado de una buena universidad. Lo que distingue a los que se desempeñan mejor en estos puestos es la motivación y las habilidades interpersonales y políticas. Los estudios de competencias son la manera más económica para cubrir estas posiciones.

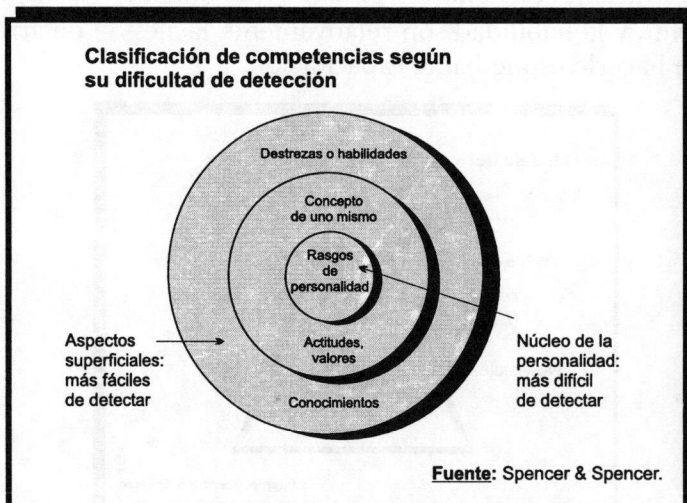

Clasificación de competencias según su dificultad de detección

Destrezas o habilidades

Concepto de uno mismo

Rasgos de personalidad

Actitudes, valores

Conocimientos

Aspectos superficiales: más fáciles de detectar

Núcleo de la personalidad: más difícil de detectar

Fuente: Spencer & Spencer.

En síntesis, para Spencer y Spencer las competencias se pueden clasificar en:

Competencias de logro y acción
Orientación al logro.
Preocupación por el orden, calidad y precisión.
Iniciativa.
Búsqueda de información.

Competencias de ayuda y servicio
Entendimiento interpersonal.
Orientación al cliente.

Competencias de influencia
Influencia e impacto.
Construcción de relaciones.
Conciencia organizacional.

Competencias gerenciales
Desarrollo de personas.
Dirección de personas.
Trabajo en equipo y cooperación.
Liderazgo.

Competencias cognoscitivas
Pensamiento analítico.
Razonamiento conceptual.
Experiencia técnica/profesional/de dirección.

Competencias de eficacia personal
Autocontrol.
Confianza en sí mismo.
Comportamiento ante los fracasos.
Flexibilidad.

Expusimos hasta aquí el tema de competencias en base a autores norteamericanos; haremos un pequeño resumen de cómo aborda el tema una autora francesa, Claude Levy-Leboyer[15]. Esta profesora de Psicología del Trabajo resume el tema de la siguiente manera:

---

[15] Levy-Leboyer, Claude, *La gestion des compétences*, Les éditions d´organisation, París, 1992.

⇨ La competencias son una lista de comportamientos que ciertas personas poseen más que otras, que las transforman en más eficaces para una situación dada.

⇨ Esos comportamientos son observables en la realidad cotidiana del trabajo e igualmente en situaciones de evaluación. Ellos aplican de manera integral sus aptitudes, sus rasgos de personalidad y sus conocimientos adquiridos.

⇨ Las competencias representan un rasgo de unión entre las características individuales y las cualidades requeridas para conducir muy bien las misiones profesionales prefijadas.

La misma autora[16] presenta un listado de **competencias universales para los cuadros superiores**:

Presentación oral.

Comunicación oral.

Comunicación escrita.

Análisis de problemas de la organización.

Comprensión de los problemas de la organización.

Análisis de los problemas de fuera de su organización.

Comprensión de los problemas de fuera de su organización.

Planificación y organización.

Delegación.

Control.

Desarrollo de sus subordinados.

Sensibilidad.

Autoridad sobre individuos.

Autoridad sobre grupos.

Tenacidad.

Negociación.

Vocación para el análisis.

Sentido común.

Creatividad.

Toma de riesgos.

Decisión.

Conocimientos técnicos y profesionales.

Energía.

Apertura a otros intereses.

---

[16] Levy-Leboyer, Claude, *La gestion des compétences,* Les éditions d´organisation, París, 1992

Iniciativa.

Tolerancia al estrés.

Adaptabilidad.

Independencia.

Motivación.

La autora plantea diferentes listados de competencias. Otro de ellos que resulta interesante es el que denomina **supracompetencias**:

Intelectuales

Perspectiva estratégica.

Análisis y sentido común.

Planificación y organización.

Interpersonales

Dirigir colaboradores.

Persuasión.

Decisión.

Sensibilidad interpersonal.

Comunicación oral.

Adaptabilidad

Adaptación al medio.

Orientación a resultados

Energía e iniciativa.

Deseos de éxito.

Sensatez para los negocios.

¿Las competencias son individuales? Si esto es así, ¿cuál es su relación con las empresas? Para Levy-Leboyer, "las competencias individuales y competencias clave de la empresa están en estrecha relación: las competencias de la empresa están constituidas ante todo por la integración y la coordinación de las competencias individuales, al igual que, a otra escala, las competencias individuales representan una integración y una coordinación de *savoir-faire,* conocimientos y cualidades individuales. De ahí la importancia, para la empresa, de administrar bien su stock de competencias individuales, tanto actuales como potenciales".

En otras palabras, así como las competencias son la base y son muy importantes para un individuo, también lo son para la empresa.

¿Cómo se identifican unas y otras? Las competencias individuales se identifican a través del análisis de los comportamientos. Las competencias de la empresa, en cambio, utilizando métodos de análisis de mercado y de evolución de los proyectos de la empresa.

Los diagnósticos de competencias individuales permiten saber lo que cada individuo aporta al ejercicio de una misión que le ha sido encargada para realizarla lo mejor posible. El análisis de las competencias de la empresa permite definir los espacios del mercado en los que la empresa es competitiva a largo y corto plazo.

Las competencias individuales son propiedad del individuo. Las competencias de la empresa son desarrolladas en común por los individuos, pero pertenecen a la empresa[17]. De todos modos los diferentes autores coinciden en que la supervivencia de las empresas depende de su capacidad para crear conocimientos en sus recursos humanos y utilizarlos.

Para otra francesa, Nadine Jolis[18], las competencias se correlacionan entre sí y se dividen en:

a) Competencias teóricas. Por ejemplo: conectar saberes adquiridos durante la formación con la información.

b) Competencias prácticas. Por ejemplo: traducir la información y los conocimientos en acciones operativas o enriquecer los procedimientos con calidad.

c) Competencias sociales. Por ejemplo: lograr que trabaje un equipo o capacidad para relacionarse.

d) Competencias del conocimiento (combinar y resolver). Por ejemplo: conjugar información con saber, coordinar acciones, buscar nuevas soluciones, poder (y saber) aportar innovaciones y creatividad.

Las tres primeras convergen en la última.

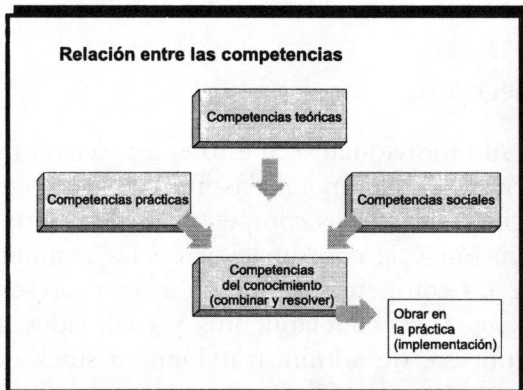

Relación entre las competencias

Competencias teóricas

Competencias prácticas

Competencias sociales

Competencias del conocimiento (combinar y resolver)

Obrar en la práctica (implementación)

---

[17] Nos referiremos al capital intelectual en el capítulo 9.
[18] Jolis, Nadine, *Compétences et Compétitivité*, Les éditions d´organisation, París, 1998

El reconocimiento de las diferentes competencias tiene mucha importancia en la implementación de los procesos de recursos humanos. Para capacitar o evaluar al personal podrá ser de gran ayuda comprender las diferencias entre unas y otras, ya que pueden requerir diferentes caminos o soluciones a desarrollar.

Por último, citaremos otra vez a Spencer & Spencer[19]. Para estos autores las competencias pueden clasificarse también en dos categorías: "punto inicial" y "diferenciales", según el criterio de desempeño laboral que predicen.

- *Competencias de punto inicial.* Son características esenciales (generalmente conocimiento o habilidades básicas, como la habilidad de leer) que todos necesitan en cualquier empleo para desempeñarse mínimamente bien. Una competencia de punto inicial es, por ejemplo, conocimiento del producto o la capacidad de hacer facturas.
- *Competencias diferenciales.* Estos factores distinguen a las personas de niveles superiores. Por ejemplo, orientación a establecer objetivos más altos que los que la organización requiere, es una competencia que diferencia a las personas de niveles superiores al personal de ventas.

Las competencias y la inteligencia emocional

Daniel Goleman[20], en su libro *La inteligencia emocional en la empresa*, plantea interesantes conceptos que se relacionan con los primeros párrafos de este capítulo y con nuestro tema en general. El autor no hace referencia específicamente a las competencias aunque sí menciona a David Mc Clelland[21], quien fue su profesor en Harvard.

Las reglas del trabajo están cambiando. Ahora se nos juzga según normas nuevas: ya no importan solo la sagacidad, la preparación y la experiencia, sino cómo nos manejamos con nosotros mismos y con los demás. Esta norma se aplica cada vez más para decidir quién será contratado y quién no, a quién se retiene y a quién se deja ir, a quién se asciende y a quién se pasa por alto.

Las nuevas reglas vaticinan quién tiene más posibilidades de lograr un desempeño estelar y quién es más propenso a descarrilar. Cualquiera sea la especialidad en la que trabajemos actualmente, miden características cruciales que nos hacen aptos para futuros empleos.

Estas reglas guardan poca relación con lo que la escuela marcaba como importante; para estos patrones, la preparación académica tiene poca relevancia. La nueva medida da por sentado que tenemos suficiente capacidad intelectual y preparación técnica para desempeñarnos en el

---

[19] Spencer & Spencer, obra citada.
[20] Goleman, Daniel, *La inteligencia emocional en la empresa*, Javier Vergara Editor, Buenos Aires, 1999.
[21] Obra citada.

empleo; en cambio, se concentra en ciertas cualidades personales, como la iniciativa y la empatía, la adaptabilidad y la persuasión.

No se trata de una moda pasajera, de la panacea gerencial del momento...

Al coeficiente intelectual debe adicionársele el coeficiente emocional que evidencia las actitudes personales y sociales. El "poder" hacer, que se deriva de la educación formal, el entrenamiento y la experiencia, se combina con el "querer" hacer representado por competencias tales como **motivación para el logro, deseo de asumir responsabilidades** y honestidad en el accionar. Estas competencias aumentan la productividad, agregan valor al trabajo y brindan satisfacción.

Nos hemos referido en el capítulo 1 a *la empleabilidad* como un factor importante, definiéndola como la *chance* de encontrar o no un empleo. Entre los aspectos clave para mantenerse *interesante* a los ojos de un futuro empleador señalamos: capacidades actualizadas permanentemente, compromiso, disponibilidad para el trabajo y la actitud frente a una búsqueda. Todos estos aspectos se encuentran dentro de los "factores emocionales".

Volviendo otra vez a Goleman, el autor aclara algunos "conceptos erróneos". *Inteligencia emocional no significa simplemente "ser simpático". En momentos estratégicos puede requerir, por el contrario, enfrentar sin rodeos a alguien para hacerle ver una verdad importante, aunque molesta, que haya estado evitando. La inteligencia emocional no significa dar rienda suelta a los sentimientos, por el contrario, significa manejar los sentimientos de modo tal de expresarlos adecuadamente y con efectividad, permitiendo que las personas trabajen juntas sin roces en busca de una meta común.*

Nos hemos referido además a la selección por competencias, en especial a cómo entrevistar por competencias[22], coincidiendo con Goleman en que para seleccionar personas *se evalúa cada vez más "la inteligencia emocional" –cómo nos manejamos con nosotros mismos y con los demás– para decidir quién será contratado y quién no.*

El licenciado Marcelo Iglesias[23], en una conferencia, hace el siguiente resumen de cómo se relaciona la inteligencia emocional con el ámbito laboral.

Aptitud personal (dominio de uno mismo)

Autoconocimiento

*   Conciencia emocional: reconocer las propias emociones y sus efectos.
*   Autoevaluación precisa: conocer las propias fuerzas y sus límites.
*   Confianza en uno mismo: certeza sobre el propio valor y facultades.

---

[22] *Elija al mejor. Cómo entrevistar por competencias*. Ediciones Granica, 1999.
[23] Licenciado Marcelo Iglesias, Jornadas "El futuro de la gestión de Recursos Humanos", panel "Gestión del capital intelectual"; tema a su cargo: "La inteligencia emocional en el ámbito laboral". Buenos Aires. 2 de julio de 1999.

Autorregulación

- Autocontrol: manejar las emociones y los impulsos perjudiciales.
- Confiabilidad: mantener normas de honestidad e integridad.
- Escrupulosidad: aceptar la responsabilidad del desempeño personal.
- Adaptabilidad: flexibilidad para manejar el cambio.
- Innovación: estar abierto y bien dispuesto para las ideas y los enfoques novedosos y la nueva información.

Motivación

- Afán de triunfo: esforzarse por mejorar o cumplir una norma de excelencia.
- Compromiso: aliarse a las metas del grupo u organización.
- Iniciativa: disposición para aprovechar las oportunidades.
- Optimismo: tenacidad para buscar el objetivo, pese a los obstáculos y reveses.

Aptitud social (manejo de las relaciones)

Empatía

- Comprender a los demás: percibir los sentimientos y perspectivas ajenos e interesarse activamente en sus preocupaciones.
- Ayudar a los demás a desarrollarse: percibir las necesidades de desarrollo ajenas y fomentar sus aptitudes.
- Orientación hacia el servicio: prever, reconocer y satisfacer las necesidades del cliente.
- Aprovechar la diversidad: cultivar oportunidades a través de diferentes tipos de personas.
- Conciencia política: interpretar las corrientes emocionales de un grupo y sus relaciones de poder.

Habilidades sociales

- Influencia: aplicar tácticas efectivas para la persuasión.
- Comunicación: ser capaz de escuchar activamente y transmitir mensajes claros y convincentes.
- Manejo de conflictos: negociar y resolver los desacuerdos.
- Liderazgo: inspirar y guiar a grupos e individuos.
- Catalizar el cambio: iniciar o manejar el cambio.
- Establecer vínculos: alimentar las relaciones instrumentales.

- Colaboración y cooperación: trabajar con otros para alcanzar metas compartidas.
- Habilidades de equipo: crear sinergia grupal para alcanzar las metas colectivas.

Ejemplos prácticos

Para una mejor comprensión de estos conceptos incluiremos aquí algunos ejemplos de competencias utilizadas por algunas compañías.

Banca Nazionale del Lavoro

Para los empleados *junior* del área comercial han definido las siguientes competencias:

- Orientación al cliente;
- orientación a la calidad;
- orientación a los resultados;
- iniciativa, proactividad;
- adaptación al cambio;
- trabajo en equipo.

Citibank

Para sus jóvenes profesionales ha definido las siguientes competencias:

- Iniciativa, autonomía;
- dinamismo, energía;
- responsabilidad;
- orientación al cliente interno y externo;
- capacidad de aprendizaje;
- productividad;
- alta adaptabilidad, flexibilidad;
- liderazgo;
- trabajo en equipo (*team work*);
- tolerancia a la presión;
- modalidad de contacto;
- habilidad analítica;
- expectativas de desarrollo profesional.

Novartis

Para ellos las competencias claves del éxito son:

- Liderazgo;
- potenciar el equipo de trabajo bajo la figura de *dar poder al equipo (empowerment)*;
- servicio al cliente, calidad de trabajo;
- competencia, capacidad;
- rapidez, desempeño, sencillez, iniciativa;
- franqueza, confiabilidad, integridad;
- comunicaciones;
- nivel de compromiso, disciplina personal.

Ford Argentina

Bajo el lema de excelencia para los negocios definen sus competencias:

Conocimientos y experiencia

- Idoneidad técnica;
- visión global de negocios;
- métodos de calidad.

Habilidades

- Pensamiento sistémico;
- orientación a resultados;
- comunicación.

Características personales

- Coraje;
- perseverancia;
- innovación.

Valores

- Compromiso y dedicación;
- trabajo en equipo;
- integridad.

Ejemplos de modelos de competencias

¿Quién define las competencias?
La insoslayable participación de la máxima conducción

Este no es un tema menor; en todos los casos que conocemos, es imprescindible este compromiso y participación de la máxima línea de conducción. La definición de las competencias no puede dejarse en manos de menor nivel dentro de la organización, aunque sean expertas. Si recurre a la ayuda de una consultora externa ésta deberá trabajar, sin excepción, con los número uno de la empresa para definir las competencias. Los llamados diccionarios de competencias son infinitos como la imaginación de los distintos especialistas; por lo tanto, como la empresa no es de los consultores, será ella misma la que deberá definir sus propias competencias o factores clave del éxito.

Las competencias así definidas se aplican a las diferentes funciones y procesos de recursos humanos.

Evolución de las competencias según los niveles jerárquicos

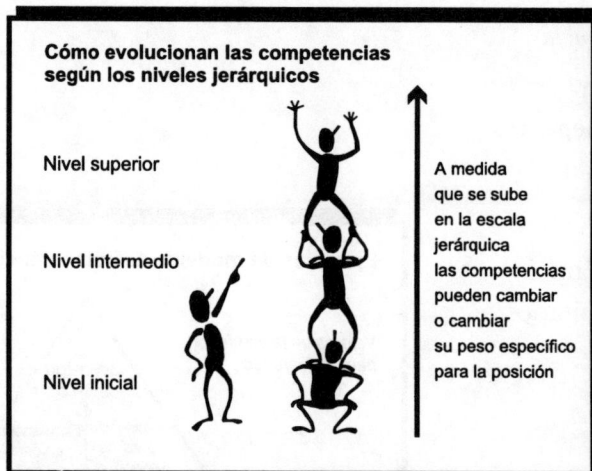

A medida que se asciende o desciende en la escala jerárquica, según el punto de partida del análisis, las competencias pueden cambiar o cambiar el grado en el cual son necesarias. Por ejemplo, la competencia *capacidad de aprendizaje* tiene un contenido e importancia diferentes si observamos a un joven profesional y a un directivo de área. Del mismo modo y en sentido inverso, la competencia *pensamiento estratégico*, si bien es importante en los jóvenes, futuros ejecutivos de una empresa, será un requisito excluyente cuando se observa o analiza a la máxima conducción de la misma.

Un buen ejemplo de este concepto lo podemos encontrar en la competencia *liderazgo*. No se requiere el mismo liderazgo para el CEO[24] de la compañía que para el jefe de Empleos o el de Capacitación. Estas dos últimas posiciones requieren la competencia liderazgo pero de una manera diferente.

Así como las organizaciones son dinámicas y las personas cambian dentro de ella, lo mismo sucede con las competencias. La visión de una competencia no es una visión estática, varía según los puestos dentro de una misma organización y varía en las personas que la detentan.

Grados de competencia

Además de definir las competencias, es necesario fijar distintos grados. Por ejemplo, siguiendo la nomenclatura usada en otras partes de la obra:

Liderazgo

A: Alto. Genera en todos los ámbitos y actividades un ambiente de entusiasmo, ilusión y compromiso de las personas hacia la organización. Es un modelo para los demás con la máxima credibilidad y reputación.

B: Bueno. Es reconocido en su entorno laboral como un líder y modelo a seguir. Transmite a las personas los valores y visión del negocio, y estas depositan su confianza en él.

C: Mínimo necesario. Mantiene la motivación de las personas y asegura que sus necesidades sean cubiertas. Sus colaboradores reconocen su liderazgo en el grupo.

D: Insatisfactorio: El grupo no lo reconoce como líder. Es ampliamente cuestionado y en él solo se ve una figura autoritaria.

A partir de esta apertura de la competencia liderazgo en niveles, se debe, en un segundo paso, asignar los niveles requeridos a cada puesto. No se requiere el mismo grado de liderazgo en un gerente comercial que en un analista programador, por poner dos posiciones extremas. De todos modos el nivel D o insatisfactorio no parece adecuado o deseable para posición alguna. En todo caso, el liderazgo podrá ser una competencia no necesaria para el puesto.

Pasos necesarios de un sistema de gestión por competencias

Para trabajar con un esquema por competencias es necesario "empezar por el principio". Esto es, definir la visión de la empresa: *hacia dónde vamos*; los objetivos y la

---

[24] *Chief executive officer* o número uno de la empresa o gerente general, según las diferentes denominaciones.

misión: *qué hacemos*; y a partir de la máxima conducción de la empresa, con su participación e involucramiento, decidir *cómo lo hacemos*:

⇨ Definir visión y misión.

⇨ Definición de competencias por la máxima dirección de la compañía.

⇨ Prueba de las competencias en un grupo de ejecutivos de la organización.

⇨ Validación de las competencias.

⇨ Diseño de los procesos de recursos humanos por competencias.

Según una consultora internacional,[25] para implementar la gestión por competencias se necesita:

➤ Definición de las competencias.

➤ Definición de grados.

➤ Diseño de perfiles profesionales.

➤ Análisis de las competencias del personal.

➤ Implantación del sistema.

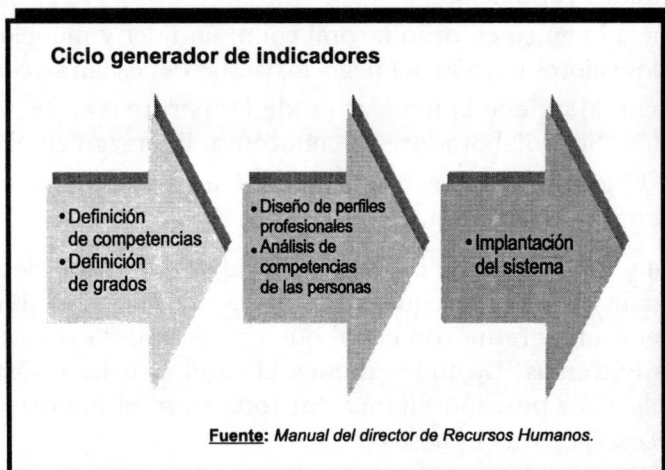

Ciclo generador de indicadores

- Definición de competencias
- Definición de grados

- Diseño de perfiles profesionales
- Análisis de competencias de las personas

- Implantación del sistema

Fuente: *Manual del director de Recursos Humanos.*

En ambos esquemas es imprescindible la participación de la máxima conducción de la compañía antes y durante la implantación del sistema de gestión por competencias.

---

[25] *Manual del director de Recursos Humanos*, obra citada

Criterios efectivos para definir competencias

Los pasos necesarios:

➢ Definir criterios de desempeño.

➢ Identificar una muestra.

➢ Recoger información.

➢ Identificar tareas y los requerimientos en materia de competencias de cada una de ellas; esto implica la definición final de la competencia y su correspondiente apertura en grados.

➢ Validar el modelo de competencias.

➢ Aplicar el modelo a los subsistemas de recursos humanos: selección, entrenamiento y capacitación, desarrollo, evaluación de desempeño, planes de sucesión y un esquema de remuneraciones.

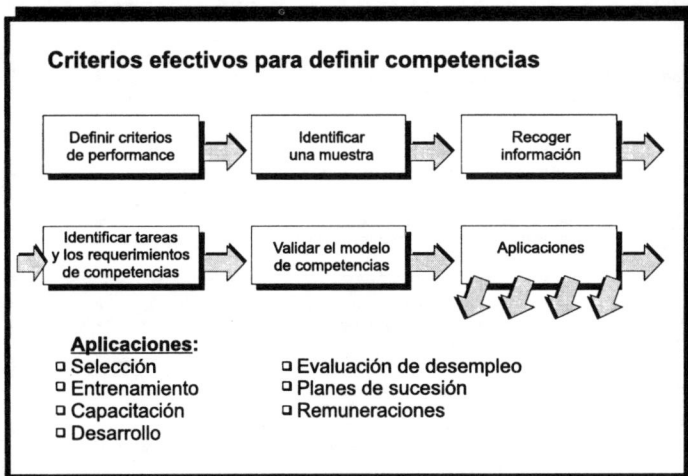

Criterios efectivos para definir competencias

Definir criterios de performance → Identificar una muestra → Recoger información

Identificar tareas y los requerimientos de competencias → Validar el modelo de competencias → Aplicaciones

Aplicaciones:
- Selección
- Entrenamiento
- Capacitación
- Desarrollo
- Evaluación de desempleo
- Planes de sucesión
- Remuneraciones

Definición de los niveles de competencia

Esta apertura en cuatro grados es arbitraria; pueden utilizarse cinco niveles o más, si se lo considera necesario.

A: Alto o desempeño superior. Según Spencer & Spencer[26] *es una desviación tipo por encima del promedio de desempeño. Aproximadamente una de cada diez personas alcanzan el nivel superior en una situación laboral.*

---

[26] Spencer & Spencer, obra citada

B: Bueno, por sobre el estándar.

C: Mínimo necesario para el puesto pero dentro del perfil requerido. El grado C en esta calificación se relaciona con la definición de Spencer & Spencer sobre desempeño eficaz: *por lo general, esto significa un nivel "mínimamente aceptable" de trabajo. Es el punto que debe alcanzar un empleado; de lo contrario, no se lo consideraría competente para el puesto.* No indica una subvaloración de la competencia.

D: Insatisfactorio. Este nivel no se aplica para la descripción del perfil, ya que si no es necesaria esa competencia para el puesto, no será necesario indicar nivel.

A continuación damos un ejemplo de apertura en niveles de la competencia "trabajo en equipo".

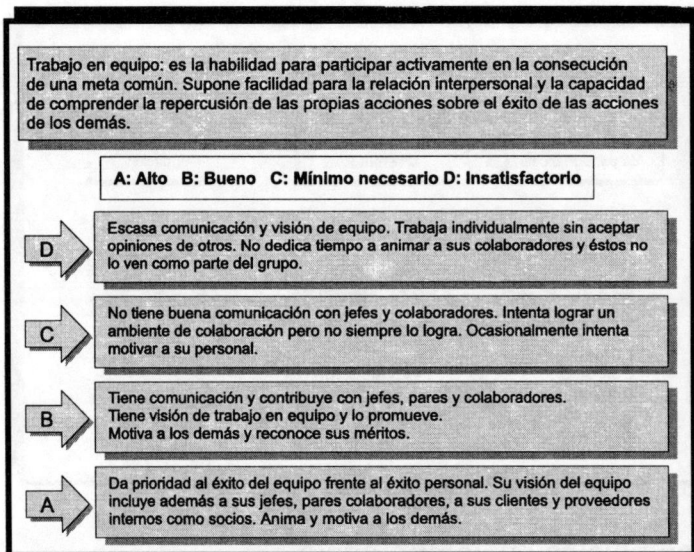

Trabajo en equipo: es la habilidad para participar activamente en la consecución de una meta común. Supone facilidad para la relación interpersonal y la capacidad de comprender la repercusión de las propias acciones sobre el éxito de las acciones de los demás.

A: Alto   B: Bueno   C: Mínimo necesario   D: Insatisfactorio

D → Escasa comunicación y visión de equipo. Trabaja individualmente sin aceptar opiniones de otros. No dedica tiempo a animar a sus colaboradores y éstos no lo ven como parte del grupo.

C → No tiene buena comunicación con jefes y colaboradores. Intenta lograr un ambiente de colaboración pero no siempre lo logra. Ocasionalmente intenta motivar a su personal.

B → Tiene comunicación y contribuye con jefes, pares y colaboradores. Tiene visión de trabajo en equipo y lo promueve. Motiva a los demás y reconoce sus méritos.

A → Da prioridad al éxito del equipo frente al éxito personal. Su visión del equipo incluye además a sus jefes, pares colaboradores, a sus clientes y proveedores internos como socios. Anima y motiva a los demás.

Continuando con nuestro ejemplo, hemos "imaginado" para tres puestos el siguiente perfil por competencias:

1. **Jóvenes profesionales para el área de tecnología**
2. **Líder de proyecto**
3. **Gerente de Tecnología Informática**

Perfil: Jóvenes profesionales para el área de tecnología

COMPETENCIAS	A	B	C	D
Iniciativa-autonomía	X			
Habilidad analítica	X			
Trabajo en equipo	X			
Orientación al cliente	X			
Capacidad de aprendizaje	X			
Productividad/Responsabilidad	X			

Las competencias mencionadas son solo ejemplos.
Las letras A a D indican mayor a menor grado de cumplimiento.

Perfil: Líder de proyectos

COMPETENCIAS	A	B	C	D
Iniciativa-autonomía	X			
Dinamismo-energía		X		
Habilidad analítica	X			
Orientación al cliente	X			
Capacidad de aprendizaje	X			
Productividad/Responsabilidad	X			

Las competencias mencionadas son solo ejemplos.
Las letras A a D indican mayor a menor grado de cumplimiento.

Perfil: Gerente de Tecnología Informática

COMPETENCIAS	A	B	C	D
Iniciativa-autonomía	X			
Habilidad analítica	X			
Trabajo en equipo	X			
Orientación al cliente	X			
Capacidad de aprendizaje		X		
Liderazgo	X			

Las competencias mencionadas son solo ejemplos.
Las letras A a D indican mayor a menor grado de cumplimiento.

Un esquema global por competencias

Se relaciona con toda la organización y con todos los procesos. No es posible pensar en implementar un esquema de gestión por competencias sin que se vean afectados y/o modificados todos los procesos de recursos humanos.

Las características para una implantación con éxito de un sistema de gestión de recursos humanos por competencias son:

➢ Que el sistema sea aplicable y no teórico;

➢ comprensible por todos los integrantes de la organización;

➢ útil para la empresa;

➢ fiable;

➢ de fácil manejo;

➢ que en su conjunto permita el desarrollo profesional de las personas.

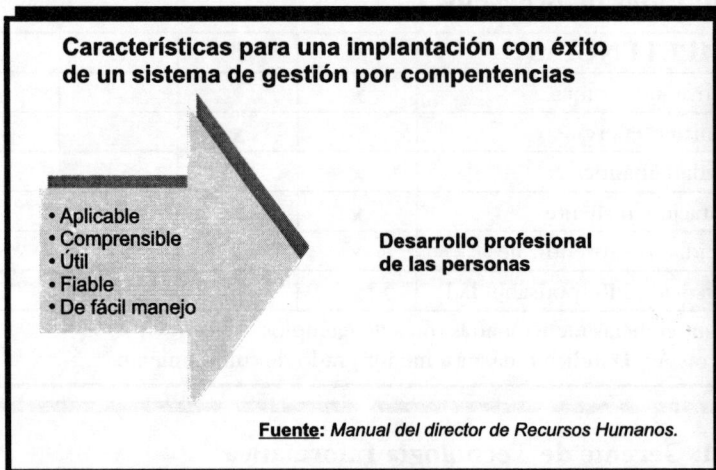

Características para una implantación con éxito de un sistema de gestión por compentencias

- Aplicable
- Comprensible
- Útil
- Fiable
- De fácil manejo

Desarrollo profesional de las personas

Fuente: *Manual del director de Recursos Humanos.*

Cómo aplicar gestión por competencias[27] en cada proceso de recursos humanos

Trataremos el tema en cada uno de los capítulos respectivos; no obstante, se hará una pequeña reseña de cómo se hace gestión por competencias en los distintos proce-

---

[27] Nota de la autora: trataremos todos estos puntos en los restantes capítulos de esta obra, donde se explicará cómo deben tratarse si se implementa un sistema de gestión por competencias.

sos o funciones de recursos humanos. Para seleccionar o evaluar por competencias necesariamente deben primero definirse las competencias.

Del autor al lector

En varias ocasiones nosotros diremos que si una empresa no tiene implementado un esquema global por competencias, de todos modos puede utilizar los criterios expuestos, adoptando las definiciones de nuestro diccionario de competencias. Esto no reemplaza a la definición realizada por la máxima conducción de la empresa, paso ineludible para que *funcionen* estas herramientas. Simplemente queremos encontrar un camino para mejorar las prácticas de esa empresa; que de algún modo pueda aprovechar los beneficios de estos procedimientos y, quizá más adelante, implementar un proceso completo.

Selección

Para seleccionar por competencias primero deberán confeccionarse los perfiles y las descripciones de puestos por competencias.

A partir del perfil, el puesto a cubrir tendrá competencias derivadas del conocimiento y las aquí descritas, que podemos denominar competencias de gestión o derivadas de las conductas. Una correcta selección deberá contemplar ambos tipos de requerimientos, ya que el conjunto conforma el perfil requerido.

Entrevistas por competencias

Hemos destinado una obra especialmente a este tema, uno de los más difíciles a la hora de entrenar especialistas. Todos ellos creen *saber entrevistar*. Los hábitos de entrevistas están arraigados en personas con experiencia y adoptar las nuevas técnicas no es sencillo.

La clave es detectar a través de preguntas los *comportamientos observables en el pasado en relación con la competencia que se desee evaluar*.

Evaluaciones por competencias. Evaluaciones de potencial

Las empresas, cuando implementan un esquema de gestión por competencias, se preguntan: *¿Cómo están mis ejecutivos, gerentes y demás colaboradores en relación con las competencias definidas? ¿Las cubren? ¿Deberé reemplazarlos? ¿Es posible entrenarlos?*
Muchas de estas preguntas solo pueden responderse si la empresa realiza evaluaciones por competencias o evaluaciones de potencial por competencias.

Esto no significa que la empresa *cambie* sus ejecutivos y otros colaboradores si el resultado no es el esperado. No. Simplemente sabrá qué debe hacer, entrenar, cambiar de puestos o cómo desarrollar en el futuro a su personal.

Aplicar la gestión por competencias en los distintos procesos de recursos humanos

⇨ Selección
⇨ Entrevistas por competencias
⇨ Evaluaciones por competencias
⇨ Evaluaciones de potencial
⇨ Compra-venta de empresas
⇨ Planes de carrera y sucesión
⇨ Plan de jóvenes profesionales
⇨ Análisis y descripción de puestos
⇨ Capacitación y entrenamiento
⇨ Desarrollo de recursos humanos
⇨ Evaluación de desempeño
⇨ Evaluación de 360°
⇨ Compensaciones

Ante la compra-venta de empresas

Nos referiremos al capital intelectual en el capítulo 9, pero deseamos incluir aquí una reflexión. En las operaciones de compra-venta de empresas se valúan los distintos activos y raramente se valúa el management de la misma. Para ello las evaluaciones por competencias, en función de las que le interesan al comprador, serán un elemento diferenciador sobre el valor de ese negocio.

Para implementar planes de carrera y planes de sucesión

Se deriva de lo ya comentado. Los planes de carrera y los planes de sucesión deben combinar los requerimientos de conocimientos y habilidades específicas con las competencias conductuales requeridas. Las mismas cambian y evolucionan según la evolución del mapa de puestos. Para los planes de sucesión las competencias deberán ser analizadas con relación al individuo y a lo requerido por el puesto al cual se prevé promoverlo en el futuro.

Plan de jóvenes profesionales

Si trabajar por competencias es importante en todos los procesos de recursos humanos, es vital cuando se implementan programas de jóvenes profesionales. Deberán tener las competencias que la empresa elija para su futuro, si de ellos se desea obtener los próximos conductores de la organización.

Análisis y descripción de puestos

Cuando una empresa desee implementar un esquema de gestión por competencias, el primer proceso que deberá encarar es la descripción de puestos por competencias. Es la piedra fundamental, ya que a partir de esta descripción es posible implementar todos los demás procesos de recursos humanos.

Capacitación y entrenamiento

Para implementar programas de capacitación y entrenamiento por competencias, además de definir las competencias será necesario conocer las del personal.

Ello es posible por distintos caminos, a partir de evaluaciones por competencias o evaluaciones de potencial por competencias, o como derivado de las evaluaciones de desempeño.

Si no se sabe qué competencias tiene el personal no es posible entrenar por competencias.

Del autor al lector

Una empresa puede decir: quiero que todo mi personal tenga *la competencia trabajo en equipo*, e implementar actividades para entrenar en trabajo en equipo a todo el personal, o a toda la fuerza de ventas o a un área en particular. Quizá pueda serle útil. Pero el camino lógico es primero evaluar la competencia y después decidir qué entrenamiento es necesario. Desde ya, esto vale para todas las competencias requeridas para un puesto. Mencionamos solo una a modo de ejemplo.

Desarrollo de los recursos humanos

Si una empresa tiene descripciones de puestos por competencias, planes de carrera con relación a ellos y evalúa el desempeño de su personal por competencias, podrá desarrollar sus recursos humanos en relación a las competencias de la organización, su visión, su misión y sus valores.

Evaluación de desempeño

Para evaluar el desempeño por competencias, primero es necesario tener la descripción de puestos por competencias.

El otro elemento fundamental para un exitoso proceso de evaluación de desempeño es el entrenamiento de los evaluadores en la herramienta a utilizar. Vale aquí el mismo comentario que hemos realizado sobre las entrevistas por competencias y los entrevistadores. Los jefes con experiencia tienen muy arraigados sus propios métodos de evaluación de colaboradores y no será sencillo que adopten las nuevas técnicas.

Evaluación de 360º

La evaluación de 360 grados o *feedback 360º* es la forma más novedosa de desarrollar la valoración del desempeño, ya que dirige a las personas hacia la satisfacción de las necesidades y expectativas, no solo de su jefe sino de todos aquellos que reciben sus servicios, tanto internos como externos.

El concepto de evaluación de 360º es claro y sencillo: consiste en que un grupo de personas valoren a otra por medio de una serie de ítems o factores predefinidos. Estos factores son comportamientos observables en el desarrollo diario de la práctica profesional.

Compensaciones

Se considera el módulo de más difícil implementación. Compensar por competencias significa que la empresa deberá implementar sistemas de remuneración variable donde se considerarán para el cálculo, entre otros elementos, las competencias de los colaboradores con relación al puesto y a su desempeño. Es imprescindible evaluar el desempeño por competencias.

Síntesis del capítulo

Pasos necesarios para implementar un sistema de gestión por competencias

- Definir visión y misión.
- Definición de competencias por la máxima dirección de la compañía.
- Prueba de las competencias en un grupo de ejecutivos de la organización.
- Validación de las competencias.
- Diseño de los procesos de recursos humanos por competencias.

GESTIÓN POR COMPETENCIAS

Comparación entre los distintos autores mencionados en el capítulo 2

Comparamos a los siguientes autores de acuerdo con nuestro enfoque de los temas tratados en este capítulo. En la primera columna ubicamos a los autores que dieron fundamento a la gestión por competencias. Para nuestro trabajo nos hemos basado especialmente en los consignados en la segunda columna. Los de la tercera son autores –de diferente nacionalidad– que amplían el trabajo de los anteriores. En la cuarta, incluimos a un autor que entendemos necesario citar por su trabajo en cuanto a la inteligencia emocional, y la última columna la dedicamos al aporte de Ernst & Young España, contemporáneos a nuestro trabajo.

Mc Clelland/ Jaques	Spencer y Spencer	Peretti, Levy-Leboyer, Jolis, Caretta y otros	Goleman	Ernst & Young
Elliott Jaques[1] estudia la capacidad potencial y la capacidad aplicada de los individuos. La capacidad consiste en poder usar un razonamiento discrecional en	Si bien fue David Mc Clelland el propulsor de estos conceptos, comenzaremos por la definición de competencias de Spencer y Spencer[2]: *competencia es una característica subya-*	Peretti[3] se refiere a los grandes déficits en el siglo que se inicia derivados de las mutaciones tecnológicas en materia de empleo, calificación, formación, moti-	Daniel Goleman[4], en su libro *La inteligencia emocional en la empresa*, plantea interesantes conceptos que se relacionan con el tema central del capítulo. El autor no hace referen-	Para Ernst & Young[6] las características (o las competencias) que garantizan el éxito son: **Los conocimientos:** que derivan de la aplicación de una técnica específica.

1. Jaques, Elliott, y Cason, Kathryn, *Human Capability*, Cason Hall & Co. Publishers Ltd., Falls Church, 1994.
2. Spencer, Lyle M. y Spencer, Signe M., *Competence at work, models for superior performance*, John Wiley & Sons, Inc., EE.UU., 1993.
3. Peretti, Jean-Marie, *Gestion des ressources humaines*, Librairie Vuibert, Paris, 1998.
4. Goleman, Daniel, *La inteligencia emocional en la empresa*, Javier Vergara Editor, Buenos Aires, 1999.

la toma de decisiones, que hace posible resolver problemas y alcanzar los resultados (realizar la tarea).

Para Jaques, los dos últimos elementos se relacionan con un trabajo en particular, acotando que *ninguno de nosotros es competente para todas las tareas y no está igualmente interesado en todas las clases de tareas. Por otra parte los procesos mentales sí son genéricos. Nosotros debemos argumentar que existe la complejidad mental como parte del carácter de una persona sin considerar el tipo de trabajo.*

cente de un individuo que está causalmente relacionada con un estándar de efectividad y/o una performance superior en un trabajo o situación.

"Característica subyacente" significa que la competencia es una parte profunda de la personalidad, y puede predecir el comportamiento en una amplia variedad de situaciones y desafíos laborales.

"Causalmente relacionada" significa que la competencia origina o anticipa el comportamiento y el desempeño.

"Estándar de efectividad" significa que la competencia realmente predice quién hace algo bien o pobremente, medido sobre un criterio general o estándar.

vación y remuneración. Mantener la adecuación cualitativa y cuantitativa del empleo implica un *approach* dinámico, una lógica empleabilidad de cada una de las personas, una gestión preventiva de los recursos humanos, un esfuerzo permanente para la calificación y recalificación del personal en su puesto de trabajo.

Para Levy-Leboyer "las competencias individuales y competencias clave de la empresa están en estrecha relación: las competencias de la empresa están constituidas ante todo por la integración y la coordinación de las competencias individuales, al igual que, a otra escala, las competencias individuales representan una integración y una coordinación de *savoir-faire*, conocimientos y cuali-

cia específicamente a las competencias, aunque sí menciona a David McClelland,[5] quien fue su profesor en Harvard.

Las reglas del trabajo están cambiando. Ahora se nos juzga según normas nuevas: ya no importan sólo la sagacidad, la preparación y la experiencia, sino cómo nos manejamos con nosotros mismos y con los demás.

Esta norma se aplica cada vez más para decidir quién será contratado y quién no, a quién se retiene y a quién se deja ir, a quién se asciende y a quién se pasa por alto.

Las habilidades: que normalmente se adquieren mediante entrenamiento y experiencia.

Las cualidades: algunas están relacionadas con rasgos o características personales y son más difíciles de obtener y modificar en corto plazo. *Competencia como la característica de una persona, ya sea innata o adquirida, que está relacionada con una actuación de éxito en un puesto de trabajo.*[7]

Las características[8] para una implantación con éxito de un sistema de gestión de recursos humanos por competencias son:

▲ Que el sistema sea aplicable y no teórico.
▲ Comprensible por todos los integrantes de la organización.
▲ Útil para la empresa.
▲ Fiable.

[5] Autor citado.

[6] *Manual del director de Recursos Humanos*, Ernst & Young Consultores, Edición especial de Cinco Días, Madrid, 1998.

[7] *Innovación en la gestión empresarial.* Fascículo N° 6 Gestión por competencias, Cuadernos Cinco Días, Madrid, 1998.

[8] *Manual del director de Recursos Humanos*, obra citada.

David C. McClelland[9] analiza la motivación humana, la base sobre la que se desarrolla la gestión por competencias. Comprender la motivación humana a partir de este método lleva a la definición de un motivo como un interés recurrente para el logro de un objetivo basado en un incentivo natural; un interés que energiza, orienta y selecciona comportamientos.	Las competencias se dividen en dos categorías: "de punto inicial" y "diferenciales", según el criterio de desempeño laboral que predicen. *Competencias de punto inicial.* Son características esenciales (generalmente conocimiento o habilidades básicas, como la habilidad de leer) que todos necesitan en cualquier empleo para desempeñarse mínimamente bien. *Competencias diferenciales.* Estos factores distinguen a las personas de niveles superiores. Por ejemplo, orientación con respecto a establecer objetivos más altos que los que la organización requiere.	dades individuales. De ahí la importancia, para la empresa, de administrar bien su stock de competencias individuales, tanto actuales como potenciales". Para otra francesa, Nadine Jolis,[10] las competencias se dividen en: *Competencias teóricas.* Por ejemplo, conectar saberes adquiridos durante la formación con la información. *Competencias prácticas.* Traducir la información y los conocimientos en acciones operativas o enriquecer los procedimientos con calidad. *Competencias sociales.* Por ejemplo, caoacidad para lograr que trabaje un equipo o para relacionarse. *Competencias del conocimiento.* Combinar y resolver: conjugar informaciones con saberes, coordinar acciones, buscar nuevas soluciones, poder (y saber) aportar innovaciones y creatividad.	➢ De fácil manejo. Que en su conjunto permita el desarrollo profesional de las personas.

9 Mc Clelland, David C., *Human Motivation*, Cambridge University Press, Cambridge, 1999. Obra original de 1987.

10 Jolis, Nadine, *Compétences et Compétitivité*, Les éditions d'organisation, París, 1998

Las tres primeras convergen en la última.

Para los autores Caretta, Dalziel y Mitrani[11] los complejos escenarios del mundo laboral requieren:

Identificar las características y las capacidades necesarias para enfrentar adecuadamente el actual contexto, siempre más complejo y desafiante.

Planificar las organizaciones y los recursos humanos para satisfacer la necesidad de la empresa y de los individuos que en ella trabajan.

Adoptar sistemas de gestión y evaluación que contemplen valuar y premiar de un modo coherente a las personas.

Según Ken Blanchard[12], para crear el empowerment del personal y de las organizaciones la clave primera es compartir la información con otros, en realidad con *todos*.

[11] Caretta, Antonio; Dalziel, Murray M. y Mitrani, Alain, *Dalle Risorse Umanalle Competenze*, Franco Angeli Azienda Moderna, Milán, 1992.

[12] Blanchard, Ken; Carlos, John P. y Randolph, Alan, *El empowerment*, Ediciones Deusto, Bilbao, 1996.

El lector encontrará los esquemas en INTERNET *(Clases):* **www.granica.com/derrhh** y **www.marthaalles.com/derrhh**, y la ejercitación correspondiente a estos temas en la obra **Dirección estratégica de Recursos Humanos. Gestión por competencias.** *Casos.* Capítulo 2.

Casos: **Primeros pasos para implementar gestión por competencias. Caso MASA.**

ANEXO

EL DICCIONARIO DE COMPETENCIAS[28]

Hemos seleccionado las competencias más comunes con sus definiciones más usuales. El diccionario surge como producto de una investigación de las competencias más frecuentemente utilizadas.

Para su mejor comprensión y utilización, las mismas se han dividido en tres niveles.

El diccionario de competencias en tres niveles

- Personas con experiencia e historia laboral. Niveles ejecutivos
- Personas con experiencia e historia laboral. Niveles intermedios
- Jóvenes profesionales sin experiencia laboral. Primeros niveles

---

[28] Fuente: *Elija al mejor. Cómo entrevistar por competencias*, Ediciones Granica, Buenos Aires, 1999.

Jóvenes profesionales sin experiencia laboral. Primeros niveles

❏ Alta adaptabilidad, flexibilidad.
❏ Capacidad de aprendizaje.
❏ Dinamismo, energía.
❏ Habilidad analítica.
❏ Iniciativa, autonomía.
❏ Liderazgo.
❏ Modalidad de contacto.
❏ Orientación al cliente interno y externo.
❏ Productividad.
❏ Responsabilidad.
❏ Tolerancia a la presión.
❏ Trabajo en equipo.

DEFINICIONES

Alta adaptabilidad, flexibilidad: capacidad de modificar la propia conducta para alcanzar determinados objetivos cuando surgen dificultades, nuevos datos o cambios en el entorno.
Se asocia a la versatilidad del comportamiento para adaptarse a distintos contextos, situaciones, medios y personas en forma rápida y adecuada. La *flexibilidad* está más asociada a la versatilidad cognitiva, a la capacidad para cambiar creencias y formas de interpretar la realidad; está vinculada estrechamente a la capacidad para la revisión crítica.

Capacidad de aprendizaje: está asociada a la asimilación de nueva información y su aplicación eficaz. Se relaciona con la incorporación al repertorio conductual de nuevos esquemas o modelos cognitivos y nuevas formas de interpretar la realidad o de ver las cosas.

Dinamismo, energía: se trata de la habilidad para trabajar duro, en diferentes situaciones cambiantes o alternativas, con interlocutores muy diversos que varían en cortos períodos, en jornadas de trabajo prolongadas y hacerlo de forma tal que el nivel de energía no se vea afectada.

Habilidad analítica (análisis de prioridad, criterio lógico, sentido común): tiene que ver con el tipo y alcance de razonamiento, y la forma en que cognitivamente un candidato organiza el trabajo. Es la capacidad general que muestra una persona para realizar un análisis lógico. La capacidad de identificar problemas, reconocer información significativa, buscar y coordinar datos relevantes. Se puede incluir aquí la habilidad para analizar, organizar y presentar datos financieros o estadísticos, estableciendo conexiones relevantes entre datos numéricos.

Iniciativa, autonomía: ejecutividad rápida ante las pequeñas dificultades o problemas que surgen en el día a día de la actividad. Supone tomar acción de manera proactiva ante las desviaciones o dificultades, sin esperar a efectuar todas las consultas a la línea jerárquica, evitando así el agravamiento de problemas de importancia menor. Implica también la capacidad de proponer mejoras, sin que haya un problema concreto a solucionar.

Liderazgo: acotando el concepto al liderazgo de grupos, podría sintetizarse en la habilidad para orientar la acción de grupos de personas en una dirección determinada, inspirando valores de acción y anticipando escenarios de desarrollo de la acción de ese grupo humano. La habilidad para fijar objetivos, el seguimiento de estos y la capacidad de dar feedback, integrando las opiniones de los otros, son habilidades esenciales de esta competencia conductual.

Modalidades de contacto[29] (tipo de vínculo, nivel de vocabulario, lenguaje verbal y no verbal, persuasión, comunicación oral, impacto). Es la capacidad de demostrar una sólida habilidad de comunicación y asegura una comunicación clara. Alienta a otros a compartir información, habla por todos y valora las contribuciones de los demás.

Orientación al cliente interno y externo: demostrar sensibilidad hacia las necesidades o demandas que un conjunto de clientes potenciales, externos o internos, pueden requerir en el presente o en el futuro. No se trata tanto de una conducta concreta frente a un cliente real sino de una actitud permanente de contar con las necesidades del cliente para incorporar este conocimiento a la forma específica de plantear la actividad. Se lo diferencia de "atención al cliente", que tiene más que ver con la interacción con un cliente real y concreto.

---

[29] La comunicación verbal y no verbal son competencias que pueden ser evaluadas a lo largo de la entrevista. La comunicación verbal, prestando especial atención a la fluidez verbal, la riqueza de vocabulario, la expresividad verbal, la precisión de la comunicación, la capacidad para expresar sentimientos, la originalidad de las expresiones verbales.

La comunicación no verbal a través de la mirada y contacto visual, la forma de saludar y dar la mano, la expresividad facial, la sonrisa, el tono, volumen y timbre de voz, la gesticulación con manos y brazos

Productividad: habilidad de autoestablecerse objetivos de desempeño más altos que el desempeño promedio, alcanzándolos exitosamente.

Responsabilidad[30]**:** asociada al compromiso con que las personas realizan las diferentes tareas a su cargo.

Tolerancia a la presión: se trata de la habilidad para seguir actuando con eficacia bajo la presión del tiempo y haciendo frente al desacuerdo, la oposición y la diversidad. Es la capacidad para responder y trabajar con alta performance en situaciones de alta exigencia.

Trabajo en equipo (*Team work*): es la habilidad para participar activamente de una meta común, incluso cuando no está directamente relacionada con el interés propio. Supone facilidad para la relación interpersonal y la capacidad de comprender la repercusión de las propias acciones sobre el éxito de las acciones de los demás.

Personas con experiencia e historia laboral. Niveles intermedios

☐ Alta adaptabilidad, flexibilidad.

☐ Colaboración.

☐ Competencia, capacidad.

☐ Dinamismo, energía.

☐ Empowerment.

☐ Franqueza, confiabilidad, integridad.

☐ Habilidad analítica.

☐ Iniciativa, autonomía, sencillez.

☐ Liderazgo.

☐ Modalidades de contacto.

☐ Nivel de compromiso, disciplina personal, productividad.

☐ Orientación al cliente interno y externo.

---

[30] Responsabilidad asociada al compromiso con las tareas encaradas, puede relacionarse al grado de dedicación que el joven candidato mantuvo cuando cursó su carrera de grado. Su *performance* académica puede ser un indicador valioso. Si el postulante posee experiencia laboral es un factor a considerar contrastado con el promedio universitario y tomando en consideración la seriedad con la que asumió su trabajo.

DEFINICIONES

Alta adaptabilidad, flexibilidad: hace referencia a la capacidad de modificar la propia conducta para alcanzar determinados objetivos cuando surgen dificultades, nuevos datos o cambios en el medio.
Se asocia a la versatilidad del comportamiento para adaptarse a distintos contextos, situaciones, medios y personas en forma rápida y adecuada. La *flexibilidad* está más asociada a la versatilidad cognitiva, a la capacidad para cambiar creencias y formas de interpretar la realidad; está vinculada estrechamente a la capacidad para la revisión crítica.

Colaboración: capacidad de trabajar colaborando con grupos multidisciplinarios con compañeros de trabajo muy distintos: expectativas positivas respecto de los demás, comprensión interpersonal.

Competencia, capacidad: implica tener amplios conocimientos en los temas del área bajo su responsabilidad. Comprender la esencia de los aspectos complejos. Poder trabajar a nivel inter e intrafuncional. Poseer buena capacidad de discernimiento (capacidad de juicio). Compartir su conocimiento profesional y *expertise*. Basarse en los hechos y en la razón (equilibrio). Demostrar constantemente interés en aprender.

Dinamismo, energía: se trata de la habilidad para trabajar duro, en diferentes situaciones cambiantes o alternativas, con interlocutores muy diversos que cambian en cortos períodos, en jornadas de trabajo prolongadas y hacerlo de forma tal que el nivel de actividad no se vea afectado.

Empowerment: fijar claramente objetivos de performance con las responsabilidades personales correspondientes. Proveer dirección y definir responsabilidades. Aprovechar claramente la diversidad (heterogeneidad) de los miembros del equipo para lograr un valor agregado superior en el negocio. Combinar adecuadamente situación, persona y tiempo. Adecuada integración al equipo de trabajo. Compartir las consecuencias de los resultados con todos los involucrados. Emprender acciones eficaces para mejorar el talento y las capacidades de los demás.

Franqueza, confiabilidad, integridad: ser realista y franco. Establecer relaciones basadas en el respeto mutuo y confianza en el trato con otros. Que sus acciones y conductas sean consecuentes con sus palabras. Asumir la responsabilidad de sus propios errores. Estar comprometido con la honestidad y la confianza en cada faceta de su conducta.

Habilidad analítica (análisis de prioridad, criterio lógico, sentido común): tiene que ver con el tipo y alcance de razonamiento, y la forma en que cognitivamente un candidato organiza el trabajo. Es la capacidad general que muestra una persona para realizar un análisis lógico. La capacidad de identificar problemas, reconocer información significativa, buscar y coordinar datos relevantes. Se puede incluir aquí la habilidad para analizar, organizar y presentar datos financieros o estadísticos, estableciendo conexiones relevantes entre datos numéricos.

Iniciativa, autonomía, sencillez: ejecutividad rápida ante las pequeñas dificultades o problemas que surgen en el día a día de la actividad. Supone responder de manera proactiva ante las desviaciones o dificultades, sin esperar a efectuar todas las consultas a la línea jerárquica, evitando así el agravamiento de problemas de importancia menor. Implica también la capacidad de proponer mejoras, sin que haya un problema concreto a solucionar. Se trata de capacidad para decidir, orientada a la acción, utilizando iniciativa y rapidez como ventaja competitiva.

Responder con rapidez asegurando una efectiva implementación, de forma clara y simple. Capacidad de ser flexible y visualizar los cambios como oportunidades. Demostrar un comportamiento decididamente orientado a la asunción de riesgos. Generar nuevos y mejores caminos para hacer las cosas evitando la burocracia.

Liderazgo: acotando el concepto al liderazgo de grupos, podría definirse como la habilidad para orientar la acción de grupos de personas en una dirección determinada, inspirando valores de acción y anticipando escenarios de desarrollo de la acción de ese grupo humano. La habilidad para fijar objetivos, el seguimiento de éstos y la capacidad de dar feedback, integrando las opiniones de los otros, son esenciales en esta competencia conductual.

Establecer claramente directivas, fijar objetivos y prioridades y comunicarlas. Tener energía y energizar a otros. Motivar e inspirar confianza. Tener coraje para defender o llevar a cabo creencias, ideas y asociaciones. Manejar el cambio para asegurar competitividad y efectividad a largo plazo. Plantear abiertamente los conflictos para optimizar la calidad de las decisiones y la efectividad de la organización. Proveer coaching y feedback para el desarrollo de los colaboradores.

Modalidades de contacto[31] (tipo de vínculo, nivel de vocabulario, lenguaje verbal y no verbal, persuasión, comunicación oral, impacto): Es la capacidad de demostrar una sólida habilidad de comunicación y asegura una comunicación clara. Alienta a otros a compartir información, habla por todos y valora las contribuciones de los demás.

---

[31] La comunicación verbal y no verbal son competencias que pueden ser evaluadas a lo largo de la entrevista. La comunicación verbal, prestando especial atención a la fluidez verbal, la riqueza de vocabulario, la expresividad verbal, la precisión de la comunicación, la capacidad para expresar sentimientos, la originalidad de las expresiones verbales.

La comunicación no verbal a través de la mirada y contacto visual, la forma de saludar y dar la mano, la expresividad facial, la sonrisa, el tono, volumen y timbre de voz, la gesticulación con manos y brazos.

En un concepto extendido, comunicarse incluye *saber escuchar* y posibilitar a otros un acceso fácil a la información que se posea.

Nivel de compromiso, disciplina personal, productividad: Apoyar e implementar decisiones comprometido por completo con el logro de objetivos comunes. Ser justo y compasivo aun en la toma de decisiones en situaciones difíciles. Prevenir y superar obstáculos que interfieren con el logro de los objetivos del negocio. Controlar la implementación de las acciones acordadas. Cumplir con sus compromisos. Poseer habilidad de autoestablecerse objetivos de desempeño más altos que el promedio, y de alcanzarlos exitosamente.

Orientación al cliente interno y externo: demostrar sensibilidad hacia las necesidades o demandas que un conjunto de clientes potenciales, externos o internos, pueden requerir en el presente o en el futuro. No se trata tanto de una conducta concreta frente a un cliente real sino de una actitud permanente de contar con las necesidades del cliente para incorporar este conocimiento a la forma específica de planear la actividad. Se diferencia de "atención al cliente", que tiene más que ver con la interacción con un cliente real y concreto.
Otorgarle la más alta calidad a la satisfacción del cliente. Escuchar al cliente. Generar soluciones para satisfacer las necesidades de los clientes. Estar comprometido con la calidad esforzándose por una mejora continua.

Personas con experiencia e historia laboral. Niveles ejecutivos

Junto a las competencias propuestas para los niveles intermedios, se consideran las siguientes:

❐ Desarrollo de su equipo.

❐ Habilidades mediáticas.

❐ Liderazgo para el cambio.

❐ Pensamiento estratégico.

❐ *Portability*[32]/Cosmopolitismo[33]/Adaptabilidad[34]

❐ Relaciones públicas.

---

[32] Spencer y Spencer, obra citada.
[33] Caretta, Antonio; Danziel, Murray; Mitrani, Alain, *Dalle Risorse Umane Alle Competenze.* Editorial Franco Angelli/Azienda Moderna, Milán, Italia, 1992.
[34] Levy-Leboyer, Claude, obra citada.

DEFINICIONES

Desarrollo de su equipo: es la habilidad de desarrollar el equipo hacia adentro, el desarrollo de los propios recursos humanos. Supone facilidad para la relación interpersonal y la capacidad de comprender la repercusión de las propias acciones sobre el éxito de las acciones de los demás. Incluye la capacidad de generar adhesión, compromiso y fidelidad.

Habilidades mediáticas: están asociadas a la asimilación de los nuevos y tradicionales medios de comunicación y su aplicación eficaz. Desenvolvimiento frente a los medios, conferencias de prensa, conferencias frente a pares o la comunidad, grabación de CD. teleconferencias, etc. Relación con la prensa, habilidad de comunicar lo que desea en forma clara y sencilla.

Se relaciona con la competencia "modalidad de contacto" pero en es sentido específico de contacto con los medios.

Liderazgo para el cambio: la habilidad de comunicar una visión de la estrategia de la firma que hace que la misma parezca no solo posible sino también deseable para los accionistas, haciendo surgir en ellos una motivación y compromiso genuinos para actuar como respaldo de innovación y nuevos emprendimientos, y afectar los recursos de la firma a la implementación de cambios frecuentes.

Pensamiento estratégico: la habilidad para comprender rápidamente cambios de entorno, oportunidades de mercado, amenazas competitivas y fortalezas y debilidades de su propia organización para identificar la mejor respuesta estratégica. Capacidad para detectar nuevas oportunidades de negocio, comprar negocios en marcha, realizar alianzas estratégicas con clientes, proveedores o competidores. Incluye la capacidad para saber cuándo hay que dejar un negocio o reemplazarlo por otro.

Portability/**Cosmopolitismo/Adaptabilidad:** implica la habilidad para adaptarse rápidamente y funcionar con eficacia en cualquier contexto extranjero. La investigación indica que esta competencia se correlaciona con la de disfrutar de viajar y conocer, resistencia al estrés, comprensión de diferentes culturas y capacidad de establecer relaciones interpersonales[35].

Relaciones públicas: habilidad para establecer relaciones con redes complejas de personas cuya cooperación es necesaria para tener influencia sobre los que manejan los productos líderes del mercado, clientes, accionistas, representantes de sindicatos, gobernantes en todos los niveles (locales, estatales y provinciales), legisladores, grupos de interés, proveedores y la comunidad toda.

---

[35] Este tema se relaciona con las conclusiones que la autora presenta en su libro *Cómo manejar su carrera*, de esta misma editorial, donde se entrevistaron ejecutivos exitosos. De sus historias se deduce que para "soportar" viajes y traslados frecuentes se necesita –además– buena salud.

Atracción,
selección e
incorporación

Análisis
y descripción
de puestos

Desarrollo
y planes
de sucesión

DIRECCIÓN
ESTRATÉGICA
DE RECURSOS
HUMANOS

Remuneraciones
y
beneficios

Capacitación
y
entrenamiento

Evaluación
de
desempeño

Capítulo **3**

Atracción de los mejores candidatos

Usted aprenderá en este capítulo

➢ **Cómo iniciar un proceso de selección.**

➢ **Concepto de contrato psicológico y cliente interno.**

➢ **Cómo definir un perfil.**

➢ **A planificar un proceso de búsqueda.**

➢ **La diferencia entre reclutamiento y selección.**

➢ **Las distintas fuentes de reclutamiento.**

➢ **Cómo redactar un buen anuncio de empleo.**

En los capítulos 3. 4. 5 y 6 se tratarán temas en relación a la **atracción, selección e incorporación de candidatos**[1]. La selección en contextos con alto desempleo suele presentar una situación paradójica Si bien frente a una convocatoria de empleo pueden

---

[1]   Se han tratado estos temas extensamente en otras dos obras *Empleo el proceso de selección*, Ediciones Macchi, 1998 y *Empleo: discriminación. teletrabajo y otras temáticas*, Ediciones Macchi, 1999. Quienes estén interesados en profundizar en alguno de ellos, pueden encontrar allí material pertinente Aquellos especialmente interesados en la **entrevista por competencias** pueden encontrar ayuda en *Elija al mejor Cómo entrevistar por competencias*, Ediciones Granica, 1999

recibirse muchas postulaciones, será necesario "atraer" a aquellas que realmente interesan en relación con el perfil. La selección deberá incorporar nuevas técnicas, como la selección por competencias para aquellos que adopten este sistema integral de gestión de recursos humanos.

Necesidades del trabajador

El trabajo puede considerarse, como cualquier actividad, desde diferentes perspectivas. Para entender mejor a los candidatos que deseamos **atraer,** para luego **seleccionarlos** y más adelante **retenerlos** en una organización, quizá sea importante analizar las necesidades que una persona espera sean cubiertas por su trabajo. Maslow elaboró las teorías del gráfico adjunto en 1954, indicando en la base de la pirámide las necesidades primarias y, ascendiendo, las menos prioritarias. La jerarquía de necesidades establecida fue:

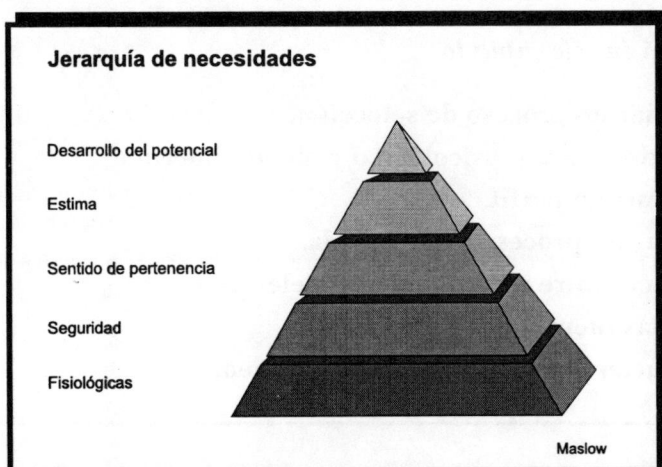

Jerarquía de necesidades

Desarrollo del potencial

Estima

Sentido de pertenencia

Seguridad

Fisiológicas

Maslow

Un ser humano necesita en primera instancia satisfacer sus **necesidades fisiológicas**, como la comida y la vivienda.

Luego la **seguridad**. Hasta aquí, las necesidades se cubren a partir de las compensaciones económicas, pero no terminan allí.

A partir de tener las mínimas necesidades cubiertas, las personas requieren más de su trabajo.

De abajo hacia arriba, **sentido de pertenencia,** a la organización, al grupo. Sentirse querido y aceptado.

La **estima**: sentirse respetado, sentir el desafío de lograr sus objetivos; y por último y no menos importante, una persona necesita **desarrollar su potencial.** Esto implica satisfacer las necesidades de su propia actualización, sentirse realizado poniendo en práctica sus capacidades.

En este esquema, una organización debe pagar salarios suficientes para proteger a sus empleados –y a sus familias– y adicionalmente proveer incentivos para desarrollar la propia estima y actualización.

¿Cómo se logra? Con políticas y procedimientos de recursos humanos que las empresas deben fijar y actualizar permanentemente. Nos pareció importante, en una época donde tanto se habla del desempleo y las necesidades de un mundo global, plantear un enfoque complementario repasando las necesidades de las personas en relación con el trabajo. Autores más modernos tratan también el tema, como Edgar Schein[2], que menciona el contrato psicológico que un empleado "cierra" con su empleador, donde se establecen las demandas que el empleador hace al empleado y también lo que éste demanda de su empleador. *Que la gente trabaje eficientemente, genere compromiso, lealtad y entusiasmo por la organización y sus objetivos y se sienta satisfecha de su trabajo, depende en gran parte de dos condiciones:*

◌ la medida en que se compaginen las expectativas del individuo en relación con lo que la organización le puede dar y lo que él puede dar a la organización;

◌ la naturaleza de lo que realmente se intercambia: dinero a cambio de tiempo laboral extra, satisfacción de necesidades sociales y de seguridad a cambio de más trabajo y lealtad, etc.

En esta relación de interacción, se manifiesta una influencia y negociación permanentes tendientes a establecer un contrato psicológico aceptable.

La importancia de una buena selección para las organizaciones. Concepto de contrato psicológico

No es un tema de debate si es necesario o no hacer una buena selección. Es obvio. Pero el tema es diferente según el ángulo desde el cual se mire. Byrne[3] comenta: *las corporaciones o sociedades multinacionales pueden a menudo sobrevivir a los errores. Pero no los ejecutivos, o al menos no con tanta frecuencia.* El autor del libro, que es un *head hunter*, reconoce sus errores, como el de haber influido negativamente en la carrera de otras personas.

Edgar H. Schein, *Psicología de la organización*, Prentice Hall Hispanoamericana, México, 1982
Byrne, John. *La búsqueda de grandes ejecutivos*, Editorial Planeta, Barcelona, España, 1988

Del autor al lector

Los consultores, como cualquier otro ser humano, somos falibles. Pero no se puede *a sabiendas* inducir a un candidato a tomar un puesto que no es para él, donde las posibilidades de fracaso son altas.

En mi Consultora, y en tantos años de trabajo, me ha tocado atender clientes con *malos climas internos,* con jefes autocráticos. Si bien nunca hemos tomado casos reñidos con la honestidad, sí nos ha tocado buscar personal para empresas que, desde nuestra óptica de recursos humanos, no tenían *buen clima.* ¿Cuál es nuestro deber en ese caso? ¡Advertirle al postulante!

También es cierto que siempre hay una persona adecuada para cada caso, porque aun en empresas con jefes autocráticos, donde quizá muchos de nosotros no podríamos trabajar, existen personas que encuentran un modo de manejarse allí y crecer. Por lo tanto no debemos rechazar de plano la situación. Debemos evaluarla y resolverla profesionalmente.

Schein[4] introduce el concepto del contrato psicológico entre la persona y la organización. Cuando ya la organización ha reclutado, seleccionado y entrenado a la gente debe preocuparse entonces por crear condiciones que permitan mantener por bastante tiempo un alto nivel de eficiencia y que le permitan también a cada empleado, por el solo hecho de pertenecer a la organización y trabajar para ella, satisfacer sus necesidades más apremiantes.

Todos esperamos que la organización nos trate como a seres humanos, que nos brinde trabajo y facilidades que resuelvan nuestras necesidades en lugar de crearnos otras, que nos brinde oportunidades de crecer y aprender más, que nos deje saber cómo estamos haciendo las cosas.

La organización, por su parte, tiene también expectativas más implícitas y sutiles, por ejemplo, que el empleado dé una buena imagen de la organización, que le sea leal, que guarde los secretos de la organización y que todo lo que haga sea por el bien de ella –es decir, que esté siempre bien motivado y listo a sacrificarse por la organización. Los desengaños más grandes que se llevan los administradores se presentan casi siempre cuando un buen empleado se desmotiva o "parece que ya no quiere hacer mucho por la compañía".

El contrato psicológico cambia con el tiempo a medida que cambian las necesidades de la organización y las del individuo. Lo que un empleado espera de su tra-

---

[4]   Schein, obra citada.

bajo a los 25 años de edad puede ser completamente diferente de lo que espera a los 50. En la misma forma, lo que la organización espera de una persona durante un período acelerado de crecimiento, puede ser completamente diferente de lo que necesita cuando la empresa alcanza cierta estabilidad o cuando está sufriendo un revés económico.

Una reflexión sobre el título del capítulo: "atracción"

¿Por qué hablar de atracción? ¿No es este un momento de alto desempleo en casi todos los países de habla hispana y muchos de Europa? Sí, pero de todos modos, para el éxito de la tarea de selección se debe "atraer" a los mejores candidatos, a los que cubren el perfil requerido y no a cualquier candidato que pueda estar interesado en trabajar.

Sobre este aspecto en particular es interesante la presentación del tema que hacen Kevin Klinvex y otros autores[5], relatando cómo un postulante –Eric– vive las distintas ofertas de tres empleadores y cómo, luego, se decide por aquella empresa que lo atrajo mejor desde el anuncio en el periódico y en el subsiguiente proceso de selección.

El reclutamiento es el proceso de identificar y atraer a un grupo de candidatos, de los cuales más tarde se seleccionará a alguno para recibir el ofrecimiento de empleo.

Muchas personas sienten –piensan– que hacer una selección los coloca en una posición de preeminencia sobre otras personas, algo así como que ellos están otorgando algo, en este caso un trabajo. ¡Y no es así!

Una organización primero identifica a su candidato, *su objeto de deseo*, y luego debe *conquistarlo*, atraerlo. En un proceso de selección los dos eligen, no solo la empresa sino también el postulante. A su vez, para que la empresa pueda elegir debió identificar y luego atraer a varios candidatos y no solo a uno.

Un buen proceso de selección se inicia definiendo correctamente los primeros pasos, dejando en claro las expectativas del solicitante y las reales posibilidades de satisfacerlas.

Es muy importante la buena identificación de los casos que a la empresa le interesan e igualmente importante la posterior atracción de los mismos. Por ello es fundamental la correcta identificación del perfil buscado y de las reales expectativas de los participantes.

---

[5] Klinvex, Kevin C., O'Connell, Matthew S. y Klinvex. Christopher P., *Hiring great people*, McGraw Hill. Nueva York, 1999.

Inicio del proceso

Para Milkovich y Boudreau[6], el reclutamiento no solo es importante para la organización; es un proceso de comunicación de dos canales: los aspirantes desean obtener una información precisa acerca de cómo sería trabajar en la organización; las organizaciones desean obtener información precisa acerca del tipo de empleado que será el aspirante si es contratado.

Para Schein[7] la organización es un plan de actividades humanas que no empieza a funcionar hasta que no se haya reclutado a las personas que van a desempeñar los diversos roles o a realizar las actividades previstas. Por consiguiente, el primer y posiblemente el mayor problema humano en cualquier organización es cómo reclutar empleados, seleccionarlos, entrenarlos, socializarlos y asignarlos al cargo para asegurar la mayor eficiencia.

Una de las tesis centrales de Schein es que es posible mantener las dos perspectivas; la del individuo, que pretende satisfacer sus necesidades por medio de la organización, y la del administrador, que quiere utilizar el recurso humano para suplir las necesidades de la organización. Estos dos problemas, aparentemente divergentes pero superpuestos en la realidad, se complican más a la luz de la perspectiva de desarrollo, pues las necesidades de la organización y las de sus miembros cambian con el tiempo y con la experiencia. Así, por ejemplo, una solución que fue viable para la organización en un momento dado puede que no lo sea en otro.

Empleo externo *versus* promoción interna

La primera fuente que debe explorarse es la propia compañía. Luego de haber agotado este análisis se deberá salir al mercado.

Un sano enfoque de la función de Recursos Humanos es –cuando la línea pide un perfil– *buscar* primero dentro de la propia institución. Hay compañías que tienen sistemas perfectamente establecidos de *job posting*[8] o autopostulación. Pero aun en aquellas compañías que no operen de esta forma, la primera vía es comenzar la búsqueda dentro de la propia compañía. Luego de agotar exhaustivamente este camino, recién allí es aconsejable salir al mercado.

[6] Milkovich, George y Boudreau, John, *Dirección y administración de Recursos Humanos. Un enfoque de estrategia*, Addison-Wesley Iberoamericana, México, 1994.
Schein, Edgar H., *Psicología de la organización*, Prentice-Hall Hispanoamericana S.A., México, 1982.
[ ] Trataremos otra vez este tema en el capítulo 9, "Cuidado del capital intelectual"

En empresas que no tienen un fuerte perfil corporativo es muy frecuente que exista una tendencia a desvalorizar al propio personal y se piense que es mejor lo que hay afuera. Puede o no ser así. En otras compañías, donde la gente tiene una fuerte identificación, se observa el fenómeno opuesto, se cree que todo lo mejor está dentro de la empresa y que el mercado no dará los perfiles requeridos.

Dentro de *las buenas prácticas* del área de Recursos Humanos se incluye velar por lo mejor para su empresa, y por ello deberá analizar objetivamente si hay o no un recurso que se adapte a las necesidades del cliente interno.

La promoción interna, ya sea dirigida por el área o promovida por algún sistema de autopostulación, es la herramienta para ello.

Cuando una vacante se cubre con una persona interna es siempre una buena noticia para la organización.

Cuando las personas ascienden en la organización se cumplen dos propósitos básicos: por un lado, solucionar una necesidad con bajo coste, y por otro y muy importante, brindar una oportunidad de crecimiento a un colaborador.

Arthur[9] menciona las distintas fuentes de reclutamiento de personal: algunas son mejores que otras para determinados cargos. Unas producirán mayor número de aspirantes que otras; algunas resultarán muy costosas; otras tardarán mucho tiempo en dar buenos resultados. Todas ellas ofrecen ventajas y desventajas que deben sopesarse cada vez que se presente una vacante.

Ascender o trasladar empleados desde adentro ofrece varias ventajas:

- ➪ Por lo general, crea una vacante a un nivel más bajo, que es más fácil de ocupar.
- ➪ La compañía economiza tiempo y dinero al trasladar a una persona que ya está bien entrenada dentro de la estructura organizacional y su metodología
- ➪ Se levanta la moral de los empleados.
- ➪ Posiblemente se descubran talentos escondidos.

El proceso mediante el cual se realiza el reclutamiento dentro de la misma empresa se denomina promoción interna. Arthur se refiere a la **autopostulación** –aunque no utiliza este término– dentro de la promoción interna. *Esto se hace fijando en carteleras o en otros lugares visibles una descripción simplificada del oficio, mencionando el departamento, la ubicación, la clasificación y la escala de remuneración, el horario de trabajo, los requisitos, las obligaciones y responsabilidades principales, y las condiciones de trabajo. Se incluye también la fecha de cierre, antes de la cual deben entregarse todas las solicitudes.* Hemos realizado una investigación sobre autopostulación o *job posting* en la Argentina, donde es una práctica poco utilizada.[10]

---

[9] Arthur, Diane, obra citada.
[10] Alles, Martha Alicia, *Cómo maneja su carrera*, Ediciones Granica, 1998, Capítulo 5, página 117 y siguientes

Algunas organizaciones exigen que los empleados interesados obtengan primero permiso de sus supervisores antes de hacer la solicitud; otras exigen notificación; y otras, incluso respetan el carácter confidencial del proceso hasta que se haya tomado una decisión. Todas las empresas consultadas exigen que las personas hayan cumplido determinado tiempo en la posición actual para aspirar a un cambio: estos plazos oscilan entre 12 y 24 meses de antigüedad.

¿Se ofrecen todas las vacantes? Las políticas varían de una empresa a otra. Algunas ofrecen todas las posiciones abiertas, sin importar el nivel, y otras solamente ofrecen algunas. También hay compañías que no comunican ninguna vacante en forma interna, por razones como las siguientes:

1. A veces los supervisores y gerentes quieren ascender a una persona a quien han preparado específicamente para la posición vacante. Por consiguiente, no quieren ni siquiera tomar en cuenta a otros candidatos.

2. Algunos miembros de la administración se molestan cuando los empleados buscan puestos fuera de su departamento, como si eso fuera algo personal contra ellos.

3. Perder un empleado por promoción interna puede significar tener que esperar a que llegue un reemplazo, tal vez no tan bueno.

4. Algunas compañías creen que es mejor traer "sangre nueva" en lugar de promover a los empleados actuales.

El éxito de un sistema de promoción interna –autopostulación– depende en gran parte del acierto con que se diseñe y se controle. Ejemplos: una organización puede estipular que los empleados deben permanecer en su puesto actual por lo menos durante un año. El número de puestos que un individuo puede solicitar en un año también se restringe, generalmente a tres. Además, el empleado, en su más reciente evaluación de desempeño, debe haber obtenido la calificación de satisfactorio, o superior, para que pueda hacer uso del sistema de promoción interna. Estas reglas ayudan a evitar el problema del empleado que "vive" solicitando cargos. Al mismo tiempo, contribuyen a darle al proceso prestigio y seriedad, aumentando así su eficacia.

Concepto de cliente interno

Recursos humanos es un área staff de asesoramiento dentro de la organización (capítulo 1). En consecuencia, cuando un área de línea u otra de staff requiere un servicio de Recursos Humanos, este debe actuar aplicando el concepto de "cliente". En este caso es un cliente interno que requiere un servicio del área staff, que en el ejemplo que nos ocupa consiste en solucionar un requerimiento de personal.

Del autor al lector

El área de Recursos Humanos es un consultor respecto de las otras áreas de la organización y estas son sus clientes, internos en este caso. Este concepto no solo se aplica a Recursos Humanos, debe ser el enfoque de todas las áreas de servicios dentro de la empresa, se trate de Sistemas e Informática o Mantenimiento de Oficinas.

Si pensamos que cuando un sector nos pide cubrir una vacante *nosotros le estamos haciendo un favor, o lo estamos autorizando,* estamos actuando con un enfoque equivocado.

Cuando nos piden cubrir una posición debemos asumir un rol de consultor. Analizar la necesidad planteada, cuál es el mejor camino para resolverla, cómo esto se encuadra dentro de las normas de la compañía, si hay o no vacantes disponibles, etc.

Aun en el caso de que el pedido sea improcedente, la actitud debe ser la misma, explicándole a *nuestro cliente interno* que su solicitud no puede ser satisfecha y exponiendo las razones, o simplemente diciéndole que *está fuera de lo que nosotros podemos resolver,* si hay una razón que no podemos comunicarle a la persona que nos plantea el tema.

En resumen, tratar a nuestro cliente interno como lo que es, un cliente, y con vocación de servicio. Nuestra misión es **deleitar** a nuestro cliente, que confía en que nosotros le resolveremos su problema.

¿Cuál debería ser la primera reacción?... ¡La alegría! Un consultor siempre se alegra de que un cliente lo llame y le pida una búsqueda o cualquier otra tarea dentro de su incumbencia.

¿Usted piensa que siempre reacciona así una oficina de Recursos Humanos cuando cualquier sector de la compañía llama solicitando una búsqueda?

Quizá no. Y asumiendo el riesgo de ser reiterativa, les pido que recuerden a lo largo de todo este trabajo el concepto de cliente interno que debe tener cualquier sector de la empresa que solicite algo. Aun aquel que resulte más difícil e incomprensible.

El área que tiene la necesidad puede presentar distintas actitudes, desde presuponer que su tema es tan específico que *no vamos a entender nada,* hasta no saber realmente lo que quiere y necesita. Sin soberbia y con gran vocación de servicio debemos enfrentar ambos casos. En ocasiones parece que no saben lo que quieren o solo no saben expresarlo en nuestro lenguaje. Siempre debemos ayudar. En empresas con larga cultura de recursos humanos el lenguaje es de uso corriente y muchas veces los perfiles ya están escritos. En esos casos es todo más sencillo.

Evaluación de las reales necesidades de la línea

En el momento de relevar el perfil es muy importante *descubrir las reales necesidades de la línea*. Ni *sobre*valorar ni *sub*valuar lo que se requiere. De muy buena fe, nuestro interlocutor puede tener una idea equivocada de lo que necesita. Es muy importante despejar esta incógnita, ya que será clave en todo el proceso que se inicia

La remuneración como un elemento más del perfil

Otro elemento clave que es necesario despejar al inicio de la búsqueda es el componente remuneración dentro del perfil. Muchas veces este factor hace imposible la resolución de una búsqueda.

Recursos Humanos en su rol de asesor/consultor deberá incluir un claro asesoramiento sobre si ese perfil requerido, con ese salario previsto, es factible o no de encontrarse en el mercado. Para ello utilizará información de mercado producto de encuestas salariales o de consultas informales

El salario es de ese modo un dato más del perfil. No es posible definir un perfil solo con los requisitos del puesto. La remuneración prevista es un elemento más a tener en cuenta

---

Del autor al lector

Como responsables de Recursos Humanos o de un proceso de selección tenemos la **obligación** de asesorar a nuestro cliente interno o externo sobre las reales posibilidades de encontrar ese perfil en el mercado.

Remuneración *versus* posibilidades reales de obtener ese puesto en el mercado

En ocasiones, la ecuación **requisitos del puesto/remuneración prevista** no se condice con el valor de mercado para esa posición; cuando esto sucede, quizá el responsable de Recursos Humanos deberá *pararse* delante de una persona con más rango jerárquico que él o ella, y decirle que *aquello que desea no se puede lograr por...*

Determinar la verdadera *chance* de encontrar lo requerido en el mercado se transforma en un elemento muy importante en el planeamiento de un proceso de selección, tema que veremos más adelante. Es necesario saber si la búsqueda a encarar es razonablemente sencilla, una posición respecto de la cual existe en el mercado una razonable oferta, o por el contrario, si se trata de una posición difícil, una *perla negra* o *rara avis*, ya sea porque es una posición escasa en el mercado o porque nuestra estructura de salarios nos dificulta la búsqueda.

Del autor al lector

Es posible que al inicio de un proceso de búsqueda Recursos Humanos desconozca el grado de dificultad que el tema plantea

En ese caso es aconsejable no asumir ninguna posición, estudiar el tema y luego informar al cliente interno

---

El perfil y cómo definirlo

La acepción número 6 de la palabra perfil, según el Diccionario de la Real Academia Española, es la que más se ajusta a nuestro tema. En pintura, perfil es "contorno aparente de la figura, representado por líneas que determinan la forma de aquella", y en sentido figurado, la octava acepción, "miramientos de las conductas o en el trato social". También nos es útil la definición 4, relacionada con la geometría, que lo define como "figura que representa un cuerpo cortado, real o imaginariamente, por un plano vertical"

Pero antes de hablar de perfil analicemos el "antiperfil"

Cuando un cliente interno define una búsqueda diciendo: necesito "alguien como el Sr. X", Recursos Humanos se encuentra frente a un eventual problema. Cuando ante el pedido de mayores precisiones, las que se obtienen son "mayores precisiones sobre una persona" y no sobre un puesto y los requisitos del mismo, tenemos lo que se puede definir como **antiperfil**.

Es imposible encontrar *alguien como el Sr. X*. Cada uno de nosotros es único, con sus virtudes y defectos y, gracias a Dios, aún no se hacen clones de seres humanos. En cualquier orden de cosas, en cualquier relación interpersonal, no se puede reemplazar a una persona buscando su igual. O su opuesto.

Sí es cierto que las organizaciones en su conjunto tienen también su perfil; esto nos indica, de alguna manera, que la gente suele "parecerse" dentro de las organizaciones, lo que no es necesariamente malo ni bueno: depende del caso.

En ocasiones, un gerente quiere buscar a alguien "como él", y en otras aún más graves, como él cree que es. A veces se sobrevalora o se sobredimensiona el puesto, causando que el postulante seleccionado no llegue luego a interesarse en él. Si, por el contrario, luego de ingresar percibe que el puesto lo excede, se frustrará a corto plazo y se irá

Este es uno de los puntos clave del asesoramiento que brinda el área de Recursos Humanos en su rol de consultor, dentro o fuera de una empresa. Los casos más difíciles de resolver son aquellos en los que se parte del antiperfil, y son muy comunes.

Cómo relevar un perfil

Parece bastante sencillo preguntar qué estudios o conocimientos especiales se requieren para determinado puesto. Por lo tanto nos vamos a centrar en detalle en los aspectos del perfil más complejos de detectar

Revisaremos a continuación dos autores que tratan el tema del perfil. Arthur[11] habla sobre la *familiarización con los pormenores de un cargo.* Para ello hay cuatro preguntas clave:

1   *¿Estoy completamente familiarizado con las cualidades que se buscan en el aspirante?*

2   *¿Son estas cualidades realistas y se relacionan en verdad con el empleo?*

3   *¿Puedo comunicar con claridad los deberes y responsabilidades de este cargo a los aspirantes?*

4   *¿Estoy preparado para darles información adicional relativa al cargo y a la compañía?*

Al final del capítulo incluimos un detallado formulario-guía para relevar un perfil. Es importante destacar algunos aspectos: la persona que toma nota del perfil debe comprenderlo. En la actualidad, las características de un puesto son complejas en ocasiones, producto de la compleja realidad de los negocios. Si se está relevando un perfil de una posición para negocios financieros, por ejemplo, es preciso entender en qué consiste ese negocio en particular Será necesario preguntar y repreguntar hasta una correcta comprensión del perfil a buscar, por dos motivos igualmente importantes: para realizar la búsqueda y para entrevistar a los posibles candidatos. La entrevista se realiza "con desventajas" si el entrevistador "no entiende" lo que hace el entrevistado.

---

[11]   Arthur. Diane, obra citada

Se les recomienda a los expertos en recursos humanos que aprendan todo lo que puedan acerca de los cargos específicos que están tratando de cubrir; pero, ante todo, deben concentrarse en las destrezas propias de su especialidad.

De Ansorena Cao[12] propone siete pasos para la definición del perfil; los mencionaremos sintéticamente:

Paso 1: *Descripción del puesto*

La desarrolla el responsable de Recursos Humanos en conjunto con el futuro jefe de la posición a cubrir. Finalmente, el "jefe del jefe" autorizará la totalidad del proceso. Cuando el puesto no es nuevo y se trata de un mero reemplazo, esto no es necesario.

Paso 2: *Análisis de las áreas de resultados*

Las "áreas de resultados" no deben confundirse con las tareas. Si éstas consisten fundamentalmente en "acciones" que el ocupante del puesto desarrolla en el desempeño de su actividad profesional, aquellas son, esencialmente, los "efectos" deseables que las acciones deben producir.

En las organizaciones, lo fundamental es el "resultado" y su calidad, independientemente de las acciones que deban efectuarse para alcanzarlo. Por ello, en el momento del análisis del puesto se deben diferenciar claramente ambos aspectos centrando la atención en el último.

Ejemplo tomado del mencionado autor:

Acciones	Áreas de resultados
Establecer contacto con clientes potenciales. Mantener entrevistas comerciales. Cerrar operaciones e instrumentarlas. Efectuar el seguimiento de operaciones comerciales con clientes nuevos.	**Incrementar el volumen de negocio, de acuerdo con los objetivos comerciales fijados por la dirección, vinculando a nuevos clientes o incrementando las ventas de determinados productos.**

---

[12] De Ansorena Cao, Alvaro, *15 pasos para la selección de personal con éxito*, Paidós Empresa, Barcelona, 1996.

Paso 3: *Análisis de las situaciones críticas para el éxito en el puesto de trabajo*

El objetivo es identificar las situaciones específicas en las que el ocupante del puesto de trabajo analizado debe poner en juego sus destrezas y capacidades, sus conocimientos y experiencias, de modo que se consigan los fines o los resultados deseados. Defínalo con un ejemplo; de ese modo usted estará tranquilo de haber entendido cabalmente la situación y su interlocutor se verá obligado a "bajar a tierra" en cuanto a la posición a cubrir. Este es uno de los principales cuidados que hay que tener en el momento de relevar el perfil.

Paso 4: *Análisis de los requerimientos objetivos para el desempeño del puesto de trabajo*

- Edad mínima y máxima aceptables, así como edad preferida.
- Nacionalidad preferida.
- Sexo preferido (y sus motivos).
- Domicilio aceptable o no aceptable.
- Estado civil aceptable o inaceptable.
- Disponibilidad para dedicaciones especiales.
- Necesidad de disponer de permiso de conducir, y la clase de este.
- Necesidad de disponer de vehículo propio y razones para ello.
- Formación básica requerida.
- Formación complementaria o técnica requerida.
- Idiomas necesarios para el desempeño del puesto y su grado de dominio o conocimiento real.
- Grado, tipo y alcance de la experiencia previa requerida por el puesto.

Del autor al lector

Si estuviésemos en el mercado norteamericano, muchos de estos puntos no podrían ni siquiera listarse en un perfil y mucho menos manifestarse frente a un eventual postulante, sin ser acusados de discriminación.[13]

---

[13] *Elija al mejor Como entrevistar por competencias.* Ediciones Granica. Buenos Aires. 1999. Capítulo 15 páginas 79/ 80 y Apéndice páginas 177 a 182

Paso 5: *Análisis de los requerimientos del entorno social del puesto de trabajo*

En primer lugar, se analizará el tipo de jefe inmediato que tendrá la posición a cubrir y sus características, como estilo de comunicación, estilo de mando, estilo de delegación, etc.

En segundo lugar, los clientes más frecuentes o proveedores pueden ser fuente de información relevante para determinar los rasgos del candidato idóneo, ya que las características de aquellos pueden condicionar el tipo de persona a seleccionar

Paso 6: *Análisis de las competencias conductales requeridas para el desempeño eficaz del puesto de trabajo*

Ansorena Cao marca la importancia de relevar aquellas que son *realmente* imprescindibles para la posición.

Paso 7: *Definición del perfil motivacional idóneo para el puesto de trabajo*

Nos parece un elemento fundamental y muchas veces olvidado por los especialistas del área. Debe tenerse en cuenta que este aspecto de la personalidad de los candidatos resultará un excelente predictor de su posterior rendimiento y de su adecuación a las tareas y objetivos propuestos. Una persona competente en cuanto a características de conducta pero desmotivada no tendrá nunca un rendimiento óptimo

Perfil del puesto por competencias

Para efectuarlo, desde ya, es necesario trabajar bajo un esquema de competencias (capítulo 2). A modo de definición, podríamos decir que es un modelo conciso, fiable y válido para predecir el éxito en el puesto. Las competencias están estrechamente relacionadas con la estructura, la estrategia y cultura de la empresa e implican las características personales causalmente ligadas a resultados superiores en el puesto.

¿Cómo elaborar un perfil por competencias? ¿Qué herramientas utilizar?

Definir claramente las competencias, buscando las características personales de excelencia. Son diferentes por empresas y dentro de una misma empresa pueden ser diferentes por áreas y puestos.

En el momento de relevar el perfil del puesto –si la empresa ha implementado un esquema de gestión por competencias– se deberán relevar las competencias requeridas y el nivel de las mismas en una calificación de cuatro niveles:

A: Alto o desempeño superior, que según Spencer & Spencer[14] es *una desviación tipo por encima del promedio de desempeño. Aproximadamente una de cada diez personas alcanzan el nivel superior en una situación laboral.*

B: Bueno, por sobre el estándar.

C: Mínimo necesario para el puesto pero dentro del perfil requerido. Esta definición se relaciona con la calificación que da Spencer & Spencer sobre desempeño eficaz: *por lo general, esto significa un nivel "mínimamente aceptable" de trabajo. Es el punto que debe alcanzar un empleado; de lo contrario, no se lo consideraría competente para el puesto.* No indica una subvaloración de la competencia.

D: Insatisfactorio. Este nivel no se aplica para la descripción del perfil, ya que si esa competencia no es necesaria para el puesto no será necesario indicar nivel.

Por lo tanto será conveniente esbozar una breve descripción de la competencia y de cómo se aplicaría en ese puesto.

El ya mencionado formulario para relevar un perfil que se incluye al final del capítulo incorpora el concepto de **perfil por competencias**, y en este punto se diferencia del formulario tradicional presentado en otras obras donde tratamos el tema del perfil. Si una empresa no trabaja por competencias, podrá usar el resto del formulario para señalar las características de personalidad deseadas.

Las competencias detalladas en el formulario son las de nuestro diccionario de competencias (capítulo 2), y corresponden a dos niveles, el de jóvenes o niveles iniciales y el de gerencias intermedias. No hemos incluido las correspondientes a altos ejecutivos.

Cada empresa incorporará en su formulario de relevamiento de perfil las competencias más frecuentes dentro de esa organización, y "marcará" solo las requeridas para el puesto y grado que se buscan en cada caso.

Del autor al lector

En los capítulos 2, 3 y 4 hemos puntuado las competencias con una escala de 1 a 4, utilizando las letras A, B, C, D (alto, bueno, mínimo necesario e insatisfactorio respectivamente). En el capítulo 10, al referirnos a las evaluaciones de desempeño, hemos utilizado la puntuación 1 a 5 (excepcional, destacado, bueno, necesita mejorar y resultados inferiores a lo esperado).

---

[14] Spencer & Spencer, obra citada

Esto no es una incongruencia de nuestro trabajo. En nuestra opinión, para la definición del perfil y el subsiguiente proceso de selección es suficiente trabajar con cuatro niveles, y para la instancia de evaluación sí es importante contar con dos niveles para las situaciones negativas o poco favorables, diferenciando el caso de una persona que "necesita mejorar" de aquel otro que "tiene resultados inferiores a lo esperado"

Breve síntesis sobre el perfil

Datos objetivos como edad, sexo, educación y experiencia laboral se resuelven en una primera instancia y no es la parte más difícil de la tarea; de todos modos es necesario despejar la real necesidad que se nos plantea. Los puntos claves y de más difícil definición están dados por las competencias o características personales y las relaciones dentro de la organización. Sobre este último aspecto es conveniente primero revisar el organigrama, analizar su vigencia y, de ser necesario, proponer las modificaciones necesarias. Es fundamental detectar las relaciones informales, las denominadas "líneas de puntos" en el organigrama. Definir correctamente: de quién depende, a quién supervisa y quiénes son sus pares.

En una segunda etapa es imprescindible analizar las competencias o características personales de aquellos que se relacionan directamente con el puesto y la influencia que esto tenga en la definición del perfil. Con estos elementos se está en condiciones de definir las competencias o características personales que realmente se requieren.

Como un último punto –e idealmente–, definir o esbozar el plan de carrera del candidato a seleccionar.

Un completo asesoramiento al cliente interno finaliza con el análisis de las posibilidades de encontrar lo requerido. Si el perfil es de aquellos que a priori se consideran "difíciles" hay que tratar de obtener un segundo perfil, por ejemplo al 80% del ideal fijado y al cual se le pueda asignar una probabilidad mayor.

Planificación de una búsqueda

El proceso de selección no puede quedar fuera del contexto de la organización. Sin embargo, cada organización en particular manejará determinadas normas internas, explícitas o no, que inciden en la modalidad de encarar cada etapa del proceso. Por ejemplo, recurrir solo a fuentes internas de reclutamiento, transferir el proceso a una consultora externa, etc.

Lo importante es, más allá de las particularidades de cada organización, que el proceso de selección no pierda de vista su objetivo principal: cubrir la posición con quien más se adecue a los requerimientos definidos.

La planificación de una selección incluye determinar y estimar los pasos a seguir y las herramientas a utilizar.

El número de entrevistas dependerá de cada búsqueda en particular y de los sectores de la organización que participan en el proceso. Realizar una evaluación psicológica que aporte información sobre aspectos de la personalidad de los candidatos y de sus habilidades intelectuales también permitirá detectar la capacidad actual y potencial del candidato para desempeñar distintas funciones.

En algunos casos, especialmente en aquellas posiciones estrictamente técnicas, también se recurre a una evaluación específica, por ejemplo: un lenguaje de computación, conocimientos legales, impositivos, etc. En ocasiones el futuro jefe u otro entrevistador idóneo revisa los conocimientos técnicos del postulante.

¿Quiénes participan en el proceso de selección? Existen dos alternativas posibles.

En el primer caso, la organización deriva el trabajo a una consultora, quien una vez realizada la selección presenta al responsable de la búsqueda una terna de candidatos finalistas.

En el segundo caso, el área de Recursos Humanos de la organización o el área para la cual se desea cubrir la posición serán los responsables de realizar el proceso.

Es la organización quien toma la decisión sobre la modalidad para encarar la selección.

En síntesis, el proceso de selección implica una toma de decisión permanente, ya que cada etapa aportará información necesaria para la siguiente. Estas decisiones encadenadas se apoyarán en el sistema de comparación de atributos de los postulantes y permitirán alcanzar la decisión final sobre quién es la persona que más se adecua a los requerimientos del perfil.

Un aspecto fundamental de la tarea es el correcto planeamiento del proceso completo de selección. Para ello es necesaria la correcta identificación de los pasos a seguir, no solo en teoría –de un proceso de búsqueda–, sino en la búsqueda particular que se desea resolver.

Una vez que se hayan identificado los pasos y el grado de dificultad que se prevé para realizar esta búsqueda, se definirán los plazos, con un adecuado margen. Ni excesivo, para que el cliente interno no suponga desinterés o ineficiencia, ni demasiado estrecho como para que no pueda ser cumplido.

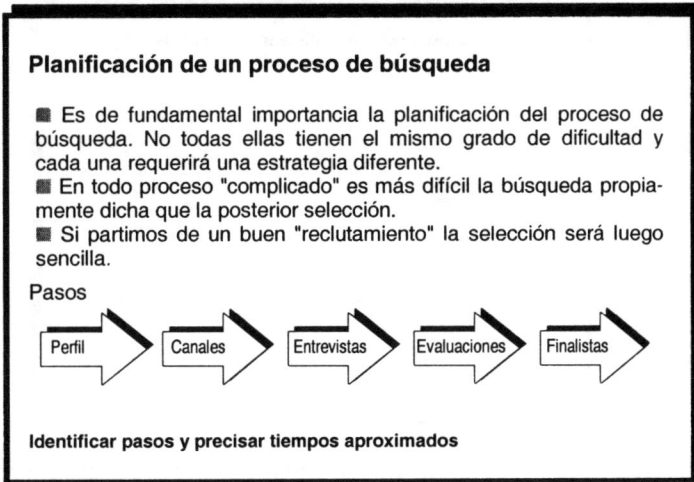

Planificación de un proceso de búsqueda

■ Es de fundamental importancia la planificación del proceso de búsqueda. No todas ellas tienen el mismo grado de dificultad y cada una requerirá una estrategia diferente.
■ En todo proceso "complicado" es más difícil la búsqueda propiamente dicha que la posterior selección.
■ Si partimos de un buen "reclutamiento" la selección será luego sencilla.

Pasos

Perfil → Canales → Entrevistas → Evaluaciones → Finalistas

Identificar pasos y precisar tiempos aproximados

Planificación

Para un correcto planeamiento de los recursos humanos, el análisis global de la situación incluye ciertos parámetros básicos: las necesidades de personal, la nómina actual de empleados –su inventario–, incluyendo sus capacidades y competencias, y por último las nuevas incorporaciones. ¿Cómo realizar este análisis? Teniendo en cuenta la visión y la misión de la organización.

Un esquema de planificación de Recursos Humanos

Necesidades de personal → Nómina de empleados y competencias → Nuevas incorporaciones

Visión y misión de la organización

Bajando de nivel en nuestro análisis para el planeamiento de la función del área de Empleos utilizaremos el siguiente esquema como referencia:

Esquema de planificación del empleo

Para el planeamiento la función Empleos parte de la demanda, en este caso el perfil de la búsqueda. Es decir –y aunque parezca obvio– se parte del principio. La demanda tiene que estar en concordancia con los planes de la organización.

Para la satisfacción de la demanda una empresa tiene diferentes fuentes de aprovisionamiento: internas y externas. Las fuentes internas: ascensos, descensos y/o transferencias. Renuncias, despidos y jubilaciones constituyen un aprovisionamiento negativo. Dentro del aprovisionamiento interno contamos con las técnicas de *job posting* o autopostulación. El aprovisionamiento externo se refiere al mercado en general, que brindará diferentes casos con diferentes costes para la compañía.

Es altamente recomendable agotar las fuentes de aprovisionamiento interno antes de recurrir al aprovisionamiento externo.

Del análisis de ambas fuentes se desprenderá un **pronóstico**: es posible o no satisfacer la demanda. Si por ambos caminos esto no es factible, se deberá reanalizar la demanda, provocando una **interacción del aprovisionamiento sobre la demanda,** lo que también se denomina **replanteo de la demanda o del perfil.**

Es de vital importancia la planificación de un proceso de búsqueda. No todas ellas tienen el mismo grado de dificultad y cada una requiere una estrategia diferente.

Del autor al lector

Cuando nos encontramos con una "búsqueda difícil", por ejemplo porque el perfil es escaso en el mercado, porque sin ser especialmente escaso nuestra futura propuesta salarial hará difícil que el candidato acepte, etc., será más complicado el reclutamiento de posibles candidatos que el proceso de selección en sí mismo.
Si partimos de un buen reclutamiento la selección será más sencilla.

Planificación: Identificar los pasos, precisar tiempos aproximados y estudiar costes. En grandes rasgos:

❒ Definición del perfil.

❒ Identificación de los distintos "caminos de búsqueda" (canales).

❒ Entrevistas: cuántas y de qué tipo.

❒ Evaluaciones: cuántas, cuáles.

❒ Presentación de finalistas.

Concepto de reclutamiento

Reclutamiento es un conjunto de procedimientos orientados a atraer e identificar candidatos potencialmente calificados y capaces de ocupar cargos dentro de la organización, de los cuales más tarde se seleccionará a alguno para efectuarle el ofrecimiento de empleo.

Dentro del reclutamiento hay que tener en cuenta la información mediante la cual la organización divulga y ofrece al mercado de recursos humanos las oportunidades de empleo que pretende llenar.

Los métodos son diversos y cada vez es más necesario apelar a recursos imaginativos. La imagen institucional es un punto muy importante, las empresas muy conocidas son el objetivo principal de los buscadores de empleo y ellos se postulan en forma espontánea.

Diferencia entre reclutamiento y selección

Reclutamiento: es la convocatoria de candidatos. Es una actividad de divulgación de modo de atraer de manera selectiva a los candidatos que cubren los requisitos mínimos para la posición requerida. Es la base para la etapa siguiente:

Selección: es una actividad de clasificación donde se escoge a aquellos que tengan mayor probabilidad de adaptarse al cargo ofrecido para satisfacer las necesidades de la organización y del perfil.

Los candidatos pueden ser personas desempleadas o, por el contrario, pueden tener empleo, en la misma organización o en otras empresas.

Reclutamiento y selección

Diferencias y relación entre ambos conceptos

Reclutamiento	**Selección**
Conjunto de procedimientos tendientes a atraer candidatos adecuados	Elección de los candidatos más adecuados en relación con el perfil

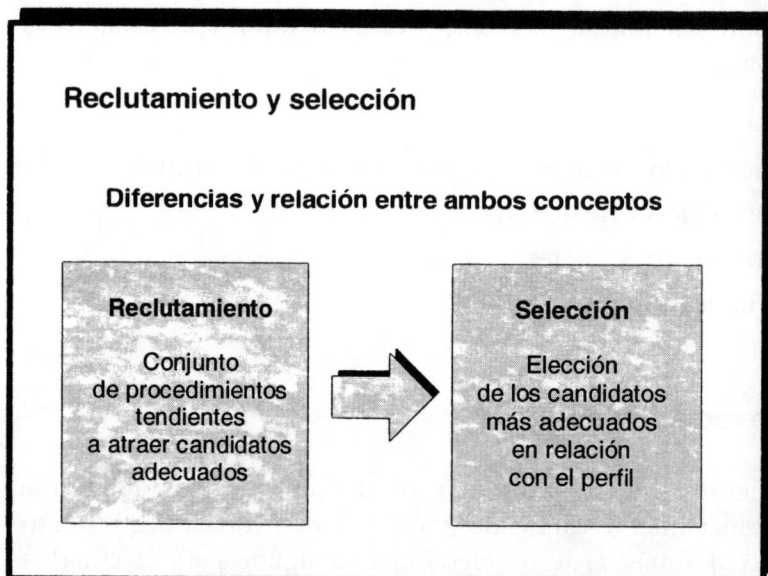

Entre los candidatos que pertenecen a la empresa –reclutamiento interno– es factible encontrar personas que cumplen hoy con el perfil requerido o que pueden cubrirlo luego de un período de adaptación o entrenamiento.

Igual clasificación de candidatos, con perfil requerido actual o potencial, es aplicable en el **reclutamiento externo**.

Elección de métodos y canales de búsqueda

Nos ocuparemos a continuación de todas las fuentes disponibles frente a una vacante a cubrir. Pero antes de ello haremos un breve análisis comparativo entre el reclutamiento interno y externo, consciente de que no siempre es posible elegir libremente.

Para un adecuado reclutamiento interno debe cumplirse con ciertos pasos que no siempre, por uno u otro motivo, las empresas están dispuestas a dar:

▷ Colocar avisos de empleo en carteleras u otros medios internos (*job posting*).

▷ Llevar un eficiente inventario del personal, con un banco de datos indicando habilidades o aptitudes.

▷ Planificar reemplazos y sucesiones.

Reclutamiento	Ventajas	Desventajas
Interno	Más económico Más rápido Más seguro en cuanto a los resultados finales. Motiva empleados. Es un retorno de la inversión de la empresa en entrenamiento de personal.	Exige potencial de los empleados para poder ascender y que la organización ofrezca oportunidades de progreso Puede generar conflictos de intereses Puede elevar a los empleados a su máximo de incompetencia. Evita la renovación que la gente nueva aporta (mantiene el statu quo).
Externo	Trae sangre nueva y nuevas experiencias a la organización. Renueva los recursos humanos de la empresa. Aprovecha inversiones en capacitación y desarrollo de personal efectuadas por otras empresas o por los propios postulantes	Es más lento más que el reclutamiento interno. Más costoso. Menos seguro que el interno. Puede ser visto por los empleados como una deslealtad hacia ellos. Puede traer aparejados problemas salariales a la empresa (cuando el candidato externo pretende más que lo previsto inicialmente).

Las búsquedas pueden realizarse a través de la contratación de un consultor externo –*outsourcing*– o con la propia estructura interna. Esta última opción es frecuente cuando las empresas cuentan con un Departamento de Recursos Humanos. Aun así pueden existir circunstancias donde es más conveniente la contratación de un consultor externo:

✪ búsquedas confidenciales;

✪ búsquedas que excedan el nivel del área de Recursos Humanos y que la dirección prefiera que se manejen por fuera;

✪ cuando la complejidad del tema requiera un especialista;

✪ cuando el proceso requiera una visión imparcial;

✪ como real *outsourcing* para disminuir costes fijos de la compañía.

Estas son las principales razones; pueden existir otras. En cualquiera de estas situaciones es conveniente que la empresa tenga una política definida, aunque no rígida.

Luego de decidir si la búsqueda se hace interna o externamente, debe definirse el mejor canal de acceso al mercado según el nivel y la complejidad de la posición a cubrir

Las fuentes o canales de acceso al mercado

↪ **Fuentes desde la empresa: cuando se decide hacer la búsqueda internamente.**

↪ **Fuentes de *outsourcing*: cuando se decide hacer la búsqueda utilizando la ayuda de un consultor externo.**

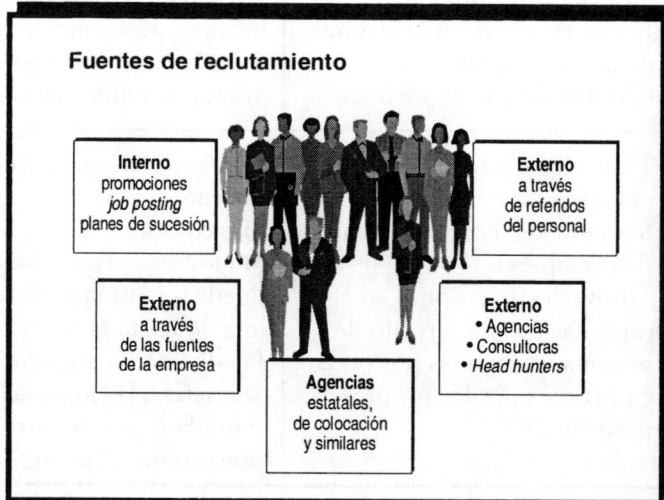

Fuentes de reclutamiento

Interno
promociones
job posting
planes de sucesión

Externo
a través
de referidos
del personal

Externo
a través
de las fuentes
de la empresa

Agencias
estatales,
de colocación
y similares

Externo
• Agencias
• Consultoras
• *Head hunters*

Autores como Milkovich y Boudreau[15] y Arthur[16] mencionan una serie de fuentes de reclutamiento y canales de comunicación y hacen referencia a los solicitantes espontáneos. Las empresas de puertas abiertas pueden aumentar la cantidad de aspirantes espontáneos al invitar a miembros de la comunidad, estudiantes, etc. a que visiten la empresa y aprendan acerca de sus productos y tecnología. Dentro de estas fuentes es importante incluir las referencias de los propios empleados.

Los planes de recomendar empleados, con premios concretos a los que lo hagan, es una excelente fuente de reclutamiento. En nuestro país algunas empresas lo aplican. tal como lo hemos relevado en una investigación[17] sobre el particular.

---

[15] Milkovich, George y Boudreau, John, *Dirección y administración de Recursos Humanos. Un enfoque de estrategia*, Addison-Wesley Iberoamericana, México, 1994

[16] Arthur, Diane, obra citada.

[17] En una investigación sobre *job posting*, método no muy desarrollado en la Argentina, se encontró un caso en el cual en lugar de este se había implementado un sistema similar al que usan las tarjetas de crédito cuando se les presentan nuevos socios. Les daban un regalo al empleado que recomendara para una búsqueda –la misma se publicitaba en cartelera– a una persona finalmente seleccionada.

Ventajas y desventajas de cada fuente de reclutamiento

Existen los defensores a ultranza del reclutamiento interno, y los del externo. Uno y otro tienen aspectos a favor y en contra. A modo de síntesis incluiremos dos gráficos que se explican por sí mismos.

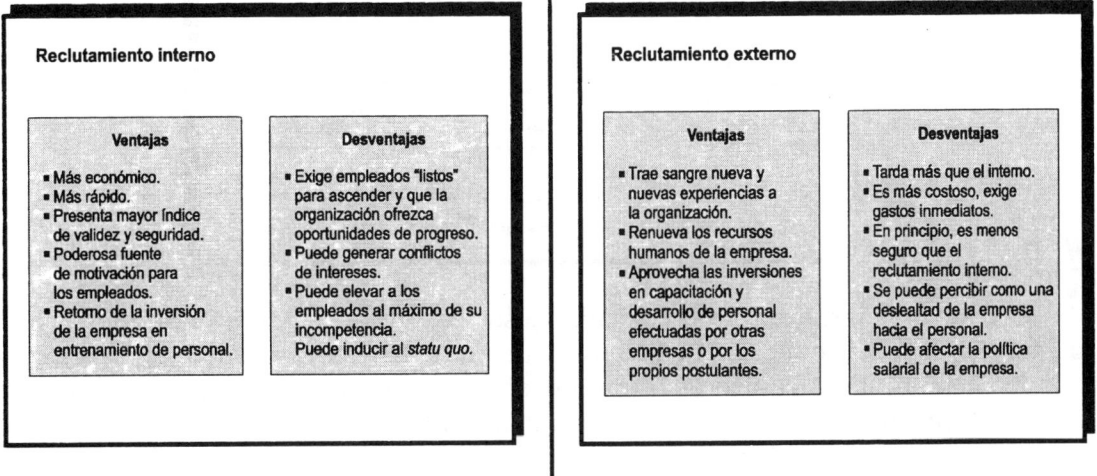

Reclutamiento interno	
Ventajas	**Desventajas**
▪ Más económico. ▪ Más rápido. ▪ Presenta mayor índice de validez y seguridad. ▪ Poderosa fuente de motivación para los empleados. ▪ Retorno de la inversión de la empresa en entrenamiento de personal.	▪ Exige empleados "listos" para ascender y que la organización ofrezca oportunidades de progreso. ▪ Puede generar conflictos de intereses. ▪ Puede elevar a los empleados al máximo de su incompetencia. Puede inducir al *statu quo*.

Reclutamiento externo	
Ventajas	**Desventajas**
▪ Trae sangre nueva y nuevas experiencias a la organización. ▪ Renueva los recursos humanos de la empresa. ▪ Aprovecha las inversiones en capacitación y desarrollo de personal efectuadas por otras empresas o por los propios postulantes.	▪ Tarda más que el interno. ▪ Es más costoso, exige gastos inmediatos. ▪ En principio, es menos seguro que el reclutamiento interno. ▪ Se puede percibir como una deslealtad de la empresa hacia el personal. ▪ Puede afectar la política salarial de la empresa.

Las consultoras en recursos humanos

Armstrong[18] da una visión de las consultoras y qué se puede esperar de ellas. *Cada vez se requieren más consultoras para aconsejar sobre asuntos de recursos humanos. Las razones son obvias. Mientras que algunos departamentos de recursos humanos se reducen, especialmente en el centro de las grandes organizaciones, la necesidad de innovar es de suma importancia para asegurar que las organizaciones sobrevivan y prosperen en un mundo altamente competitivo. De este modo, los consultores con frecuencia son catalizadores o agentes de cambio.*

¿Por qué se contrata a las consultoras en recursos humanos? Se pueden señalar dos razones principales: primero, para obtener resultados mediante la innovación de sistemas y procedimientos, y obtener ayuda para resolver problemas. Segundo, para agregar valor a los procesos dentro de las organizaciones por medio de su experiencia y práctica.

---

[18] Armstrong, Michael, *Using the HR Consultant, Achieving Results, Adding Value* (*Utilizando las consultoras en Recursos Humanos, alcanzando resultados, agregando valor*), Institute of Personnel Management, 1994

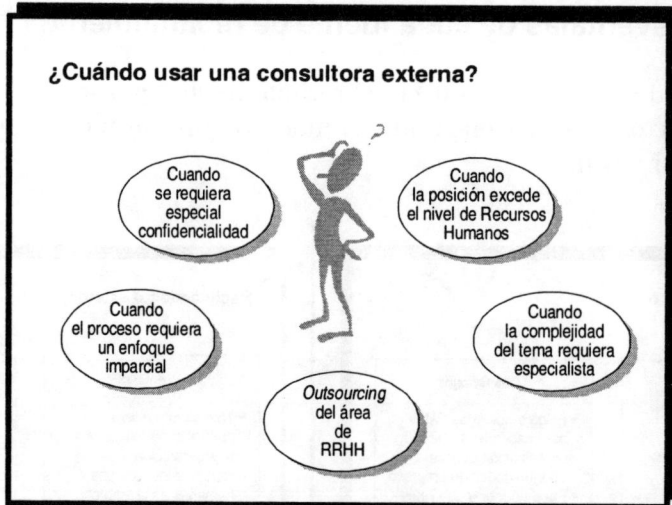

¿Cuándo usar una consultora externa?

Cuando se requiera especial confidencialidad

Cuando la posición excede el nivel de Recursos Humanos

Cuando el proceso requiera un enfoque imparcial

Cuando la complejidad del tema requiera especialista

Outsourcing del área de RRHH

Las buenas consultoras, con la ayuda de sus clientes, agregarán valor a los procesos. En las raras ocasiones en que las cosas salen mal, las causas pueden ser haber contratado a la consultora equivocada, fracasar en aclarar los objetivos de la asignación o no haberle prestado suficiente importancia a la implementación y procesos de cambio gerencial.

Del autor al lector

La primera y gran decisión que es necesario tomar es la elección del canal a utilizar. No obstante, los pasos son similares en todos los casos. En nuestra consultora utilizamos todas las fuentes posibles en forma simultánea. Esa es, en nuestro criterio, la clave.

Antes de pasar al punto siguiente, creo de utilidad incluir una síntesis de los principales pasos de un proceso de selección.

Pasos del proceso de selección

La clave del éxito de todo el proceso consiste, básicamente, en que sea sencillo y corto, cubriendo, desde ya, los requisitos de la organización: contratar a la persona indicada, en el momento indicado y con el salario indicado, y esto ¡no es fácil!

Además del riesgo de contratar a la persona incorrecta, también es conveniente evitar tener que procesar muchas respuestas irrelevantes de las distintas fuentes seleccionadas. Uno de los recursos más tradicionales en los procesos de búsqueda es la publicación de anuncios, y estos, cuando no están bien confeccionados, constituyen una frecuente fuente de "respuestas irrelevantes".

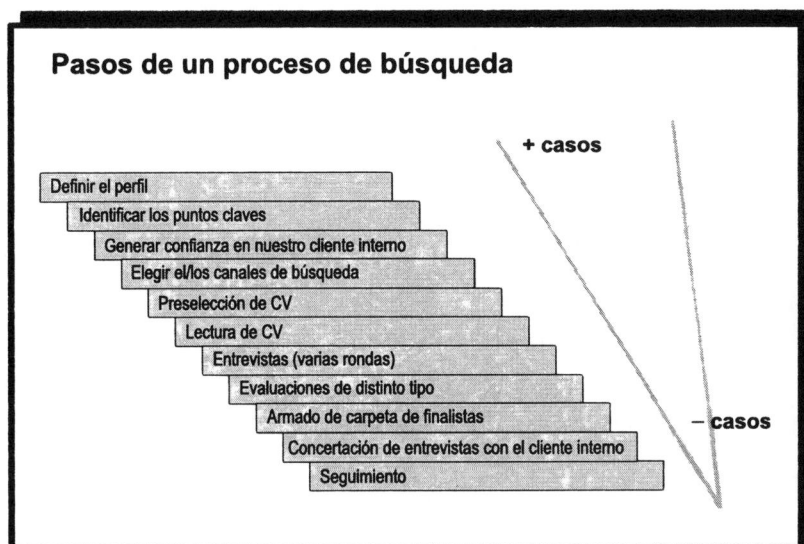

Pasos de un proceso de búsqueda

+ casos

Definir el perfil
Identificar los puntos claves
Generar confianza en nuestro cliente interno
Elegir el/los canales de búsqueda
Preselección de CV
Lectura de CV
Entrevistas (varias rondas)
Evaluaciones de distinto tipo
Armado de carpeta de finalistas
Concertación de entrevistas con el cliente interno
Seguimiento

− casos

La redacción del anuncio

Según Arthur,[19] *si está buscando personas que tengan habilidades muy especializadas, el anuncio debe estipular claramente esas habilidades; en cambio, si lo que usted busca es talento, la redacción del anuncio debe ser menos específica.*

La redacción debe ser siempre directa y clara, evitando las expresiones ingeniosas o no profesionales. Por su presentación y contenido, el anuncio es un reflejo de su organización, y representa la imagen que desea proyectar o comunicar. Una empresa puede contratar a una agencia de publicidad para que los redacte, pero por lo general esto no es necesario. Sin embargo, la ayuda de una agencia es deseable para determinar factores tales como las categorías en que debe aparecer, los espacios y el tipo y tamaño de letra que se deben emplear.

---

[19] Arthur, Diane, obra citada

El anuncio

Un buen anuncio es la diferencia entre recibir muchas cartas "malas" y pocas cartas "buenas".

Es su imagen institucional. Los posibles aspirantes, sus clientes, proveedores, competidores, la comunidad toda, lo estarán mirando a través de sus anuncios de empleo

---

A continuación incluiremos algunos conceptos de Courtis[20]. Para este autor existen dos dimensiones esenciales:

❑ Interna: definir el perfil completo del candidato.

❑ Externa: armar la publicación, con información sobre la organización, el contenido del trabajo y el título, las aspiraciones y el tipo de respuesta requerida.

Cada documento que se envía a un medio de publicación debe seguir este criterio.

Se debe tener en cuenta:

❑ elección del medio de publicación económicamente eficaz;

❑ uso eficaz del espacio;

❑ elegir el medio que le dé mayor certeza sobre los posibles resultados.

Para ello hay que tener en cuenta el presupuesto del cual se dispone para la publicación del anuncio y el mercado al cual se dirige. Si no se es un experto en el tema quizá requiera asesoramiento. Los mismos periódicos tienen diferentes secciones y no todas son igualmente efectivas según el segmento de su atención. El éxito dependerá de estos dos elementos, y recuerde una regla básica: *anuncios pequeños traerán candidatos en relación con lo invertido.*

El otro tema importante a tener en cuenta es la **oportunidad** de publicación, por ejemplo evitando fines de semana largos, ya que muchas personas pueden desplazarse de sus lugares habituales de vivienda y no leer periódicos.

---

[20] Courtis, John, *Recruitment Advertising, Right First Time*, Institute of Personnel and Development, Londres, 1994.

¿Por qué publicar?

Cuando se realiza correctamente, es una manera económica de obtener un alcance nacional o regional para llegar a:

❏ gente que se desempeña en una disciplina que puede implicar capacitación profesional o una especialización funcional y, por lo tanto, experiencia:

❏ gente con experiencia en un sector específico;

❏ habilidades especiales, tal vez con el uso de maquinaria altamente compleja;

❏ una combinación de lo anterior

La respuesta requerida

Desde el comienzo resulta crucial definir la clase de respuesta que se busca. Se debe indicar con claridad a los potenciales empleados que se presenten en un lugar específico a una hora determinada o bien presenten su CV para ser analizado.

El anuncio debe contener ciertas partes indispensables:

❏ Definir la empresa. Si no está dispuesto a poner el nombre es aconsejable recurrir a un consultor externo. Recuerde que muchos buenos candidatos que estén empleados no responderán si no saben a quién lo hacen. Es cierto que cuando el anuncio lo publica una consultora por lo general no se consigna el nombre de la empresa, pero el postulante en ese caso conoce el nombre del consultor y es a él a quien le escribe. En los casos en que el anuncio lo coloque una consultora debe definir lo más precisamente posible el tipo de empresa sin incluir detalles que impliquen "descubrir" al cliente.

❏ Describir la posición: contenido, responsabilidades, lugar de trabajo cuando se trate de un sitio alejado, número de viajes si fuese pertinente y cualquier otro dato relevante.

❏ Requisitos excluyentes y no excluyentes.

❏ Frase indicando qué se ofrece: desarrollo de carrera, buen salario, auto y vivienda si correspondiera, etc. En países como el Reino Unido es usual indicar el paquete anual de compensaciones. Esta no es una práctica frecuente en Argentina y otros países de habla hispana.

❏ Indicaciones finales: adónde escribir o lugar donde presentarse, plazo de recepción de CV, si hay que indicar número de referencia o pretensiones económicas, si se requiere presentar foto, etc. Dirección y teléfono. Indicar fax y e-mail solo si está dispuesto a recibir postulaciones por ese medio.

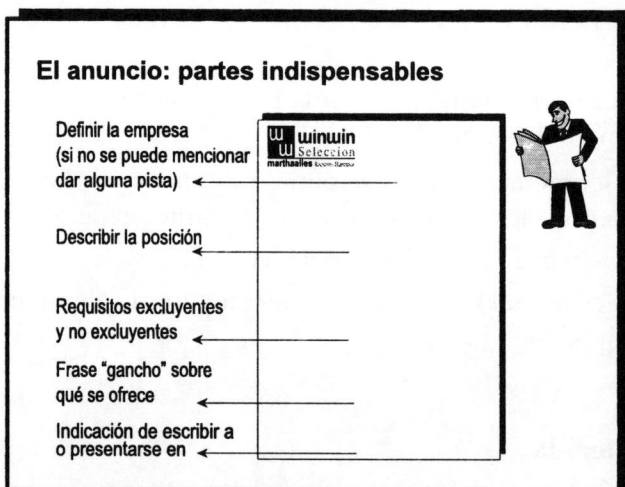

El anuncio: partes indispensables

Definir la empresa
(si no se puede mencionar
dar alguna pista)

Describir la posición

Requisitos excluyentes
y no excluyentes

Frase "gancho" sobre
qué se ofrece

Indicación de escribir a
o presentarse en

Del autor al lector

Síntesis sobre planificación de una búsqueda. Conceptos para no olvidar:

⇨ A lo largo de esta obra le diremos muchas veces que la clave del éxito es la planificación. En esta instancia del proceso de búsqueda su cliente interno le pedirá fechas, plazos. Tómese un margen, tenga en cuenta que usted deberá entrevistar a personas, que las personas que usted llame tendrán ocupaciones en sus agendas, viajes, etc.

⇨ En contraposición, no se tome demasiado tiempo, pensarán que usted es ineficiente.

⇨ Si contrató a una consultora, realice un seguimiento permanente. Pida un plan de trabajo y estimación de fechas.

⇨ Tenga permanentemente informado al cliente interno.

La búsqueda propiamente dicha. Currículum *versus* perfil

Las búsquedas no necesariamente se hacen a partir de un currículum. Sin embargo, a continuación nos referiremos a búsquedas donde se dispone de un currículum o cuando, si bien no contamos con él porque estamos realizando un *hunting*[21], la persona

---

[21] *Hunting:* usamos esta expresión como un derivado de la expresión *head hunting* con que internacionalmente se conoce la actividad de los cazadores de talentos.

sí posee uno. Esto quiere decir que la búsqueda se corresponde con el tipo de las que se realizan con CV. Puede ser interna o externa.

Cuando el CV no existe, es decir búsquedas donde la persona se presenta y a través de una fila llega a la instancia de la entrevista, los pasos se pueden asemejar a partir de ese momento. Pero volvamos a nuestro esquema. En las búsquedas con CV, el primer paso antes de la entrevista lo constituye la lectura del CV y su comparación con el perfil.

Recepción y calificación inicial

En las consultoras o en las oficinas de recursos humanos hay, por lo general, una persona encargada de la recepción de postulaciones. Pero cuando se publica un anuncio debe tener en cuenta que recibirá postulaciones para ese anuncio y otras, denominadas espontáneas, de personas a las que el anuncio, aunque no era para ellas, les sirvió de disparador y motivó una presentación.

Sugerimos que la persona destinada a tal efecto discrimine quién contestó el anuncio y quién no y los rotule con el apellido y la posición a la cual se postulan. Las empresas o consultoras publican varios anuncios seguidos y es muy importante, para facilitar la tarea de quien deba leer las postulaciones, que las mismas estén separadas por tipo de búsqueda.

Es una tarea de menor importancia pero no debe descuidarse. Del mostrador de recepción nos llegan muchas veces los mejores casos.

Algunas sugerencias:

❐ Destine tiempo a entrenar a una persona para que desempeñe correctamente su función. Hay autores que proponen que la recepcionista tenga un listado de las posiciones vacantes de modo de dar a la persona que llega alguna respuesta en el momento. Quizá no sea una buena idea, pero sí debe tener preparado el "discurso" que usted quiere que diga. Debe ser

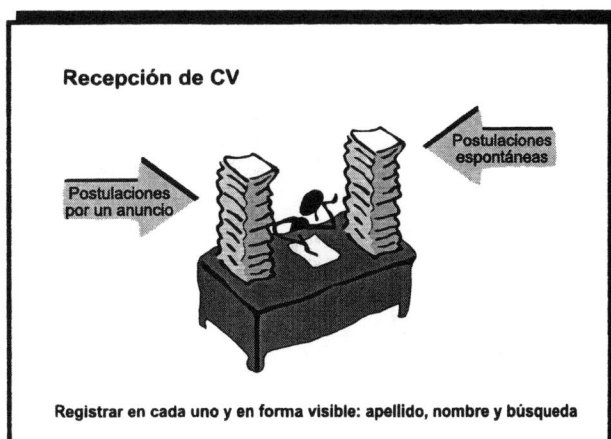

Recepción de CV

Postulaciones por un anuncio

Postulaciones espontáneas

Registrar en cada uno y en forma visible: apellido, nombre y búsqueda

siempre amable y no dar falsas expectativas, buenas o malas, a los postulantes.

❏ Rotular las presentaciones recibidas; por ejemplo, en el ángulo superior derecho indicar **apellido/s** y **nombre/s.** Esto facilita la búsqueda de casos de consulta, cuando una persona llama para saber si llegó su CV, si lo van a llamar, etc.

❏ Clasificar por búsqueda. Indicar en el ángulo superior izquierdo el nombre de la búsqueda. Cuando no sea indicado por el postulante, leer el CV; si es claro, diferenciarlo de otros o dejar en un grupo aparte para consultar con el equipo técnico de selección.

❏ Clasificar los espontáneos. Para esta tarea es necesario un mayor entrenamiento, pero se pueden dar algunas pautas sencillas agrupando los casos por grandes áreas: comercial, finanzas, administración, secretariado, fábrica, ingenieros, etc.

Cómo leer un currículum

Hay aspectos comunes a todas las búsquedas de tipo formal tales como prolijidad, presentación, tipo de escritura, errores comunes y la extensión.

Aspectos estructurales: edad, sexo, estudios, etc. Hay ciertos países donde estos aspectos pueden considerarse discriminatorios; téngalo en cuenta.

Aspectos funcionales: dónde trabajó, qué experiencia posee, rotación o movilidad laboral.

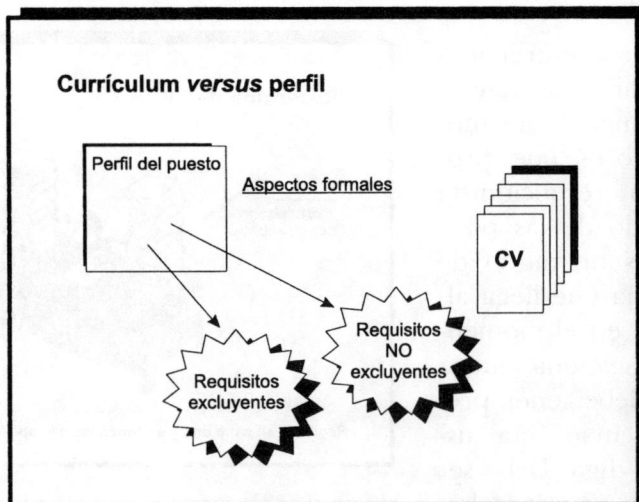

Currículum *versus* perfil

Del autor al lector

Una buena idea para leer muchos CV es partir de los requisitos excluyentes y con una primera lectura rápida hacer tres pilas: los que SÍ cumplen, los que NO cumplen y los que están entre uno y otro, los "Dudosos". De ese modo podrá releer con atención estos últimos para decidir si los pasa a los SÍ o a los NO.

De Ansorena[22] enfoca también el tema de los requisitos excluyentes. Errar en el cumplimiento de una o más de estas variables equivaldría a un descarte seguro (al menos en una primera instancia de selección).

En **primer lugar** analizar la historia laboral. Los empleos anteriores deberán ser calificados de acuerdo con el tipo de empresa y al rubro en el que la misma se desempeña y en función de estos datos, el postulante integrará o no las filas de los probables candidatos para nuestra búsqueda.

En **segundo lugar**, analizar la continuidad cronológica y lógica en la dirección laboral. Enmarcados en las circunstancias históricas y socioeconómicas de cada país, es factible encontrar casos con una brecha laboral que encubra algún lapso en alguna tarea *free lance*.

En **tercer lugar**, analizar la rotación y/o movilidad laboral, los cambios producidos y tratar de inferir sus causas.

---

[22] De Ansorena Cao, Alvaro, obra citada

Por último, es de fundamental importancia la lectura interpretativa de un CV. Si bien no es posible hacer un correcto análisis de la correlación del cambio laboral con los objetivos laborales, explícitos o implícitos, hasta el momento de la entrevista, ya es posible inferir algo desde esta instancia.

Desde esta perspectiva, debe distinguirse entre pases horizontales, donde generalmente la causa se relaciona con el mejoramiento económico o la búsqueda de una mejora laboral, ya sea por tipo de empresa o plan de carrera, y los pases verticales, esto es ascenso en jerarquía, importancia y función, lo que evidenciaría un crecimiento laboral.

Después de leer atentamente los CV se tendrá una lista de personas a entrevistar: el paso siguiente es la citación de los candidatos a la primera entrevista. Parece un tema sencillo y menor, pero no lo es.

El proceso de citación

ANTES

Verificar
si fue entrevistado
con anterioridad,
reunir todos los
antecedentes
previos.

DURANTE

Es un tema
de vital importancia.
Muchos buenos
candidatos "se pierden"
en un mal proceso
de citación.
Entrenar bien a los
que hacen la tarea:
registrar quién
tomó el mensaje,
llamar varias veces,
tener en cuenta que
los familiares no siempre
apoyan...

La citación del postulante es un paso importante dentro del proceso de **atracción y selección** de buenos candidatos. Muchos de ellos pueden "perderse" en un mal proceso de citación, cuando la persona que realiza el llamado es diferente de la que realiza la selección. En ese caso debe ser convenientemente entrenada, para garantizar el éxito del proceso de selección.

Síntesis del capítulo

➤ Una correcta selección de personas es buena para la empresa y para los individuos. Una persona tiene una serie de expectativas respecto de su trabajo y de la empresa y a su vez el empleador también espera ciertas conductas de su personal. Cuando existe una correspondencia entre ambas series de expectativas, cuando ese contrato psicológico entre empleado y empleador se explicita, es compartido y aceptado, la relación es fructífera para todos.

➢ Antes de iniciar un proceso de búsqueda externa debe analizarse el aprovisionamiento interno. Primero debe explorarse dentro de la propia compañía.

➢ Definir correctamente los pasos a seguir es la clave de un proceso de búsqueda, cuidando dejar en claro las expectativas del postulante y las reales posibilidades de satisfacerlas.

➢ Concepto de cliente interno: las áreas que demandan cubrir posiciones, ya sea mediante búsquedas internas o externas, deben ser consideradas como clientes a los que se debe no solo satisfacer sino deleitar. Las diferentes áreas de la empresa deben ser atendidas por Recursos Humanos utilizando el concepto de cliente interno.

➢ La definición del perfil es la base del proceso de selección. El candidato a seleccionar debe serlo en todos los casos con relación a un perfil. Por lo tanto deben definirse todos los requisitos necesarios: los excluyentes y los no excluyentes. Una correcta división de estos requisitos será clave en las etapas posteriores. Si la empresa trabaja bajo un esquema de gestión por competencias, deberán ser definidas para el perfil a buscar. Las competencias están directamente relacionadas con la estructura, la estrategia y cultura de la empresa e implican las características personales causalmente ligadas a resultados superiores en el puesto.

➢ Para planificar una búsqueda, estimar plazos y costes involucrados, es necesario conocer los pasos a seguir para ese proceso en particular. Los pasos necesarios para la planificación de un proceso de búsqueda son: definir el perfil, los canales a utilizar en la búsqueda, cuántas entrevistas y evaluaciones se realizarán y con quién, para luego armar la carpeta de finalistas. Para planificar una búsqueda hay que tener en cuenta que en ocasiones se deberá replantearla, cuando los requisitos excluyentes sean difíciles de encontrar en el mercado o cuando el perfil requerido exceda los niveles económicos previstos.

➢ Diferencia entre reclutamiento y selección. Reclutamiento es el conjunto de procedimientos tendientes a atraer el máximo posible de candidatos dentro del perfil buscado. Selección es la elección de los candidatos más adecuados en relación con el perfil.

➢ Fuentes de reclutamiento interno: elegir personas dentro de las filas de la organización mediante promociones, un plan de sucesión o prácticas de *job posting* (autopostulación). Fuentes de reclutamiento externo: recomendaciones del personal, bases de datos, convenios con universidades y colegios, ferias de estudiantes, publicación de anuncios, agencias estatales de colocación, agencias de personal, consultoras de selección, *head hunters*, entre otras.

➤ El anuncio de empleo bien o mal redactado es la diferencia entre recibir postulaciones adecuadas o muchas que no lo son. Partes indispensables de un anuncio: definir la empresa, describir la posición, indicar precisamente los requisitos excluyentes y no excluyentes de la posición a cubrir, atraer a los eventuales interesados con alguna frase atractiva que describa las ventajas de trabajar en esa empresa y por último dónde deben dirigirse los interesados.

➤ Al leer las postulaciones es necesario hacerlo teniendo muy en claro el perfil buscado para rápidamente dividir las postulaciones entre aquellas que sí cubren el perfil, las que no lo cubren y detenerse más detalladamente en los casos dudosos para determinar si serán o no citados a una entrevista. La citación es una parte importante del proceso y deben realizarla personas entrenadas cuando no la realiza directamente el que maneja la búsqueda.

El lector encontrará los esquemas en INTERNET *(Clases)*: **www.granica.com/derrhh** y **www.marthaalles.com/derrhh** y la ejercitación correspondiente a estos temas en la obra **Dirección estratégica de Recursos Humanos. Gestión por competencias. Casos. Capítulo 3: Atracción de candidatos: perfil, anuncios y planificación. Caso: Supermercados.**
  ➪ Relevamiento de un perfil por competencias.
  ➪ Redacción de anuncios.
  ➪ Planificación de una búsqueda: las distintas fuentes de reclutamiento.

RELEVAMIENTO DEL PERFIL POR COMPETENCIAS

Cliente (interno o externo):

Búsqueda:

Contacto:

OBJETIVO DE LA POSICIÓN

DESCRIPCIÓN DEL CARGO

Dependencia

  Línea:

  Funcional:

Sectores a cargo:

Dibujo del organigrama

RELEVAMIENTO DEL PERFIL POR COMPETENCIAS

DESCRIPCIÓN DEL CARGO (continuación)

Principales funciones:

PLAN DE CARRERA

En .... años

En .... años

En .... años

REQUISITOS

Experiencia (tipo de empresa, funciones, número de años)

RELEVAMIENTO DEL PERFIL POR COMPETENCIAS

EDUCACIÓN
Secundaria
Universitaria
Posgrados
Conocimientos Especiales
P.C.

Idioma	Lee	Escribe	Habla	Bilingüe
Inglés				
Francés				
Portugués				
Alemán				
Otro				

Indicar: muy bien / bien / regular

Otros requisitos

Edad (rango) Entre .... años y .... años

Sexo:	Varón			Mujer			Indistinto	

Domicilio

Disponibilidad de viajar

Disponibilidad para mudarse

RELEVAMIENTO DEL PERFIL POR COMPETENCIAS

RESPONSABILIDAD DEL CARGO

	Informar	Colaborar	Controlar	Convencer
Superiores				
Colegas				
Colaboradores				
Clientes				
Proveedores				
Otros				

CARACTERÍSTICAS DEL ENTORNO SOCIAL

Jefe

Clientes más importantes:

Colegas:

Proveedores:

Supervisados:

RELEVAMIENTO DEL PERFIL POR COMPETENCIAS

COMPETENCIAS REQUERIDAS					
	Grado				No relevada
	A	B	C	D	
Alta adaptabilidad - flexibilidad					
Capacidad de aprendizaje					
Colaboración					
Competencia - capacidad					
Dinamismo - energía					
Empowerment					
Franqueza - confiabilidad - integridad					
Habilidad analítica					
Iniciativa - autonomía - sencillez					
Liderazgo					
Modalidades de contacto					
Nivel de compromiso - disciplina personal					
Orientación al cliente interno y externo					
Productividad					
Responsabilidad					
Tolerancia a la presión					
Trabajo en equipo					
Otras					

A: Alto	B: Bueno	C: Mínimo necesario	D: Insatisfactorio

ASPECTOS ECONÓMICOS DE LA POSICIÓN
Salario
Variable
Bonus
Otros

Capítulo **4**

Entrevistas y evaluaciones

Usted aprenderá en este capítulo

- ✔ **Cómo preparar una entrevista.**
- ✔ **Inicio, desarrollo y cierre de una entrevista.**
- ✔ **Qué preguntas son recomendables y cuáles no.**
- ✔ **Qué es entrevistar por competencias.**
- ✔ **El registro de la entrevista.**
- ✔ **Los distintos tipos de evaluaciones.**
- ✔ **Cómo evitar la discriminación en la selección.**

Nuestra propuesta en materia de selección es y será siempre el trato amable y considerado hacia el participante. Por ello le sugerimos, al preparar la entrevista, tener en cuenta el lugar donde se desarrollará. Un lugar privado, con poco ruido y lo más cómodo posible le hará sentir al postulante que es "una visita" en nuestro lugar de trabajo, y usted obtendrá un mejor resultado de la entrevista si el postulante se siente bien en el transcurso de la reunión.

La entrevista como elemento clave del proceso de selección

Preparación de la entrevista

El planeamiento de la entrevista es fundamental. Para su correcto enfoque se recomienda, otra vez, manejarse con el perfil relevado del cliente, interno o externo. A partir de allí debe analizarse el currículum del candidato a entrevistar; *tómese el tiempo necesario para revisar los antecedentes y las condiciones de todos los aspirantes antes de recibirlos personalmente. Los entrevistadores experimentados pueden revisar una solicitud mientras se dirigen de su oficina a la sala de recepción donde van a hablar con el candidato*[1].

Del autor al lector

La preparación para un buen desarrollo de la entrevista:

‣ Conocer los objetivos de la organización.

‣ Revisar el perfil, el CV y la solicitud del postulante.

‣ Lectura de cualquier otra información cuando corresponda.

‣ Preparar preguntas básicas.

‣ Organización del tiempo.

‣ Preparación del ambiente.

Destinar tiempo suficiente para la entrevista y asegurarse de conocer bien el perfil

No hay que armar la agenda superponiendo compromisos o con muy poco espacio entre las entrevistas; tenga en cuenta que puede darse algún retraso del entrevistado o el entrevistador, que la entrevista puede ser más larga y luego se puede necesitar tiempo extra para analizar lo relevado.

⇨ **Si piensa que no está seguro sobre algún punto del perfil, es el momento. Hay que volver sobre el particular.**

Antes de la entrevista es necesario, además, conocer qué se pretende de la misma. Hay entrevistados que intentarán manejarla ellos. Para enfrentar esto es aconsejable tener preparadas las preguntas básicas que se formularán.

Inicio de la entrevista

Algunos consejos para antes y durante la entrevista:

‣ Contar con el tiempo suficiente para cada entrevista; ni usted ni su entrevistado deben sentirse apurados.

---

[1] Arthur, Diane, *Selección efectiva de personal*, Grupo Editorial Norma, Colombia, 1992.

◗ Conocer el nombre del candidato.

◗ Buscar en persona al candidato en la sala de espera.

◗ Estrechar manos agradable y firmemente.

◗ Presentarse por el nombre y título del puesto.

◗ Asegurarse de que el candidato pueda sentarse cómodamente y que ambos se puedan ver claramente.

◗ Explicar el propósito de la entrevista en el proceso de selección y el acercamiento al que se planea llegar.

◗ Hablar claro pero no demasiado fuerte.

◗ Adoptar una posición cómoda, variando de vez en cuando para alentar al candidato a hacer lo mismo.

Después de asegurarse de que el candidato está cómodo le sugerimos dos preguntas de inicio:

1. Coménteme sobre su historia laboral.

2. Cuénteme cómo es un día típico en su trabajo

Considere cómo se siente el candidato

Tenga especial cuidado en pensar cómo se siente el candidato en dos casos muy especiales: cuando participan muchos postulantes y el entrevistado lo sabe, y cuando el postulante a la posición está desempleado. Si usted se muestra reposado, expresa interés por el candidato y no permite distracciones ni interrupciones durante la entrevista, lo más probable es que el entrevistado también se tranquilice. Recuerde que el mejor entrevistador es el que se da cuenta de lo que el solicitante está sintiendo.

Del autor al lector: la primera impresión

Siempre me ha gustado ir personalmente a buscar al candidato a la sala de espera y no solicitarle a una asistente "que lo haga pasar". En realidad, esto obedece a dos razones: no me gusta estar mucho tiempo quieta y de ese modo camino más, y la fundamental, me gusta ver con mis propios ojos qué está haciendo el candidato en la sala de espera.

No obstante debo decirle que nunca debe formarse un juicio, que sería en este caso un "prejuicio", antes de la entrevista; la primera impresión deberá sumarse a todo lo relevado y conformar, en conjunto, una opinión total del entrevistado. En mi caso, sumándole la "visión" en la sala de espera.

Si bien la apariencia y los primeros contactos son importantes, es un error formarse una opinión solo a partir de estos elementos.

Es por igual un error partir de un juicio previo, malo o bueno, por referencias de otras personas, excepto que se trate de datos objetivos sobre el postulante en cuestión. Recuerde por último que usted es un profesional y que no debe ver con simpatía a un candidato referenciado por alguien que a usted le resulta simpático, ni viceversa.

Es frecuente que los entrevistadores, sobre todo los que no son profesionales, trasladen sus vivencias a los candidatos. Por ejemplo, tienen una mirada más complaciente hacia los graduados de la misma casa de estudios que ellos, o por el contrario, si tienen una imagen negativa de una universidad o actividad en particular, la transfieren a una persona sin conocerla. La objetividad debe ser su guía en todo el proceso.

Las personas no solo se comunican con la palabra. No obstante, no se base solo en el lenguaje corporal para evaluar a un candidato. Se debe reunir toda la información disponible antes de decidir la suerte de una postulación.

Milkovich y Boudreau[2] introducen el tema del costo de la selección en relación con la eficiencia: las actividades de selección pueden costar millones de dólares cuando se aplican a grandes cantidades de empleados. Sin embargo, como estos empleados se afectan a los resultados de la organización durante muchos años, un solo esfuerzo de selección cuidadosa puede producir rendimientos extraordinarios sobre la inversión.

Concepto de entrevista

La **entrevista** es la herramienta por excelencia en la selección de personal, es uno de los factores que más influencia tiene en la decisión final respecto de la vinculación o no de un candidato al puesto.

La entrevista es un diálogo que se sostiene con un propósito definido y no por la mera satisfacción de conversar. Entre el entrevistador y el entrevistado existe una co-

---

[2] Milkovich, George y Boudreau, John. *Administración de recursos humanos. Un enfoque de estrategia.* Eddison-Wesley Iberoamericana. México. 1994.

rrespondencia mutua y gran parte de la acción recíproca entre ambos consiste en posturas, gestos y otros modos de comunicación. La palabra, los ademanes, las expresiones y las inflexiones concurren al intercambio de conceptos que constituye la entrevista.

Durante la situación de entrevista, ambos participantes (entrevistador y entrevistado) tienen su rol y deben actuar dentro de él, estableciendo un canal de comunicación en un marco acotado por el tiempo y el tema a tratar.

El entrevistador debe facilitar la comunicación manteniendo la distancia adecuada.

El entrevistador deberá manifestar su voluntad de ayudar, su interés y su intención de tratar los temas en forma estrictamente confidencial, absteniéndose de formular críticas. Posteriormente, expresará su comprensión de los problemas y orientará al entrevistado sobre el camino a seguir.

Existen situaciones, problemas, estados de ánimo o deseos que deben analizarse. El entrevistador deberá tratar de aislar cualquier circunstancia que pueda influir en el momento de la entrevista y que no corresponda al comportamiento habitual del entrevistado.

Entrevistadores inexpertos pueden llegar a mimetizarse con sus entrevistados, pero también hay algunos tan hábiles que manejan la situación de modo de poner a su interlocutor de su parte.

El entrevistador tiene que poner distancia en la entrevista –siempre dentro del clima de calidez y confianza que se ha descrito–, es decir, no debe comprometerse emotivamente, ni entrar en el juego del entrevistado *manejado*.

Cómo formular las preguntas

La manera de preguntar puede afectar profundamente las respuestas que se reciban. Es importante cómo se formulan las preguntas, si se utilizan artículos definidos o indefinidos, si se personalizan o no, etcétera. Es común que el entrevistador induzca al entrevistado según las expectativas que puso en él o el preconcepto que se formuló, ya sea por referencias o por haber leído sus antecedentes. Tiene que ser neutro para obtener resultados más exactos.

Tampoco es conveniente personalizar de forma tal que el interlocutor se pueda sentir acusado, juzgado o imputado de los hechos ocurridos. El entrevistado debe sentirse libre para relatarlos a su modo.

El éxito de la entrevista depende fundamentalmente de cómo se pregunta[3] y de saber escuchar. Para ello es importante:

Encontrará 1 000 preguntas para entrevistadores en la obra *Elija al mejor*, ya mencionada.

❏ Tratar de formular las preguntas de forma que puedan comprenderse fácilmente.

❏ Efectuar una sola pregunta por vez.

❏ Evitar que las preguntas condicionen las respuestas.

❏ No formular preguntas directas hasta que se tenga la convicción de que la persona entrevistada está dispuesta a facilitar, con exactitud, la información deseada.

❏ Formular inicialmente preguntas que no induzcan a eludir la respuesta ni a provocar una actitud negativa.

Antes de comenzar con las preguntas es aconsejable apelar a la amabilidad con preguntas tales como las sugeridas por Arthur[4] :

¿Le costó trabajo llegar hasta aquí?

¿Encontró dónde estacionar?

¿Cómo estaba el tránsito?

¿Le sirvieron las indicaciones que le dio mi secretaria?

¡Qué hermoso día tenemos hoy! ¿No le parece?

¿No acabará nunca de llover?

¡Qué calor hace hoy!

Bastará con 15 a 30 segundos y no se deben gastar en estos preliminares más de unos pocos minutos. Cómo empezar:

1. Me alegro mucho de que no le haya costado trabajo llegar, porque me gustaría que empezáramos a hablar sobre el interés que tiene usted en nuestra vacante de...

2. Siento mucho que le haya costado trabajo estacionar. Sé que estos parquímetros únicamente dan una hora de plazo, de modo que, si le parece, empecemos para que podamos terminar antes de que venza.

3. Con este tiempo tan hermoso, seguramente deseará usted volver a salir al aire libre, así que empecemos.

Estas expresiones tienden un puente entre una etapa de la entrevista y la siguiente, eliminando el silencio o vacilación que podrían fácilmente presentarse.

¿Podría describir sus actividades en un día típico de trabajo?

Una pregunta absolutamente abierta como esta permitirá que el entrevistado se tranquilice y le dará a usted elementos para repreguntar sobre aquello que le interese en especial.

---

[4]   Arthur, Diane, obra citada.

Del autor al lector

Algunos consejos para entrevistadores noveles:

1. *Hable menos y escuche más.* La mayoría de los entrevistadores hablan demasiado.
2. *Tome notas durante la entrevista.* Anote toda aquella información que usted releve y que sea objetiva, no escriba nada que usted no quiera que su interlocutor vea que registra.
3. *Evite las distracciones.* Indique que no le pasen llamados durante la entrevista y apague su teléfono celular.
4. *Utilice toda la información que su interlocutor transmita.* Muchas veces son útiles pequeños comentarios en apariencia intranscendentes.
5. *No proyecte* sobre el entrevistado opiniones o situaciones personales
6. Piense mientras el otro habla, por ejemplo:
   a) Prepare la pregunta siguiente.
   b) Analice lo que está diciendo el aspirante.
   c) Relacione lo que el aspirante está diciendo ahora, con algo que dijo al comienzo de la entrevista.
   d) Échele un vistazo a la solicitud o al CV para verificar alguna información.
   e) Observe el lenguaje corporal.
   f) Considere qué relación guarda el historial de este candidato con los requisitos del cargo.

Observe los cambios súbitos del lenguaje corporal. Por ejemplo, si el aspirante ha estado sentado muy tranquilo y de pronto empieza a moverse nerviosamente en el asiento cuando usted le pregunta por qué dejó su último empleo, eso es un indicio de que algo anda mal. Aun cuando inmediatamente le dé una respuesta aceptable.

Distintos tipos de preguntas para la entrevista

Preguntas cerradas. Las que se pueden contestar con una sola palabra, que luego puede complementar con otra según sea la respuesta obtenida.

Preguntas de sondeo. Sencillas y cortas, tales como: ¿por qué?, ¿cuál fue la causa?, ¿qué sucedió después?, etc

Preguntas hipotéticas. Se le presenta al entrevistado una situación hipotética, un caso, un ejemplo que se relacione con la posición o el trabajo para que lo resuelva: ¿Qué haría usted si...?", "¿cómo manejaría usted...?; "cómo resolvería usted...?": "en caso de que...". En nuestra opinión, no son aconsejables.

Preguntas intencionadas. Son preguntas que obligan al entrevistado a escoger entre dos opciones indeseables. No son útiles ni tampoco aconsejables.

Preguntas provocadoras. No las incluimos en nuestra metodología de trabajo pero sus defensores sostienen que son muy útiles para evaluar la reacción del candidato. Se las incluye en la mitad de la entrevista y sin que nada las anticipe; de ese modo juega, además, el factor sorpresa.

Preguntas que sugieren la respuesta esperada. Merecen nuestra misma opinión. Son aquellas que el entrevistador formula sugiriendo qué se espera que el entrevistado responda, por ejemplo: *Usted se propone terminar su carrera, ¿verdad?*

Preguntas abiertas. Ejemplos de preguntas abiertas son las sugeridas para el inicio de la entrevista, aquellas que facilitan que el entrevistado se explaye sobre un tema, permitiendo además obtener mucha información y evaluar otros aspectos sobre el candidato: modalidad de expresión y contacto, utilización del lenguaje, capacidad de síntesis, lógica de la exposición, expresión corporal, etc. Si el aspirante es muy locuaz y se desvía del foco de la entrevista, recuerde que usted es el entrevistador y puede cortar una explicación irrelevante con un frase como "nos estamos desviando del objetivo de esta reunión, ¿por qué no volvemos a...", e indicar algo en relación al tema que desea evaluar, conocimientos específicos, experiencia laboral, etc.

Un ejemplo de pregunta abierta es *"Cuénteme sobre su experiencia en..."*

Desarrollo de la entrevista

Algunas claves para el desarrollo exitoso de una entrevista:

- Terminar un tema antes de pasar al próximo.
- Alentar al postulante a variar la elección de ejemplos para cubrir distintos aspectos como actividades sociales, *hobbies*, trabajo y universidad.
- Escuchar atentamente, brindando al entrevistado la posibilidad de expresar toda su respuesta.
- Evitar la dispersión del candidato.
- Repetir lo que el candidato dice es una técnica para estar seguro de haber comprendido bien.
- Tomar notas de lo relevante después de la entrevista.

Cierre de la entrevista

Antes de finalizar pregúntese si sabe todo lo necesario en relación con el perfil. Los formularios de registro pueden ser de ayuda para no olvidar detalles importantes. Algunas ideas de cierre:

"¿Tiene alguna/otra pregunta?"

"El paso siguiente es..."

Con amabilidad, usted debe crear un clima de cierre, dar la sensación de que se han cubierto todos los puntos que se pretendía explorar y que la tarea ha sido cumplimentada satisfactoriamente. Indicar próximos pasos del proceso, comprobar disponibilidad para próximas entrevistas y datos para localizar al postulante.

Lo que hay que evitar durante una entrevista de selección

- Hablar demasiado. Si habla más del 30% que su entrevistado, está exagerando.
- Demostrar acuerdo o desacuerdo con lo que el entrevistado diga.
- Distraerse.
- Interrumpir al candidato a menos que deba hacerlo.
- Intimidar al candidato.
- Demostrar superioridad.
- Usar terminología que el candidato pueda no entender.
- Dejar que sus gesticulaciones distraigan al candidato.
- Sentarse absolutamente quieto.
- Hablar de usted mismo.
- Tratar de completar complicadas listas durante la entrevista.
- Comparar durante la entrevista al candidato con otro entrevistado o con el actual ocupante de la posición a cubrir.
- Las interrupciones en persona o por teléfono, *no* pueden tolerarse.
- Ser demasiado intenso.

Lo que no debe olvidar

- Detectar las situaciones difíciles.
- Despejar los "baches" de tiempo.
- Conocer las razones por las que el entrevistado se fue de cada trabajo.

◆ Las motivaciones del cambio.
◆ La remuneración: hay diferentes formas de preguntar sobre este tema cuando suponemos que el candidato no lo querrá decir.
◆ Expectativas del postulante, las que expresa y las que no.

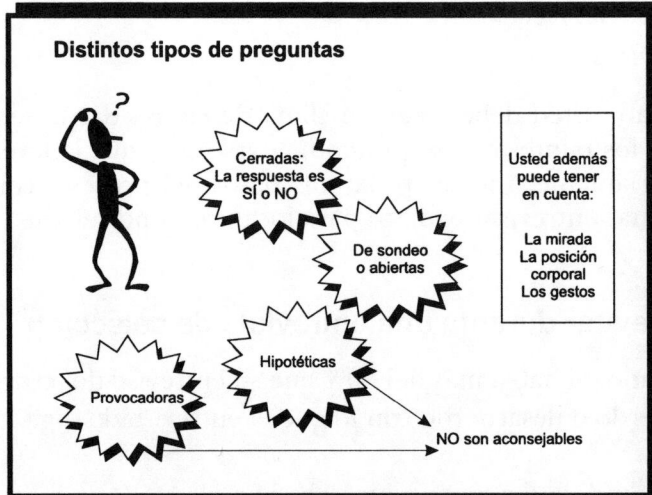

Distintos tipos de preguntas

Selección por competencias[5]

¿Cómo aplicar competencias en el proceso de selección?

Hay una evolución desde la mera descripción del puesto hasta la gestión por competencias. Las personas no solo deben ocupar un puesto de trabajo: además deben dominar (poseer) un conjunto de competencias. En consecuencia se deben utilizar nuevas técnicas para **evaluar por competencias**.

Un proceso de selección en el que solo es necesario evaluar destrezas y conocimientos, es relativamente sencillo. Cuando lo que se desea evaluar son las conductas, todo se torna más complicado y es lo que trataremos de resolver en esta parte del libro. Como es más sencillo evaluar conocimientos, muchos cubren solo este aspecto al contratar personal y luego se presentan los problemas. Si la empresa trabaja por competencias, es necesario entrevistar y seleccionar en función de ellas.

---

[5] Este tema lo hemos desarrollado en *Elija el mejor*. Allí encontrará preguntas para entrevistar por competencias.

¿Qué es entrevistar por competencias?

La evolución de los negocios y su complejidad ha enriquecido el concepto tradicional sobre lo que se requería para cubrir una posición. Un contador, además de sus amplios conocimientos técnicos, debe poseer hoy orientación al cliente interno o externo, cosa sobre la que quizá no se pensaba hace unos años.

Siendo así, se ha agudizado la necesidad de detección de estas *otras* competencias que hemos denominado de gestión. Luego de la incorporación de las mismas a los perfiles, hay que analizar cómo se incorporan al proceso de selección.

La entrevista en profundidad

¿Por qué incluimos este dibujo? Observen que el entrevistador posee una enorme lupa. La entrevista en profundidad o la entrevista por competencias brinda al entrevistador esa posibilidad, la de mirar "con una lupa a su entrevistado".

El objetivo: análisis en profundidad

Entrevistar por competencias es una parte del proceso de selección, muy importante por cierto, pero recuerde que cuando una empresa necesita un especialista en un determinado software, deberá asegurarse de que se cumpla este requisito y, luego, se analizarán las competencias. Cuando un banco necesita un gerente para la sucursal San Luis, se buscará cubrir la posición con una persona que, en primer lugar, conozca la plaza y el negocio.

Sin duda es a través de una entrevista dirigida como se pueden poner en práctica las diferentes técnicas. Nada impide que usted comience con una pregunta abierta –*cuénteme sobre su historia laboral*– y una vez que se haya formado una idea sobre los conocimientos técnicos y la experiencia del postulante, inicie la entrevista por competencias.

Resumiendo, trabajar por competencias y, por sobre todo, entrevistar por competencias presupone que primero se deberán despejar del perfil los conocimientos técnicos necesarios para cubrir la posición. A continuación, en la misma entrevista o en otra, se analizarán las competencias.

Quien efectúe la selección, sea un consultor externo o el área de Recursos Humanos de la empresa, debe conocer las competencias requeridas por el puesto.

Se podrá destinar una reunión íntegra para entrevistar por competencias o bien incluir esta herramienta en el transcurso de una entrevista. Dependerá del tiempo disponible, del nivel del candidato a entrevistar, de la posibilidad o no de convocarlo a más de una reunión, etc.

Es posible que, si usted está entrevistando a un nivel gerencial, no pueda "utilizar" todas las preguntas para evaluar todas las competencias. En ese caso deberá elegir con anticipación qué es más importante investigar en cada caso.

Si la búsqueda la lleva a cabo una consultora, podrán trabajar en equipo y "dividirse" la evaluación de las competencias. Toda planificación es posible.

En síntesis, en base al análisis de comportamientos pasados, durante la entrevista se deben detectar las competencias relevantes para la posición que se está evaluando en ese momento.

Las preguntas deben ser del siguiente estilo: Cuénteme una situación donde usted haya tenido que trabajar con un grupo. ¿Cuál era el rendimiento esperado? ¿Cuál fue su aporte a la tarea?

Pasos de la selección por competencias

Primer paso

Para detectar las competencias clave para el puesto, tener en claro:

- la visión y la misión de la empresa;
- los objetivos del negocio y el plan de acción;
- la visión de la alta dirección;

- la cultura de la empresa y su estilo:
- la competencia requerida.

Segundo paso

Detectar en los candidatos las características clave que guardan una relación causal con un desempeño superior en el trabajo.

Tercer paso

Utilizar nuevas herramientas:
- nuevo formato de entrevista;
- manual de competencias;
- dinámica grupal;

Cuarto paso

Seguimiento del comportamiento de las competencias observadas en la selección

El objetivo del modelo de competencias no es el desarrollo de la persona sino lograr que la empresa sea competitiva.

La entrevista de incidentes críticos

Hemos tomado como referencia para nuestro trabajo a Spencer & Spencer[6]. Penny Hackett[7] también aborda esta temática; dice que la entrevista por incidentes críticos permite *que el entrevistado identifique ejemplos, del trabajo, de su casa, respecto de sus hobbies o su educación, para asegurarse de que cada candidato tenga una oportunidad equitativa de demostrar su adaptabilidad.*

Características

- Utiliza una **estrategia estructurada de exploración** (y no una secuencia de preguntas) que logra obtener las experiencias del entrevistado tal y cómo él las ve.
- Obtiene **comportamientos concretos** (acciones y pensamientos) que tuvieron lugar **en el pasado**.

[6] Spencer & Spencer, obra citada.
[7] Hackett, Penny, *The selection interview*, Institute of Personnel and Development. Londres, 1995

- Va más allá de los valores del candidato o de lo que él cree que hace. Logra averiguar **lo que de verdad hace**.

- Se centra en lo que el entrevistado hace en relación a lo que asegura **el éxito en el puesto**.

   Herramientas para obtener información sobre las competencias de una persona:
   Assessment center, dinámicas de grupo, *role playing*;
   entrevista focalizada BEI;[8]
   entrevistas situacionales;
   pruebas de trabajo;
   test de aptitudes;
   test de personalidad;
   datos biográficos;
   referencias;
   entrevistas tradicionales.

¿Qué significa una entrevista así? ¿Qué me permite evaluar?

Este tipo de entrevista es fundamental para las empresas que hayan implementado un esquema global de gestión por competencias. Además, y muy importante, objetiviza la selección, ya que el análisis se centra sobre hechos concretos.

Si una empresa no trabaja por competencias puede, de todos modos, implementar procesos de selección análogos, tomando de nuestro Diccionario de competencias las principales competencias clave que entienda representen el sentir de la compañía.

Las competencias y el proceso de selección

Al plantearse la selección por competencias, más aún si se están seleccionando personas jóvenes, se deben definir, además de las competencias necesarias, aquellas otras que puedan ser guías o referencias para adquirir nuevas competencias.

---

[8] Spencer & Spencer, obra citada. Las iniciales corresponden a la expresión *Behavioral Event Interview*, en español Entrevista acerca de conductas asumidas. Consta de cinco partes: 1) Introducción y exploración, experiencia y formación del individuo; 2) Responsabilidades en su actual trabajo; 3) Conductas ejercidas: el entrevistado debe describir detalladamente cinco o seis situaciones importantes de su trabajo, dos o tres puntos sobresalientes y dos o tres de baja actuación; 4) Sus necesidades sobre el trabajo, y 5) Conclusiones del entrevistado sobre la entrevista.

La autora francesa Claude Levy-Leboyer[9] hace un resumen del tema que podemos utilizar como guía:

⇨ Analizar los perfiles en función de las competencias.

⇨ Elaborar los informes de candidatos finalistas en relación a las competencias definidas.

⇨ Definir competencias necesarias para adquirir nuevas competencias.

⇨ Hacer un diagnóstico de aquellas competencias que se pueden desarrollar.

⇨ Eliminar parámetros inútiles. Un esquema simple no solo facilita la tarea sino que ayuda a un mejor resultado.

⇨ Describir los perfiles de forma confiable y realista.

⇨ Elaborar casos situacionales y test de situación pertinentes.

⇨ Planificar la movilidad de personas (rotación de puestos) teniendo en cuenta las necesidades de desarrollo y las experiencias de formación.

Si bien esta obra no presenta al lector un proceso completo de selección, nos pareció interesante incluir estos comentarios. Las competencias son recursos estratégicos que permiten evaluar la gestión de los recursos humanos.[10]

Las competencias dominantes

Que para realizar este libro hayamos definido un Diccionario teórico de competencias[11], no quiere decir que estas sean todas las posibles ni que una determinada empresa deba necesariamente coincidir con ellas, ni con la competencia en sí misma ni con la definición que hemos dado de ella. La definición de competencias presentada puede ser aplicada a diferentes compañías, ya que para escribirlas se relevó un número importante de empresas.

Cada organización deberá definir las competencias que desea y decidir, a partir de allí, cómo implementará todo el proceso. También puede ser importante **definir las competencias dominantes** para focalizar sobre ellas las preguntas de las entrevistas. ¿Qué entendemos por competencias dominantes? Aquellas que cada empresa defina como imprescindibles para el puesto a cubrir. Aquellas empresas que no trabajen bajo un modelo de competencias, pueden utilizar, de todos modos, este esquema de trabajo a la hora de seleccionar, tomando aquellas competencias que les interese evaluar y utilizando el método propuesto.

---

[9] Levy-Leboyer, Claude, obra citada.
[10] Ídem.
[11] Ver capítulo 2.

Del autor al lector

¿Qué puede hacer una empresa si, aunque no ha implementado gestión por competencias, este tipo de selección le parece una buena idea? En mi opinión –se lo digo constantemente a mis alumnos–, no es necesario trabajar por competencias para entrevistar por competencias o aplicar estos conceptos en un proceso de selección.

El modo de preguntar para evaluar competencias puede –y debe– "incorporarse" a nuestra metodología de trabajo y ser utilizado automáticamente, por ejemplo, desterrando las preguntas hipotéticas como *usted qué haría si...* y utilizando en su reemplazo *cuénteme qué ocurrió cuando...*

Una autora francesa dice algo que sintetiza mi pensamiento sobre el tema. Nadine Jolis,[12] al tratar las tentaciones en que se puede caer al trabajar por competencias, dice que no debemos darles a las competencias un valor absoluto sino relativo, y no esperar que la selección por competencias sea una herramienta milagrosa que mejore, corrija y torne eficientes a las otras herramientas de recursos humanos.

Un esquema global por competencias

Según se desprende del gráfico, la gestión por competencias se aplica a:

▷ Reclutamiento y selección.

▷ Capacitación y entrenamiento (capítulo 8).

---

[12] Jolis, Nadine, *Compétences et compétitivité. La juste alliance,* Les éditions d´organisation, París, 1998.

⇨ Desarrollo y plan de sucesiones (capítulo 9).

⇨ Evaluación de desempeño (capítulo 10).

⇨ Remuneraciones (capítulo 11).

Cuando se implementa un esquema de gestión por competencias, este se relaciona con todas las tareas inherentes al área

¿Cómo aplicar competencias en el proceso de selección?

Pasos de un proceso de selección por competencias

- Definir claramente las competencias necesarias, buscando las características personales de excelencia. Son diferentes en cada empresa, y dentro de una misma empresa pueden ser diferentes por áreas y puestos. Definir el perfil por competencias (capítulo 3).

- Realizar entrevistas sobre incidentes críticos.

- Realizar preguntas para detectar competencias –nuestro objetivo fundamental en esta parte del libro–: buscar los motivos, habilidades y conocimientos que una persona realmente tiene y usa.

- Base de datos de competencias: guardar competencias de otras organizaciones y puestos similares como elementos de consulta.

Con estos cuatro ítems se identifican competencias en los distintos niveles, y las conductas asociadas.

Entrevistas grupales

Hasta aquí nos hemos referido a la entrevista individual. Las entrevistas grupales tienen ciertos aspectos en común. Requieren –al contrario de lo que comúnmente se cree– entrevistadores muy experimentados, y tienen aplicación fundamentalmente en procesos masivos, por ejemplo las búsquedas de jóvenes profesionales (capítulo 6). En estos casos la entrevista grupal inicial tiene por objeto informar sobre el programa y no focalizarse en la evaluación de los candidatos. Estos serán evaluados más adelante mediante la aplicación de técnicas grupales como el *assessment*, y otras individuales como exámenes de idiomas o entrevistas de selección.

El registro de la entrevista

Arthur,[13] como otros autores, dedica sus esfuerzos a este tema: Uno de los aspectos más importantes al hacer anotaciones es evitar el lenguaje subjetivo. Por ejemplo, decir que una candidata es "atractiva" es cuestión de opinión personal; por el contrario, si usted escribe que "la presentación del aspirante está de acuerdo con la imagen del empleado que la compañía busca", eso sería objetivo.

Evite las opiniones, por ejemplo "me parece que sería un buen supervisor" o "creo que sería el candidato perfecto para el puesto". La objetividad deberá ser su principal preocupación. Para ello el secreto es anotar hechos relacionados con el aspecto que a usted le interesa evaluar, empleando frases descriptivas

Sobre el fin del capítulo se incluyen diferentes formularios para registrar las entrevistas utilizando o no el esquema por competencias. Las notas deben tomarse en dos etapas:

Durante la entrevista se anotan todos aquellos datos sobre los que responde el entrevistado:

Experiencia y conocimientos;

empresa (es importante dibujar el organigrama);

remuneración actual;

motivo del cambio.

Luego de finalizada la entrevista –e inmediatamente–, completar los ítems que implican alguna valoración sobre el candidato.

Presentación;

expresión/contacto;

competencias o características de personalidad;

conclusión en relación al perfil requerido.

Tenga en cuenta que el entrevistado verá lo que usted anote; no debe dar la impresión de escribir cosas que no quiere que él vea.

Por último, puede usar formularios prediseñados o una hoja de papel en blanco. Lo realmente importante es que registre todo sobre su entrevista.

---

[13] Arthur, D., obra citada.

Del autor al lector

Una breve síntesis sobre el registro de la entrevista:

◆ Anote todo lo que pueda durante la entrevista: todo aquello que sea numérico y que usted piense que se puede olvidar.

◆ No anote durante la entrevista opiniones sobre el entrevistado.

◆ Complete sus anotaciones **inmediatamente** después de la entrevista.

◆ No registre opiniones: describa situaciones sin apreciaciones subjetivas.

◆ No se olvide de anotar la fecha de la reunión y su nombre.

Además de los formularios, sobre el final del capítulo incluimos una guía para entrevistas.

Guía para la entrevista. El entrevistador con o sin experiencia encontrará una guía para entrevistar en la que puede indicar breves comentarios. Puede utilizarse con esquema de competencias o sin él.

Registro de la entrevista por competencias. Vale el mismo comentario expresado para la guía, ya que un formulario completo de registro es además una guía de "todo lo que no hay que olvidar" a la hora de la entrevista. Es muy útil, también, para planear la entrevista.

Para comparar la opinión de distintos evaluadores sobre observación de competencias, los pasos a seguir son los siguientes: primero, identificar las competencias requeridas por el perfil; luego preguntar solo sobre las competencias requeridas, sin dispersarse con otras.

Si no hay competencias definidas por la empresa –es decir que la empresa no trabaja bajo un esquema de competencias– igualmente se pueden aplicar. Para ello es posible utilizar el listado del capítulo 2. En el formulario "El registro de la entrevista por competencias" se han consignado a modo de ejemplo las competencias para jóvenes y mandos medios de nuestro Diccionario que hemos ordenado por abecedario. La sugerencia es que allí deben consignarse las correspondientes a cada empresa.

El papel de una buena base de datos; cómo se arma y se nutre

Nos hemos referido a la importancia de una buena base de datos en el capítulo 1, al analizar *Los indicadores de gestión de Recursos Humanos*. Por otra parte, en los autores consultados no se encontraron menciones específicas sobre la función de las bases de datos en un proceso de búsqueda y selección[14], aunque parece una necesidad obvia. Comentaremos la experiencia de mi consultora[15] y citaremos la de otros colegas, como la licenciada Cristina Mejías[16]. Las empresas también tienen bases de datos de postu lantes informatizadas. El Citibank, por ejemplo, tiene un área donde recibe las postulaciones; allí las personas interesadas ingresan ellas mismas sus datos en una terminal de computador.

La carga puede ser tan sofisticada como cada uno desee. En nuestro caso incluimos datos completos, y en cuanto a los trabajos, solo los tres últimos. Datos que tenemos en cuenta:

❏ Áreas (grandes áreas, por ejemplo Comercial):

❏ tipo de documento.

❏ posición.

❏ puesto ocupado.

❏ entrevistador.

❏ experiencia.

❏ provincia.

❏ ramo del negocio.

❏ título universitario.

❏ título de posgrado.

❏ computación.

❏ idioma

❏ calificación del postulante

Existe un área que tiene un tratamiento especial, que es la de Informática; allí debe codificarse la experiencia y conocimientos considerando los diferentes equipos y lenguajes

---

Milkovich, George; Boudraeu, John, obra citada. En el apéndice "Sistemas de información de recursos humanos" se habla sobre el rol de la informática en un área de Recursos Humanos, pero no específica mente aplicado a la selección.

Las bases de datos son comunes en la actualidad. La de mi consultora asciende aproximadamente a 40.000 casos

Revista *Apertura*. Buenos Aires, marzo de 1997

Contando con una base de datos, se le pueden hacer diferentes tipos de consulta:

❐ Por posición requerida;

❐ por título;

❐ idioma;

❐ conocimientos de informática;

❐ puesto ocupado;

❐ ramo del negocio;

❐ experiencia.

Por ejemplo, se le puede pedir listado de gerentes de marketing que sean licenciados en Administración o ingenieros industriales, que manejen inglés y alemán, con experiencia en consumo masivo o con experiencia en alimentos, etc.

De ese modo se utiliza la base de datos. El listado nos indica nombres con los demás datos que se incluyeron en la carga. Además se nos informa la ubicación del candidato en el fichero físico de legajos.

¿Cómo se nutre la base de datos? En varias instancias. Se incorpora información.

❐ CV que responden a un anuncio;

❐ CV que son presentados en forma espontánea en la Consultora.

❐ personas con o sin CV previo que son entrevistadas: originan un alta o modificación, según corresponda;

❐ otras modificaciones: cuando una persona ingresa a un cliente, cuando nos informa de un cambio de trabajo o un cambio de posición, etc.

¿Cómo se depura? Después de cinco años de no tener movimiento pasa a un archivo secundario.

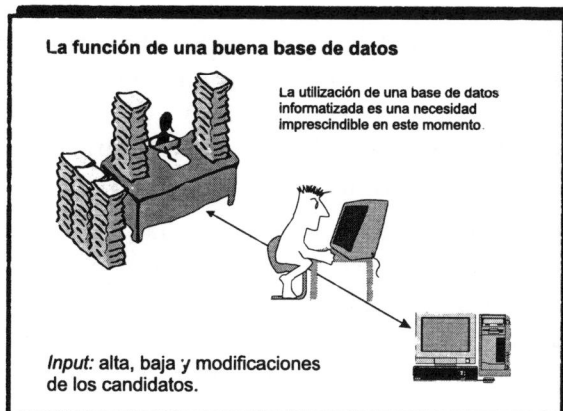

La función de una buena base de datos

La utilización de una base de datos informatizada es una necesidad imprescindible en este momento.

Input: alta, baja y modificaciones de los candidatos.

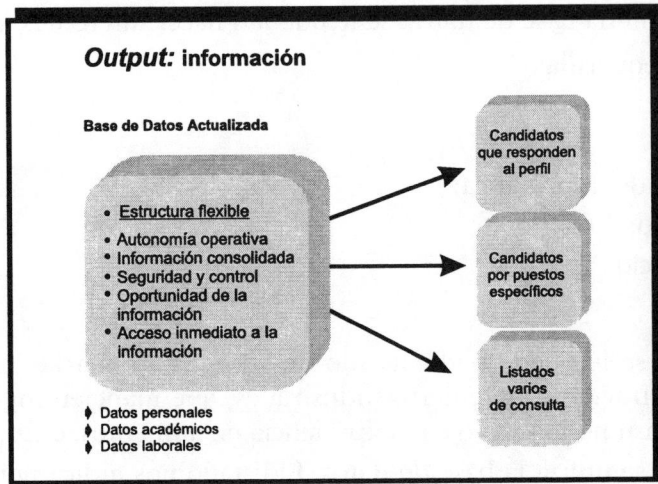

Las evaluaciones

Trataremos en este capítulo los diferentes tipos de evaluaciones: las técnicas, las psicológicas y los *assessment* –que podrían situarse como una combinación de distintos tipos de evaluaciones–.

Cuáles de estas herramientas se utilicen dependerá del caso, del tipo de posición a cubrir y del eventual postulante convocado. No hay un único método y la mayor habilidad que debe desarrollar un especialista de recursos humanos es detectar cuál o cuáles de ellos debe utilizar en cada caso.

Independientemente de la personalidad, existe una cantidad de capacidades críticas que son innatas y adquiridas al mismo tiempo: el razonamiento lógico, el manejo del lenguaje, la resistencia física, la destreza manual, el oído musical, las habilidades en el cálculo, el sentido de espacio, y la acumulación de conocimientos y experiencias. Incluso atributos personales, por ejemplo la edad, las características étnicas, el género y la clase social influyen en el conjunto.

Evaluación de la personalidad y su aplicación: la personalidad con frecuencia nos dice mucho más acerca del estilo único que una persona agrega a la función, que sobre su capacidad para ejercerla. Las evaluaciones serán útiles si son administradas por personas expertas y si –a su vez– se incorporan las ventajas de las diferencias. Tener una empresa con personas "idénticas" desde el punto de vista de la personalidad no es bueno.

Las evaluaciones pueden ser de distinto tipo:

⇨ psicológicas de administración individual o grupal;

⇨ de potencial;

⇨ *assessment center*;

⇨ técnicas;

⇨ de idioma.

A continuación nos ocuparemos de cada una de ellas.

Evaluaciones psicológicas individuales y grupales

El carácter de las pruebas psicológicas a aplicar no será eliminatorio en el proceso de selección, salvo en aquellos casos en los que sean detectados posibles estados patológicos de los candidatos o se perciban anomalías o desviaciones de la *media* de signo negativo y claramente incapacitador para el desempeño correcto del puesto de trabajo. Este es el caso de cocientes intelectuales excesivamente bajos o de configuraciones de personalidad neurótica o psicótica con bajos índices de control emocional.

En todos los demás casos, las pruebas psicológicas serán un elemento informativo más a considerar para la candidatura final. Se utilizarán como elemento de contraste de las impresiones generadas en las entrevistas y se tomarán en cuenta como información "técnicamente afinada" sobre el candidato.

La información psicométrica derivada de la aplicación y valoración de los tests en ningún caso se usará para descartar candidatos. Por el contrario, será una fuente de hipótesis para contrastar en el siguiente paso del proceso de selección, a la vez que constituirá un elemento valioso para el conocimiento del candidato y el enriquecimiento de la imagen e impresión que de él tenemos por otras vías.

El informe de la evaluación psicológica debe ser analizado en comparación con el perfil requerido para la posición. Ciertas características que pueden ser "bajas" mirando una evaluación pueden, a su vez, no ser requeridas para esa posición. Una evaluación psicológica incluye distintos pasos:

❑ entrevista psicológica;

❑ tests psicométricos;

❑ tests proyectivos, gráficos o verbales.

Por lo general, se aplica una batería estándar, es decir, organizada según la posición para la que se requiera esta evaluación.

La evaluación consta de tres elementos básicos a indagar:

⇨ aspectos personales;

⇨ aspectos intelectuales;

⇨ aspectos sociales-laborales.

Para esto se usan recursos técnicos que aporta la psicología y deben ser en todos los casos administrados por psicólogos entrenados en los diferentes tests a utilizar.

La administración de la evaluación psicológica laboral, si bien se realiza en un lapso corto, permite que las personas puedan mostrar distintas facetas.

Un proceso de selección es, fundamentalmente, un proceso iterativo; es un error pensar que la evaluación psicológica es la única verdad. Está inserta en un proceso en el cual hay una serie de pasos, incluyendo por lo menos una entrevista o dos, y antes de ellas un análisis de la historia del candidato; en algún punto del proceso –más cerca del final que del inicio– se administra la evaluación psicológica.

En un esquema como el descrito, si la evaluación está integrada en el proceso, es un elemento enriquecedor que ayuda a la decisión final. Si se toma la evaluación aislada del proceso, puede transformarse solo en una serie de comentarios, "algo que no está en relación con nada".

Si todo el esquema de trabajo es bueno y consistente, lo habitual es que el resultado de la evaluación psicológica sea una confirmación de lo evaluado en instancias previas. Las sorpresas son muy poco frecuentes.

Evaluaciones de potencial

La evaluación de potencial tiene elementos comunes y otros diferentes de la evaluación psicológica.

Los comunes: se utilizan técnicas similares, que pueden ser administradas en forma individual y grupal. Ejemplo: a una empresa le va de maravilla y quiere armar todo un cuadro de reemplazos; para ello necesita evaluar el potencial de su personal.

Habitualmente una evaluación de potencial apunta a generar cuadros de reemplazo, descubrir aspectos que todavía están desarrollándose en las personas. Cuando se dice que un individuo potencialmente puede asumir situaciones de mayor complejidad, o cierta cuota de decisión, o que puede coordinar tareas o grupos, también se puede diagnosticar qué tipo de capacitación específica o desarrollo debe recibir para lograrlo.

La evaluación de potencial también puede utilizarse en otro tipo de situaciones, por ejemplo, de desvinculación. Cuando una empresa por alguna razón debe realizar un despido masivo de personal, una forma de determinar con cuál quedarse y de cuál desprenderse es realizando evaluaciones de potencial. De ese modo se quedará con el personal que crea más acorde con sus necesidades futuras.

Del autor al lector

La devolución al candidato del resultado de la evaluación psicológica

No hay usos y costumbres preestablecidos. En nuestra Consultora operamos de la siguiente manera: una vez cerrada la búsqueda, cuando ya se ha tomado la decisión –cualquiera sea esta–, si la persona tiene interés en obtener una devolución de su material, se combina una entrevista o reunión corta –media hora aproximadamente– donde el profesional que tomó la evaluación lee los párrafos del informe y *paso a paso* coteja cómo el evaluado escucha los comentarios y mide qué tanto se ve a sí mismo reflejado en el informe.

Un consejo: no contrate nunca a un psicólogo que no le ofrezca, como complemento de su servicio de evaluaciones, la devolución del resultado al evaluado. Tenga en cuenta, por otra parte, que no todos los evaluados la solicitarán.

Assessment. Método de casos

Nos referiremos exclusivamente al *assessment* aplicado a la selección. Esta técnica no puede ser aplicada indiscriminadamente. Será el responsable de la selección quien deberá decidir cuándo aplicar la herramienta, que tiene sus puntos a favor y en contra.

Como criterio general es factible aplicar *assessment* (en selección) en búsquedas de jóvenes, profesionales o no. En muy contados casos es factible su aplicación a personas con trayectoria relevante.

Aplicación de pruebas de conocimientos técnicos y pruebas situacionales

Con el fin de comprobar las destrezas técnicas y el grado de habilidad para la puesta en práctica de los conocimientos que el candidato posee, se podrán administrar algunas pruebas situacionales o de conocimientos.

¿Qué es *assessment center*[17]?
Es una técnica que utiliza pruebas situacionales para la evaluación de habilidades

Para referirnos a este tema tomaremos como referencia bibliográfica a De Ansorena Cao[18]. Para este autor, las pruebas situacionales son aquellas propias del ACM[19], tests de naturaleza conductual, en los que se enfrenta a los candidatos con la resolución práctica de situaciones conflictivas reales del puesto de trabajo para el que son seleccionados. Consisten, generalmente, en una serie de problemas a resolver en la vida práctica, con escenarios de actuación realistas en los que se brinda al candidato un paquete de informaciones variadas –y no siempre completas ni coherentes– que debe "gestionar" hasta tomar las acciones y decisiones que conduzcan a la resolución de los conflictos de intereses o al esclarecimiento de los problemas planteados.

[17] Un poco de historia sobre este método. Las primeras aplicaciones del método situacional a la búsqueda de características concretas del comportamiento humano surgen como consecuencia del problema planteado en el ejército alemán durante la Primera Guerra Mundial, que podría resumirse de esta forma: ¿qué factores son los que hacen que oficiales de igual graduación y experiencia en el mando de tropas, que han recibido un proceso de instrucción técnica y práctica idéntico o muy similar, de la misma edad y condiciones físicas, que comparten iguales valores políticos y creencias, muestren, en el campo de batalla, unos resultados tan distintos en cuanto a motivación y enfoque de sus soldados y, en definitiva, en el éxito final de los objetivos que se les asignan?
Fueron sin embargo los británicos, más específicamente los responsables del Consejo de Selección de la Oficina de Guerra, quienes, a lo largo de la Segunda Guerra Mundial, abordaron el problema con técnicas más cercanas a lo que hoy consideraríamos un ACM. La oficina de Servicios Estratégicos del Ejército de Estados Unidos fue la que primero reconoció la importancia de resolver este problema con éxito, y dedicó a tal investigación recursos y atención continuos durante el período de guerra y, posteriormente, traspasó los conocimientos adquiridos a diversos organismos del sistema de seguridad norteamericano.
En este período, la investigación se centró en la identificación de características diferenciales de los oficiales militares en su dimensión física y en sus habilidades técnicas; pronto se descubrió, sin embargo, que otros factores como la capacidad de comunicación con los soldados, la integridad y el liderazgo de grupos (expresado en términos más "militares") fueron esenciales para el éxito en el terreno, y diferentes entre los individuos.
La metodología situacional fue aplicada en organizaciones alrededor de los años 1969 y 1970. Trece grandes corporaciones americanas utilizaban ya el ACM y William Byham, su más conocido especialista práctico, había fundado su compañía especializada en la implantación del método y publicado sus fundamentos en la Harvard Business Review, informando a todos los profesionales el conocimiento existente hasta el momento.
En 1972, AT&T, convencida de las bondades de la técnica ACM, hizo analizar a 75.000 de sus empleados en busca de un diagnóstico sobre sus capacidades de dirección. En 1976, 1.000 grandes compañías norteamericanas utilizaban ya de forma habitual el ACM, y en el Reino Unido, organizaciones como ICL, Shell o la Compañía de Correos Británica hicieron uso del mismo.
Estos fueron los comienzos de la aplicación en el ámbito privado; luego se fueron sumando Italia y España. En los '80 el método cae prácticamente en el olvido, hasta que en 1991 algunas grandes organizaciones retoman la aplicación de estas técnicas, que siguen ganando un lugar cada día más firme entre los especialistas del área. Fuente: De Ansorena Cao, obra citada.
[18] De Ansorena Cao, Alvaro, *15 pasos para la selección de personal con éxito*, Paidós, 1996, Parte segunda.
[19] Assessment Center Method.

En ellos, el candidato ha de enfrentarse, de manera real o simulada, a situaciones parecidas en sus características y contenido a aquellas que deberá resolver de forma real en la ejecución de sus tareas en el puesto de trabajo. Para que podamos construir pruebas situacionales fiables y válidas, no basta con reproducir situaciones de la vida real. Las pruebas deben reunir una determinada estructura y contenidos, responder a determinadas fórmulas y practicarse de forma sistemática, según una serie de reglas de puesta en escena que conviene cumplir, de acuerdo a toda la experiencia acumulada. Algunas de las características más sobresalientes de las pruebas situacionales son las siguientes: son grupales de hasta 12 participantes, con un evaluador cada cuatro e idealmente uno de ellos de la línea; se define evaluar determinadas competencias a través de ejercicios que reflejen el comportamiento requerido para el puesto.

Un aspecto muy importante es quiénes son los evaluadores/observadores. En cualquier caso, parece evidente que una intervención de los directivos de línea aporta el valor añadido de su comportamiento y experiencia sobre "conductas que funcionan" y "conductas que no funcionan" en las tareas concretas. En este caso, se debe pensar en directivos de, al menos, un nivel por encima del puesto que se intenta cubrir.

Duración del proceso: existen variadas alternativas. Hay procesos "masivos" que, para cada candidato, tienen una duración de no más de un día de trabajo, y procesos más "finos" que llegan a durar tres días por candidato. Naturalmente, la duración depende del número y la complejidad de las pruebas, y estas, de la complejidad y el alcance de la evaluación. En cualquier caso, no se debe olvidar que el proceso es más costoso cuanto más largo y que los candidatos rinden menos por efecto del cansancio a partir del segundo día.

Una vez finalizadas las pruebas, los evaluadores/observadores, que habrán reflejado sus impresiones en documentos de trabajo preparados ai efecto, deberán discutir sus conclusiones en una sesión de integración de datos sobre cada candidato hasta llegar a posiciones más o menos comunes. No se ha de olvidar que cuanto más reciente sea la observación de la conducta, más nítido será el recuerdo de los aspectos relevantes. La duración de los debates es muy variable, pero debe siempre preverse un tiempo sin prisas para desarrollar esta tarea con calma y objetividad.

Tipos de pruebas situacionales utilizadas en el ACM

La creatividad del seleccionador experto, las indicaciones de su cliente y de los evaluadores participantes en el proceso, así como la naturaleza de la actividad o puesto para el que se selecciona, pueden hacer que las pruebas situacionales utilizadas en los procesos de ACM sean extremadamente diversas. Ejemplos: juegos de negocios, entrevistas simuladas, discusión en grupos, ejercicios para su análisis, etc.

El éxito de la aplicación del *assessment* en un proceso de selección depende de:

⇨ Que el método sea aplicado en casos donde esto sea posible (es ideal para programas de jóvenes profesionales –ver capítulo 6–).

⇨ Que se dedique tiempo para una correcta planificación y diseño del caso.

⇨ Que se armen grupos homogéneos.

⇨ Que los evaluadores sean entrenados.

⇨ Que participe la línea, y que esté entrenada al respecto.

⇨ Que los grupos no excedan los 12 participantes y que el número de evaluadores/observadores sea de 3 a 4.

⇨ Que se utilice un entorno físico adecuado.

⇨ Que los evaluadores/observadores tomen nota en formularios diseñados *ad hoc* y que debatan lo más inmediatamente posible luego de finalizadas las actividades.

Es aconsejable que el *assessment* sea revisado por la línea que ha solicitado cubrir la vacante. El resultado se enriquece cuando la misma línea participa como **observador**.

Si usted logra todo lo antedicho, el éxito estará de su parte.

Las pruebas técnicas

Pruebas de conocimientos técnicos o habilidades específicas en relación con el conocimiento

Esta fase del proceso de selección tiene por finalidad comprobar las destrezas técnicas y el grado de habilidad para la puesta en práctica de los conocimientos teóricos y experiencia que el candidato posee. La ubicación de la prueba técnica varía según el proceso de selección. En ocasiones es la primera instancia del proceso y en otros estará en "la mitad". Cuáles de ellas y su profundidad, también dependerá de cada caso.

Los medios que se pueden utilizar son:

❏ Exámenes escritos.

❏ Exámenes escritos a libro abierto: son muy comunes para evaluar a profesionales, por ejemplo abogados, donde se les presenta la redacción de una demanda de un caso real con la biblioteca especializada en temas legales a su disposición.

❏ Exámenes escritos domiciliarios: se presenta un caso y el evaluado lo devuelve en un plazo convenido.

❏ Entrevistas estructuradas: preguntas y respuestas.

❑ Entrevistas abiertas sobre temas técnicos.

❑ Pruebas de conocimientos específicos, como utilización de determinado software.

❑ Evaluaciones de idioma. Hay distintos niveles, desde la entrevista realizada en el idioma a evaluar, efectuada por el entrevistador o por la línea, hasta verdaderas evaluaciones realizadas por traductores matriculados. Estas últimas tendrán distinta rigurosidad según se requiera en función del perfil: escrita (comprensión de texto y redacción propia), oral (comprensión y expresión), utilización de términos técnicos.

Entrevistas estructuradas a cargo de la línea: alcanzada esta fase del proceso de selección, los candidatos deben ser entrevistados por el responsable de línea o el directivo del área o departamento en los que se encuentre encuadrado el puesto a cubrir.

El objetivo fundamental de la entrevista será comprobar que los conocimientos técnicos y la experiencia del candidato son los requeridos por el puesto de trabajo. Para asegurar que se realiza una indagación completa, debe efectuarse una preparación concienzuda de la entrevista

Ubicación de la evaluación psicológica en el proceso de selección

Si bien las evaluaciones psicológicas se realizan en la mayoría de los casos, no están ubicadas siempre en el mismo lugar. Hay quienes primero administran tests a los eventuales postulantes aun sin saber si responden o no al perfil, y otros que toman los tests como una formalidad al momento del ingreso. Nuestra propuesta no se sitúa en ninguno de los dos extremos.

Para búsquedas de jóvenes profesionales sugerimos la utilización de técnicas grupales en los primeros tramos del proceso:

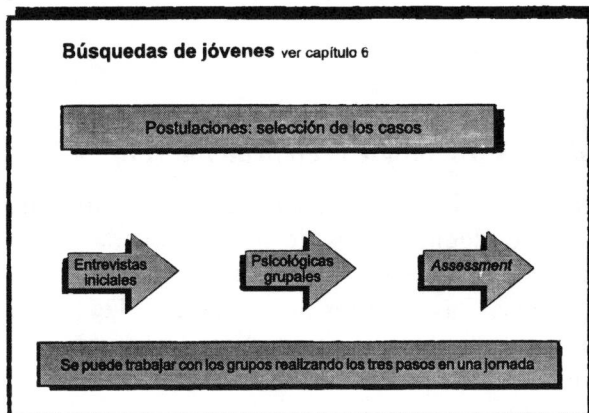

Búsquedas de jóvenes ver capítulo 6

Postulaciones: selección de los casos

Entrevistas iniciales → Psicológicas grupales → Assessment

Se puede trabajar con los grupos realizando los tres pasos en una jornada

Cuando el postulante es llamado a participar en una búsqueda a través de un *hunting* o porque fue seleccionado a partir de la base de datos

No aconsejamos las técnicas grupales y situamos la evaluación psicológica al final del proceso, cuando el postulante ya tuvo su primera entrevista con la línea.

Cuando la búsqueda se realiza mediante la publicación de un anuncio

En este caso proponemos trabajar igual que en el punto anterior o adelantar la evaluación psicológica hasta antes de la presentación al cliente interno. Se debe tener en cuenta que, en este caso, el postulante ha tenido respecto de la selección una actitud proactiva, ya que él contestó un anuncio. Difiere del caso anterior donde la acción proactiva fue de la empresa, que lo llamó para participar.

Búsquedas a través de anuncios

Preselección de los casos a entrevistar según el perfil

Entrevistas — + casos

Evaluaciones: psicológicas y otras

Presentación al cliente interno — - casos

Del autor al lector

¿Se utilizan evaluaciones psicológicas en *head hunting*?

Es frecuente no realizar evaluaciones psicológicas en estos casos, ya que normalmente la persona ya fue elegida antes de ser convocada a participar de la selección. Si la organización de todos modos quiere concertar una reunión con el psicólogo, es preciso explicar las razones al candidato. Tenga en cuenta que no es una persona que busca trabajo y que puede "perderla" en esta etapa del proceso, teniendo que responder usted por lo sucedido.

Diferencias entre la evaluación psicológica tradicional y la evaluación o entrevista por competencias

El primer punto a aclarar es que la evaluación psicológica y la entrevista o evaluación por competencias no son excluyentes, es decir, que en un proceso de selección se pueden aplicar ambas herramientas, lo que es en realidad lo ideal.

No es nueva la evaluación de candidatos en aspectos como liderazgo o trabajo en equipo; sí son diferentes hoy el enfoque del tema y el punto de partida. Veamos las principales diferencias:

⇨ En la evaluación psicológica tradicional se evalúan características similares a las competencias, por ejemplo trabajo en equipo o liderazgo.

⇨ En la evaluación psicológica, la definición de la característica a evaluar es "estándar", es decir, se utiliza el concepto generalmente entendido sobre el aspecto a evaluar. No obstante, en ocasiones los clientes internos o externos pueden dar su enfoque sobre el ítem.

⇨ La evaluación psicológica tradicional se realiza con la aplicación de tests y es indispensable la intervención de un psicólogo entrenado en la materia.

⇨ Cuando una organización decide implementar un esquema de gestión por competencias, las mismas son definidas por la máxima dirección y son de esa compañía en particular, por lo tanto la definición de la competencia puede diferir entre empresas.

⇨ La evaluación de cada competencia es en base a *conductas observables* (hechos reales del pasado).

⇨ La entrevista por competencias la realiza una persona entrenada que puede o no ser psicólogo.

La evaluación psicológica, como herramienta en el proceso de selección o para decidir traslados o promociones, se usa desde hace muchos años por empresas y organizaciones de diferente tamaño y estilo, también y cada día más en pequeñas y medianas empresas.

La gestión por competencias es una práctica en amplio desarrollo, utilizada en general por grandes empresas o divisiones de compañías multinacionales. Requiere para su implementación una fuerte inversión inicial, no solo en la definición de las competencias por un consultor o especialista en recursos humanos, sino también en el compromiso de la máxima dirección de la compañía y, luego, en el entrenamiento de toda la línea.

Comparación de candidatos

La forma ideal de comparar candidatos para una misma búsqueda es preparar una hoja de trabajo con el siguiente esquema:

Perfil	Candidato A	Candidato B	Candidato C	Candidato D
Estudios				
Experiencia requerida				
Conocimientos especiales				
Idiomas requeridos				
Conocimientos de PC				
Características personales requeridas				
Etc.				

De este modo podrá rápidamente establecer diferencias objetivas entre ellos.

Claves de una buena decisión

No es función del área de Recursos Humanos decidir sobre el mejor candidato, sino presentar la información para que la línea tome una buena decisión. Puede llegar a influir pero no tomar la decisión.

Los riesgos de una mala decisión son perjudiciales para todas las partes, pero como especialistas de recursos humanos, tenemos que tener en cuenta que si bien el perjuicio de incorporar a una persona equivocada es malo para la empresa, este error lo paga siempre más caro el individuo. Si bien, como se dijo, el área de Recursos Humanos no decide, sí influye, y tiene de ese modo la gran responsabilidad de poner el mayor esfuerzo para minimizar estos riesgos.

Primera selección después del reclutamiento. Armado de la carpeta de finalistas

Una vez agotada la instancia de la búsqueda, es decir la detección de candidatos y la selección de aquellos que mejor cubren el perfil, se deben tomar las primeras decisiones y armar la carpeta de finalistas.

Del autor al lector

Muchos años de oficio nos dan pautas anticipadamente, pero aun así no hay que apresurarse. Cuando se presiente tener "al" finalista, frases tales como "encontré al candidato justo o ideal" se dicen a diario y no está mal, pero es necesario recorrer todo el camino para estar seguros.

Frecuentemente tenemos casos "SÍ", los que claramente corresponden al perfil; casos "NO", que netamente no lo cubren, y casos DUDOSOS, que cubren "algo" del perfil. Si espera de mí que le aconseje incluir un candidato "dudoso" solo para armar "la terna" y terminar su trabajo, está equivocado. ¿Cómo me manejo cuando tengo solo dos casos SÍ y mi cliente interno quiere ver por lo menos cuatro? Usted puede armar una carpeta con dos SÍ y dos "dudosos", pero debe decirlo. ¿Cómo? Con un informe preliminar donde usted le diga a su cliente interno, lo más honestamente posible, cómo ve cada caso en relación con el perfil. Recuerde que siempre debe comparar los candidatos con el perfil y, si es pertinente, agregar alguna referencia al mercado, por ejemplo en los casos difíciles.

¿Qué debe hacer con los casos que cubren todos los datos del perfil, menos el salario, es decir que exceden la pauta prevista? No debe incluirlos, ya que la remuneración es un dato más del perfil, como vimos en el capítulo 3. Usted tiene dos opciones: si el candidato está entre un 10 y un 30% sobre el rango previsto puede incluirlo con los restantes candidatos, con esa mención. Si los candidatos están totalmente fuera de la banda salarial, creo que lo más oportuno es preparar a nuestro cliente, interno o externo, un informe cerrado de candidatos, con una breve historia de ellos junto con los niveles salariales que pretenden.

¿Cómo presentar el informe? Cada uno puede buscar su propio estilo. No debe faltar una correcta comparación con el perfil incluyendo los aspectos económicos de la posición, con una recomendación final sobre cada caso. A partir de allí usted podrá hacer una presentación escrita, un gráfico, o ambos.

Al final del capítulo incluimos formularios sobre esta temática:

↪ Guía para la entrevista.
↪ Registro de la entrevista por competencias.
↪ Entrevista por competencias (para comparar la opinión de distintos evaluadores).
↪ Presentación de candidaturas.

En este último, **Presentación de candidaturas**, es importante destacar la necesidad de la comparación de los distintos candidatos con el perfil buscado.

Síntesis del capítulo

➢ La **entrevista** es la herramienta por excelencia en la selección de personal, es uno de los factores que más influencia tienen en la decisión final respecto de la vinculación o no de un candidato al puesto. La entrevista es un diálogo que se sostiene con un propósito definido y no por la mera satisfacción de conversar. Entre el entrevistador y el entrevistado existe una correspondencia mutua y gran parte de su acción recíproca consiste en posturas, gestos y otros modos de comunicación. La palabra, los ademanes, las expresiones y las inflexiones concurren al intercambio de conceptos que constituye la entrevista.

➢ La preparación para la entrevista es fundamental: conocer los objetivos de la organización, revisar el perfil, el CV del candidato, lectura de cualquier otra información adicional, preparar preguntas básicas, organizar el tiempo y un ambiente adecuado para la entrevista.

➢ Se utilizan distintos tipos de preguntas: abiertas o de sondeo, ideales para el inicio de la entrevista y para promover el diálogo, y cerradas, cuando se desea conocer algo en particular. Se sugiere descartar las preguntas que induzcan una respuesta, las preguntas agresivas y las preguntas hipotéticas.

➢ La entrevista por competencias tiene por objetivo obtener información puntual sobre comportamientos y acciones que el entrevistado ha implementado en situaciones reales, relacionadas con las competencias requeridas para el puesto.

➢ Las evaluaciones psicotécnicas proveen al proceso de selección herramientas de evaluación válidas y confiables, permitiendo contrastar la información aportada por la entrevista. Asimismo, permiten detectar e identificar características personales básicas, actitudinales y de interacción.

➢ El registro de la entrevista es uno de los pasos importantes del proceso. Registrar durante la entrevista toda aquella información de tipo numérico o difícil de recordar, e inmediatamente finalizada la misma, todo aquello que haga a la valoración del candidato.

➢ En un proceso de selección se utilizan distintos tipos de entrevistas o evaluaciones además de las mencionadas; por ejemplo, las evaluaciones técnicas, que pueden realizarse mediante un examen o a través de una entrevista dirigida con preguntas específicas sobre aquello que se desea evaluar.

➢ Una buena base de datos es imprescindible en estos momentos, y debe ser de fácil carga pero brindar la información necesaria para permitir distintos tipos de búsquedas: por especialidad, por estudios cursados, por experiencia laboral, etc.

El lector encontrará los esquemas en INTERNET *(Clases)*: **www.granica.com/derrhh** y **www.marthaalles.com/derrhh** y la ejercitación correspondiente a estos temas en la obra **Dirección estratégica de Recursos Humanos. Gestión por competencias.** *Casos*. **Capítulo 4.**
Casos: **La entrevista y su registro. Caso Supermercados.**

ANEXO A

Cómo combinar diferentes herramientas en un proceso de selección utilizando la entrevista por competencias o por incidentes críticos

Evaluación de los postulantes

- En el proceso de evaluación se cumplen las siguientes etapas:

  Análisis y discusión de las informaciones registradas en la etapa de definición del puesto.

  Análisis detenido de los antecedentes y decisión respecto de los candidatos que serán entrevistados inicialmente.

- Modelo de implementación para trabajar **por competencias**:

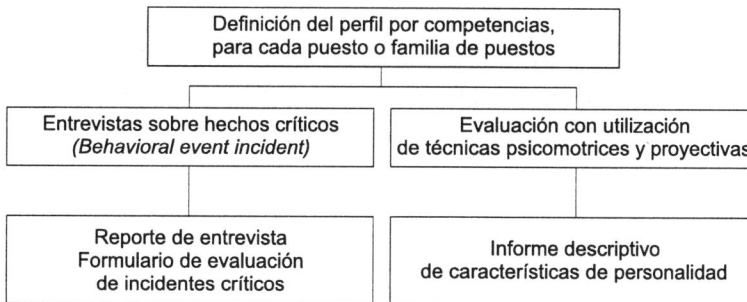

- **Implementación de la entrevista sobre hechos críticos o entrevista sobre conductas asumidas (BEI):**

    La entrevista de eventos conductuales es un instrumento valioso para evaluar competencias individuales.

    Su implementación es extensa, de más de una hora treinta minutos, por lo que se sugiere su realización en un tiempo distinto de la reunión del proceso de psicodiagnóstico laboral, en donde se implementan técnicas proyectivas y psicométricas que permiten medir modelos de trabajo, habilidad mental y personalidad.

Utilizar ambas técnicas por separado permite contrastar la información recogida.

El objetivo de la entrevista es obtener información puntual sobre comportamientos y acciones que el entrevistado ha implementado en situaciones reales, relacionadas con las competencias que se han definido previamente para la posición.

❏ Descripción de las responsabilidades más importantes del entrevistado e historia de educación y actuación laboral previa.

❏ Identificación y descripción en detalle, por parte del entrevistado, de situaciones importantes que haya experimentado en el puesto más reciente, con especial énfasis en dos o tres incidentes importantes exitosos y positivos, y dos o tres eventos que hayan resultado fracasos. Se trabaja con guías escritas, asegurando así el mismo nivel de preguntas a todas las personas evaluadas

Evaluación psicológica

Selección

La totalidad de los elementos de juicio recogidos para cada candidato son analizados y discutidos por el equipo evaluador, seleccionándose luego los candidatos finalistas para cada puesto buscado.

Resultados

• Tipo de informes

Informe detallado por competencias, con ejemplos de incidentes críticos.
A modo de ejemplo proponemos el siguiente modelo:

Perfil: EJECUTIVO DE CUENTAS

Competencias	Nivel A	Nivel B	Nivel C	Nivel D	Incidentes críticos positivos asociados	Incidentes críticos negativos asociados
Iniciativa - Autonomía					1._____ 2._____	1._____ 2._____
Dinamismo Energía					1._____ 2._____	1._____ 2._____
Responsabilidad					1._____ 2._____	1._____ 2._____
Orientación al cliente					1._____ 2._____	1._____ 2._____

Las competencias mencionadas son solo ejemplos.

A través de la descripción de conductas asociadas a cada competencia, es posible definir una escala por niveles: Alto, Bueno, Mínimo necesario, Insatisfactorio.

Evaluaciones psicotécnicas

Objetivos:

- Proveer al proceso de selección herramientas de evaluación válidas y confiables. Contrastar la información aportada por la entrevista de incidentes críticos.
- Detectar e identificar características personales básicas, actitudinales y de interacción, a través de la evaluación de los factores presentados en los ítems siguientes:
  - ❑ **Condiciones de personalidad:**
    - ○ autoestima, flexibilidad, autonomía, seguridad, estabilidad emocional, integración social, iniciativa, empuje, actividad.

- **Características actitudinales:**
  - modalidad operativa, estilo de abordaje de situaciones.
  - estilos de comunicación y conducción.
  - trabajo en equipo, relación con figuras de autoridad.
  - capacidad de planificación y resolución ante presión o situaciones de conflicto.
  - capacidad de organizar, programar y planificar, niveles de decisión y de accionar resolutivo.
  - destrezas de conducta y capacidades intelectuales.
  - tipo de inteligencia, nivel intelectual (ubicación en la curva de distribución normal). Determinación del tipo de inteligencia (orientada a lo abstracto-teórico o a lo práctico-concreto).
  - estilos de interpelación con subordinados, pares y superiores.
  - capacidad de controlar, supervisar y conducir, capacidad de liderazgo.
  - compromiso con la tarea y la organización.
  - aspectos favorables, desfavorables y recomendaciones particulares.

Forma y contenido del informe

Se realiza un análisis crítico y un informe descriptivo de las características psicológicas de las personas evaluadas, que aportan elementos para contrastar los resultados obtenidos de la entrevista de eventos críticos (BEI). El informe contendrá información escrita sobre:

- Presentación y actitud ante las propuestas del evaluador.
- Modalidades operativas de enfrentarse a las tareas asignadas.
- Aspectos de personalidad:
  - estabilidad emocional-madurez;
  - autoestima;
  - modalidad de manejo de relaciones interpersonales.
- Aspectos relacionados con el trabajo:
  - potencial de conducción y de liderazgo;
  - tolerancia a la presión;
  - motivación-expectativas de desarrollo profesional.
- Síntesis de fortalezas y debilidades de los evaluados en relación con el puesto a cubrir.
- Sugerencias en relación con el potencial para asumir tareas de mayor nivel.
- Escala aplicada a los ítems antes mencionados. Esto permite comparaciones de competencias entre participantes y un fácil manejo de datos.

A modo de ejemplo, se despliega una gráfica habitual en la presentación de informes psicotécnicos:

Ranking individual de características de personalidad

Ejemplo de aplicación por postulante

	1	2	3	4	5
1. Autoestima				X	
2. Flexibilidad				X	
3. Autonomía				X	
4. Manejo de situaciones de presión			X		
5. Estabilidad emocional			X		
6. Manejo de relaciones interpersonales			X		
7. Trabajo en equipo			X		
8. Relación con figuras de autoridad			X		
9. Iniciativa y empuje			X		
10. Actividad				X	
11. Organizar, programar y planificar			X		
12. Decidir		X			
13. Habilidades de liderazgo y conducción		X			
14. Potencial de desarrollo				X	

Puntuación

1. Bajo
2. Regular
3. Medio o aceptable
4. Bueno
5. Muy bueno

Definición de cada ítem:

1. Autoestima: autoevaluación objetiva de sus recursos y posibilidades.
2. Flexibilidad: capacidad de adecuarse a cambios.
3. Autonomía: capacidad para obrar y aplicar criterios propios con sensatez.
4. Seguridad: confianza en sí mismo.
5. Estabilidad emocional: capacidad de autocontrol aun en situaciones imprevistas.
6. Manejo de relaciones interpersonales: capacidad de entablar buenos contactos con personas de diferentes rangos jerárquicos.
7. Trabajo en equipo: capacidad de compartir tareas y responsabilidades con otras personas.
8. Relación con figuras de autoridad: cumplimiento de las normas transmitidas por la superioridad.

9. Iniciativa y empuje: capacidad de hacer propuestas e imprimir dinamismo a su accionar.

10. Actividad: capacidad de sostenimiento de la tarea emprendida hasta el logro de las metas finales.

11. Organizar, programar y planificar: capacidad de sistematizar y programar sus tareas.

12. Decidir: capacidad de resolver problemas con fundamento y participar de las soluciones junto con aquellos a quienes reporta.

13. Habilidades de liderazgo y conducción: capacidad de controlar y supervisar las tareas encomendadas.

14. Potencial de desarrollo.

Devolución a los candidatos evaluados

Posibilidad de que la persona evaluada reciba una devolución de los parámetros generales de su evaluación una vez que el proceso de selección completo ha finalizado, independientemente de que la persona ingrese o no al puesto.

La entrevista es el instrumento apto para comprender las motivaciones y la consistencia de las manifestaciones del candidato.

Las entrevistas, en general, son mixtas, abiertas y cerradas, es decir que tienen un momento en el que el entrevistado tiene "libertad" para configurar el campo según su estructura psicológica, y otro en el cual el entrevistador indaga acerca de los aspectos que generen dudas o que no hayan sido incluidos.

Además, en cada evaluación se utiliza una batería de tests específicamente relacionada con el nivel del postulante y el tipo de tarea que deberá realizar.

Los tests que se incluyen en nuestra batería son:

- **Tests psicométricos (identifican habilidades y destrezas intelectuales)**

Raven o Dominós, cubos de Koch, TISD (test de interpretación selectiva de datos). *Se administra solo uno de ellos según el nivel de posición a ingresar y pueden ser administrados individual o colectivamente por nuestro staff de psicólogos.*

Objetivos: medición de la inteligencia, ubicación del nivel intelectual del sujeto evaluado en relación con una población en condiciones similares. Se investiga su capacidad analítica, sintética y de observación, así como su capacidad organizativa y uso del tiempo y los recursos.

- **Tests proyectivos (miden variables de personalidad y actitudes)**

Gráficos –dibujo libre, pareja, HTP, persona bajo la lluvia–, verbales –Phillipson–.

ANEXO B

La discriminación en la selección

¿Cuándo hay discriminación?

Cuando a igualdad de condiciones se prefiere (o se descarta) a una persona por una característica ajena a lo requerido por el puesto. En todos los demás casos no hay discriminación. Es cierto que muchas veces se incluyen en el perfil ciertos requisitos que "disfrazan" discriminación, y desde ese ángulo pueden ser discutibles. Muchas veces se subjetivan desde una u otra óptica ciertos características, transformándolas de ese modo en elementos de discriminación. Nuestra finalidad será objetivarlas.

En el mundo

En los países desarrollados hay una mayor conciencia sobre este tema. La revista *Fortune*[20], en un mismo número, presenta un anuncio donde Merrill Lynch ofrece un servicio especial para sordos –diseñado en 1990 por Christopher D. Sullivan, gerente de Producto, que es sordo–, y en una pequeña nota se comenta que en el programa de *Diversity* se incluye a personas con discapacidades empleadas bajo el esquema de teletrabajo.

En un libro[21] de autor norteamericano, destinado a las empresas pequeñas y medianas y fundamentalmente a las que inician una actividad, se consigna una serie de consejos acerca de cómo manejar al personal. Presentaré a ustedes aquellos que sirven para saber lo que no se debe hacer al contratar personal, detectar cuáles son los reales factores de discriminación, y cómo combatirlos.

Entre los consejos generales sobre la contratación, este autor menciona que deben tomarse recaudos para que todos aquellos que contraten personal en nombre de la empresa lo hagan de acuerdo con las normas vigentes y, además, no caigan en prácticas discriminatorias. Para ello les recomienda que:

- tengan sumo cuidado de no escribir anuncios discriminatorios
- no formulen preguntas ilegales en la entrevista
- consideren de la misma manera a todos los candidatos

[20] *Fortune*, marzo 2 de 1998, EE.UU.
[21] Adams, Bob, *Small Business Start-up*, Bob Adams Streetwise, EE.UU., 1997.

Simplemente no pregunte

Las siguientes preguntas no deben formularse bajo ningún aspecto, ni personalmente ni en una solicitud de empleo:

Algunas preguntas ilegales:	Discriminan principalmente a:
¿Está casado?	Mujeres.
¿Tiene hijos?	Mujeres.
¿Qué edad tiene?	Personas mayores de 40 años.
¿Se graduó en un profesorado o en una universidad?	Minorías con menores oportunidades educacionales.
¿Alguna vez lo arrestaron?	Minorías cuyo grupo étnico posee un mayor promedio de delitos.
¿Cuánto pesa?	Mujeres y minorías, o cualquier persona con sobrepeso.
¿En qué país nació? ¿Es usted un ciudadano norteamericano? ¿Cuál es su lengua madre?	Personas con diferentes orígenes nacionales, o personas que carecen de la ciudadanía pero que tienen permiso legal para trabajar en EEUU.
¿Tiene discapacidades físicas?	Los discapacitados. Los empleadores deben atender las necesidades de empleados con discapacidades.

Fuente: Bob Adams, *Streetwise, Small Business Start-up*, EE.UU., 1997.

Hemos tratado este tema con mayor extensión en otra obra[22]. A continuación haremos una pequeña reseña de la bibliografía disponible. En *El mundo del trabajo en una economía integrada, informe sobre el desarrollo mundial, 1995*[23], entre otros conceptos se mencionan:
Desigualdades entre grupos étnicos y categorías sociales: A modo de ejemplo, alrededor del 70% de la diferencia de remuneración entre los trabajadores indígenas y no indígenas de Bolivia, puede atribuirse a diferencias de nivel de educación y experiencia. El 30% restante refleja factores para los que no hay explicación, como diferencias de aptitud o calidad de la educación y discriminación en el mercado de trabajo. El estudio hace referencia a diferencias de tipo étnico de distintas partes del mundo.
Desigualdad entre regiones: *La desigualdad tiene a menudo una dimensión regional. Casi todos los países indican que hay disparidades regionales en la dotación de recursos, los ingresos y las tasas de crecimiento.*

---

[22] *Elija al mejor. Cómo entrevistar por competencias*, Ediciones Granica, Buenos Aires, 1999.
[23] *El mundo del trabajo en una economía integrada* (Informe sobre el desarrollo mundial 1995), Banco Mundial, "Los mercados, la mano de obra y la desigualdad".

La mujer tiene una larga historia de discriminación a través de los siglos, quizá no de forma explícita sino desde el lugar que ocupó dentro de la sociedad. Un elemento que se tiene en cuenta para hablar sobre su discriminación es el salario que percibe respecto del varón en una misma posición. En el matutino *El Cronista*[24] se publicaron porcentajes al respecto. En Tanzania una mujer percibe el 92% del salario que recibiría un varón en la misma posición. Este porcentaje oscila según los países sin llegar a equipararse. En países desarrollados como Suecia solo alcanza al 89% y en Estados Unidos al 75%. En cuanto a países de Sudamérica, en Brasil es del 76% y en Chile del 60,5%.

Dejamos el informe del Banco Mundial y tomaremos ahora un texto de las Naciones Unidas, sobre la mujer y su situación en el mundo,[25] publicado en 1995.

La Conferencia Internacional sobre la Población y el Desarrollo, celebrada en El Cairo en 1994, constituyó un adelanto y estableció un nuevo consenso sobre dos puntos fundamentales:

- La potenciación de la mujer y el mejoramiento de su condición son indispensables para realizar el pleno potencial del desarrollo económico, político y social.
- La potenciación de la mujer es un importante objetivo en sí mismo. Y a medida que las mujeres adquieren la misma condición, las mismas oportunidades y los mismos derechos sociales, económicos y jurídicos que los hombres, a medida que adquieren el derecho a la salud y el derecho a la protección contra la violencia basada en el sexo, se mejora el bienestar humano.

En el informe de la OIT –Oficina Internacional del Trabajo–[26] "Igualdad en el empleo y la ocupación", Parte I, Capítulo 1, se detallan los criterios más comunes mediante los cuales se define la discriminación en el trabajo. Se diferencian tres elementos:

- Un elemento de hecho (la existencia de una distinción, exclusión o preferencia originadas en un acto o en una omisión) que constituye la diferencia de trato;
- un motivo determinante de la diferencia de trato, y
- un resultado objetivo de tal diferencia de trato (o sea la anulación o alteración de la igualdad de oportunidades o de trato).

Hoy se admite en el mundo entero que la discriminación basada en uno de estos criterios es contraria a la idea de justicia y a la dignidad humana.

En la práctica, la delimitación de estos criterios de discriminación puede ser una tarea delicada. Por un lado, una misma persona puede ser discriminada en base a va-

---

[24] *El Cronista*, viernes 7 de junio de 1996.
[25] *Situación de la mujer en el mundo*, 1995. Tendencias y Estadísticas. Naciones Unidas.
[26] *Igualdad en el empleo y la ocupación*, Oficina Internacional del Trabajo, Ginebra. 1996.

ríos de estos criterios. En algunos casos, el origen social, por ejemplo, puede considerarse como presunción de determinadas opiniones políticas, y lo mismo puede suceder con respecto a la religión, la raza o el color. Por otro lado, estos criterios no siempre se manifiestan por un comportamiento exterior particular en el marco del empleo o la ocupación. En tales condiciones, puede ser difícil probar la discriminación, sobre todo cuando la carga de la prueba recae en la víctima.

a) Raza y color (grupo étnico);
b) ascendencia nacional;
c) sexo;
d) religión,
e) origen social;
f) opinión política.

Otros criterios de discriminación

No es posible confeccionar una lista exhaustiva de los criterios que pueden dar lugar a discriminaciones, pues es posible que otros aparezcan y se consoliden en el futuro. Se considera que ciertos criterios, como el embarazo y la maternidad, están ya parcial o totalmente comprendidos en el criterio del sexo.

Trabajadores con responsabilidades familiares.

Personas inválidas.

Estado de salud. Se incluye aquí el tema del sida y la práctica casi generalizada de los empleadores de realizar análisis sin autorización expresa del trabajador. Es indudable que este tipo de prácticas dan lugar a discriminaciones respecto del acceso al empleo o la conservación del mismo

Afiliación sindical

Opinión política

Edad

Inclinaciones sexuales

Por último, y antes de analizar qué pasa en la Argentina en cuanto a discriminación en el trabajo, citaremos a Milkovich[27] otra vez. Este autor trata los distintos parámetros para medir el reclutamiento; uno de ellos es la equidad, y marca como un elemento de medición importante el generar una cantidad suficiente de candidatos provenientes de las minorías y las mujeres, de tal manera que las actividades de selección externa puedan satisfacer las metas de la acción afirmativa y de la igualdad de oportunidades para el empleo. Desde este enfoque se evaluaría la efectividad de la gestión de Empleos según la facilidad o dificultad

[27] Milkovich. George T., Boudreau, John W., obra citada

de ocupar vacantes con minorías o mujeres calificadas. Para este autor esto es tan importante que *si las actividades de reclutamiento no generan la cantidad suficiente de dichos solicitantes, hay pocas posibilidades de que tengan éxito las actividades de carrera y de selección subsecuentes.*

Del autor al lector

BREVE SÍNTESIS SOBRE DISCRIMINACIÓN EN LA SELECCIÓN

1. ¿Cuándo hay discriminación? Cuando a igualdad de condiciones se prefiere a una persona por una característica ajena a lo requerido por el puesto.
2. La discriminación no es un tema que preocupe "realmente" a los argentinos. Si bien existe, no tiene la misma magnitud que en otros países.
3. La discriminación en la selección es el tema que atañe a nuestra materia. En otras prácticas de RRHH, por ejemplo a la hora de los aumentos o las promociones, la discriminación es, quizá, más frecuente en nuestro país.

Algunos criterios según la OIT

- Raza y color.
- Ascendencia.
- Sexo.
- Estado civil, condición matrimonial, cargas de familia, embarazo y parto.
- Hostigamiento sexual.
- Religión.
- Origen social.
- Opinión política.
- Personas inválidas.
- Estado de salud.
- Edad.
- Afiliación sindical.

En la Argentina

- La discriminación es utilizada, en algunos casos, como excusa para "tapar" otras situaciones.
- Existe en algunos ámbitos.
- Es menor que en otros países.
- En la experiencia de nuestra consultora es muy poco frecuente.
- Nunca sucedió que un cliente nos dijera "si es Juan pago 1.000, si es Juana pago 800"; a veces se marcan preferencias, pero no es frecuente.

GUÍA PARA LA ENTREVISTA

Fecha ..../........./.........	Nombre
	Puesto

Temas a relevar	Comentarios
Estudios (formales y otros). Máximo nivel alcanzado, por qué estudió esa carrera, desempeño como estudiante (tiempos y notas). Materias preferidas. Cursos y seminarios pertinentes para el puesto. Idiomas.	
Historia laboral Empresas. Puestos. Funciones y niveles. Salario. Motivo de cambio. Trayectoria (ascendente-estable-descendente). Antigüedad en el empleo actual. Si está desempleado: tiempo. Relaciones con jefes, pares y subordinados.	
Experiencia para el puesto Qué experiencia aporta para el puesto requerido.	
Motivación para el puesto Qué tipo de motivación: económica, profesional, etc. Determinar las reales motivaciones más allá de lo que se dice.	
Relaciones interpersonales En función del perfil buscado, cómo se adapta el candidato (jefes/pares/subordinados).	
Personalidad Aspectos generales y los especialmente requeridos por el puesto. Madurez, responsabilidad, capacidad analítica, flexibilidad, dinamismo, potencial de desarrollo, entre otros.	
Habilidades gerenciales Experiencia en conducción de grupos humanos. Estilo de conducción. Capacidad para tomar decisiones, organizar, planificar, delegar, motivar y desarrollar personal (solicitar el relato de experiencias reales).	
Apariencia exterior Aspecto físico y modales. Comunicación verbal: tono de voz, claridad, vocabulario. Actitud general: seguro, agresivo, tímido, entre otros.	

REGISTRO DE LA ENTREVISTA POR COMPETENCIAS

Fecha [ ][ ][ ]

Entrevistado:
Título:
Idiomas:
Edad:
Posición requerida:

TRABAJO ACTUAL (o último)

EMPRESA:

Ramo:	Facturación anual:
Nº de empleados:	Otros:

DESCRIPCIÓN DEL CARGO

Dependencia

Línea:

Funcional:

Sectores a cargo:

Dibujo del organigrama

REGISTRO DE LA ENTREVISTA POR COMPETENCIAS (hoja 2)

Entrevistado:

DESCRIPCIÓN DEL CARGO (continuación)
Principales funciones:

PLAN DE CARRERA:	Personal		En la organización	

En .... años

En .... años

En .... años

EXPERIENCIA ANTERIOR RELEVANTE (tipo de empresa, funciones, número de años).

REGISTRO DE LA ENTREVISTA POR COMPETENCIAS (hoja 3)

Entrevistado:

RESPONSABILIDAD DEL CARGO

	Informar	Colaborar	Controlar	Convencer
Superiores				
Colegas				
Colaboradores				
Clientes				
Proveedores				
Otros				

CARACTERÍSTICAS DEL ENTORNO SOCIAL

Jefe:

Clientes más importantes:

Colegas:

Proveedores:

Supervisados:

REGISTRO DE LA ENTREVISTA POR COMPETENCIAS (hoja 4)

Entrevistado:

EDUCACIÓN
Secundaria

Universitaria

Posgrados

Conocimientos especiales

PC

Idioma	Lee	Escribe	Habla	Bilingüe
Inglés				
Francés				
Portugués				
Alemán				
Otro				

Indicar: muy bien / bien / regular

Lugar de residencia:

Disponibilidad para viajar:

Disponibilidad para mudarse:

Movilidad propia:

Estado civil:		Cantidad de hijos:	

REGISTRO DE LA ENTREVISTA POR COMPETENCIAS (hoja 5)

Entrevistado:						
COMENTARIOS FINALES						
Presentación general:						
Expresión verbal:	Contacto:					
COMPETENCIAS RELEVADAS						
	Requerida por el perfil	Grado				No relevada
		A	B	C	D	
Alta adaptabilidad - flexibilidad						
Capacidad de aprendizaje						
Colaboración						
Competencia - capacidad						
Dinamismo - energía						
Empowerment						
Franqueza - confiabilidad - integridad						
Habilidad analítica						
Iniciativa - autonomía - sencillez						
Liderazgo						
Modalidades de contacto						
Nivel de compromiso - disciplina personal						
Orientación al cliente interno y externo						
Productividad						
Responsabilidad						
Tolerancia a la presión						
Trabajo en equipo						
Otras						

A: Alto	B: Bueno	C: Mínimo necesario	D: Insatisfactorio

MOTIVACIÓN PARA EL CAMBIO

Económica		Problemas con el jefe	
Desarrollo de carrera		La empresa se muda lejos de su domicilio	
Tipo de empresa		Excesivos viajes	
Está sin trabajo		No está buscando trabajo	
Teme quedarse sin trabajo		Otros	

Comentarios:

REGISTRO DE LA ENTREVISTA POR COMPETENCIAS (hoja 6)

Entrevistado:	
Disponibilidad para el cambio:	
ASPECTOS ECONÓMICOS	
REMUNERACIÓN ACTUAL	
Salario mensual/anual:	
Variable:	
Auto: si/no	Gastos pagos:
Bonus:	
Otros:	
PRETENSIONES	
CONCLUSIONES	
Entrevistó:	Fecha:
2ª entrevista:	Fecha:

PRESENTACIÓN DE CANDIDATURAS

Cliente (uso interno): _____

Búsqueda: _____

Requisitos del perfil (principales y/o excluyentes)	Candidato 1	Candidato 2	Candidato 3	Candidato 4
Experiencia				
Educación				
Otros requisitos				
Competencias				

Fecha: ▢ ▢

Responsable: _____

ENTREVISTA POR COMPETENCIAS

Cliente (uso interno):

Búsqueda:

Candidato:

Breve descripción de la competencia	Evaluador 1		Evaluador 2		Evaluador 3	
	Grado	Conducta	Grado	Conducta	Grado	Conducta

Fecha:

Responsable: ____

Capítulo **5**

Incorporación
de candidatos

Usted aprenderá en este capítulo

➢ Los pasos necesarios para incorporar candidatos.

➢ Negociación de una oferta.

➢ La oferta por escrito.

➢ La importancia de la comunicación dentro de un proceso de búsqueda.

➢ La inducción de empleados.

➢ Los manuales de inducción.

➢ Los indicadores de gestión en el área de Empleos.

El cliente interno en el proceso de búsqueda.
Concepto de contrato psicológico

Al inicio del capítulo 3, al tratar *La importancia de una buena selección para las organizaciones* nos hemos referido al concepto de contrato psicológico. Nuevamente es importante hacer una referencia a este concepto.

Del autor al lector

Muchas veces "se pierden" buenos candidatos en un mal proceso de ingreso, lento o falto de comunicación con el candidato.

Es frecuente que las búsquedas se inicien con mucha intensidad y luego, cuando están casi resueltas, con un finalista firme, no se continúen con la misma rapidez, ya sea porque el responsable viajó, o justo esa semana tenía una presentación importante, o...

A veces es el cliente quien no "ayuda" en el proceso de búsqueda. En una búsqueda hay diferentes tipos de candidatos: el que contestó un anuncio, el que fue contactado e interesado en la posición (*head hunting*), el elegido en una base de datos. Los candidatos muchas veces nos llaman después de una entrevista con el cliente y se quejan: *usted no podrá creer lo que me preguntó: me dijo por qué me quería ir de mi empresa actual; ¿usted no le dijo que me llamaron?* Si bien es muy conocido cómo funcionan los *head hunters,* tanto por los clientes como por los postulantes, muchas veces los primeros incurren en estos errores.

Si usted tiene dudas sobre cómo actuará su cliente interno, participe en las reuniones o asesórelo al respecto.

Edgar Schein[1] y el contrato psicológico

Cuando la organización ha reclutado, seleccionado y entrenado a un individuo debe procurar entonces crear condiciones que permitan mantener un alto nivel de eficiencia para la organización y que el empleado tenga también sus necesidades satisfechas. Hay que tener en cuenta que el contrato psicológico cambia con el tiempo.

Para Schein, *la organización es un plan de actividades humanas que no empieza a funcionar hasta que no se ha reclutado a las personas que van a desempeñar los diversos roles o a realizar las actividades previstas. Por consiguiente, el primer y posiblemente el mayor problema humano en cualquier organización es cómo reclutar empleados, seleccionarlos, entrenarlos, socializarlos, y asignarlos al cargo para asegurar la mayor eficiencia.*

Una de las tesis centrales de Schein *es que es posible mantener las dos perspectivas; la del individuo, que pretende satisfacer sus necesidades por medio de la organización, y la del administrador, que quiere utilizar el recurso humano para suplir las necesidades de la organización. Estos dos problemas, aparentemente divergentes pero superpuestos en la realidad, se complican*

Schein, Edgar H.. *Psicología de la organización*, Prentice-Hall Hispanoamericana S.A., México, 1982.

más a la luz de la perspectiva de desarrollo, pues las necesidades de la organización y las de sus miembros cambian con el tiempo y con la experiencia. Así, por ejemplo, una solución que fue viable para la organización en un momento dado puede que no lo sea en otro.

Perkins[2] hace referencia a los problemas con los clientes cuando se trabaja con la metodología de *head hunting,* es decir, la convocatoria de candidatos que no están buscando trabajo sino que son llamados e interesados en la posición abierta. *"Los clientes no se dan cuenta a veces de que el candidato no proviene de una selección de personal por anuncios", se quejaba cierto cazaejecutivos. "Los clientes tratan a los candidatos como a personas que buscan trabajo, no como a personas que han sido abordadas. Los clientes no comprenden lo que es la búsqueda de ejecutivos."*

Cuando el cazaejecutivos les entrega una *shorlist,* consideran que las personas que figuran en ellas son un producto que han comprado. Tratan a los candidatos como si fueran personas en busca de empleo que hubieran respondido a un anuncio publicado en un periódico, ignorando al parecer que en realidad están tratando con personas que están a gusto en sus trabajos actuales y que solo figuran en la *shorlist* porque han sido abordadas por un cazaejecutivos, a instancias del cliente.

Análisis de las consistencias laborales. El pedido de referencias

Existen dos tipos de referencias, las formales y las informales. Las formales son los datos que da, en general, la oficina de personal del lugar donde el candidato trabajó antes: si la persona realmente trabajó allí, fechas y cargo al ingresar y al salir. Otro tipo de referencias formales lo constituyen las relevadas por distintas fuentes, sobre si el candidato tiene juicios pendientes, inhabilitaciones para operar con bancos, si fue despedido, etc.

¿Quién informará realmente sobre otras características importantes del candidato como el desempeño, modalidad de trabajo, relación con pares, jefes y subordinados, etc.? Este tipo de información solo se consigue por algún *canal directo,* por ejemplo, el jefe de la persona en cuestión, si es posible ubicarlo. Se denominan referencias informales porque la persona que las brinda no suele hacerlo por escrito. Si accede a brindar información, seguramente será solo en forma oral.

Los canales directos no solo los constituyen los superiores. Pueden ser una buena referencia otras personas que conozcan su desempeño, por ejemplo oficiales de cuentas de los bancos con los que opera, proveedores, clientes, agencias de publicidad, auditores, consultores, etc.

---

[2] Perkins, Graham, *Cómo seducir a los cazatalentos,* Editorial Paraninfo, España, 1991.

¿Cómo dividir el pedido de referencias entre la empresa y la consultora? Una buena idea es pedirle a la consultora que investigue a través de los canales directos, y desde la empresa solicitar las referencias por los canales formales. ¿Por qué? Si el consultor es de prestigio tendrá, probablemente, muy buenos accesos para conseguir buena información, en este caso la más cercana a la realidad, y tendrá la ventaja adicional de no dejarse influir por otras personas ya que no necesita revelar para quién está trabajando. Si lo hace la empresa, necesariamente revela para quién es el dato.

Tenga en cuenta que la mayoría de las personas, para no comprometerse, ante un pedido de referencias dirán "correcto desempeño, se retiró por renuncia".

El pedido de referencias

Usualmente por teléfono, por lo tanto, el registro de lo relevado está a cargo de quien pidió la referencia.

ANTES	DURANTE	DESPUÉS
Solicite referencias sólo cuando esté convencido de que el candidato reúne todos los requisitos de la búsqueda.	Asegúrese en todos los aspectos: • Educacionales • Laborales • Financieros • Judiciales	¿Qué pasa si es "mala"? Sea cuidadoso. Un jefe que se siente "abandonado" puede dar una mala referencia.

Sea muy cuidadoso si la persona está trabajando

¿Qué hacer cuando hay una "referencia mala"? Su obligación es cruzar la información con otra referencia como mínimo. Tenga en cuenta que un jefe resentido puede dar una mala referencia de un buen empleado, y un jefe "amigo" puede dar una buena referencia de uno malo.

Si después de cruzarla la referencia sigue siendo mala o no favorable, debe decírselo al interesado. Él debe saberlo. Tenga en cuenta que puede haber una explicación de lo sucedido que puede modificar la referencia, y si no es así, le habrá dado al candidato la oportunidad de dar su propia versión de los hechos.

Sugerimos cotejar todos los datos de la persona a incorporar, no dejar librado nada al azar. En una época donde se han presentado casos de médicos sin diploma, abogados que no eran tales, fiscales que no eran abogados y diputados que eran reemplazados por otros a la hora de votar una ley, no deje de pedir los títulos originales, certificados de materias, etc. Tenga en cuenta que la falsificación de documentos es bastante sencilla con las modernas técnicas de copiado.

Y un último comentario sobre el pedido de referencias: la tarea no debe quedar en manos de una secretaria; es un tema delicado, y es aconsejable que lo realice personalmente el responsable de la búsqueda. Muchas veces obtendrá información a partir de interpretar un silencio o un gesto. Para ello se requiere entrenamiento y experiencia.

Arthur[3] hace mención al pedido de referencias. *Comience el proceso final de elección verificando las referencias de los candidatos estudiados.* Seguramente habrá un número pequeño de finalistas; concéntrese en especial en los trabajos anteriores y no deje de confirmar las credenciales académicas. No llame al empleo actual del candidato sin estar seguro de que él avisó a su actual empleador que está buscando otro empleo. En mi opinión, es aconsejable informar previamente al postulante cuando se inicia un pedido de referencias.

Del autor al lector

Importante: realice las mismas verificaciones para todos los finalistas o ingresantes de su compañía; en países donde se considere la discriminación como un problema importante, esto es doblemente necesario.

Usted no debe tomar al pie de la letra todas las referencias que obtenga, puede suceder que buenas o malas referencias no sean objetivas. Asegúrese de ello.

Las malas referencias y las actitudes de los candidatos

En nuestra consultora tuvimos en una misma semana estas dos situaciones diferentes frente a un mismo problema. Dos candidatos que conocíamos desde hace años tenían antecedentes judiciales. Uno de ellos no solo no dijo nada cuando le avisamos que pediríamos ese tipo de referencias: cuando la jefa de búsquedas le preguntó por qué no había hecho algún comentario al respecto, con una fría sonrisa respondió: *señorita, usted sabe, si quisiera lo arreglo con 3.000 dólares y me limpian los antecedentes. Además en seis meses prescriben.* El segundo postulante, en la primera entrevista a la que fue convocado le dijo a la entrevistadora que él tenía un proceso relacionado con un trabajo anterior, donde era director de una empresa cuyo dueño estaba fugado del país.

Como usted podrá apreciar, se trata de dos postulantes con malos antecedentes y muy diferentes actitudes. No todos los casos con malas referencias son iguales.

---

[3] Arthur, Diane, *Selección efectiva de personal*, Grupo Editorial Norma, Colombia, 1992.

Dessler[4] también menciona el tema de las referencias e investigación de antecedentes, y plantea para esta etapa la confirmación de la historia del candidato a través de dos procedimientos que no compartimos: el detector de mentiras y las pruebas grafológicas, estas últimas de uso más frecuente que el primero.

¿Quién toma la decisión, el área de Recursos Humanos o el cliente interno? Confusión de roles

Sobre el fin del capítulo 4 se hizo mención a que la decisión debe ser tomada por la línea que solicitó cubrir la vacante y no por el área de Recursos Humanos.

En ciertos ámbitos –cada vez menos– aún se debate sobre el particular. Milkovich y Boudreau[5] se refieren al tema. *Podemos afirmar que cada proceso de reclutamiento incluye una reunión con uno o más miembros de la organización que actúan como reclutadores. En este grupo siempre hay un representante del departamento de Dirección de Recursos Humanos y quizá también intervengan supervisores, compañeros de trabajo e incluso subordinados.*

Según estos autores, los postulantes se relacionan con el selector de diferentes maneras: *los reclutadores agradables, competentes, que informan adecuadamente, ofrecen una imagen deseable del puesto y de la compañía; mientras que los reclutadores agresivos afectan en forma negativa la percepción del aspirante en cuanto al atractivo del puesto de trabajo. Con riesgos tan altos, ¿cómo determinan las organizaciones quiénes han de ser sus reclutadores?* Este es un problema serio y muchas veces no se puede hacer nada desde el rol de recursos humanos. Por lo tanto es necesario estar muy atentos a estos eventuales casos-problema.

La decisión es del cliente –interno o externo–. Recursos Humanos es un asesor que a estos efectos cumple "casi" un rol de consultor. Si por algún motivo el área de Recursos Humanos tiene un rol activo en el proceso, debe quedar en claro que lo hace como *colaborador* que vela por el perfil corporativo de los postulantes, pero no es responsable de la decisión final.

Del autor al lector

En posiciones muy operativas, Recursos Humanos puede seleccionar personal e incorporarlo, pero son casos excepcionales, y en nuestra opinión lo hace con una facultad delegada por la línea para facilitar el proceso y no como una responsabilidad intrínseca de su función.

---

4 Dessler, Gary, *Administración de personal*, Prentice-Hall Hispanoamericana, México, 1996.
5 Milkovich, George; Boudreau, John, *Dirección y administración de recursos humanos. Un enfoque de estrategia*, Addison Wesley-Iberoamericana, México, 1994.

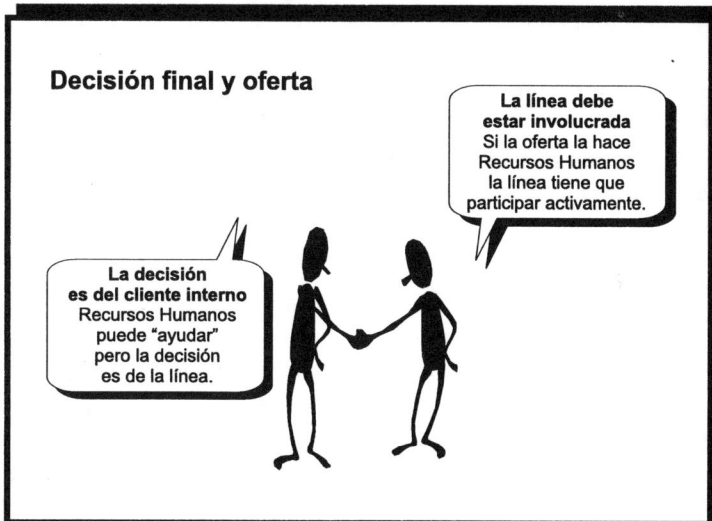

Presentación de la oferta. Negociación en la etapa de oferta

Perkins[6] se refiere a la oferta. *Puede realizarse en forma de llamada telefónica del cazaejecutivos y luego presentarla personalmente al futuro jefe del candidato en una reunión, o puede consistir en un documento formal enviado por el departamento de personal de la compañía. Cualquiera sea el medio, su efecto es el mismo. Es la hora de la verdad.*

¿Por qué la hora de la verdad? Muchos candidatos participan en búsquedas para ver qué pasa en el mercado o para probarse a sí mismos, llegan hasta el momento de la oferta y allí desisten. Más allá de estos casos, el candidato se tomará algún tiempo para pensar.

No desestime, además, el rol de la familia en los procesos de cambio. Muchas veces un candidato no comenta con su familia que está participando en una búsqueda durante las entrevistas y llega a su casa con la noticia el día que recibe la oferta. Los cónyuges, los padres y los hijos pueden influir en la decisión final. Esto puede ser decisivo cuando los cambios laborales implican cambios de rutina familiar, viajes frecuentes o un traslado.

---

[6]   Perkins, obra citada, capítulo 12.

Continuando con Perkins: *la misión del cazaejecutivos no se limita a identificar a los candidatos adecuados, sino que también debe procurar interesarlos por el trabajo en cuestión. Recordemos que estos candidatos suelen ser personas que están a gusto en su trabajo actual y que no están buscando activamente un cambio profesional. No queremos decir con esto necesariamente que los cazaejecutivos deben presionar a las personas para que acepten trabajos inadecuados para ellas. Los consultores de búsqueda respetables, y casi todos lo son, intentarán sinceramente, en su primera etapa eliminatoria, no solo descartar a los candidatos que no cumplen los requisitos, sino también a los que no encajarían bien en la organización cliente.*

Los planes ocultos del cliente: *Un consultor de una de las grandes empresas internacionales de búsqueda lo explicó así: "A veces, las personas que nos contratan no nos dicen la verdad, y nosotros pasamos ese engaño a otras personas y afectamos así su futuro profesional. Resulta sorprendente el modo en que los altos ejecutivos, acostumbrados a tomar decisiones en nombre de la empresa sin pestañear, dudan y vacilan a la hora de tomar decisiones que les afectan a ellos mismos y a sus carreras profesionales. Los consultores de búsqueda, con su amplia experiencia sobre los cambios profesionales de los ejecutivos, suelen ser capaces de señalarles cuáles son los puntos a tener en cuenta y de indicarle aspectos que pueden habérsele pasado por alto.*

Todos habrán escuchado hablar de Lee Iacocca[7]. Es muy interesante el relato que hace en su libro sobre su pase a la empresa Chrysler. *En el momento en que se hizo oficial mi despido, una serie de empresas pertenecientes a otros sectores industriales me hicieron proposiciones. Desde el momento mismo en que dejé la Ford, circularon por Detroit rumores de que yo podía fichar para la Chrysler. En mi caso, estaba disponible, y la citada empresa pasaba por un mal trance, de modo que la gente se limitó a hacer un puro raciocinio lógico.*

Creo que es muy útil repasar este texto para el estudio de los recursos humanos. Introduce el concepto del *hiring bonus*, ya que cuando Iacocca fue despedido de Ford, el acuerdo sobre la indemnización incluía una cláusula penalizadora por la cual perdía el derecho a cobrarla si prestaba servicios a una empresa del mismo rubro. Sus nuevos empleadores se hicieron cargo de la indemnización.

En un libro anterior publicado por esta editorial[8], hemos tratado estos temas desde el ángulo del buscador de empleo que debe **evaluar una oferta**. Una negociación siempre tiene como mínimo dos partes, el postulante y la persona que negocia por la organización, probablemente el futuro jefe del candidato o el jefe de Empleos. En este capítulo nos referiremos a la oferta desde la óptica de la empresa que desea contratar un nuevo colaborador.

La negociación como herramienta puede (y debe) aplicarse también a la actividad de Empleos, con las siguientes etapas[9]:

---

[7]   Iacocca, Lee, *Autobiografía de un triunfador*, Ediciones Grijalbo S.A., Buenos Aires, 1985.

[8]   Alles, Martha Alicia, *Mitos y verdades en la búsqueda laboral*, Ediciones Granica, 1997.

[9]   *Empleo: El proceso de selección*, obra citada.

Prenegociación

➢ Cultivar la relación formal e informalmente. Recuerde que desde su rol de Empleos deberá manejar de modo satisfactorio la relación con su cliente interno y el candidato externo.

➢ Trabajar en equipo.

➢ Buscar apoyo dentro de la organización en niveles superiores y en los procedimientos de la compañía.

➢ Desarrollar alternativas.

En la mesa de negociaciones

➢ Preparar un temario.

➢ Fijar la agenda.

➢ Definir los temas.

➢ Discutir necesidades e intereses.

➢ Aclarar los temas.

➢ Despejar "las fantasías" del candidato y centrarse en las verdaderas pretensiones.

➢ Buscar la forma de satisfacer sus necesidades.

➢ Chequear la viabilidad de implementación de lo pactado antes de finalizar la negociación.

Posnegociación

➢ Asegurarse de que se cumpla con la implementación de todo lo pactado.

➢ Crear un buen clima de trabajo.

➢ Anticiparse a posibles renegociaciones por parte del candidato.

¿Cómo medir el éxito de una negociación?

Una forma es formularse y responderse las siguientes preguntas:

¿Se logró el acuerdo?

¿Se respetaron las normas y procedimientos de la compañía?

Si no se logró un acuerdo

➢ ¿Qué puedo proponer para reconciliar los intereses mutuos?

➢ ¿Qué es menos importante para una de las partes que pueda ser muy importante para la otra?

➤ Pensar estratégicamente imaginando diferentes escenarios.

➤ Cambiar el juego: introducir otros temas, cambiar las personas que negocian.

➤ Llevar el tema a una instancia superior.

Aplicados estos conceptos a una búsqueda, es posible esquematizarlos del siguiente modo:

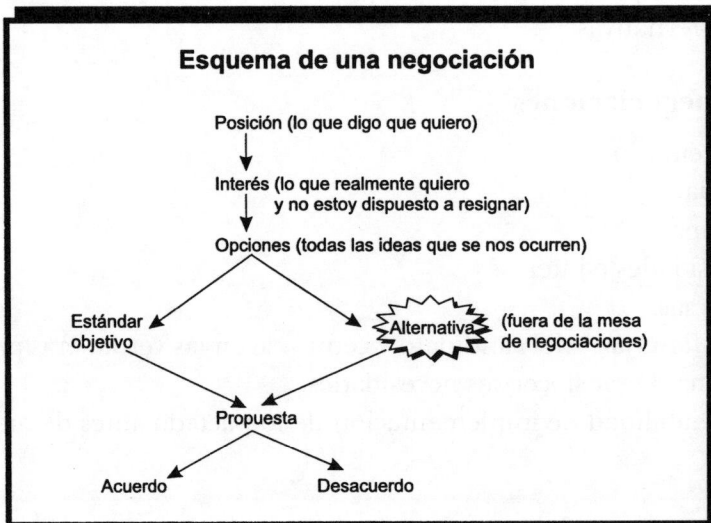

Esquema de una negociación

Posición (lo que digo que quiero)

Interés (lo que realmente quiero
y no estoy dispuesto a resignar)

Opciones (todas las ideas que se nos ocurren)

Estándar objetivo

Alternativa (fuera de la mesa de negociaciones)

Propuesta

Acuerdo   Desacuerdo

La **posición** es el primer acercamiento a la negociación; el postulante dice lo que él quisiera obtener y la empresa plantea su opción mínima. Es decir, el primero puede estar dispuesto a percibir algo menos y la empresa puede tener algo más para ofrecer.

El **interés** es aquello que realmente quiere el postulante o el nivel mínimo que está dispuesto a percibir en materia de compensaciones y beneficios. Y desde la empresa, será el nivel que no le origina problemas con la estructura salarial.

Las **opciones**, como su nombre lo indica, son las variantes que se exploran para acercar a las partes limando las diferencias.

Estándar objetivo o criterios objetivos. Son aquellos elementos que, al estar fuera de la negociación, pueden aportarle información objetiva. En el caso de negociar una búsqueda, los estándares objetivos o criterios objetivos pueden ser, por ejemplo, salarios de mercado para esa posición e industria en particular, salarios para posiciones similares dentro de la misma empresa, antecedentes de una negociación similar dentro de la empresa, etc.

La **alternativa** es una opción fuera de la mesa de negociaciones. Para el postulante será su trabajo actual u otra búsqueda en la cual esté participando y para la empresa otro candidato igualmente interesante para cubrir la posición.

Por último se llega a la **propuesta**, sobre la cual habrá o no un **acuerdo**.

La importancia de tener una alternativa

¿Qué es una alternativa desde el punto de vista de Empleos? Otra opción para la búsqueda tan buena como esta sobre la que se está negociando.

¿Qué es una alternativa desde la óptica del postulante? Su trabajo actual u otra búsqueda, si no tan buena como ésta, al menos aceptable.

Desde ya, es importante tener una alternativa para ambas partes de la negociación, pero aquí nos referiremos solamente al papel que le corresponde al área de Recursos Humanos, más específicamente a Empleos. Más allá de que exista un alto desempleo o cualquier otra circunstancia externa, los buenos candidatos por lo general tienen posibilidades de participar de otras búsquedas o bien están empleados, y esa es *su* alternativa, aunque puedan no estar contentos con su trabajo actual.

Por lo tanto, el responsable de la búsqueda debe generar una alternativa tan buena como la que originó la negociación; si no es así, estará negociando en desventaja. Cuanto "mejor" es el candidato con el cual se está negociando, cuanto más alta es su empleabilidad (ver capítulo 1), se hará más necesario contar con una alternativa adecuada.

El rol de Recursos Humanos en una negociación difícil

¿Quién negocia?

Si bien la responsabilidad en la decisión sobre quién ocupará el puesto a cubrir es de la línea, no necesariamente es ella la que debe negociar. Se deberá elegir a la persona más adecuada en cada caso.

Aspectos difíciles en una negociación. El rol de Recursos Humanos

Cuando hay que "acercar" a las partes

Cuando el postulante pide prima de pase

Cuando hay que saber decir que NO

Del autor al lector

Como consultora, me ha tocado negociar y presentar ofertas. No hay que tener una pauta rígida. Dentro de la empresa, los encargados de la negociación pueden ser Recursos Humanos o la línea.

La negociación la puede realizar el área de Recursos Humanos, el jefe directo del puesto a cubrir, un superior de este o el director del área. La participación de un consultor en la negociación deberá ser *por mandato*, es decir, no lo hace a título propio sino en una responsabilidad delegada, de modo que cuando se realice la reunión final del candidato con la empresa ya se hayan acordado los términos de la negociación.

En los casos en que el consultor realice la negociación, es necesario que la línea esté involucrada en el proceso. Muchos buenos candidatos se pierden en esta etapa, y reemplazarlos por otro se hace muy difícil cuando todos ya se habían hecho a la idea de cubrir el puesto vacante con ese candidato que finalmente no ingresará.

Además, si la línea está involucrada se evitará que desautorice a Recursos Humanos otorgando un salario mayor al previsto, o que lo responsabilice si el candidato "se perdió" por el tema salarial, etc.

Del autor al lector

Si hay diferencias salariales y la búsqueda se manejó con la participación de una consultora, no desestime su ayuda. El consultor puede acercar a las partes desde un lugar neutral. Si el consultor es serio, lo ayudará. No es cierto que estará necesariamente *de parte del postulante*.

Recuerde que los postulantes "usan" las búsquedas muchas veces. Hay casos donde hay que saber decir que no, por ejemplo cuando el candidato va y viene con las ofertas, elevando sus pretensiones cada vez más porque "lo retienen" en su trabajo actual. Si ello sucede, es preferible dejarlo ir.

Vimos el caso en que a Lee Iaccoca le fue ofrecido un *bonus* de contratación. ¿Qué hacer cuando los candidatos piden *hiring bonus* o primas de pase?

¡Cuidado! Es un momento peligroso. Usted deberá aconsejar según cada caso en particular.

Veamos las diferentes posibilidades. Si un candidato tiene un *bonus* devengado, es lógico que no lo pierda por pasar a una nueva organización. En ese supuesto, el *hiring bonus* es solamente la compensación por un *bonus* ya ganado por él en la otra empresa. No obstante, le aconsejamos estudiarlo con cuidado, teniendo en cuenta la cultura de la organización respecto de esta clase de primas. Además, se sabrá en el mercado, por lo que la empresa debe analizar la repercusión política del tema desde el punto de vista de su imagen institucional. Como usted se dará cuenta, la decisión puede exceder sus atribuciones. Por otro lado, si su empresa decide no ofrecer una compensación que suele darse en el mercado, es posible que no pueda acceder a los candidatos deseados.

A veces las primas de pase se entienden como valores que exceden la compensación de *bonus* ya ganados, e incluyen otros intangibles como riesgo por pasar de una compañía grande a una pequeña, de una multinacional a una nacional, etc. ¿Qué hacer en este caso? Como una primera idea, me parece poco adecuado como política de Empleos. Un CEO deberá convencerme de la razón para implementar una política semejante, y si lo hiciera, debería quedar en claro que es una situación excepcional y no forma parte de la política de la compañía. Si no lo hace, no podrá contratar personas sin *pagar* por ellas, y esta no parece una buena manera de reclutar personal.

La oferta por escrito

Cuando se llega a un acuerdo, es una buena práctica volcarlo en un papel. La palabra escrita tiene otro valor, sobre todo en relación con derechos y obligaciones, pues adquiere fuerza de contrato.

Los pasos serían los siguientes:

- Acordar con el interesado –en forma verbal– las condiciones de contratación, responsabilidades, tareas, personal a cargo y remuneración, que incluye el salario y otros beneficios, y cuando se llega a un acuerdo, expresarlo por escrito. Para ello:

- Presentar una **oferta por escrito** donde se detalle la oferta económica, la posición a ocupar y la fecha de inicio de las actividades.

- La oferta debe estar firmada por una persona autorizada a tales efectos por la empresa.

- Por último, aceptada por el ingresante, este la devuelve firmada a la empresa que hizo la oferta.

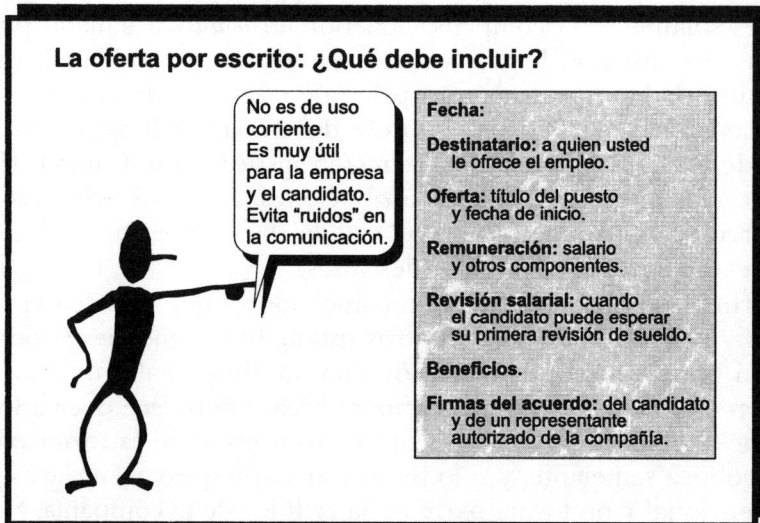

La oferta por escrito: ¿Qué debe incluir?

No es de uso corriente. Es muy útil para la empresa y el candidato. Evita "ruidos" en la comunicación.

Fecha:

Destinatario: a quien usted le ofrece el empleo.

Oferta: título del puesto y fecha de inicio.

Remuneración: salario y otros componentes.

Revisión salarial: cuando el candidato puede esperar su primera revisión de sueldo.

Beneficios.

Firmas del acuerdo: del candidato y de un representante autorizado de la compañía.

Este procedimiento sencillo, posible de aplicar en la Argentina, por ejemplo, gracias a la estabilidad y el blanqueo de la economía, no es todavía de uso corriente.

Tiene innumerables ventajas: deja estructurada en forma clara la oferta, evita las discusiones futuras –*yo dije... yo entendí que...*–; protege al ingresante ante un eventual cambio de responsable en la empresa, y a la empresa contratante de un eventual *arrepentimiento* del ingresante, si es *retenido* en su empresa actual al momento de la renuncia.

◆ Puede ser aplicado a toda la nómina.

◆ Obliga a las partes.

◆ En la Argentina y otros países latinoamericanos, no tiene fuerza legal la firma de aceptación del ingresante, que aun habiendo firmado puede *desistir* del ingreso.

Arthur[10] también se refiere a la oferta por escrito y su conveniencia: *para las posiciones directivas lo corriente es que la oferta y la aceptación se confirmen por escrito. Las cartas las escribe el especialista de personal, con copias para todos los representantes de los departamentos interesados. Es sumamente importante que su contenido sea conciso y exacto para que no haya lugar a malentendidos.*

---

[10] Arthur. Diane, obra citada

Del autor al lector

¿Qué grado de utilización tienen en el mercado las ofertas por escrito? Aún no son muy frecuentes en muchos países, entre ellos la Argentina. En todos nuestros cursos las hemos incluido.

Entendemos que son innumerables los beneficios de utilizar la palabra escrita para la **oferta final de contratación en el momento del ingreso de una persona a una organización.**

Los trámites de ingreso

▶ Exámenes médicos;
▶ ambientales;
▶ referencias financieras y judiciales.

Si bien algunos de estos pasos pueden ser considerados discriminatorios, son usuales. Cada uno de ellos tiene, de todos modos, sus pros y sus contras.

Si una empresa decide implementarlos, debe cerciorarse sobre la seriedad del proveedor elegido para la prestación del servicio. Un informe equivocado trae innumerables inconvenientes para postulantes y empresas. Además, es muy importante asegurarse del trato que estos prestadores darán a los candidatos.

Una forma de confirmar esto último es preguntando a los participantes *cómo se sintieron*, *cómo fueron tratados* al realizar los exámenes médicos o durante los estudios ambientales. La imagen de la empresa quedará inevitablemente asociada con una buena o mala imagen del consultorio médico o la asistente social.

Los candidatos suelen estar ansiosos cuando llegan las últimas instancias de una selección. Por lo tanto, si bien es importante cuidar las comunicaciones durante todo el proceso de reclutamiento y selección, hay que incrementar los esfuerzos en los tramos finales.

El entrenamiento de todos los que de un modo u otro atienden personas, es vital.

Del autor al lector

La clave: tener informado al candidato

Instruya a todo el personal sobre cómo comunicarse con el postulante. Muchas veces, "por ayudar" se dan informaciones erróneas.

En la etapa final de la selección de un nuevo integrante de la compañía se deben cubrir los aspectos formales de la relación que luego tomará a su cargo el área de Administración de Personal. Los elementos necesarios son una ficha de ingreso y los últimos estudios: exámenes médicos, ambientales y de antecedentes –bancarios, judiciales, etc.–. Recomendamos implementar una política uniforme con todos los ingresantes; de ese modo no se nos podrá acusar de un uso indiscriminado de nuestras funciones, y evitaremos, con esa simple rutina, eventuales problemas futuros a nuestra compañía.

Muchos incluyen en esta etapa la evaluación psicológica, como un examen médico más. No nos parece adecuado (ver capítulo 4).

Dessler[11] da razones a favor de que el examen médico se realice antes de la incorporación del candidato. El análisis puede ser utilizado para determinar que el aspirante califica para los requerimientos físicos de la posición y para descubrir alguna limitación médica que deba tenerse en cuenta. El examen, al identificar problemas de salud, puede además reducir el ausentismo y los accidentes y detectar enfermedades transmisibles que pudieran ser desconocidas por el aspirante.

Con frecuencia, en las organizaciones grandes el departamento médico de la empresa realiza el examen, en tanto que las compañías pequeñas contratan los servicios de médicos externos.

¿Qué hacer si se suspende la búsqueda?

Cuando las búsquedas se cancelan o suspenden, por lo general la decisión está fuera de la órbita de Recursos Humanos. Por lo tanto, la actitud del área debe ser **neutra**, comunicando la decisión sin adicionar opiniones o comentarios destinados a "deslindar responsabilidades". Muchos responsables de Recursos Humanos, cuando las búsquedas se suspenden en las etapas finales, suelen tomar una actitud negativa poniendo el problema en otra parte. Las decisiones son de la organización y ese es el mensaje que es preciso transmitir.

Como ya dijimos, es muy importante tener informado al candidato del avance de la búsqueda.

---

[11] Dessler, Gary, obra citada.

Del autor al lector

Muchas personas quedan con la idea de que no ingresaron por no aprobar el examen médico o psicológico. Estas afirmaciones pueden hacer mucho daño.

Si realmente esta fuese la razón, debe ofrecerse al candidato una entrevista con el profesional interviniente para que le indique un camino a seguir.

La comunicación en el proceso de empleo

Debemos imaginar dos situaciones diferentes:

- Cuando un postulante llama para preguntar sobre su situación.
- Cuando proactivamente se comunica una decisión, en especial los "no".

La comunicación es importante en todo el proceso de búsqueda y crucial en los pasos finales.

El director de Recursos Humanos y su equipo en relación con el contexto

Perfiles complicados y exigentes

Presiones de la línea que cree que es "fácil" conseguir gente con "este índice de desempleo"

Recursos Humanos

Presiones del entorno: postulaciones de conocidos y otras personas para "colocar" eventuales desempleados

El accionar de Recursos Humanos se desarrolla dentro de un contexto general que en la mayoría de los países de habla hispana es de alto desempleo, y esto debe ser tenido en cuenta por la máxima conducción del área. No implica que el área deba asumir una responsabilidad extra, sino que a través de "pequeñas acciones" es posible mejorar la relación con la comunidad. Sin llegar a tomar una función "social" que no le compete, puede ayudar a la sociedad.

Hay ciertas instancias en que las empresas no manejan adecuadamente la comunicación de su accionar. En este caso nos referimos a la comunicación dentro del proceso de búsqueda, donde participan personas "del mercado", que no pertenecen a la organización.

Una buena comunicación siempre aporta soluciones y evita problemas. En una sociedad con alto desempleo, las personas que participan en un proceso de selección, desempleadas o no, tienen una sensibilidad mayor en relación con el trato y la comunicación.

Una forma de contemplar estas situaciones es con un adecuado entrenamiento de todo el equipo que conforma el área de Recursos Humanos, desde el director o gerente hasta la persona que atiende el teléfono o recibe los currícula en la recepción.

Utilizaremos el concepto de *front office*, tomándolo prestado de la banca y de las empresas de servicio en general. En las redes de oficinas de bancos que atienden al público se entiende que todas las personas que trabajan en ellas deben atender a clientes; todos, no solo los "comerciales".

En la oficina de Recursos Humanos todos deben estar entrenados para atender postulantes, aunque su tarea específica no sea entrevistar candidatos.

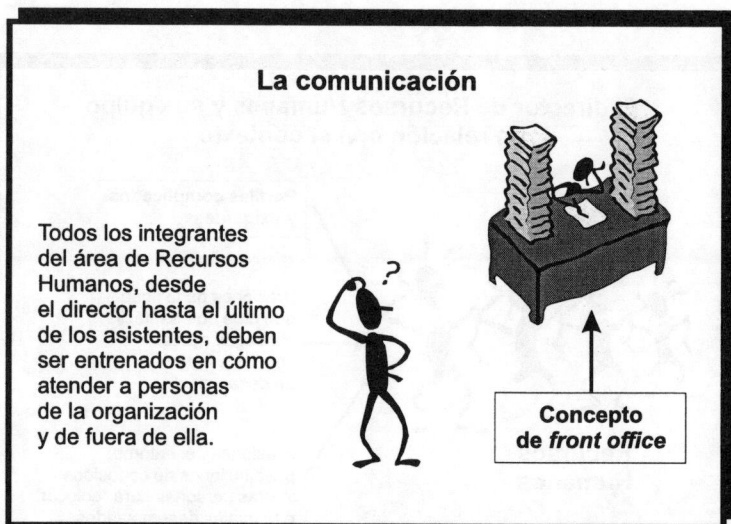

La comunicación

Todos los integrantes del área de Recursos Humanos, desde el director hasta el último de los asistentes, deben ser entrenados en cómo atender a personas de la organización y de fuera de ella.

Concepto de *front office*

La situación real del postulante en el proceso de búsqueda

Usualmente se nos consulta hasta dónde informar, qué decir, cómo decirlo..

En la práctica se presentarán casos donde se conocerá el real estado de la postulación, y otros en que no. A estos últimos se los puede denominar "casos indefinidos". Estas son las posibilidades en cuanto a la situación del postulante:

❏ Fue aceptado.

❏ Fue rechazado.

❏ No sabemos.

❏ Sabemos y no lo podemos decir.

Cuando una búsqueda está abierta no es conveniente hacer comentarios categóricos. Es muy frecuente que un candidato que en una primera instancia fue rechazado pase a ser aceptado o viceversa, porque algo cambió durante el proceso de selección.

Del autor al lector

Si un candidato llama hay que comentarle el real estado de la búsqueda *hasta ese momento*. Si hay otro candidato que "en principio" es el elegido, una buena forma de contestar será: "Hay otro caso que está más avanzado, pero la búsqueda aún no se cerró".

No es aconsejable comunicar a los otros candidatos que hay un finalista antes de que este efectivamente se incorpore a la compañía, porque puede, por algún motivo, no darse el ingreso y usted se verá en una situación incómoda al llamar a otro de los participantes para ofrecerle la posición.

Cómo tratar al desempleado

El cuidado por las personas debe ser igual estén empleadas o desempleadas, pero el que vive esta última situación por lo general:

➢ pone mayor ansiedad en su pregunta;

➢ puede ser agresivo.

Aun a riesgo de ser reiterativos, señalamos nuevamente que Recursos Humanos no debe asumir ninguna función social, pero sí aportar una cuota de equilibrio frente a la ansiedad o la eventual agresividad de una persona desempleada. Equilibrio significa que se deben atender estos problemas sin demostrar compasión ni indiferencia.

Del autor al lector

Relación con los candidatos descartados

El mundo es pequeño, y usted podrá encontrar a esta persona en cualquier otro ámbito. Por lo tanto, sea cuidadoso con lo que dice y cómo lo dice. Desde ya, no mienta en ninguna circunstancia.

Le sugerimos enviar cartas agradeciendo la participación en el proceso e informando la situación.

La inducción

El tiempo invertido en la inducción de un nuevo empleado es una pieza fundamental de la relación futura, y debe fijarse una política. Cada compañía puede hacerlo en forma diferente, según su estilo, más o menos sofisticado, más o menos extenso. ¡Pero debe existir!, esa es la clave.

Los métodos más frecuentemente utilizados:

➢ una carpeta;
➢ un curso;
➢ un vídeo;
➢ un CD;
➢ la página Web.

¿Qué debe contener como mínimo un manual de inducción?

❐ Información sobre la empresa:
   1. Visión y misión.
   2. Organigrama.
   3. Operaciones: productos/volúmenes/cifras en general.
   4. Aspectos geográficos.
   5. Aspectos mundiales si es una corporación.

❐ Políticas, normas internas, beneficios, sistemas.
❐ Comunicaciones, costumbres de la compañía: horarios, feriados especiales, etc.

Si bien no es usual que figure por escrito en los programas de inducción, es muy interesante acompañarlos con algún *procedimiento especial* de seguimiento del ingresante. Por ejemplo, llamadas o reuniones periódicas para saber cómo se siente, si se han cumplido sus expectativas al ingresar a la empresa, etc.

La entrevista de salida[12]

¿Por qué referirnos a la entrevista de salida en el momento de tratar la inducción? No es un error, es una relación que deseamos hacer con el seguimiento del ingresado. Si bien es importante la inducción de una persona al momento de su ingreso, también es importante que las empresas implementen como política la entrevista de salida. Es decir, que toda persona que se retire de la compañía, cualquiera sea su nivel y motivo de desvinculación, pase por una instancia de entrevista. La misma debe estar a cargo de una persona del área de Recursos Humanos, con el nivel suficiente como para detectar mensajes ocultos o temas profundos que requieran experiencia para ser desentrañados.

En los casos críticos por el nivel de la persona involucrada, es preciso que el responsable de la entrevista sea del máximo nivel posible, idealmente el director del área a la cual pertenece esa persona.

En estos casos se recomienda tener en cuenta la importancia del resguardo del capital intelectual[13] de la organización. Algunas pequeñas reglas básicas:

Cómo debe actuar una compañía para proteger su capital intelectual al desvincularse empleados de alto nivel:

- Hacer firmar acuerdos de confidencialidad.
- Asegurarse de que quienes se retiran devuelvan todo el material que tienen a su cargo.
- Realizar entrevistas de desvinculación, idealmente a cargo de un representante de Recursos Humanos y el jefe directo de la persona involucrada.

---

[12] Se hará otra referencia a la entrevista de salida en el capítulo 12 de esta obra.
[13] Se hará otra referencia al cuidado del capital intelectual en el capítulo 12 de esta obra.

Control de gestión en Empleos. Indicadores.
Por qué y para qué

Nos hemos referido a los indicadores de gestión de recursos humanos en el capítulo 1. En el presente capítulo haremos una breve referencia al control de gestión en el área de Empleos, tema que se desarrolla en forma más profunda en *Empleo: discriminación, teletrabajo y otras temáticas*, obra ya mencionada.

En algunas empresas no existe un área específica de Empleos y la función se encuentra incorporada a otra, por ejemplo Desarrollo.

La gestión de Empleos es factible de ser medida con las mismas pautas de control de gestión de otras actividades de la empresa y del área de Recursos Humanos.

Hemos sostenido en diferentes partes de esta obra la necesidad de conectar la actividad en general, y la de Recursos Humanos en particular, a los resultados de la compañía y darle a toda la gestión un fuerte perfil de negocios.

Nos referimos además a los recursos humanos estratégicos. Para realizar el control de gestión es necesario recurrir a la cuantificación: cantidad de vacantes, de posiciones abiertas y cubiertas, tiempos de los procesos, número de personas desvinculadas por propia decisión o por decisión de la empresa en los primeros seis meses y en el primer año de incorporados. Este es un enfoque general; haremos un detalle mayor.

Del autor al lector

Usted puede sorprenderse ante el enfoque que voy a darle a este tema. Analizaremos cuáles son los indicadores que miden la gestión de Empleos, pero deberé reconocer que no creo que deban aplicarse todos ellos, porque en ese caso se corre el riesgo de burocratizar el análisis.

Nosotros trabajamos con personas, y todos los que se dedican a esta especialidad saben –y seguramente les habrá ocurrido– que muchas veces el candidato finalista no ingresa por algún factor externo a la búsqueda. Se podrá decir que esto debió ser previsto, y contestaré que a veces es posible y a veces no. Cuando el postulante no ingresa después de haber recibido la oferta –es decir en el último minuto–, lo más probable es que nuestro cliente no quiera volver sobre un caso anterior, y debamos comenzar la búsqueda "de cero". En un trabajo como este es muy difícil implementar indicadores de gestión y seguirlos al pie de la letra.

Entonces, ¿para qué los estudiamos? Si bien creo que no siempre es pertinente medir de este modo la gestión, todo aquel que realice búsquedas debe tener muy en claro estos conceptos. Debe "tener idea" de cómo medir su gestión y la de la gente involucrada en cada proceso. Saber que encarar una búsqueda de este modo o de aquel otro tendrá mayor coste, mayor o menor calidad, mayor o menor satisfacción del cliente o del postulante, etc. No es necesario calcular un índice para conocer –sentir– cómo estamos dirigiendo un sector de Empleos.

Indicadores[14]

Un indicador de control de gestión es un parámetro que, como su nombre lo indica, mide algún factor relevante de la gestión, en este caso de Empleos. No es factible usar indicadores para medir la gestión de Empleos cuando no se miden las demás del área de Recursos Humanos; esta herramienta se inserta en un programa completo de análisis de gestión del área, los denominados tableros de control o tableros de comando.

Es oportuno aclarar que se justifica implementar este tipo de indicadores en empresas con nóminas superiores a las 500 personas y que además realicen un considerable número de búsquedas al año.

Indicadores más usados[15] y que brindan información relevante para aquel que deba gerenciar un área de Empleos:

❑ Promedio de búsquedas mensuales.
❑ Cantidad de personas entrevistadas por búsqueda.
❑ Cantidad de búsquedas por selector.
❑ Días promedio por búsqueda.
❑ Cantidad de búsquedas para cada nivel.
❑ Coste por búsqueda.
❑ Indice de rotación.

Estos indicadores interesan fundamentalmente al director de Recursos Humanos, pero también pueden ser utilizados por otros departamentos del área, por el jefe del director, y algunos de ellos pueden ser de interés para nuestro cliente interno.

---

[14] Los índices de control de gestión están tratados con profundidad en *Empleo: discriminación, teletrabajo y otras temáticas*, Ediciones Macchi, 1999.

[15] En la obra *Dirección estratégica de Recursos Humanos. Clases*, Ediciones Granica, Buenos Aires, 2000, hemos desarrollado ejemplos de cómo se calculan algunos indicadores de gestión en Empleos. Ver en INTERNET (*Clases*): **www.granica.com/derrhh** y **www.marthaalles.com/derrhh**.

¿Para qué se utilizan indicadores de gestión? Fundamentalmente para:

a) planificar distribución de búsquedas y –si es necesario– número de entrevistadores a contratar;

b) elaborar el presupuesto;

c) proyectar tendencias;

d) detectar dificultades y corregirlas;

e) identificar fortalezas y procesos que funcionan bien;

f) medirse y compararse con empresas competidoras;

g) identificar desvíos y reducir costes,

y para todo otro análisis que se derive de esta información.

Otro enfoque más detallado es separar los indicadores en función de las etapas de un proceso de búsqueda: reclutamiento, selección e inducción, y dentro de ellas por otros parámetros, por ejemplo por fuente de aprovisionamiento.

Los indicadores más importantes:

Etapa de reclutamiento

De productividad

- ⇨ Tipo de búsqueda por fuente;
- ⇨ candidatos entrevistados por fuente;
- ⇨ candidatos seleccionados por fuente;
- ⇨ cantidad de avisos publicados.

De costes

- ⇨ Coste por candidato por fuente.

Tiempo

- ⇨ Tiempos por búsqueda por períodos (puede haber épocas de mayor eficiencia).
- ⇨ Tiempo transcurrido desde que la búsqueda es encargada hasta que el candidato es seleccionado.

Calidad

- ⇨ Desempeño del empleado por fuente, a los seis meses, al año, etc.
- ⇨ Índice de permanencia por fuente.

Servicio/satisfacción del cliente

↪ Índice de satisfacción de los candidatos por fuente.

↪ Evaluación por parte de los clientes sobre el servicio del área de Recursos Humanos involucrado en el reclutamiento.

↪ Satisfacción de los clientes internos por fuente.

Etapa de selección/incorporación

Esta etapa abarca desde que el candidato es seleccionado hasta que es efectivamente incorporado.

Productividad

↪ Cantidad de búsquedas cubiertas en relación con el total de búsquedas.

↪ Cantidad de entrevistas realizadas.

↪ Cantidad de evaluaciones realizadas: psicológicas, técnicas, de idioma, etc.

↪ Cantidad de exámenes médicos realizados.

↪ Cantidad de postulantes rechazados en las instancias finales de un proceso.

Costes

↪ Coste total de selección por cada nuevo empleado contratado.

↪ Coste de una etapa especial del proceso, por ejemplo, *assessment*.

Tiempo

↪ Tiempo desde que se armó la carpeta de finalistas y el momento de la efectiva incorporación.

↪ Tiempo desde que se llega a definir el finalista y este acepta la oferta.

Calidad

↪ Cantidad de candidatos contratados en relación a cantidad de finalistas.

↪ Cantidad de empleados que se desvinculan por causas derivadas del proceso de selección, por ejemplo: alguna información errónea. Esto se puede extraer de la entrevista de salida.

Servicio/satisfacción

Pueden aplicarse los mismos indicadores que en la etapa anterior.

Etapa de inducción

Calidad

➪ de la etapa de inducción según los participantes y sus jefes.

Coste

➪ Coste total del proceso de inducción por empleado.

Tiempo

➪ Tiempo total para que un empleado complete un proceso de inducción.

➪ Tiempo total para que un empleado alcance un nivel mínimo de integración a la función.

Hasta aquí se han enumerado solo algunos de los indicadores de gestión para las distintas etapas del proceso de selección; nos parece importante que los conozca y los use en situaciones puntuales. Montar una medición detallada como la descripta nos parece excesivo como esquema rutinario.

Del autor al lector

¿Cómo utilizar los indicadores de gestión? Mi sugerencia a partir de muchos años de experiencia es analizar qué cosas usted o su compañía desean controlar en función de la estrategia global de la empresa. De nada vale lo que a usted le parezca importante si ello no coincide con los objetivos institucionales.

Si usted no se siente seguro sobre cuáles aplicar, quizá pueda recurrir a un asesoramiento externo para que lo ayude a determinar cuáles son los indicadores más apropiados al tamaño de su empresa y al tipo de tarea que realiza.

En ningún caso le aconsejaría aplicar todos los indicadores; recuerde que solo mencionamos los más importantes en nuestra opinión, y aun así ¡son muchos!

Seguimiento del candidato ingresado

El seguimiento de las incorporaciones realizadas es una buena práctica, y puede realizarse en diferentes momentos.

Más allá de si se utilizan o no indicadores de gestión, es aconsejable realizar un seguimiento de los nuevos colaboradores entrevistando a estos y a sus jefes. La mutua satisfacción será un indicador útil y sencillo de cómo funciona el área de Empleos.

Relación de Desarrollo con el control de gestión en empleos

Todos los procedimientos de recursos humanos se relacionan entre sí. El control de gestión se relaciona con:

☛ planeamiento de recursos humanos;

☛ desarrollo de carreras (capítulos 9 y 10).

Síntesis del capítulo

➢ El cliente interno tiene un papel preponderante en el proceso de incorporación de candidatos. Recordar el concepto de contrato psicológico no es solo una reiteración: cuando la organización ha reclutado, seleccionado y entrenado a un individuo debe procurarse entonces condiciones que permitan mantener un alto nivel de eficiencia para la organización, y que el empleado tenga también sus necesidades satisfechas. Hay que tener en cuenta que el contrato psicológico cambia con el tiempo. Una mala decisión al momento de incorporar a una persona es perjudicial para la empresa y lo es aún más para el individuo involucrado.

➢ Antes de hacer la oferta, se debe cubrir la etapa de pedir las referencias laborales. Dado lo delicado de los temas en juego, no deben dejarse en manos de personas no entrenadas. Lo aconsejable es que lo realice la persona que tuvo a su cargo la selección.

➢ Decisión final y oferta. Es una decisión de la línea, no del área de Recursos Humanos. Si Recursos Humanos efectúa la negociación y la oferta, lo debe hacer "por delegación" de la línea y esta debe estar involucrada activamente. El área de Recursos Humanos o el responsable de la selección debe, siempre que sea posible, tener una alternativa al momento de la negociación. La alternativa es otro postulante igualmente adecuado al perfil.

➢ La oferta por escrito es una sana y buena costumbre en defensa de los intereses de ambas partes. Debe incluir: fecha, a quién se le hace la oferta, título del puesto y fecha de inicio, salario y otros componentes de la remuneración, momento de las futuras revisiones salariales, beneficios, y firmas del candidato y de un responsable de la empresa que realiza la oferta.

➢ Los trámites de ingreso pueden diferir según los distintos países, pero los más usuales son: exámenes médicos, pedido de referencias financieras y judiciales y los denominados exámenes ambientales. Cada país deberá tener en cuenta la normativa vigente al respecto.

➢ La comunicación con los candidatos participantes en un proceso de búsqueda acerca del avance de la misma, así como en el momento en que se toma la decisión, es una tarea relevante y se deberá entrenar a toda el área de Recursos Humanos sobre cómo responder preguntas y –eventualmente– contener la ansiedad de algún participante.

➢ La inducción del candidato es otro hito importante en la relación del empleado con la organización y debe ser planeada con anticipación. Los elementos a utilizar pueden ser diferentes.

➢ El manual de inducción debe contener como mínimo: visión y misión de la compañía, organigrama, operaciones y productos principales, aspectos geográficos, políticas, normas internas, costumbres, y toda aquella información general sobre la empresa. La información particular sobre el puesto la dará el sector específico donde el candidato se incorpora.

➢ Los indicadores de gestión de un área de Empleos son útiles, pero deben aplicarse cuando sean realmente necesarios: en empresas que realizan muchas incorporaciones, cuando hay necesidad de comparar diferentes ejercicios o como una forma de compararse con otras empresas del ramo. Permiten evaluar la gestión de las distintas etapas del proceso: reclutamiento, selección, incorporación, inducción.

El lector encontrará los esquemas en INTERNET *(Clases)*: **www.granica.com/derrhh** y **www.marthaalles.com/derrhh** y la ejercitación correspondiente a estos temas en la obra **Dirección estratégica de Recursos Humanos. Gestión por competencias.** *Casos*. **Capítulo 5.**

Casos: **La negociación y la oferta por escrito. Comunicando los "no".**
Caso Supermercados.

Capítulo **6**

Plan de jóvenes profesionales

Usted aprenderá en este capítulo

➢ **La importancia de los programas de jóvenes profesionales.**
➢ **Las claves para el éxito de un programa.**
➢ **El reclutamiento de los jóvenes profesionales: un aspecto clave.**
➢ **Pasos usuales de un proceso de selección de jóvenes profesionales.**
➢ **Cómo retener a los jóvenes.**
➢ **La tutoría en el programa de jóvenes profesionales.**
➢ **La relación de estos programas con otras funciones de Recursos Humanos.**

¿Por qué tratar por separado el tema de los jóvenes profesionales?

Las expectativas puestas sobre ellos y las que ellos mismos vuelcan en su carrera y en la empresa que los contrata son muy altas. Un error o una mala política pueden hacer fracasar un proceso que de otro modo podría ser exitoso.

Los jóvenes y el futuro

Los jóvenes, es *casi una verdad de perogrullo*, serán necesariamente los conductores de las empresas el día de mañana, sus líderes o hacedores.

Las predicciones sobre el futuro tienen la limitación de que solo pueden hacerse en base a la información disponible en el presente. Los jóvenes deben ser elegidos y desarrollados con todas las herramientas disponibles y las más modernas, preparándolos lo mejor posible, dentro de lo que sabemos hoy, para conducir las organizaciones según entendemos será necesario en el futuro.

Para ello, los conocimientos serán un elemento necesario, pero no el único a tener en cuenta.

Los jóvenes y las competencias

En las búsquedas de jóvenes en general –no solo las de jóvenes profesionales– tienen un rol preponderante las competencias conductuales con relación a los conocimientos. Si bien los conocimientos son requeridos de acuerdo con el perfil, los factores que definen la incorporación de un joven en lugar de otro tienen que ver por lo general con otras razones: compromiso, responsabilidad, capacidad de aprendizaje, comunicación y otros similares son los factores que hacen la diferencia.

Una de las competencias pedidas y habitualmente evaluadas en un programa de jóvenes profesionales es el liderazgo. Muchos se preguntan: si un joven nunca trabajó, ¿cómo se mide el liderazgo?, ¿es una habilidad natural, el "carisma"? ¿Es líder aquel joven que fue elegido el mejor compañero de su clase?

Para Juan Mateo y Jorge Valdano[1] *el líder es un ser humano auténtico, que se conoce a sí mismo, se acepta a sí mismo y hasta se admira a sí mismo. El líder es un seductor que practica el arte de convencer. La primera materia prima que requiere tan complejo arte es la capacidad de soñar, y la razón es sencilla: quien sueña se seduce a sí mismo. Ahí comienza el milagro.*

En otra parte de la obra, dicen los mencionados autores: *un líder es, ante todo, un seductor. Alguien que consigue persuadirnos, conjugando capacidades y voluntades en busca de un fin que nos proporcione sentido y satisfacción.*

En ambas definiciones sobre liderazgo no hay relación ninguna con conocimientos ni vida laboral. Al evaluar las competencias, como se ve en diferentes partes de esta obra, se investiga a una persona a través de su pasado y sus distintas actividades. En un adulto el trabajo tiene mucha importancia. En cambio, en un joven se evalúan además otros factores: el desempeño académico, el deporte, estudios extracurriculares y actividades comunitarias.

---

[1]   Mateo, Juan; Valdano, Jorge, *Liderazgo,* El País Aguilar, Madrid, 1999.

Los programas de jóvenes profesionales[2]

Estos programas, que en la jerga de los especialistas en recursos humanos se denominan "JP", son algo muy sencillo y muy complejo a la vez: la selección de un grupo de personas que, con un entrenamiento guiado desde el mismo programa, serán en el futuro gerentes o personas clave en la organización.

¿Son nuevos? No, existen desde hace muchos años. También los hay de diferentes clases y bajo esta denominación se incluyen muchas cosas diferentes. Para nuestro trabajo llamaremos programas de jóvenes profesionales a aquellos que impliquen un fuerte compromiso de la organización con el esfuerzo que demandan.

En el mercado hay diferentes programas, desde pasantías para jóvenes estudiantes hasta los mencionados programas para profesionales.

¿Por qué una organización tiene un programa de JP (jóvenes profesionales)? Pueden ser muchos los motivos, pero en este trabajo sólo nos ocuparemos de las empresas que toman la decisión por estar realmente convencidas de las bondades y beneficios que otorga este programa a la organización

Todos aquellos que piensen en sus recursos humanos como el capital intelectual de su empresa y como un elemento estratégico para su negocio, deberán tener en cuenta a los jóvenes para "crear" futuros gerentes en su organización.

Con frecuencia estos programas son corporativos, es decir, se aplican en todos los países donde opera una corporación, en general con muy pocas diferencias.

Una primera aproximación al tema

¿Cómo realizar un programa de jóvenes profesionales exitoso? Antes de iniciarlo es necesario que la máxima conducción de la organización –el número uno y la primera línea de reporte a este– ponga en claro para qué desea tener un programa de jóvenes y diseñe un breve diagrama sobre qué harán con ellos una vez incorporados a la organización.

Las empresas invierten mucho dinero en estos programas, y este paso es lo que determinará si el esfuerzo será una inversión o solo un gasto.

---

[2] Hemos desarrollado los programas de jóvenes profesionales desde la óptica de la selección en *Empleo: discriminación, teletrabajo y otras temáticas*, Ediciones Macchi, 1999, capítulo 7

Del autor al lector

A veces se escucha a los jóvenes decir: *después de tantos exámenes y entrevistas, me tocó un jefe que me mandaba a sacar fotocopias...*

Con frecuencia los jóvenes tienen expectativas exageradas y creen que por tener un título *se llevan el mundo por delante*, y no es menos cierto que muchos jefes, no consustanciados con los planes generales de la compañía, *mandan a sacar fotocopias*.

Por lo tanto, es necesario **antes** de comenzar tener en claro **por qué** y **para qué** se desea implementar un programa de jóvenes profesionales, y planear todo el proceso antes del inicio de la selección.

Plan de jóvenes profesionales
Esquema para el éxito

Primera aproximación al plan de jóvenes profesionales

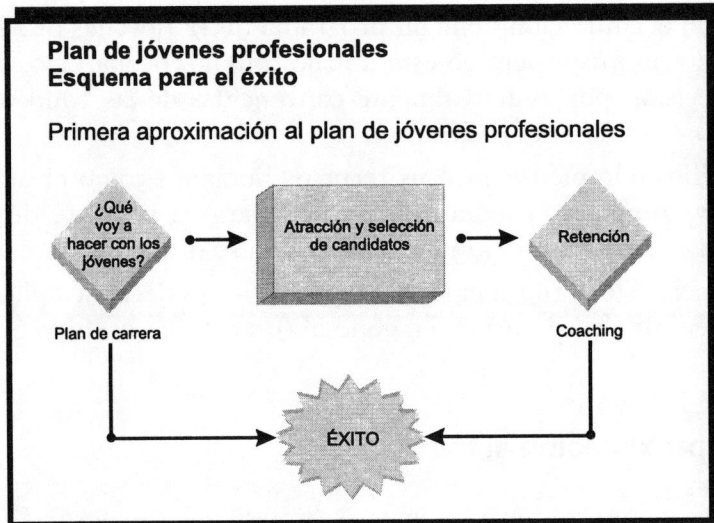

Un concepto a tener en cuenta

Muchos programas de jóvenes profesionales incluyen etapas en que los participantes realizan una rotación por diferentes áreas. Esto persigue múltiples propósitos: mayor formación general, mayor compromiso con la organización, elección de los mejores para cada especialidad cuando el programa finalice, y uno muy importante en mi opinión: crear el concepto de polifuncionalidad, tan difícil de transmitir a profesionales universitarios, que tienen *como marca de fábrica* una suerte de encasillamiento en su especialidad.

¿Qué es polifuncionalidad en el empleo?

El concepto de polifuncionalidad no es nuevo. Todos hemos conocido empleados supereficientes que nos sacaban de cualquier apuro y poseían variados conocimientos. Es más nuevo, quizá, el planteamiento de los perfiles y las descripciones de puestos con estas características.

Pero veamos primero un caso práctico, el de los supermercados de descuento:

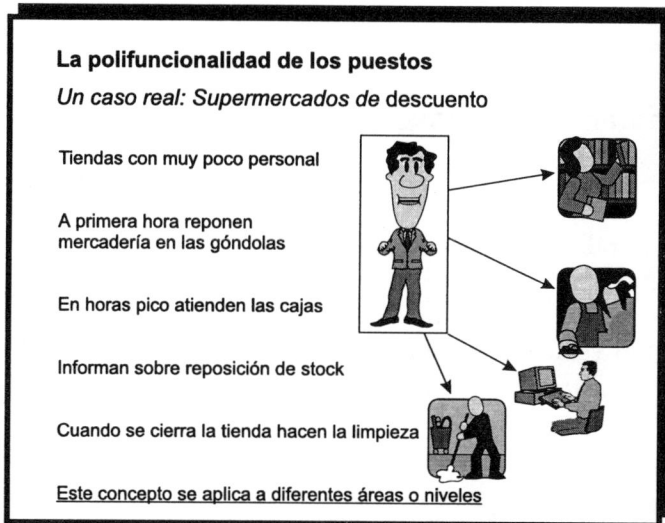

La polifuncionalidad de los puestos

Un caso real: Supermercados de descuento

Tiendas con muy poco personal

A primera hora reponen mercadería en las góndolas

En horas pico atienden las cajas

Informan sobre reposición de stock

Cuando se cierra la tienda hacen la limpieza

Este concepto se aplica a diferentes áreas o niveles

Este esquema permite a este tipo de empresas brindar a sus clientes excelentes productos más económicos, porque han reducido los costes al mínimo con esquemas austeros, sin servicios adicionales al cliente, minimizando de este modo la mano de obra.

La polifuncionalidad no es un concepto bien recibido por algunos sectores. No es nuestro propósito abrir juicio sino solamente plantear una situación real. Además, las cosas pueden ser de un modo u otro según cómo se apliquen. Si una empresa basa su negocio en bajos costes pero además se respetan las leyes y se manejan adecuadamente los recursos humanos, la situación será muy diferente que si se usa la polifuncionalidad para tener menos personal sin respetar las leyes y sin cuidar a las personas que trabajan en la empresa.

Las fábricas organizadas en *células*[3] basan sus esquemas laborales en la polifuncionalidad. He presentado este esquema en conferencias en universidades, y la primera reacción es de sorpresa, sobre todo teniendo en cuenta que este concepto se aplica también a otros niveles, ya que se entiende que las personas deben conocer otras posiciones además de la propia.

En niveles gerenciales puede no ser *práctica* o posible la polifuncionalidad o la rotación de puestos, pero se requiere *actitud o predisposición* en este sentido. Por ejemplo: *el gerente de marketing debe ponerse en el lugar del financiero cuando este plantea que no es posible realizar un determinado gasto, y el financiero debe ponerse en el lugar del de marketing para entender por qué quiere hacer ese gasto.*

Las empresas privilegian el trabajo en equipo y muchas tareas se encaran y resuelven con equipos multidisciplinarios. Los profesionales y managers se entrenan para facilitar el trabajo en equipo y de este modo mejorar el resultado general.

Los distintos programas para jóvenes

➢ Becas/Pasantías: para estudiantes en la mitad de la carrera y hasta el 70% (lo más usual).

➢ Trainees: para estudiantes universitarios con el 85% de las materias aprobadas y cursando el último año (más usual).

➢ Programas de jóvenes profesionales para graduados universitarios que ingresan a la organización en relación de dependencia. Algunos los llaman *management associate* y otros *cadre debutant*[4], y más allá del nombre que tengan en cada país, son el inicio casi seguro de una carrera gerencial.

---

[3] La organización celular consiste en pequeños grupos basados en la polifuncionalidad, en los que todos saben hacer todas las tareas, con un jefe o líder que tiene funciona como facilitador para las tareas del grupo.

[4] Los egresados de las universidades mejor calificadas ingresan como *cadre debutant*. Existen tres categorías de gerentes: *cadre debutant, cadre, cadre superieur*. En el sistema francés, los universitarios, antes de finalizar su carrera, tienen en ciertas universidades la obligación de hacer un *stage* (práctica rentada) que tiene las siguientes reglas: la empresa firma un contrato con la universidad y selecciona *stagiere* como si fuese un personal efectivo. El *stagiere* percibe una remuneración nominal que no tributa impuestos ni cargas sociales. La empresa debe asignarle un proyecto. Al final de la asignación, normalmente seis meses, debe presentar un trabajo para ser revisado por el gerente y por un profesor que tiene una función similar a la de un padrino de tesis. Este proceso es obligatorio y los alumnos compiten para conseguir las empresas que les permitan realizar la experiencia. La empresa se beneficia al contratar un colaborador a menor coste, muy calificado y altamente motivado, y es además un excelente método de selección ya que muchos quedan en la empresa después del *stage*.
Este sistema brinda al alumno una experiencia interesante en un proyecto completo, lo relaciona con una empresa y lo introduce al mercado laboral. El proceso –que no es original– está impregnado de la seriedad que les dan los franceses a estas cosas. "Nadie usa a los jóvenes como mano de obra barata para las tareas que nadie quiere hacer, y los jóvenes trabajan con mucha seriedad", nos relató Juan Spinelli, argentino con muchos años de expatriado por Coca-Cola.

Comenzando por el principio:
cómo encarar un proceso de búsqueda[5]

La selección de los participantes de un programa de jóvenes profesionales tiene similitudes y algunas diferencias con otros procesos de selección.

Un aspecto clave es el reclutamiento a través de distintos canales:

➢ Anuncios: se apela a publicistas para su diseño, se diferencian de los tradicionales de búsquedas.

➢ Las universidades: se realizan presentaciones con vídeos y se entregan folletos.

➢ Los referidos: los jóvenes profesionales de camadas anteriores presentan interesados.

➢ Cuando el programa es conocido, los jóvenes se inscriben ellos mismos en la oficina de Recursos Humanos de la empresa.

El reclutamiento requiere imaginación:

Los jóvenes requeridos pertenecen a un grupo pequeño respecto del conjunto de jóvenes; por ello es necesario atraerlos, conquistarlos. En la Argentina existen organizaciones con una larga historia en la materia. Por ejemplo, el Citibank hace más de 30 años que tiene este tipo de programas.

Los programas para jóvenes

¿Por qué los jóvenes se interesan?

➪ La promesa de una carrera "dorada".

➪ Fuerte capacitación.

➪ En ocasiones viajes al exterior.

➪ El orgullo de pertenecer.

¿Qué se busca?

Los jóvenes top (1)
– Hasta 25 años.
– Carrera de grado finalizada o cursando el último año.
– Muy buenas notas, sin aplazos.
– Carrera realizada en los tiempos previstos.
– Bilingüe en inglés.
– PC.
– Gran potencial.

Hay diferentes requisitos, estos son los más comunes.

(1) Fuente: Las puertas del trabajo, Editorial Catálogos, 1995.

---

[5] Hemos desarrollado los programas de jóvenes profesionales desde el punto de vista del reclutamiento y la selección en la obra *Empleo: discriminación, teletrabajo y otras temáticas*, Ediciones Macchi, Buenos Aires, 1999. En el presente libro trataremos en forma sintética estos aspectos y se desarrollará más el programa completo de jóvenes profesionales.

Del autor al lector

Muchos jóvenes se interesan en los programas de jóvenes profesionales porque los ven como el inicio de "la carrera soñada", pero carecen de las competencias requeridas, y otros intentan participar solo por la fama que estos programas tienen. Una buena estrategia para desanimar a aquellos que no tienen el perfil requerido es comentar en una primera reunión informativa los pasos a seguir en la selección y en el programa. Advertirá con sorpresa que muchos abandonan la sala en ese momento. El programa es demasiado complicado, o largo, o comprometido para ellos. De este modo, aunque aún no sabe si los jóvenes que quedan tienen las competencias necesarias, sí sabrá que están dispuestos a asumir el desafío, lo que ya es bastante para empezar.

El proceso tiene dos características principales:

Las fuentes de reclutamiento: avisos en diferentes medios; a través de universidades; los propios jóvenes se ofrecen espontáneamente cuando conocen que la empresa tiene programas para jóvenes.

La comunicación: los programas se publican utilizando agencias de publicidad que preparan folletos, vídeos, páginas web, notas en revistas, etc.

El número de participantes: la cantidad de postulantes es muy numerosa, se trabaja con grupos de 800 o más jóvenes.

Pero a pesar del gran volumen de interesados, suele haber pocos que cubren el perfil. ¿Por qué?

➢ Todos los jóvenes conocen la existencia de estos programas y mayoritariamente están interesados en ellos.

➢ Los requisitos son muy altos, y pocos los alcanzan.

¿El mercado laboral es solo de los jóvenes *top*[6]?

➢ No; hay diversas posiciones y oportunidades para todos los jóvenes que tomen la vida laboral con compromiso.

¿Cómo *trabajar* con esta cantidad de personas? ¿Cómo aplicar todas las técnicas?

---

[6] Alles. Martha Alicia. *Las puertas del trabajo.* Capítulo 1. Editorial Catálogos, Buenos Aires, 1995

En realidad, un proceso de selección de este tipo, que en ocasiones se delega en jóvenes sin experiencia porque demandan mucha mano de obra, requiere la misma capacidad y despliegue técnico que la selección de un gerente. Los pasos son:

➢ lectura de CV;
➢ llenado de la solicitud de ingreso;
➢ entrevistas grupales con exposición del programa;
➢ evaluaciones grupales de personalidad;
➢ evaluaciones grupales de potencial;
➢ *assessment* grupal con participación de los futuros jefes;
➢ entrevista profunda individual con Recursos Humanos;
➢ entrevistas profundas (hasta cinco) con eventuales jefes;
➢ comparación de los distintos casos;
➢ elección del grupo finalista;
➢ entrevista final o de contratación;
➢ trámites de ingreso: exámenes médicos e informes ambientales.

La forma gráfica de este proceso será la de un embudo o pirámide invertida donde partiríamos de 800 candidatos y se llegaría a un grupo de diez o doce finalistas.

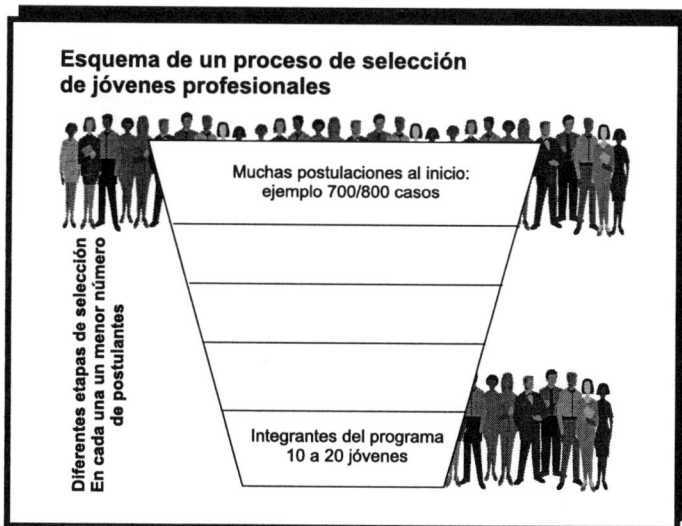

Esquema de un proceso de selección de jóvenes profesionales

Muchas postulaciones al inicio: ejemplo 700/800 casos

Diferentes etapas de selección
En cada una a un menor número de postulantes

Integrantes del programa
10 a 20 jóvenes

Otra diferencia con una selección común es que el enfoque de las entrevistas no se basa en la experiencia laboral que el joven puede o no tener, sino en evaluar las competencias que el joven posee en función de lo que se pretenderá de él en el futuro.

Volviendo al inicio del esquema, el primer elemento a tener en cuenta es que todos los programas de jóvenes profesionales apuntan al mismo segmento de mercado. ¿Cómo es este segmento? Muy escaso, por lo tanto la convocatoria debe ser sumamente creativa. No es suficiente un anuncio bien redactado. Los responsables de los programas recurren al apoyo de publicistas para realizar las campañas.

Sobre mi escritorio tengo muchos anuncios representativos, de empresa tales como Ford, C&A, BankBoston, Cervecería y Maltería Quilmes, Paradigma, Llerena & Asociados, Unilever; de ellos tomaremos dos como ejemplo, ambos de 1998 y publicados en la ciudad de Buenos Aires, y a continuación otros dos publicados en Londres en febrero de 1999 (su texto es en inglés; incluimos la correspondiente traducción).

Empresa: Kimberly-Clark Argentina, publicado en el matutino *La Nación*, suplemento Empleos del 1º de marzo de 1998. Medidas: 34 por 27 cm.

Empresa: Andersen Consulting, anuncio publicado en la sección Empleos del matutino *La Nación*, **el 27 de abril de 1998. Medidas: 23 por 25 cm.**

¿Qué aspecto común tienen ambos anuncios? Además de convocar a jóvenes, ambos usan como figura el deporte. El primero con un dibujo estilizado de remeros con un encabezado que dice "trabajando en equipo", y el segundo bajo la leyenda "Si tenés[7] la misma garra, destreza y espíritu de trabajo en equipo, tu mejor jugada es llamarnos".

Ambos avisos apelan al deporte como imagen atractiva para los jóvenes, y representan en forma gráfica una competencia requerida para las posiciones a cubrir: el trabajo en equipo.

Empresa: Pearl, publicado en *The Times* el 18 de febrero de 1999. El anuncio, que el lector visualiza en tonos de gris, tuvo en el momento de su publicación colores rojo y naranja y una medida de 18 por 28 cm.

---

[7]   Nota de la autora: pido disculpas por el tono "local" de la expresión, pero es textual del anuncio publicado por la empresa. La explicación es coherente: si se desea captar la atención de jóvenes es necesario hablar su mismo lenguaje.

A continuación incluimos la traducción del texto:

Es más probable encontrarse con Elvis en la lavandería que divertirse en Peterborough

U.R. Joe King, Grimsby

Graduados

Salario altamente competitivo + £1.000 como obsequio de bienvenida de Pearl + beneficios

Peterborough puede no ser Las Vegas de Inglaterra, pero como base para su futura carrera, tiene mucho que ofrecer. Si usted está acostumbrado a una agitada vida social, esta puede ser su gran oportunidad. La ciudad tiene una gran población de jóvenes y sobran oportunidades para mezclarse con ellos en los infinitos pubs, clubs, restaurantes, cines e instalaciones deportivas.

Además, tendrá el dinero suficiente como para aprovecharlo. Los primeros años en la carrera de cualquier persona pueden no ser beneficiosos financieramente, pero en Peterborough tenemos un verdadero bajo coste de vida. Elija cualquier lugar para vivir cerca del centro de la ciudad o en un pueblo más tranquilo en las afueras… donde quiera que esté, siempre estará cerca del excelente transporte que ofrece fácil acceso a Londres, Cambridge y Nottingham. Por último, en orden pero no en importancia, Peterborough es el centro de Pearl, una de las compañías líderes en servicios financieros. Nuestra oficina central es un lugar espacioso y moderno donde estamos implementando los últimos procesos de trabajo. Aquí usted podrá incorporarse a uno de nuestros programas de capacitación para jóvenes en áreas tales como **Actuario, Servicios al Cliente, Finanzas, Recursos Humanos, Sistemas de Información, Marketing y Ventas.**

Para triunfar en Pearl necesitará ser inteligente, innovador y rápido en el trabajo. El cambio es constante, y si usted es flexible y tiene ganas de aprender, aquí tendrá su oportunidad. Al menos necesitará un 2:1 (o un 2:2 para I.S.) y una firme aptitud numérica.

¡Ah! ¡Y es importante que su idea de una buena salida nocturna sea mucho más que ver a su ropa interior dar vueltas en la lavadora!

Si está interesado, no dude en contactarse con nuestra línea telefónica de Reclutamiento de Graduados al 0990 329330, con referencia PAO2.

Nosotros ofrecemos oportunidades equitativas.

Empresa: CSC, publicado en _The Times_ el 18 de febrero de 1999. El anuncio, que el lector visualiza en tonos de gris, tuvo en el momento de su publicación vivos tonos de verde y una medida de 17 por 17 cm.

A continuación incluimos la traducción del texto:

¡SE BUSCAN EXPLORADORES!

Oportunidades para graduados - Reino Unido
Se dice que el mundo de los negocios es una selva. Sin duda, dar soluciones innovadoras a todos los negocios en el mundo no es una tarea fácil. Si usted desea descubrir su propio futuro y hacer algo útil con su título, debería conversar con nosotros.
Computer Sciences Corporation en el Reino Unido está buscando graduados que tengan una mente analítica y un enfoque lógico para la resolución de los problemas, con la energía, el empuje, la determinación y la creatividad para acompañarnos en nuestro negocio en constante cambio y desarrollo. Además de funciones de IT, ofrecemos oportunidades para graduados que desean seguir una carrera en Contaduría, donde se agregará la oportunidad de estudiar para calificaciones profesionales.

Deberá poseer, al menos, un título 2ii en un IT o en una materia relacionada con los negocios, con un mínimo de 2 niveles A en grado B o más (o equivalente).

Ofrecemos a los graduados un programa de capacitación modular diseñado para brindarles a los nuevos empleados una combinación de habilidades técnicas, de negocios e interpersonales para poder asumir funciones clave y contribuir al éxito de CSC.

Al trabajar junto con clientes y al compartir información, CSC ha brindado prácticas soluciones para las organizaciones líderes del mundo. Con más de 47.000 personas trabajando en todo el mundo, no existe otra compañía que supere nuestra experiencia en consultoría de management, reingeniería de negocios, consultoría de IT, integración de sistemas y *outsourcing*.

Para mayor información, comuníquese con el Reclutamiento de Graduados para obtener un folleto y formulario: CSC Reclutamiento de Graduados, Brennan House, 1 Gladiator Way, Farnborough, Hampshire, GU14 6YY Tel: 01252 363159 Email: glgg@csc.com

¿Por qué *mostrar* estos dos anuncios ingleses? De ellos me interesó la imaginación puesta en su diseño y en el texto y la correspondencia entre anuncios de dos países tan distantes geográficamente. Estas no son piezas únicas, son representativas de los anuncios que se publican habitualmente en ese país.

Del autor al lector

No dude: la clave es el reclutamiento, y dentro de él los anuncios, sobre todo para aquellos que no tienen historia en materia de programas para jóvenes. Por lo tanto la inversión en publicidad será necesaria. Usted ya ha visto los ejemplos.

La tarea de captar *jóvenes top*[8] debe encararse a través de una muy pensada campaña publicitaria. Los jóvenes con ese perfil conocen su escasez y ellos eligen en qué programa quieren participar. Tienen su propio *ranking* de preferencia.

[8] Joven top: hasta 25 años, universitario con buenas notas y de una universidad prestigiosa, con o sin experiencia, inglés perfecto más algún otro idioma, dominio de PC, potencial. Fuente: Alles, Martha Alicia, *Las puertas del trabajo*, obra citada, página 26.

Pasos de un proceso de selección de jóvenes profesionales

Plan de jóvenes profesionales y selección por competencias

Para los programas de selección de jóvenes, especialmente cuando se espera de ellos que sean futuros managers, se suele incluir en el proceso de selección la entrevista por competencias que hemos mencionado en el capítulo 4.

¿Usted piensa que con altos índices de desempleo es sencillo encontrar jóvenes para los programas? Es falso. Hay muchos jóvenes buscando trabajo, pero pocos responden a los perfiles requeridos.

Para cerrar el tema de los jóvenes, es interesante insertar aquí la opinión de Ernesto Gore en *La educación en la empresa*[9], cuando en su capítulo 12 trata sobre los programas para profesionales jóvenes: *el perfil con capacidad técnica, humana y conceptual no es todavía tan abundante en la sociedad. Las capacidades necesarias para convertir ideas en acción, asumir riesgos, organizarse en el tiempo, desplegar maestría en el trabajo, formar gente, trabajar en equipo, comunicarse y seguir aprendiendo toda la vida no son fáciles de obtener ni entre quienes tienen estudios elementales ni entre quienes han terminado la universidad.*

---

[9] Gore, Ernesto, *La educación en la empresa*, Ediciones Granica, Buenos Aires, 1996.

Se crea así una paradoja: mientras hay mucha gente que no consigue trabajo, no todos los trabajos consiguen la gente necesaria para desempeñarlos. Independientemente del nivel de desocupación, los factores anteriores hacen que el tipo de gente necesaria en cualquier nivel de la empresa sea escaso por definición; porque para ganar en una competencia se necesita contar con el mejor. Este nuevo contexto rompe con la situación tradicional que permitía creer que era la organización la que elegía a sus miembros y no al revés.

Esta necesidad de profesionalización en las organizaciones, lleva a que haya cada vez más gente con nivel universitario o de posgrado en ellas.

Cómo encarar un proceso de búsqueda: distintos canales. El papel real y el deseado de las universidades

¿Por dónde comenzar?

Definiendo con total precisión y detalle el perfil del joven profesional que se desea captar en el mercado.

Del autor al lector

Sobre el particular tenemos una anécdota. Dábamos entrenamiento a una línea sobre cómo entrevistar jóvenes profesionales en las etapas finales de un proceso de selección. En un trabajo grupal con el nivel gerencial salió a la luz que las competencias definidas, que nos había informado el área de Recursos Humanos como las consensuadas con la línea, diferían de las que ellos mismos pensaban que debía poseer el joven profesional.

Por lo tanto, todo el tiempo dedicado a definir las características del joven profesional y todo lo que se espera de él, será tiempo bien invertido y asegurará el éxito del programa.

Los programas de jóvenes profesionales tienen una estrecha relación con los planes estratégicos de la empresa. Por lo tanto, así como los planes estratégicos de la compañía son analizados y aprobados por la máxima dirección de la misma, igual suerte debe correr un programa de esta naturaleza.

La dirección debe definir cuánto invertirá en los programas y qué ofrecerá luego a sus participantes. Hay organizaciones que tienen este tipo de programas como parte de su imagen institucional y no están dispuestas a desarrollar verdaderamente a sus jóvenes. Este tipo de actitud, como es sencillo de deducir, es un arma de doble filo. Crea frustración a sus participantes y descreimiento a los demás integrantes de la organización. Pero no nos ocuparemos de estos casos.

Del autor al lector

Recursos Humanos debe funcionar como asesor, diseñando un programa modelo que luego deberá ser aprobado por la dirección. Para ese desarrollo se deben tener en cuenta no solo sus conocimientos teóricos y de mercado, sino también la cultura de la propia organización. ¿Qué se quiere decir con ello? Que si una persona trabajó en una organización que tenía un excelente y bien probado programa de jóvenes profesionales, no puede simplemente tomarlo e intentar trasplantarlo a la nueva empresa. Usé el término "trasplantar" pensando en cuando nos enamoramos de una planta en un lugar con clima muy diferente al nuestro e intentamos traernos un retoño para que crezca en nuestro jardín. En ocasiones la planta crece y se desarrolla, pero hemos debido ocuparnos de ella y crearle condiciones adecuadas para su supervivencia. Con todos los programas de Recursos Humanos ocurre lo mismo, porque las organizaciones también poseen diferentes climas.

Si un cliente encarga un programa, es necesario comenzar por el principio: armar el perfil de ese joven que se desea desarrollar. Para ello se debe hacer un completo relevamiento con todas las áreas e incluir no solo al número uno, sino extender el relevamiento a los segundos niveles. Estamos trabajando para el futuro, por ello los segundos niveles deben participar. Quizá uno de ellos será el "número uno" de la compañía cuando el programa finalice o cuando el joven profesional asuma tareas ejecutivas.

El mayor número de involucrados en este tipo de programas, lejos de burocratizarlo, hará de él una herramienta más segura, porque aunará un mayor número de opiniones sobre cómo los integrantes de una empresa ven a su futuro management.

La participación de la línea es vital en todo el proceso, desde la definición del perfil.

Etapas de la selección de jóvenes profesionales

Recepción y lectura de CV

Un programa de jóvenes profesionales –como ya hemos dicho– implica la participación de un gran número de jóvenes, y necesita de un método rápido y eficiente de recepción y lectura de CV. Un software de carga a disposición de los interesados es una buena idea.

Proponemos entregar a cada uno de los participantes un modelo de CV y tener disponible en la recepción del área de Empleos una terminal de computadora para que ellos mismos efectúen la carga además de dejar el CV en el formato solicitado.

Llenado de la solicitud de ingreso

La solicitud o formulario inicial con datos personales puede utilizarse en momentos diferentes: al inicio, como sugerimos, solo para completar información, y al final, antes o durante los trámites de ingreso.

No es recomendable que todos los jóvenes los completen, sino solo aquellos que cumplan los requisitos mínimos para participar de la búsqueda.

Entrevistas grupales con exposición del programa

Como vimos en el gráfico anterior, el proceso debe ser un "embudo" y en cada paso el número de participantes debe disminuir, en el afán de seleccionar a los mejores, es decir, los que mejor cubran el perfil definido.

Pero a esta altura del proceso y durante todo su desarrollo, se debe recordar también lo expuesto al principio: los programas de jóvenes son muchos y casi todos coinciden en los perfiles buscados. Además de seleccionar a los mejores, es necesario preocuparse también por mantenerlos interesados y motivados. Tenga en cuenta que otras compañías también los reconocerán como valiosos jóvenes profesionales y desplegarán sus buenas artes para atraerlos.

Al inicio de las actividades y en la primera entrevista, que habitualmente es grupal, debe explicarse el programa: el tipo de entrenamiento y capacitación, duración de los cursos y su lugar de realización –en el país, en el exterior–, si se complementa con estudios en universidades, los tiempos en que sería factible que los jóvenes comenzaran sus funciones de línea, etc.

Una idea muy interesante es la de incluir testimonios de jóvenes profesionales de programas anteriores que comenten su experiencia. Lo ideal es que sean de niveles gerenciales, quizá no tan jóvenes en el presente, que hayan hecho una carrera exitosa en la organización.

Nuestra sugerencia es efectuar una reunión conducida por el responsable del programa (Recursos Humanos) y contar con dos tipos de invitados: unos que hayan realizado el programa en fecha muy reciente, y otros que en el presente ocupen una posición relevante y hayan ingresado a la organización a través de uno de estos programas.

En cuanto a quiénes son los más adecuados para tomar el tema a su cargo en el área de Recursos Humanos, le sugerimos gente joven con experiencia. En algunas organizaciones dejaban estos programas en manos de personas con escasa experiencia, en la creencia de que los jóvenes están más capacitados para evaluar a otros jóvenes; esto es cierto solo si tienen una muy fuerte experiencia en selección.

Del autor al lector

Un buen consejo: asignar las búsquedas de jóvenes a alguien también joven, con experiencia, pero de la generación más cercana posible. Es una regla de oro y funciona muy bien, ya que se logra un entendimiento inmediato sin dejar de lado el necesario profesionalismo.

Evaluaciones grupales de personalidad y de potencial

Tienen similitudes y diferencias con las individuales. Unas y otras tienen como propósito analizar las características de la persona evaluada. La diferencia radica en la situación grupal.

Las evaluaciones grupales de personalidad o de potencial tienen dos momentos: primero, aunque el grupo está reunido, se administran a cada participante preguntas o tests de respuesta individual; en un segundo momento el grupo pasa a trabajar en interacción.

Al administrar técnicas grupales, el evaluador entrenado obtendrá información valiosa observando al candidato en interacción.

Assessment grupal con participación de los futuros jefes

Nos hemos referido a este punto en el capítulo 4. Incluiremos aquí la necesaria participación de la línea como observador en la aplicación de la herramienta.

La riqueza del trabajo grupal es de tal magnitud que les permitirá a los integrantes de la línea hacer un cable a tierra, ya que muchas veces, erróneamente, se imaginan a los jóvenes *como eran ellos cuando eran jóvenes* o que *son todos como su hijo o su sobrino*.

De la instancia grupal a la individual

➢ Entrevista individual con Recursos Humanos.
➢ Entrevista individual con la línea.
➢ Evaluación psicológica.

➢ Evaluaciones técnicas (no en todos los casos).

➢ Evaluaciones de inglés: en todas sus facetas.

➢ Entrevista final.

➢ Entrevista de contratación.

Entrevista profunda individual con Recursos Humanos

Sugerimos la utilización de entrevistas por competencias especialmente dirigidas a jóvenes profesionales. Este esquema es de aplicación a la entrevista profunda individual realizada en el área de Recursos Humanos o por los eventuales jefes de los jóvenes participantes del programa.[10]

A continuación incluiremos preguntas aplicables a una persona que busca su primer empleo, lo que los norteamericanos llaman nivel inicial. Esto quiere decir que, aunque no sea el primer empleo –ya que el joven pudo trabajar durante sus estudios en diversas tareas–, se está postulando para trabajar por primera vez en la especialidad relacionada con sus estudios.

PRIMER EMPLEO[11]

1. Cuénteme sobre su familia, con quiénes vive, qué hace cada uno de ellos.
2. ¿Por qué decidió ir a la universidad?
3. ¿En qué se basó su educación universitaria?
4. ¿Cómo financió sus estudios?
5. ¿Por qué eligió su especialidad?
6. ¿Sus padres influyeron en su elección?
7. ¿Qué materias le gustaron más y cuáles menos?
8. ¿Hubo algún curso que le pareció particularmente difícil?
9. Si mañana pudiera comenzar sus estudios otra vez, ¿qué carrera elegiría? ¿Por qué?
10. En la universidad, ¿qué recursos utilizaba para convencer a alguien de sus ideas?
11. Basándose en lo que sabe sobre el mercado laboral, ¿qué asignaturas le parecen más útiles?

---

[10] Alles, Martha Alicia, *Elija al mejor. Cómo entrevistar por competencias*, Ediciones Granica, Buenos Aires, 1999, Capítulo 18: "Entrevistar por competencias. Jóvenes profesionales sin experiencia laboral. 106 preguntas para niveles iniciales".

[11] Alles, Martha Alicia, *Elija al mejor*, obra citada.

12. ¿Qué consejo le daría a un estudiante que proyecta ingresar a su especialidad?
13. ¿Cuáles son sus experiencias más memorables de la universidad?
14. ¿En qué actividades extracurriculares participó? ¿Por qué las eligió? ¿Cuál fue la que más disfrutó y por qué?
15. En el caso de que el postulante haya trabajado durante sus estudios: ¿Qué aprendió como estudiante de su experiencia laboral?
16. ¿En qué asignaturas obtuvo sus mejores notas? ¿Por qué? ¿Cómo considera que eso influirá en su desempeño en el puesto?
17. ¿Y las notas más bajas? ¿Aplazos?
18. Si el entrevistado utilizó más tiempo que el estándar para cursar sus estudios puede preguntar acerca de las causas, por ejemplo, si dejó un período los estudios y luego los retomó. El entrevistado no debe sentir que usted lo juzga por una mala elección de carrera o una interrupción de la misma. Usted sólo desea conocer sus motivaciones en cada caso.
19. Cuénteme sobre actividades extracurriculares en que haya participado y que puedan hoy ayudarlo en este empleo.
20. Pregunta aplicable en el caso de que una persona no trabaje en temas relacionados con sus estudios universitarios: ¿Por qué trabaja en este campo y no en algo más acorde con su profesión?
21. ¿Se esfuerza por mantenerse actualizado?
22. ¿Se siente satisfecho con las calificaciones que obtuvo en la universidad?
23. ¿Considera que sus calificaciones reflejan con precisión su rendimiento?
24. ¿Alguna vez recibió una calificación menor que la que esperaba? ¿Qué hizo al respecto?
25. ¿En qué actividades competitivas participó? ¿Qué aprendió entonces?
26. ¿La competencia ha tenido un impacto positivo o negativo en sus logros? ¿Cómo?
27. ¿Qué es lo más significativo sobre management que ha aprendido en la universidad?
28. ¿Por qué desea ingresar en esta especialidad?
29. Su currículum no menciona ninguna experiencia laboral en los últimos años. ¿Por qué?
30. Para el caso que una persona tenga ya experiencia en un área específica: ¿Por qué desea retirarse de una carrera consolidada para ingresar a una posición inicial?
31. ¿Qué ha realizado específicamente que demuestre su poder de iniciativa?
32. ¿Qué lo irrita?
33. ¿Qué habilidades suyas pueden mejorarse en este momento?
34. ¿Quién (o qué) ha sido de mayor influencia en su vida?
35. ¿Es usted una persona de mucha iniciativa? Mencione un ejemplo.
36. ¿Recuerda algún desafío que haya enfrentado? ¿Cómo lo manejó?

Las 10 mejores preguntas para candidatos al primer empleo

1. Basándose en lo que sabe sobre el mercado laboral, ¿qué asignaturas le fueron más útiles?

2. ¿En qué actividades extracurriculares participó? ¿Por qué las eligió? ¿Cuál fue la que más disfrutó y por qué?

3. ¿En qué asignaturas obtuvo sus mejores notas? ¿Por qué? ¿Cómo considera que eso influirá en su desempeño en el puesto?

4. En la universidad, ¿qué recursos utilizaba para convencer a alguien de sus ideas?

5. ¿En qué actividades competitivas participó? ¿Qué aprendió entonces?

6. ¿La competencia ha tenido un impacto positivo o negativo en sus logros? ¿Cómo?

7. ¿Por qué desea ingresar en esta especialidad?

8. ¿Alguna vez recibió una calificación menor que la que esperaba? ¿Qué hizo al respecto?

9. ¿Qué habilidades suyas pueden mejorarse en este momento?

10. ¿Qué ha realizado específicamente que demuestre su poder de iniciativa?

Del autor al lector

La entrevista con la línea ¡es fundamental!

La entrevista tiene un rol fundamental en todo proceso de selección; también en el de jóvenes profesionales. Es muy importante por ello capacitar a la línea, necesario participante en este tipo especial de entrevista. Se debe trabajar sobre las competencias que deben ser evaluadas prescindiendo de la historia profesional, ya que habitualmente los jóvenes no la poseen.

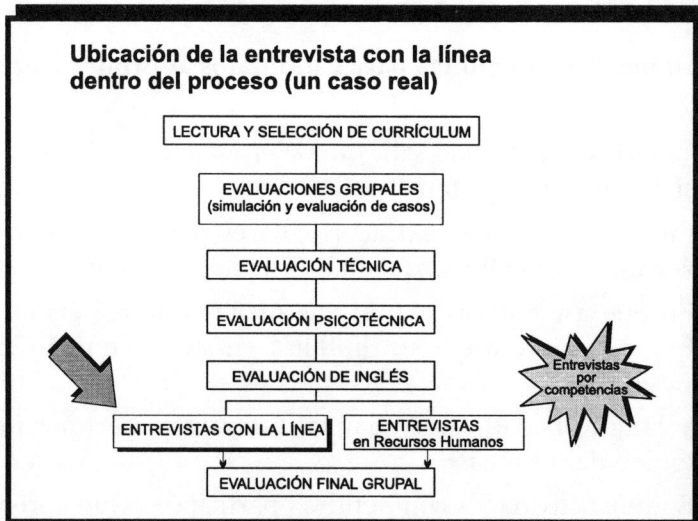

Ubicación de la entrevista con la línea dentro del proceso (un caso real)

LECTURA Y SELECCIÓN DE CURRÍCULUM

EVALUACIONES GRUPALES (simulación y evaluación de casos)

EVALUACIÓN TÉCNICA

EVALUACIÓN PSICOTÉCNICA

EVALUACIÓN DE INGLÉS

ENTREVISTAS CON LA LÍNEA — ENTREVISTAS en Recursos Humanos — Entrevistas por competencias

EVALUACIÓN FINAL GRUPAL

Entrevistas profundas con eventuales jefes: pueden ser hasta cinco diferentes

Vale el comentario realizado para el punto anterior. Pero en cuanto a las entrevistas efectuadas por la línea, nos parece importante señalar que lo más frecuente en los programas de jóvenes profesionales es que se realicen varias, con diferentes niveles.

En ocasiones los entrevistadores hacen *un equipo* e intercambian opiniones sobre los distintos candidatos. En estos casos es necesario, imprescindible, un entrenamiento previo, para que todos utilicen el mismo esquema y midan con la misma vara.

No es posible que utilicen "su olfato" o *feeling*; la empresa debe buscar un método objetivo. De no encontrarlo, puede fallar todo el programa por una disparidad de criterio.

Para evitar estos problemas, algunas organizaciones hacen que todos entrevisten a todos y que luego Recursos Humanos compile lo actuado y repregunte en los casos en que la disparidad de criterios sea muy evidente.

Estructuración de una entrevista por competencias

Se le pide al candidato que piense en incidentes y atributos clave que demuestren sus aptitudes.

> ➤ La entrevista se dirige directamente a la evidencia.

> ➤ Permite que el entrevistado identifique ejemplos.

> ➤ Todos los atributos clave son evaluados.

> ➤ Todos los candidatos son evaluados bajo los mismos parámetros, facilitando su comparación.

Ejemplo de competencias a evaluar

En el libro *Elija al mejor*, en su sección segunda Entrevistar por competencias, se presentan las competencias más usuales para los programas de jóvenes profesionales:

Comparación de los distintos casos

En el mencionado libro[12] se presenta un ejemplo. Recordemos una vez más que es necesario encontrar la manera de objetivar la comparación. No hace falta utilizar sofisticados puntajes, pero sí un método objetivo.

Elección del grupo finalista

El grupo finalista debe ser, en lo posible, de un número mayor al requerido. Recuerde que los jóvenes participan en varios programas simultáneamente, y si son elegidos en más de uno, en alguno de ellos desistirán. Usted quizá confíe: "¡Cómo van a desistir a una convocatoria de mi empresa o de mi programa, si es el mejor!". En su lugar no estaría tan segura, y trataría de llegar al final con varios casos de reserva.

Siempre queda la opción de ofrecerle otra posición al joven que queda fuera de los cupos del programa. Pero tenga en cuenta también que el joven puede no aceptar, porque lo que él quería era acceder al programa. ¿Le parece complejo? Tiene razón, lo es. Los jóvenes de alto potencial son pocos, ellos lo saben y hay que manejarse teniéndolo en cuenta.

Entrevista final o de contratación

No olvide una buena "venta" del programa, recuerde que al candidato debe conquistárselo. Por lo demás, no difiere de lo que ya hemos visto.

---

[12] *Elija al mejor*, obra citada.

Trámites de ingreso: examenes médicos e informes ambientales

Igual comentario que el punto anterior.

Del autor al lector

Si en su empresa no han implementado un esquema de gestión por competencias, le sugiero que con la guía de esta obra *intente* definir competencias para sus jóvenes profesionales en relación con la visión, la misión y los valores que su organización, en forma escrita o no, seguramente posee.

Haga este primer ejercicio. Usualmente se invierte mucho dinero cuando se encaran programas de jóvenes profesionales. Es una buena oportunidad para complementarlo con un esquema de competencias.

Qué hacer para que un exitoso programa de reclutamiento se transforme en un exitoso programa de jóvenes profesionales para la empresa

Muchos profesionales de Recursos Humanos y muchos integrantes de otras áreas invierten tiempo y mucho dinero en largos y complicados programas de jóvenes hasta el momento de su incorporación. Sin embargo, no los retienen en la organización. ¿Por qué? Fundamentalmente porque no se cumple con las "promesas" hechas a los jóvenes. Recuerde lo que vimos al principio: los denominados *jóvenes top* son sumamente requeridos por el mercado, y si usted no los cuida, el mercado se los "robará".

Los jóvenes profesionales ingresaron . . . ¿cómo seguir?

Los pilares de un programa son:

Cada joven debe tener un tutor

Entrenamiento

Desarrollo

La primera sugerencia es tener en cuenta que si el plan reclutó jóvenes con alto potencial, estos tendrán también un alto nivel de expectativas. ¿Qué esperarán? Capacitación, entrenamiento y posibilidades de desarrollo. No necesariamente "pretensiones desmedidas", sino acordes con su potencial.

Si el programa de jóvenes no permite el desarrollo de todos ellos, usted debe saber que algunos se irán. Muchos organizadores de programas actúan con ese criterio, tomar más jóvenes que los necesarios con la intención de quedarse con el mejor grupo. Una vez más, recuerde: si usted toma ese camino, debe ser cuidadoso para retener a los mejores.

Otro elemento que ayuda a retener a los jóvenes es la información. Desde el primer día deben conocer los pasos y tiempos de todo el programa y qué se espera de ellos. También qué les espera si ellos cumplen lo requerido, y si eventualmente lo superan.

El prestigio de los programas, lo que hace que los jóvenes los tengan en su lista de preferencias, radica sobre todo en cuántos de los participantes llegan efectivamente a ocupar altas posiciones en sus compañías.

El otro elemento que hace atractivos a los programas es el grado de capacitación que se brinde. Hay programas que tienen previstos cursos en el exterior y de capacitación comparables con un posgrado formal. No hay duda de que estos programas figuran a la cabeza del interés de los jóvenes.

El último elemento a tener en cuenta es el salario inicial que se fije para los participantes del programa. En el mercado hay programas con diferente nivel de salario y compromiso del empleador:

➢ los programas de becas;
➢ los programas de jóvenes profesionales propiamente dichos.

Si bien las etapas pueden ser similares en unos y otros, son diferentes desde muchos ángulos, aunque tienden a confundirse.

Una experiencia práctica interesante en un contexto no tradicional

Incluimos a continuación un caso real de un programa de jóvenes profesionales de reciente implementación, cuyos resultados son sumamente auspiciosos.

PROGRAMA DE TRAINEES
DE MARVAL O'FARRELL & MAIRAL (MOM)[13]

En el estudio trabajan hoy doscientos abogados, de los cuales 44 son socios. Cuarenta de ellos ingresaron por este sistema, implementado en 1997.

El programa tiene una duración de dos años. Cada seis meses los jóvenes tienen una evaluación y algunos de ellos pueden terminar su relación laboral después del primer año. Los que tienen un rendimiento satisfactorio durante los dos años, pasan a integrar el plantel permanente del Estudio.

Los jóvenes profesionales se integran a un grupo formado habitualmente por un socio, un abogado senior, abogados semisenior y otros abogados jóvenes. Su aporte profesional es bajo inicialmente, ya que la rotación por departamentos es alta para incrementar su formación. El objetivo es complementar la formación universitaria con práctica profesional.

A partir de los seis meses, los *trainees* participan en todas las actividades de capacitación que realiza el estudio. Estas incluyen entrenamiento en conocimientos jurídicos, una charla semanal por algún especialista interno o externo, una reunión de equipo para analizar casos testigo, y entrenamiento en liderazgo, negociación, atención al cliente, trabajo en equipo e inglés.

Las competencias más importantes: amplitud de criterio, madurez, capacidad de trabajo bajo presión, aptitud para trabajar en equipo, muchas ganas de crecer pero no a cualquier precio, entre otras.

Los pasos de selección: entrevistas, baterías de tests, examen jurídico muy exigente que se cambia todos los años y en el cual el promedio debe ser superior a siete. El promedio tiene una importancia relativa: se usa como un *filtro* frente a los trescientos currícula que se reciben por año cuando se publican los anuncios del programa.

El requisito de idioma inglés es muy exigente y se toma una prueba de nivel.

Nuestro programa es similar al utilizado por uno de los más grandes estudios de abogados de Londres, e implica por parte de MOM una muy fuerte inversión a largo plazo. Cuando los jóvenes finalizan el programa están muy bien formados, conocen a casi todo el personal del estudio y tienen un sentido de pertenencia muy alto.

Los *trainees* son jóvenes recién graduados, y no es un requisito que posean experiencia laboral. Si la poseen, esa experiencia facilita la inserción y el aprendizaje. Nuestro propósito es incorporar profesionales con un amplio espectro, convocando a

---

[13] Material provisto por el licenciado Miguel García Lombardi, gerente de Recursos Humanos del Estudio Marval O'Farrell & Mairal, Buenos Aires, 1999.

todos los sectores sociales, e ingresan un mismo número de varones y mujeres sin ningún tipo de discriminación.

En la Argentina, MOM fue el primer estudio de abogados en designar una socia mujer y al presente cuenta con seis socias.

Sistema de Trainees de MOM

Criterios de selección:

- ➢ inteligencia emocional;
- ➢ capacidad de aprendizaje;
- ➢ conocimientos, creatividad, pensamiento analítico;
- ➢ personas íntegras e integradas;
- ➢ coherencia entre lo que se dice, se hace y se piensa;
- ➢ actitud para resolver contradicciones;
- ➢ aptitud para trabajar en equipo;
- ➢ liderazgo;
- ➢ flexibilidad;
- ➢ capacidad para ponerse en el lugar del otro;
- ➢ idiomas.

Características del sistema:

- ➢ dos días de inducción formal;
- ➢ durante dos años los jóvenes *rotan* por cuatro departamentos diferentes;
- ➢ evaluación cada seis meses;
- ➢ integración como profesionales desde el primer día;
- ➢ remuneraciones competitivas;
- ➢ capacitación permanente;
- ➢ importante inversión a largo plazo.

Objetivos a corto plazo:

- ➢ completar la formación universitaria con experiencia práctica;
- ➢ formación general para luego especializarse;
- ➢ que los jóvenes conozcan todo el negocio;

➤ que conozcan a muchos compañeros de trabajo y sean conocidos por todos;

➤ encontrar juntos su perfil profesional;

➤ que puedan atender a un cliente y, aunque no este requiera su especialidad, puedan brindarle un servicio inicial;

Problemas a corto plazo:

➤ Cuando los jóvenes logran su admisión en el departamento y comienzan a agregar valor a su trabajo, los hacemos rotar.

➤ Algunas veces no les damos volumen de trabajo importante porque van a rotar.

➤ Los *trainees* reciben una exigencia de adaptación a corto plazo que limita las posibilidades de los que demuestran una adaptación inicial más lenta.

Objetivos a largo plazo:

➤ que los participantes de este programa estén entre los mejores abogados de la Argentina;

➤ que brinden un servicio de excelencia;

➤ que sean personas íntegras;

➤ que puedan llegar a ser socios del Estudio;

➤ que puedan llegar a conducir la organización;

El desafío:

➤ Lograr que las organizaciones sean un espacio de desarrollo y crecimiento integral de los seres humanos.

➤ Incluir el afecto en nuestra gestión y en el trato que las organizaciones dan a sus colaboradores.

Cómo integrar a los jóvenes profesionales con la organización

Ernesto Gore[14] dedica un capítulo de su obra a la integración de los jóvenes a la organización.

Si bien el autor reconoce que los problemas de integración se presentan en mayor o menor medida en todos los procesos de incorporación de personal, hay una mayor dificultad en el caso de los jóvenes profesionales.

---

[14] Gore, Ernesto, obra citada.

La integración de jóvenes graduados de alto potencial tiene dificultades, tanto para los graduados como para la organización.

Para los graduados:

➤ *La universidad requiere de sus alumnos que dominen las materias de su carrera, y no necesariamente que comprendan la universidad en sí misma como sistema que debe sobrevivir en un medio.*

➤ *El ambiente universitario es mucho más homogéneo que los ambientes laborales.*

➤ *El ambiente empresario es mucho más desestructurado que el ambiente escolar. En las organizaciones no está tan claro qué debe aprenderse.*

➤ *En la universidad, el alumno es evaluado por lo que sabe. En la empresa no son tan claros los criterios de evaluación.*

➤ *Muchos jóvenes de alto potencial no "saben" aprender de los errores. En muchos casos no están acostumbrados a equivocarse. Cuando se los cuestiona en el trabajo, se desesperan y buscan culpables.*

➤ *Existen diferencias entre lo aprendido en la universidad y las tecnologías y procedimientos de una industria o servicio en particular.*

➤ *Los graduados jóvenes tienen dificultad para conseguir información en ambientes ambiguos.*

➤ *Por último, la gente joven tiene dificultad para medir sus propias fuerzas: oscilan entre la omnipotencia, que lleva a la frustración, y la impotencia, que lleva a la parálisis.*

Para las empresas:

➤ *Es común no tener claras las expectativas hacia los jóvenes de alto potencial. Se espera de ellos "sangre nueva" que revitalice a la empresa, pero no se acepta que "crean que los demás nacimos ayer".*

➤ *Muchas veces, el proceso de cambio no es compartido y los jóvenes no encuentran líderes o modelos.*

➤ *Muchas organizaciones tienen problemas para atraer a los jóvenes y otras no saben cómo retenerlos. Algunas los integran a la cultura existente sin desarrollarlos.*

➤ *Los esquemas de capacitación existentes para las personas que ya están en sus puestos no siempre resultan aptos para jóvenes con poca experiencia.*

Analizando ambos listados de "problemas", parece pertinente volver a los conceptos del inicio de este capítulo, cuando nos referimos al esquema para el éxito en los programas de jóvenes profesionales. Allí marcábamos tres momentos importantes: **antes** de iniciar el reclutamiento y selección de los jóvenes, **durante** el proceso de reclutamiento y selección y **después** del egreso. En el **antes** es importante el consenso de la máxima conducción de la compañía y el diseño de un plan de carrera para los jóvenes a incorporar. Del **durante** nos hemos ocupado en este capítulo: exige profesionalismo altamente competente para atraer, reclutar y seleccionar a jóvenes de alto potencial; del **después** nos ocuparemos a continuación.

Según la obra de Gore, los programas de jóvenes profesionales tienen diferentes objetivos:

➤ *La dimensión técnica: los conocimientos adquiridos en sus carreras de grado, su perfil como ingeniero, contador, administrador, etc.*

➤ *La dimensión humana o sus competencias.*

➤ *La dimensión conceptual, que se relaciona con su capacidad para comprender el negocio, el mercado y sus mecanismos.*

Estas capacidades se requieren en diferente forma en cada momento de la carrera. Nos hemos referido a esta problemática en el capítulo 2, al mencionar la relación entre las competencias técnicas o de gestión y la forma en que evolucionan las competencias según los distintos niveles jerárquicos (ver también el capítulo 9).

En primera instancia el profesional debe actualizar sus habilidades técnicas, aprender a obtener resultados de la nueva tecnología. Luego, ese conocimiento debe proyectarse en un plano de interrelación humana y en la comprensión general del negocio.

En la medida en que el joven logre un buen desempeño, será promovido, y deberá comenzar a delegar algunas de sus tareas. Cuando además tenga a su cargo un grupo de trabajo, sus decisiones comenzarán a repercutir en otras áreas de la organización. Deberá resolver problemas de conducción, liderazgo y manejo de recursos a su cargo, entre otras cosas. *Es promovido por lo que sabe a una tarea que no sabe y que deberá aprender sobre la marcha.*

En las posiciones de más alto nivel, unos años después, se encontrará alejado del aspecto técnico original y sus nuevas funciones serán la gestión, formación, desarrollo de su equipo y planeamiento.

Actividades que ayudan a la "retención" en un programa de jóvenes profesionales

Las más frecuentes son:

➤ cursos al estilo tradicional;

➤ entrenamiento en el puesto de trabajo;

➢ talleres;

➢ tutorías;

➢ trabajos especiales (proyectos).

Destacaremos ahora una de ellas, la tutoría, sobre la que volveremos en el capítulo 9. La tutoría en un programa de jóvenes profesionales hace que el entrenamiento vaya más allá de la simple transmisión de conocimientos; lo convierte en una herramienta útil para formar jóvenes orientándolos en ambientes complejos.

Para Gore,[15] *el tutor es un adulto con experiencia profesional y en organizaciones, que ayuda al joven a enfocar y sistematizar su experiencia. No le dice lo que debe hacer, le ayuda a entender qué es lo que él mismo quiere hacer, a elegir la manera de hacerlo y a evaluar sus propios resultados.*

¿Qué se espera del tutor?

↬ *Orientación.*

↬ *Apoyo en la toma de decisiones autónomas, permitiendo el crecimiento.*

↬ *Asesoramiento sobre los diferentes aspectos de la empresa.*

↬ *Que guíe al joven en su carrera profesional dentro de la empresa.*

↬ *Que lo ayude a explicitar sus problemas y a plantearse alternativas.*

↬ *Motivación para el logro de resultados.*

↬ *Más que brindar respuestas, ayuda para formular las preguntas correctas.*

¿Qué perfil debe tener un tutor?

a) Al menos 15 años mayor que el joven profesional.

b) Debe tener en la empresa una posición visible y respetada.

c) Debe tener influencias para abrir puertas, sin ser tan distante como para desalentar las respuestas francas y directas.

d) Habitualmente es además una persona ocupada y no dispone de mucho tiempo.

e) A pesar de ello, acepta disponer de una o dos horas quincenales porque le interesa ser tutor.

¿Qué elementos se utilizan en la relación de tutor con el joven bajo tutoría?

Las herramientas que se utilizan son pocas: entrevistas de una hora si la frecuencia es semanal o dos horas si es quincenal.

---

[15] Gore, Ernesto, obra citada.

Durante la entrevista el tutor debe ayudar a que el joven se sincere y este debe ayudarlo a que comprenda su situación. Muchos de los problemas que tienen los jóvenes son producto de desconocer "las reglas del juego" de la organización.

Unas palabras sobre los proyectos especiales: consisten en asignar al joven el análisis y resolución de un caso real. El problema puede ser planteado por el mismo tutor o por el jefe directo del joven, y en ocasiones puede ser propuesto por la persona bajo tutoría.

Es muy importante asignar casos reales y no inventarlos para que el joven profesional tenga algo que hacer. Esto resultará altamente desmotivante cuando llegue la hora de tomar contacto con la realidad.

Del autor al lector

Si implementó un programa de jóvenes profesionales, agregue un esfuerzo más y hágales un seguimiento de cerca. El fracaso de estos programas no suele deberse a fallas en la selección, sino en las etapas siguientes. Cuando no se armonizan adecuadamente las expectativas de unos y otros, el joven *se va…*

Relación de los programas de jóvenes profesionales con los distintos temas de esta obra

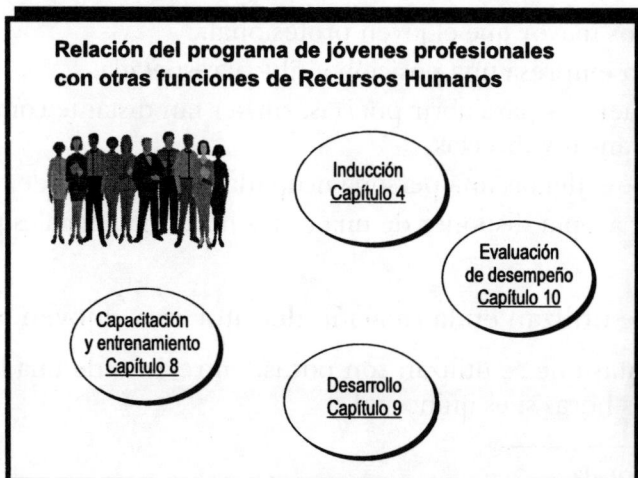

Relación del programa de jóvenes profesionales con otras funciones de Recursos Humanos

Inducción
Capítulo 4

Evaluación
de desempeño
Capítulo 10

Capacitación
y entrenamiento
Capítulo 8

Desarrollo
Capítulo 9

Síntesis del capítulo

➤ Un programa de jóvenes profesionales (JP) es la selección de un grupo de personas que con un entrenamiento, guiado desde el mismo programa, serán en el futuro gerentes o personas clave en la organización. Para que estos programas sean exitosos es necesario que la máxima conducción, es decir, el número uno y los principales gerentes, tengan en claro el plan de carrera de estos jóvenes.

➤ Bajo el nombre de programas para jóvenes pueden existir distintas variante: becas y pasantías, *trainees* y los programas para jóvenes profesionales.

➤ Un aspecto clave en el inicio del proceso es el reclutamiento. Las compañías, en general, publican anuncios destacados e ingeniosos para atraerlos.

➤ El proceso de selección no varía de un proceso tradicional de búsqueda en cuanto a los pasos conceptuales, pero sí en los aspectos prácticos: es necesario, por lo general, procesar gran número de postulaciones, para lo cual se utilizan entrevistas y evaluaciones grupales en las primeras etapas del proceso.

➤ Otro aspecto clave es la participación de la línea en el proceso de selección, desde el momento de definir el perfil de los jóvenes profesionales hasta las instancias finales, cuando hay que definir el grupo a incorporar.

➤ Los *assessment* en el proceso de selección cuentan con el valioso aporte de los futuros jefes, que participan como observadores.

➤ Las entrevistas por competencias las realizan tanto el área de Recursos Humanos como la línea. Al entrevistar jóvenes, usualmente se explora sobre su desempeño académico para evaluar sus comportamientos.

➤ A partir de que el grupo está seleccionado, la inducción y formación de los jóvenes son parte de los pasos del programa. La formación incluye cursos y entrenamiento específico, talleres y asignación de proyectos especiales.

➤ La función de la tutoría: la aplicación de esquemas de tutorías en los programas de jóvenes profesionales facilita la orientación del joven en su carrera profesional y su asesoramiento en los aspectos propios de la empresa. Habitualmente el tutor es de un nivel gerencial superior al del jefe directo.

El lector encontrará los esquemas en INTERNET *(Clases)*: **www.granica.com/derrhh** y **www.marthaalles.com/derrhh** y la ejercitación correspondiente a estos temas en la obra **Dirección estratégica de Recursos Humanos. Gestión por competencias.** *Casos.* **Capítulo 6.**

Casos: Un plan de jóvenes profesionales. Caso La Promesa y La Banca.

Ejercitación para alumnos.

ANEXO PARA LA ARGENTINA

Benchmarking sobre programas de jóvenes profesionales[16]

	EMPRESA	PERFIL	RAMO
1	ALPARGATAS	Grupo	Textil
2	ARCOR	Multinacional	Alimentario
3	ASTRA	Grupo español (Repsol)	Petrolero
4	BANCO ROBERTS	Grupo	Financiero
5	BANK BOSTON	Corporación Capitales americanos	Financiero
6	BANCO FRANCÉS BBV	Banco y grupo de empresas (Grupo Bilbao Vizcaya)	Financiero
7	BANCO RÍO SANTANDER	Banco de capitales españoles	Financiero
8	BANCA NAZIONALE DEL LAVORO	Banco Entidad financiera italiana	Financiero
9	CERVECERÍA Y MALTERÍA QUILMES	Fabricación y comercialización	Bebidas
10	CITIBANK	Servicio financiero global de origen americano	Financiero
11	COCA-COLA FEMSA	Elaboración, ventas y distribución	Bebidas gaseosas
12	CONSOLIDAR	Servicios Capitales argentinos y españoles	Servicios
13	FORD	Multinacional industrial, Servicios financieros, comercial	Automotor
14	GRUPO CLARÍN	Gráfico periodístico	Gráfico

---

[16] Hemos tomado para este anexo elementos de la monografía de la licenciada Marcela Virginia Ferrer, presentada en el posgrado de Dirección Estratégica de Recursos Humanos de la Universidad de Buenos Aires, para la materia La problemática del empleo, 1999.

	EMPRESA	PERFIL	RAMO
15	GRUPO EXXEL	Grupo inversor	Variados negocios
16	JOHNSON & SON	Multinacional	Productos del hogar
17	KELLOG'S	Multinacional	Alimentario
18	LOMA NEGRA	Exploración de calera, producción de cemento, cal y otros materiales para la construcción	Minero / Industrial
19	MOLINOS	Multinacional	Alimentario
20	MOVICOM	Multinacional Accionistas americanos	Telecomunicaciones y telefonía celular
21	NABISCO TERRABUSI	Multinacional	Alimentario
22	NOVARTIS	Multinacional	Laboratorio
23	PÉREZ COMPANC	Negocios de energía, agropecuarios y forestales	Petroquímica e hidrocarburos
24	SHELL	Multinacional	Petrolero
25	SIEMENS	Multinacional Capitales europeos	Electricidad/ Electrónica
26	TECHINT	Multinacional	Industrial
27	TELECOM	Multinacional	Servicios de telecomunicaciones
28	TELEFÓNICA	Multinacional	Servicios de telecomunicaciones
29	XEROX	Multinacional	Reproductores xerográficos
30	YPF	Multinacional	Energía, petróleo y gas
31	GRUPO DANONE	Grupo empresario Capitales franceses	Alimentario
32	ICI	Multinacional	Industria química

Fortalezas y debilidades de los programas en general

FORTALEZAS	DEBILIDADES
◆ Posibilidad de rotaciones.	◆ Considerar a los JP como una élite.
◆ Selección de candidatos con buen perfil.	◆ Dificultad para incorporar al JP a la línea; genera rivalidad con los empleados.
◆ Formación de los JP[17] según cultura de la empresa.	◆ Programa no aceptado por la línea y no asumido por toda la organización.
◆ Buena oportunidad de insertarse en una empresa para los jóvenes sin experiencia.	◆ Frustración de las expectativas de los JP.
◆ Medio de captación de altos potenciales.	◆ Dificultad en la retención: se invierte tiempo y capacitación y el JP igualmente sale de la organización.
◆ Medio para el acercamiento y el feedback con las universidades.	◆ Dificultad de la empresa para ofrecerle un programa de desarrollo posterior.
◆ Búsquedas muy rigurosas.	
◆ Trae "aire" nuevo a la empresa.	◆ Dificultad para compatibilizar los tiempos de la organización con los del JP.
◆ Posibilita tener cuadros de reemplazo.	
◆ Relevamiento serio para cubrir futuros puestos gerenciales.	◆ Carencia de puestos efectivos.
◆ Posibilita el aprendizaje en un puesto de trabajo que se puede articular con aspiraciones futuras.	◆ Falta de seguimiento.
	◆ Falta de planificación para que se completen la rotación, el entrenamiento y el desarrollo.
◆ Aporta conocimientos y técnicas actualizados.	
◆ Posibilidad de que la línea participe de la selección, a través del *assessment*.	
◆ Muy buena capacitación a los JP.	

---

[17] JP: jóvenes profesionales.

Capítulo 7

Análisis y descripción de puestos (*job description*)

Usted aprenderá en este capítulo

➤ **La importancia de la descripción y el análisis de puestos.**

➤ **Los beneficios de un buen programa de descripción de puestos.**

➤ **Los distintos métodos de descripción de puestos.**

➤ **Los pasos a seguir.**

➤ **Qué es la adecuación persona-puesto.**

➤ **La descripción de puestos por competencias.**

➤ **El teletrabajo y la descripción de puestos.**

Job description

¿Por qué el subtítulo *job description*? En nuestra especialidad, como en otras, existen jergas que incluyen el uso y abuso de palabras en inglés. Si en general trataremos de evitarlo, en este caso el uso del término en inglés es tan frecuente que posiblemente a muchos les resultaría "raro" su nombre en castellano.

Analizar puestos, para luego describirlos, comprende una serie de procedimientos para reunir y analizar la información sobre sus contenidos, las tareas a realizar, los requerimientos específicos, el contexto en que las tareas son efectuadas y qué tipo de personas deben contratarse para esa posición. Cuando las compañías definen correctamente los puestos se facilitan otras tareas en relación con el área de Recursos Humanos, entre ellas las ya estudiadas de reclutamiento y selección de nuevos empleados.

Cualquier sistema de gestión de recursos humanos, con independencia de su complejidad y evolución, requiere herramientas básicas para el desarrollo de sus políticas y prácticas. Una de ellas es la descripción de puestos, con prescindencia del tamaño de la compañía.

La información del análisis de puestos se utiliza como base para diversas actividades relacionadas con la administración de Recursos Humanos:

⇨ reclutamiento y selección;

⇨ capacitación y formación;

⇨ compensaciones;

⇨ evaluación de desempeño;

⇨ desarrollo de carrera y planes de carrera;

⇨ asegurarse de haber asignado todas las tareas que deben realizarse.

Análisis y descripción de puestos

La descripción de puestos es la base de los distintos procesos de Recursos Humanos

Carreras

Desempeño

Compensaciones

Formación / Selección

Descripción de puestos
Inventario de puestos

El cometido básico del análisis, descripción y documentación de puestos de trabajo es el conocimiento real –y actualizado–, de la estructura de la organización, sus cometidos y actividades, las responsabilidades de los diferentes puestos, los niveles de exigencia requeridos respecto a conocimientos, experiencia, habilidades, etc.

Concepto: el análisis, descripción y documentación de puestos es una técnica de recursos humanos que, de forma sintética, estructurada y clara, recoge la información básica de un puesto de trabajo en una organización determinada.

Esquema de la descripción de puestos

Se parte del relevamiento de la información que luego será analizada, luego se confirma el relevamiento y finalmente se realiza la descripción del puesto, en general utilizando un formulario estandarizado.

En tres palabras: relevamiento-confirmación-descripción.

Descripción de puestos o *job description:* esquema

Relevamiento de información para el análisis de puestos

Análisis de puestos

Descripción de puestos

El análisis del puesto previo a la descripción implica un procedimiento sistemático para reunir información sobre el contenido del puesto, las tareas que se realizan y sus requerimientos específicos, y qué tipo de personas se requieren para desempeñarlo.

Para una correcta descripción de puestos es importante, antes de iniciar la tarea, clasificar los puestos a relevar:

➢ Según el **nivel** jerárquico: alta dirección, gerencias de área, jefaturas intermedias y demás puestos iniciales.

➢ Por la **formación** requerida: alta formación o muy especializada o puestos operativos para los que no es necesaria.

➢ Por los resultados de la gestión a su cargo: de alto impacto o no en los resultados de la organización.

➢ Por los **recursos humanos** que maneja.

Igualmente es importante definir, antes del relevamiento –y luego confirmarla durante el mismo– la relación entre los puestos: **puestos paralelos** y **puestos subordinados**.

Clasificación de puestos

Por los resultados de su gestión: alto impacto en los resultados generales (o bajo impacto).

Por el nivel jerárquico: alta dirección, gerencias, puestos medios, puestos iniciales.

La organización

Por los recursos humanos que manejan.

Por la formación requerida.

En ocasiones esta relación no está muy clara, aunque se obtenga previamente un organigrama. Por ello será muy importante la confirmación durante el relevamiento de las reales relaciones entre los puestos.

**Antes del relevamiento es importante
definir la relación entre los puestos**

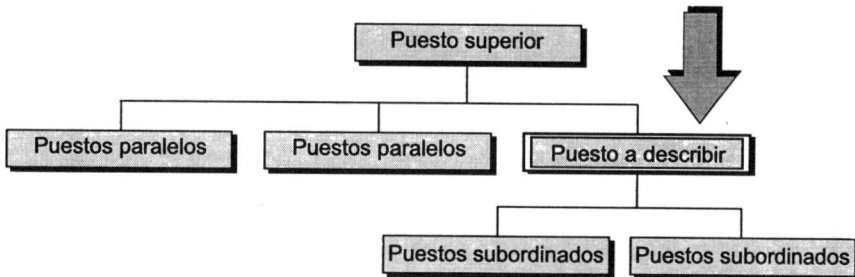

Puesto superior

Puestos paralelos

Puestos paralelos

Puesto a describir

Puestos subordinados

Puestos subordinados

Una correcta descripción de puestos incluye tres momentos:

1. Entrevista de relevamiento estructurada, utilizando un cuestionario o entrevista dirigida. El planeamiento de la entrevista y la utilización de formularios es imprescindible.

2. Confirmación de la información obtenida.

3. Descripción del puesto propiamente dicha.

Del autor al lector

No es posible basarse en la experiencia, ya que cada caso o empresa difiere de las demás: las entrevistas deben ser estructuradas. En ocasiones los entrevistados tienden a relatar "problemas personales" cuando el especialista en recursos humanos intenta hacer un relevamiento. Con buenos modales y "políticamente", es necesario reencauzar la entrevista y seguir el esquema planeado.

Tres momentos del relevamiento

Entrevista de relevamiento estructurada — momento 1

Confirmación del relevamiento — momento 2

momento 3 — Descripción del puesto

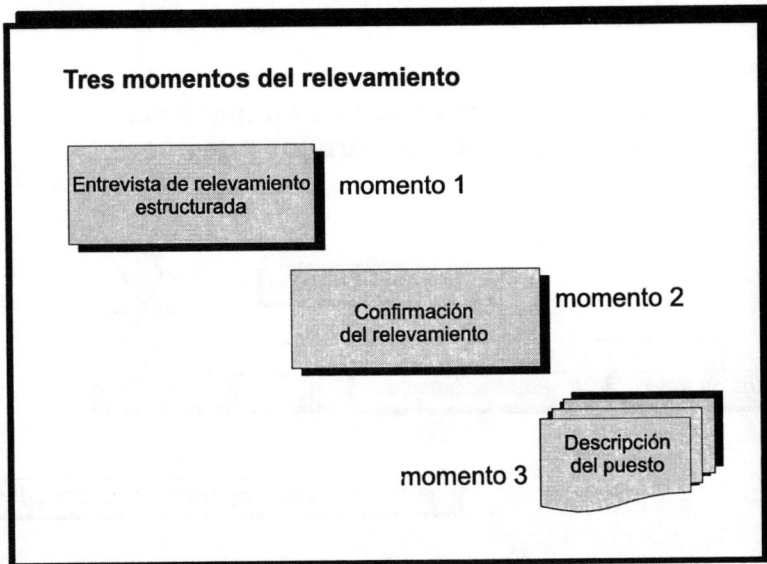

Análisis de puestos: definición

El análisis de puestos es el procedimiento sistemático de reunir y analizar información sobre:

➢ el contenido de un puesto (tareas a realizar);

➢ los requerimientos específicos;

➢ el contexto en que las tareas son realizadas;

➢ qué tipo de personas deben contratarse para esa posición.

¿Cómo darse cuenta de que una compañía necesita mejorar la descripción de puestos?

Las siguientes son algunas pistas que indican la necesidad de revisar o describir –si no se ha hecho hasta ahora– los puestos de una organización.

❑ Cuando los salarios son inequitativos o la escala salarial es inconsistente.

❑ Empleados que no saben exactamente qué se espera de ellos.

❑ Conflictos frecuentes por no saber exactamente quién hace cada tarea.

❏ Responsabilidades abiertas de modo que se duplican los esfuerzos.

❏ Selección y contratación de personas no calificadas para sus trabajos.

❏ Inadecuado o pobre entrenamiento con la consecuencia de poca producción y baja calidad.

❏ Demora en la prestación de servicios o entrega de productos.

Beneficios de un programa de descripción de puestos

Los beneficios más importantes de una correcta y actualizada descripción de puestos son:

❏ Posibilita comparar puestos y clasificarlos. De este modo las compensaciones son más equitativas.

❏ Es una muy valiosa herramienta para reclutar, seleccionar y contratar personal.

❏ Capacitar, entrenar y desarrollar personal es mucho más sencillo con la ayuda de la descripción de puestos.

❏ Define rendimientos estándar, lo que permite realizar correctas evaluaciones.

❏ Es vital en los planes de sucesión.

❏ Otros usos: para analizar los flujos de información de una compañía.

Información necesaria para el análisis de puestos

La descripción de puestos tiene varios momentos, como ya hemos visto, que se realimentan entre sí para lograr el objetivo central. El análisis del puesto se hace a partir de la información relevada y se utiliza para darle consistencia a lo relevado. Permite efectuar correcciones y confeccionar perfiles de búsquedas. La descripción final se obtiene después de la realización del análisis del puesto.

La información necesaria para realizar el análisis del puesto es:

➪ Actividades del puesto y comportamiento asociado.

➪ Estándares de rendimiento.

➪ Máquinas u otros elementos necesarios.

➪ Condiciones laborales o contexto de la posición.

➪ Requerimientos de personalidad.

Por último, las descripciones de puestos –*job descriptions*– no hacen referencia a las personas que los ocupan. Como su nombre lo indica, brindan información sobre las obligaciones del puesto, responsabilidades, autoridad, relaciones con otros puestos y todo lo relacionado con la posición en sí.

Diferencia entre tarea y puesto

Tarea: Conjunto de actividades individuales que ejecuta el ocupante de un puesto.

Puesto: Posición definida dentro de la estructura organizacional, es decir, una posición formal dentro del organigrama, con un conjunto de funciones a su cargo.

Análisis y descripción de puestos

↪ Indica tareas, responsabilidades y deberes del puesto.
↪ Identifica:
  ➢ qué se hace;
  ➢ por qué se hace;
  ➢ dónde se hace;
  ➢ cómo se hace.

El análisis de puestos permite respondernos las siguientes preguntas:

↪ ¿Cuáles son los puestos en la organización?
↪ ¿De qué forma cada puesto se relaciona con los objetivos y la estrategia organizacional?
↪ ¿Hasta qué punto empleados con KASs[1] elevadas son compensados por hacer tareas de menor exigencia?
↪ ¿Cómo pueden ser reestructuradas las tareas para rediseñar o eliminar puestos?

Métodos para reunir información

Métodos de descripción y análisis de puestos

↪ **Observación directa**: En los casos más simples, el entrevistador observa las tareas y completa el formulario a partir de lo que ve, sin la participación directa del empleado.

---

[1] KASs: *knowledge-abilities-skills:* conocimientos-habilidades-capacidades/destrezas.

➪ **Entrevista**: El analista entrevista al ocupante del puesto.

➪ **Cuestionario**: El ocupante del puesto completa un cuestionario.

➪ **Mixta**: Administración conjunta de por lo menos dos de estas variantes.

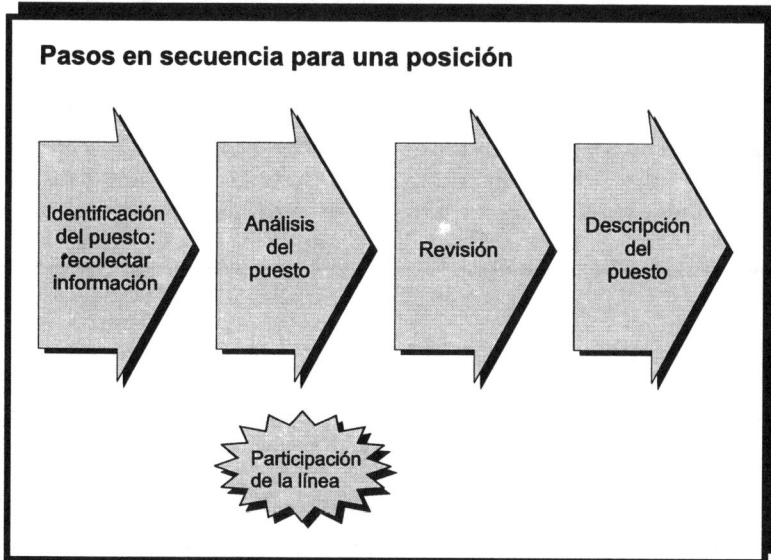

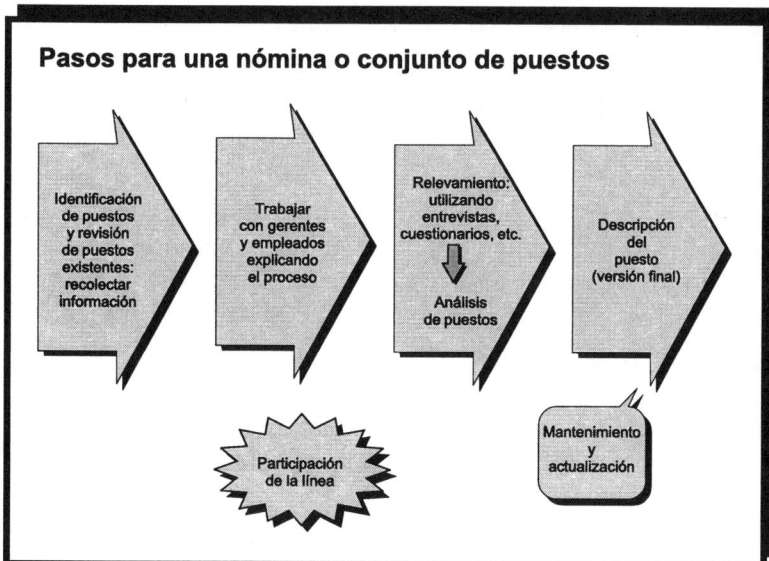

Pasos en secuencia para una posición

Identificación del puesto: recolectar información → Análisis del puesto → Revisión → Descripción del puesto

Participación de la línea

Pasos para una nómina o conjunto de puestos

Identificación de puestos y revisión de puestos existentes: recolectar información → Trabajar con gerentes y empleados explicando el proceso → Relevamiento: utilizando entrevistas, cuestionarios, etc. / Análisis de puestos → Descripción del puesto (versión final)

Participación de la línea

Mantenimiento y actualización

¿Quién reúne la información para el análisis de puestos? Por lo general estas tareas están en manos de especialistas en recursos humanos con el apoyo indispensable del supervisor y el ocupante del puesto.

Del autor al lector

Si bien la descripción en sí misma está a cargo de un especialista en recursos humanos, quien releva el puesto mediante una entrevista estructurada con el ocupante del mismo, es de vital importancia el papel de la línea, el supervisor y el jefe del área o departamento. Sin esta validación el programa puede fracasar.

La entrevista

Es una etapa fundamental del proceso y hay distintos tipos según el caso:

⇨ Entrevistas individuales con cada empleado.

⇨ Entrevistas grupales cuando varios empleados ocupan el mismo puesto.

⇨ Entrevistas con uno o más supervisores, según corresponda.

Es muy importante que el entrevistado entienda correctamente por qué se realiza la entrevista, sin confundirla con otro tipo de reuniones. Recuerde que es necesaria la colaboración de todos los involucrados.

Es igualmente importante el modo en que se formulan las preguntas: concretas, sin posibilidad de diferentes respuestas, breves, preguntar una sola cosa por vez, etc.

Usar un formulario como guía es el mejor consejo para estas entrevistas; usted puede tenerlo en la mano y seguir su ordenamiento. A diferencia de la selección, en la que se evalúa a las personas y ellas se sienten evaluadas, en este tipo de entrevistas usted y el que ocupa el cargo solo deben describirlo; no hay evaluado ni evaluador.

Para Cole,[2] los dos aspectos más difíciles de describir son:

⇨ el propósito general del puesto;

⇨ los principales deberes del puesto

---

[2] Cole, Gerald, *Personnel Management*. Letts Educational Aldine Place, Londres, 1997, páginas 122 y siguientes.

Los entrevistados tienen una fuerte tendencia a describir todo lo que hacen sin discernir su importancia relativa. En ocasiones, tareas poco relevantes ocupan un espacio importante en el relato y se describen en breves palabras tareas de alto impacto para la organización.

Los cuestionarios

Constituyen otro método para obtener información del puesto. A través de ellos los empleados describen las tareas, deberes y obligaciones de su empleo.

Un esquema basado solamente en cuestionarios es de mucho menor coste que el basado en entrevistas. Por otra parte, si está bien administrado le brindará información más acertada.

Observar tareas

Este método puede ser útil cuando una tarea que puede ser observable es realizada por una persona menos calificada para llenar un cuestionario, por ejemplo tareas de limpieza o de fábrica.

No parece ser un método adecuado para otras posiciones.

Los formularios

Principales ítems de un formulario de análisis de puestos:
- Título del puesto, división, sector o gerencia.
- Sumario: breve definición de la tarea; puede haber dos posiciones con el mismo nombre y diferentes contenidos.
- Deberes y responsabilidades: las tareas a realizar.
- Capacidades y requisitos educacionales.
- Interrelaciones: relaciones específicas entre este puesto y otros de la organización o de la comunidad.
- Otras condiciones laborales: cualquier condición inusual que la posición implique, por ejemplo horarios diferentes a los generales de la compañía, viajes frecuentes, etc.
- Otros requisitos: de personalidad, competencias cuando una empresa trabaje con esta herramienta, etc.
- Preparado por; aprobado por; fecha.

Incluimos ejemplos al final del capítulo.

Cómo redactar las descripciones de puestos

Identificación del puesto

Incluye nombre del puesto, código o identificación interna, área, departamento o gerencia a la cual pertenece, ciudad o región cuando sea pertinente, etc.

No pueden utilizarse diferentes nombres para puestos similares; si los gerentes son de igual nivel no puede llamar a unos gerentes divisionales, a otros gerentes departamentales y a otros solamente gerentes.

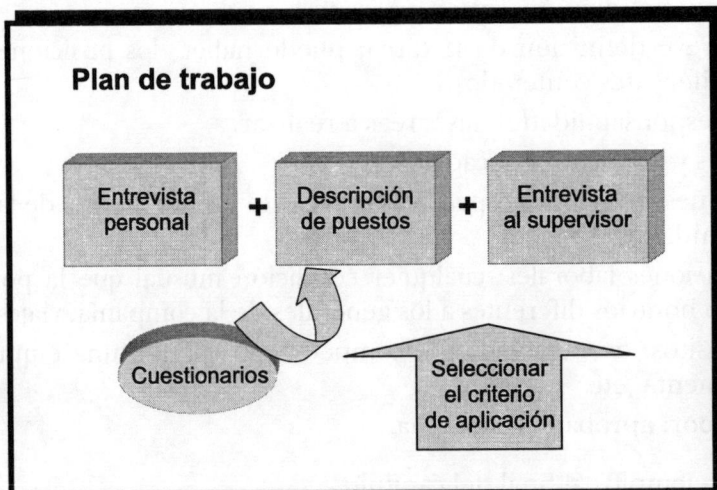

El código del puesto debería servir para identificar rápidamente a los distintos puestos, por ejemplo, a todos los comerciales, a todos los de IT (información y tecnología), etc.

Debe figurar en la identificación el título del supervisor inmediato, y también la fecha, para hacer constar el momento en que se escribió la descripción del puesto.

Descripción del puesto		
Título del puesto		Código
Fecha		División
Escrito por		Procesado por
Aprobado por	Grado	Puntos
Título del supervisor inmediato		Nivel de salario

Resumen del puesto

Como su nombre lo indica, debe ser breve; solo se detallan las actividades principales, por ejemplo:

Dirige todas las operaciones de la sucursal Salta, supervisa a su personal e informa sobre los resultados.

Es responsable por la compra de todos los productos denominados frío negativo para todas las tiendas de su zona.

Nunca deben incluirse en un sumario ni en una descripción de puestos las denominadas frases abiertas, tales como "otras responsabilidades"; si estas existen, deben detallarse.

Relaciones

Muestran las relaciones del puesto con otras personas dentro o fuera de la organización. Por ejemplo:

⇨ Reporta a;

⇨ Supervisa a;

⇨ Trabaja con (nombres de puestos);

⇨ Fuera de la compañía: por ejemplo proveedores, clientes, autoridades o asesores, como abogados, auditores y otros consultores.

Responsabilidades y deberes

Se debe presentar una lista detallada de estos aspectos de la función. Esto puede llevar varias carillas. Aunque se recomienda ser conciso y breve, no debe omitirse ninguna responsabilidad del puesto, aunque se trate de una tarea que deba realizarse una vez al año para el cierre del balance.

Autoridad

En esta sección se deben definir los límites de autoridad del puesto, incluyendo sus atribuciones en la toma de decisiones, la supervisión directa de otras personas y el manejo de dinero o límites de aprobación de gastos, etc.

Criterios de desempeño

Pueden ser difíciles de incluir en muchos casos. Significan, en general, qué se espera del empleado: que cumpla con todo lo especificado en la descripción del puesto y cada una de sus responsabilidades y deberes. En las tareas factibles de alguna cuantificación es más sencillo; debería tratar de encontrarse una variable indicativa. Esta y otras razones son las que aconsejan la participación de especialistas en procesos de definición y preparación de las descripciones de puestos.

Ejemplos:

Responsabilidad: cumplir con el programa de producción.

1. Producir equis toneladas de producto por día/semana/mes.
2. Estándar de calidad: porcentaje de rechazo.
3. Horas extras autorizadas: porcentaje del total.

Condiciones de trabajo y ambiente

En las oficinas ubicadas en las localizaciones clásicas quizá el relevamiento de las condiciones ambientales no sea relevante, pero sí puede serlo en situaciones donde la posición se vea expuesta a ruidos o cualquier situación no favorable para el trabajador.

Otras condiciones: incluir horarios especiales, viajes frecuentes y cualquier requerimiento especial inherente al puesto.

Descripción del puesto

TÍTULO DEL PUESTO: *Asistente administrativo.*
Departamento: *Marketing.*
Resumen del puesto
Tareas y responsabilidades
▨ *Tomar y transcribir notas.*
▨ *Organizar reuniones.*
▨ *Recibir y hacer llamadas telefónicas.*
▨ *Preparar informes.*
Requisitos educacionales _____
Relaciones internas _____
Cualidades necesarias: *habilidad verbal, habilidad para realizar cálculos simples.*
Competencias: *habilidad para realizar varias tareas, a menudo cambiando de asignaciones sin previo aviso.*

Preparado por: _____ Fecha _____

Otros pasos necesarios: el análisis de puestos

En base a la información relevada se analizarán los aspectos más importantes, por ejemplo:

Análisis del puesto

Identificación del puesto

Trabajo a desempeñar

Condiciones físicas

Habilidades requeridas

Conocimientos requeridos

Requisitos especiales

Responsable de _____

⇨ identificación del puesto;

⇨ trabajo a desempeñar;

⇨ condiciones físicas;

⇨ habilidades requeridas;

⇨ conocimientos requeridos;

⇨ requisitos especiales;

⇨ responsabilidades.

Citando otra vez a Cole,[3] una ayuda para este análisis es responder a preguntas tales como:

---

[3] Cole, obra citada

¿Cuáles son las principales razones de la existencia del puesto?

¿Qué resultados se esperan del puesto?

¿Cuáles las tareas claves?

¿Qué nivel de autoridad formal tiene el puesto? (en el manejo de recursos financieros, para incorporar o desvincular personal, etc.).

¿Qué niveles de presupuesto maneja?

¿Qué cantidad de personal le reporta?

¿Qué competencias personales y técnicas son necesarias para desempeñar con éxito la función descrita?

La utilización de entrevistas y cuestionarios

Ya hemos explicado ambas técnicas. En ocasiones se pueden utilizar en forma combinada.

Entrevista

Entrevistador _____ Fecha _____

Entrevistado: _____

TÍTULO DEL PUESTO: _____

Departamento: _____ *Supervisor* _____

Describir las tareas más importantes _____

Describir las tareas secundarias _____

Describir máquinas y otros elementos utilizados _____

Describir educación mínima necesaria _____

Principales responsabilidades _____

Describir contactos personales que debe manejar el empleado en el puesto

Etc.

Etc.

Cuestionario

Nombre y apellido del empleado_____ Fecha _____

TÍTULO DEL PUESTO: _____

Departamento: _____ *Supervisor* _____

Tarea: cómo, por qué, frecuencia, tiempo utilizado.
Tarea: cómo, por qué, frecuencia, tiempo utilizado (repetido tantas veces como el número de tareas que realice).
Etc.

¿Qué máquinas utiliza? Nombre de la máquina o equipo y tiempo de utilización.
Describa contactos personales que debe tener para desempeñar la tarea.

Firma del empleado_____

Aprobado y revisado por _____
(supervisor inmediato).
Etc.
Etc.

Del autor al lector

Los cuestionarios solo se utilizan en niveles de base de la organización. No obstante, pueden ser de utilidad cuando la organización tiene funcionarios localizados en zonas alejadas, por ejemplo un agente en el exterior. En ese caso, se le puede enviar un cuestionario que luego se complementa con algunas preguntas telefónicas.

Adecuación persona-puesto

Como paso final de la descripción, debe analizarse la adecuación de la persona al puesto.

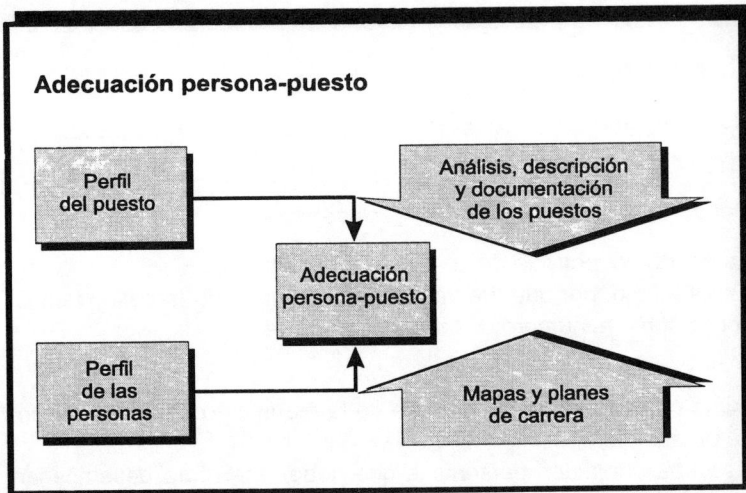

Adecuación persona-puesto

- Perfil del puesto
- Análisis, descripción y documentación de los puestos
- Adecuación persona-puesto
- Perfil de las personas
- Mapas y planes de carrera

Para ello debe incluirse en el análisis el perfil del empleado, que deliberadamente se ha dejado fuera del proceso hasta este punto.

En base al perfil del puesto y al perfil de la persona se podrá analizar la adecuación de la persona al puesto.

Los mapas y planes de carrera se confeccionan y analizan a partir de la descripción de puestos.

Relación de la descripción de puestos con otras funciones de recursos humanos

Al inicio del capítulo se hizo una referencia –representada gráficamente con una pirámide en cuya base figuran la descripción y el inventario de puestos– a la vinculación de la descripción de puestos con otras funciones de recursos humanos. Si bien, como ya hemos dicho, todas las funciones del área se relacionan entre sí, la descripción de puestos es **la base** de los otros procedimientos.

Las descripciones de puestos se utilizan también en otros procesos además de los correspondientes a recursos humanos, por ejemplo, en el diseño de flujos de información.

Del autor al lector

Cuando una empresa decide iniciar la implementación de los sistemas de recursos humanos, debe comenzar por describir los puestos de la organización.

Relaciones de la descripción de puestos con otras funciones de Recursos Humanos

Reclutamiento, selección y contratación de personal

Otro diseño de flujos de información

Compensaciones

Descripción de puestos

Evaluación de desempeño

Capacitar, entrenar y desarrollar personal

Planes de sucesión

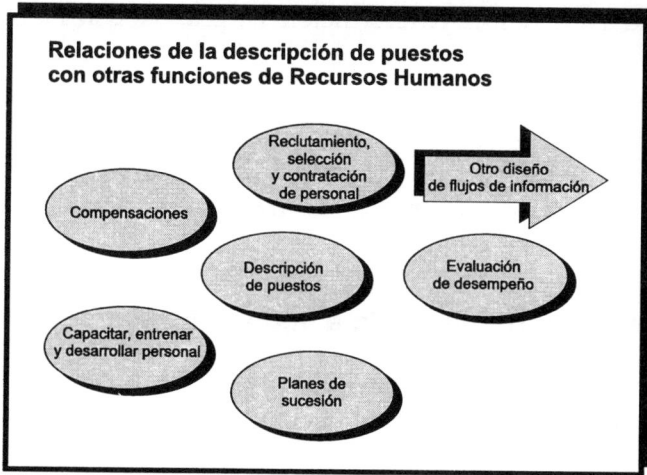

Cuando una empresa ha adoptado la gestión por competencias

Ya nos hemos referido a este tema en el capítulo 2. Una vez más debemos tener presente que si una empresa realiza su gestión bajo el esquema de competencias, estas deberán ser consideradas al momento de describir los puestos o revisar las descripciones existentes. Los cuestionarios y entrevistas que se realicen para efectuar el relevamiento deben prever esta información.

La descripción del puesto se realizará relevando información objetiva y preguntas especialmente diseñadas para relevar las competencias.

Un esquema global por competencias

GESTIÓN INTEGRAL POR COMPETENCIAS

Atracción, selección e incorporación

Análisis y descripción de puestos

Desarrollo y planes de sucesión

DIRECCIÓN ESTRATÉGICA DE RECURSOS HUMANOS

Remuneraciones y beneficios

Capacitación y entrenamiento

Evaluación de desempeño

¿Cómo relacionar el análisis y descripción de puestos con la gestión por competencias?

En el momento de redactar las descripciones de puestos se deben relevar las competencias involucradas para esa posición.

Si la competencia tuviese alguna particularidad por área o posición, será necesario describirla brevemente. En caso contrario, bastará con mencionarla.

Aplicar el concepto de competencia a la descripción del puesto

Podemos utilizar esquemas similares a los presentados en esta obra, incluyendo las competencias requeridas para esa posición y el grado en que las mismas son necesarias: nivel A, B, C o D

A: alto

B: bueno, por sobre el estándar.

C: mínimo necesario para el puesto pero dentro del perfil requerido. No indica una subvaloración de la competencia

D: insatisfactorio. Este nivel no se aplica para la descripción del puesto, ya que si no es requerida esa competencia para el puesto, no será necesario indicar nivel.

La puntuación es la misma que presentamos en el capítulo 3 para la definición del perfil por competencias. También en este caso, el nivel D no es aplicable. No obstante, el especialista de Recursos Humanos deberá tener en cuenta la puntuación completa (A a D) para analizar al final del trabajo la adecuación persona-puesto, ya que a la persona que ocupe el puesto sí puede, eventualmente, corresponderle el nivel D.

Las entrevistas, cuestionarios y esquemas de registro de una descripción de puesto pueden ser también similares a los propuestos en esta obra para la definición de perfil por competencias.

Las competencias forman parte de la descripción del puesto. Cuando una empresa prepara *job descriptions* al estilo tradicional, pregunta:

¿Qué tareas, obligaciones y responsabilidades se requieren para desempeñarse bien en el puesto?

En cambio, cuando se presenta un *job description* por competencias la pregunta es:

¿Cuáles son las competencias necesarias para ser exitoso en el puesto?

Si el entrevistado no está familiarizado con el concepto de competencia, no podrá responder esta pregunta. En ese caso, deberá preverse la confirmación de las respuestas con niveles jerárquicos superiores.

Otra de las ventajas de trabajar con esta metodología es que las descripciones pueden realizarse, en ocasiones, por grupos de puestos, si se desea dar preeminencia a las competencias y no describir en forma detallada las tareas.

Por lo tanto, dentro de un esquema por competencias, la descripción del puesto puede hacerse con diferente grado de detalle en cuanto a las funciones y debe contener un correcto detalle de las competencias requeridas para cada puesto, con el grado de cumplimiento necesario. Por ejemplo, competencia: trabajo en equipo; grado necesario: B.

De todos modos, cada compañía debe decidir cómo describir el puesto, ya que pueden indicarse las tareas fundamentales enmarcadas en las competencias necesarias y su grado requerido.

Evolución de las competencias en un mapa de puestos

En el capítulo 9 trataremos la función de desarrollo en recursos humanos. Al relacionar esta función con las competencias, se analiza en especial cómo estas evolucionan en una familia de puestos.

La familia de puestos representa en sí misma un plan de carrera. No se repetirá aquí el desarrollo del tema. Solo incluiremos una breve síntesis para la mejor comprensión de la descripción de puestos por competencias.

Al trabajar por competencias para el desarrollo de un individuo (capítulo 9), deben evaluarse sus propias competencias (capítulo 10) y conocerse las requeridas por cada puesto (capítulo 7) y su evolución en los planes de carrera.

Por ejemplo, así pueden evolucionar las competencias[4] en una familia de puestos o **plan de carrera** para un área de tecnología:

Analista programador: capacidad técnica y seguridad.

Analista de sistemas: pensamiento analítico (esto significa que a las dos anteriores se adiciona esta).

Líder de proyecto: conducción, liderazgo y autocontrol.

---

[4] Nota de la autora: las competencias se indican a modo de ejemplo; pueden agregarse otras.

Para cada jefatura, las competencias evolucionan en un curso diferente:

Jefe de Métodos: orientación a resultados, iniciativa, tenacidad y flexibilidad.

Jefe de Tecnología: orientación a resultados, iniciativa, tenacidad y flexibilidad.

Jefe de Base de Datos: tenacidad.

Gerente de Sistemas: relaciones interpersonales, persuasión, capacidad de organización y flexibilidad.

Si analizamos las competencias de este ejemplo, veremos que son iguales las de las jefaturas de Métodos y Tecnología, y difiere la del jefe de Base de Datos. Por otra parte, todas las jefaturas suman las de los tres niveles iniciales.

Del autor al lector

Si una empresa no ha implementado un esquema integrado de gestión por competencias, puede de todos modos tomar los lineamientos generales que le presentamos en este capítulo. Muchos de ellos pueden considerarse para la descripción de puestos o para los planes de carrera, sin la implementación del esquema global.

Si coincide conmigo –y con los autores mencionados– en que este nuevo siglo requerirá nuevas competencias en adición a las tradicionales, ya está en condiciones de trabajar con estos criterios, aunque el tamaño de su empresa o su presupuesto no le permitan contratar un consultor para implementar un esquema de gestión por competencias.

El mismo comentario es aplicable al último tema de este capítulo, el teletrabajo.

En síntesis, en la medida en que se *sube* en la escala jerárquica las competencias pueden cambiar, o cambiar su peso específico para la posición. Muchas compañías solicitan la competencia "liderazgo" en niveles iniciales, como un modo de asegurarse cuadros gerenciales para el día de mañana, pero no se la requiere con la misma definición ni grado que para el gerente del área.

Del autor al lector

Algunos consejos para elaborar descripciones de puestos:

⇨ Sea concreto, preciso, que las responsabilidades estén claras y cada una se pueda leer separada del resto, es decir, comprenderse sin relacionarla necesariamente con otras.

⇨ Indique el alcance del trabajo involucrado, por ejemplo: *confecciona el presupuesto de gastos de su departamento.*

⇨ Sea específico, utilice correctamente el idioma, use palabras directas y sencillas de modo de explicar claramente:

1. el tipo de trabajo;
2. el grado de complejidad;
3. el grado de capacidad requerida;
4. la medida en que las respuestas o problemas están estandarizados;
5. grado y tipo de responsabilidad;
6. etc.

⇨ Sea breve.

⇨ Para estar seguro, pregúntese: ¿un nuevo empleado o supervisor entenderá el trabajo si lee esta descripción del puesto?

Revisiones

El éxito de los programas de análisis de puestos se basa, entre otras cosas, en las revisiones periódicas. No es necesario que estas tengan una fecha rígida, por ejemplo una vez al año. Dependerá de la compañía, del negocio o de la función.

Los autores concuerdan en que las descripciones de puestos deben ser revisadas; las organizaciones son *entes vivos* que se modifican por causa del mercado, la tecnología, los negocios, la globalización.

La importancia de las descripciones de puestos en un proceso de búsqueda

Se ha puesto especial énfasis en el capítulo 3 sobre el relevamiento del perfil, e insistimos en ello hasta el cansancio en nuestras clases, ya que una correcta definición de aquello que se desea encontrar será el primer paso para el éxito. Del mismo modo, una adecuada definición del puesto, con su correspondiente descripción, no solo facilita la búsqueda del nuevo colaborador, sino que será un documento imprescindible cuando se quiera hacer un *job posting,* una promoción interna, una búsqueda en el mercado, la evaluación de desempeño del ocupante de la posición y de las restantes funciones del área.

Las descripciones de puestos, que pueden ser vistas como innecesarias por unos o burocráticas por otros, son la base de un buen sistema de gestión de recursos humanos.

Al final del capítulo incluimos cuatro formularios necesarios para la descripción de puestos.

El teletrabajo

Nuevas formas de trabajo y descripción de puestos

¿Por qué incluir el teletrabajo en este capítulo en particular y en relación con los recursos humanos estratégicos?

El estudio del teletrabajo –con dispares opiniones entre los especialistas– es un tema de futuro, y por lo tanto debe ser objeto de estudio y de eventual aplicación cuando las ventajas superan a las desventajas.

Brooking[5] se refiere al tema: *los empleados han cambiado su forma de trabajo y algunos ni siquiera tienen ya un "lugar de trabajo", sino que trabajan en su casa, comunicándose con sus directores y colegas a través de las autopistas de información. Estos teletrabajadores permiten a las empresas reducir sus costes con menos oficinas, menos salas de reuniones, menos viajes y un enorme ahorro de tiempo.*

Cuando la misma autora se refiere a las empresas del tercer milenio, tiene otra vez en cuenta al teletrabajo. Se pregunta: ¿cómo serán las empresas del tercer milenio? Su fuerza de trabajo será muy valiosa, debido a sus conocimientos. Una formación de calidad –un buen adiestramiento– siempre es un activo, ya que mantiene la fuerza de trabajo y su know how. Además, los empleados no tendrán que reunirse tantas veces cara a cara como antes, sino que se comunicarán electrónicamente. Tampoco deberán desplazarse al lugar de trabajo, ya que estarán en contacto con sus colegas y directores a través de los ordenadores y las redes informáticas. Muchos de ellos serán teletrabajadores –realizarán sus tareas laborales en casa–.

Para Vican[6] el teletrabajo no representa una fuente especial de creación de nuevos empleos, solo desplaza los puestos y las actividades existentes; es una nueva forma de organizar el trabajo, con un desplazamiento de sectores en baja a sectores en expansión.

Para Scajola,[7] a través del teletrabajo es posible contar con un área nueva de oferta, aumentando las posibilidades de ocupación de personas con desventajas. El

---

[5] Brooking, Annie, *El capital intelectual*, Paidós, Buenos Aires, 1997, páginas 13 y siguientes.

[6] Vican, Pierre, *Le guide du télétravail*, Manitoba, París, 1998, páginas 192 y siguientes.

[7] Scajola, Silvano, *Il telelavoro, Istruzioni per l´uso*, Edizioni Lavoro, Roma, 1998, páginas 18 y siguientes.

teletrabajo correctamente aplicado ofrece una serie de oportunidades positivas, reorganizando el trabajo en el espacio físico y en el tiempo en que es prestado, modificando el vínculo existente.

En cuanto al tema de este capítulo, la descripción de puestos hace que sea factible el teletrabajo; pero esto lo veremos más adelante. Como una primera aproximación, para la descripción de puestos bajo la modalidad del teletrabajo hay que tener en cuenta el **tipo de trabajo,** la **personalidad requerida** para el puesto y los **elementos que serán necesarios** para realizar la tarea.

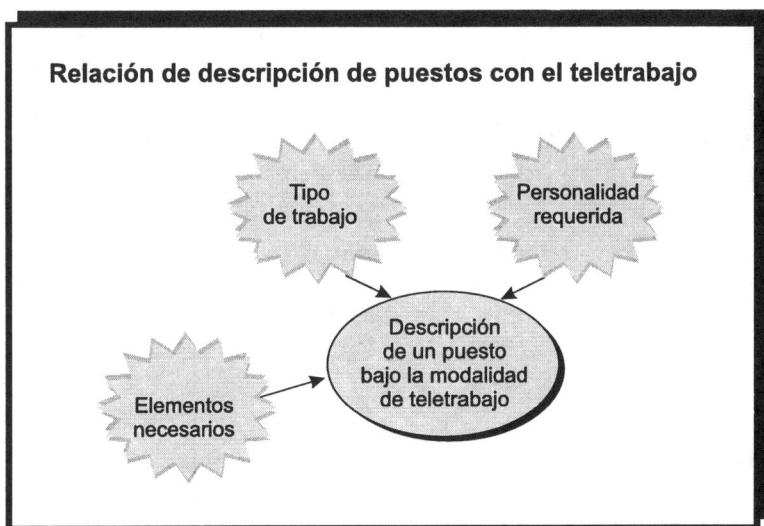

Relación de descripción de puestos con el teletrabajo

Para Bracchi y Campodall'Orto[8] otro elemento importante es la implementación de un programa piloto de teletrabajo, y que este tenga lugar en una estructura de alta flexibilidad.

El tema del teletrabajo lo hemos desarrollado en otras obras[9] y publicaciones, pero lo incluimos aquí porque es un elemento que debemos tener en claro al realizar la descripción del puesto. Comenzaremos definiendo qué es teletrabajo.

Veamos el diccionario[10]: Teletrabajo no figura. Y sobre las partes que componen esta palabra, dice:
Tele: prefijo que significa a distancia.

---

[8] Bracchi, Giampio y Campodall´Orto, Sergio, *Progettare il telelavoro,* Franco Angeli, Milán, 1997, capítulo 4.
[9] *Empleo: discriminación, teletrabajo y otras temáticas*, Ediciones Macchi, 1999.
[10] Salvat Editores, Barcelona, 1992.

Trabajo: en su primer acepción significa acción de trabajar y en la tercera ocupación retribuida.

Trabajar: en su segunda acepción, tener una ocupación estable.

El teletrabajo es **trabajo**, en el sentido de tareas que se realizan en forma estable para un empleador. Parece obvio, pero es la mejor definición para no confundirlo –como es habitual–, con trabajos *free lance* u otras variantes por el estilo. El segundo elemento que caracteriza al teletrabajo es que es un **trabajo a distancia,** y el tercero es que utiliza las **telecomunicaciones**.

¿Para qué es útil **realmente** el teletrabajo? Para situaciones como esta: una multinacional con oficinas centrales en Londres, por razones de coste de la mano de obra decide hacer la contabilidad en la India. ¿Cómo? Muy simple: vía las telecomunicaciones, envía la información a la India; allí se procesa, y por el mismo medio se devuelve la contabilidad con balance de saldos conciliado. ¡Eso es teletrabajo!

Para Bracchi y Campodall'Orto,[11] las etapas para iniciar un proyecto de teletrabajo son:

1. Fase preliminar;
2. el proyecto piloto;
3. evaluación del proyecto piloto;
4. implementación en firme.

Dentro de la fase preliminar destacan las siguientes etapas:

a) Definición estratégica del objetivo.

b) Designación del coordinador del proyecto y del equipo.

c) Logro de consenso.

d) Definición del área donde se aplicará el teletrabajo.

e) Definición de las características del "experimento".

Creo importante desatacar la necesidad de lograr consenso, ya que lo relaciono con la condición mencionada por los mismos autores: una empresa flexible. Se requiere un determinado estilo de empresa para implementar teletrabajo.

---

[11] Bracchi, Giampio y Campodall´Orto, Sergio, *Progettare il telelavoro*, Franco Angeli, Milán, 1997, capítulo 4.

Marco necesario para una exitosa experiencia de teletrabajo

Los recursos humanos

¿Qué **características personales** debe tener un teletrabajador?

1. Capacidad de organizar su tiempo;
2. habilidad para planificar;
3. autodisciplina;
4. capacidad de soportar el aislamiento;
5. de seguir un horario;
6. de separar vida familiar y trabajo;
7. buena comunicación por teléfono;
8. poca necesidad de contactos sociales;
9. capacidad para combinar trabajo y ocio.

Y no requiere en especial :

1. Capacidad de supervisión;
2. capacidad de trabajo en equipo.

Para Scajola,[12] las principales características o competencias que se requieren para el teletrabajo son:

➪ *Autogestión en el trabajo.*
➪ *Capacidad de valuar solo el resultado de su trabajo.*
➪ *Manejarse bien como una empresa individual, con las ventajas y los riesgos que esto implica.*

A su vez, para que un teletrabajador pueda estar a gusto se requiere:

a) Espacio físico adecuado;
b) potencia eléctrica;
c) calefacción, frío y ventilación;
d) iluminación;
e) tranquilidad.

Como vemos, se requiere un enfoque diferente del tradicional para evaluar las potencialidades y necesidades del trabajador.

La correcta elección del jefe es una clave en este tipo de trabajo.

---

[12] Scajola, Silvano, *Il telelavoro, Istruzioni per l´uso*, Edizioni Lavoro, Roma, 1998, páginas 18 y siguientes.

En síntesis, el teletrabajo es factible en caso de:

↪ Tarea cuantificable;

↪ que requiera un espacio físico reducido;

↪ cierta rutina;

↪ trabajo individual y de baja comunicación con otros;

↪ pocas herramientas y de bajo coste;

↪ plazos, fechas ciertas o fáciles de determinar;

↪ tarea descentralizable (desde el empleador).

La relación laboral

Aspectos especiales a tener en cuenta en la relación laboral en el teletrabajo:

1. El lugar de trabajo: una parte de la vivienda debe ser reservada para la actividad profesional. El trabajador se compromete a mantenerla limpia y en condiciones de ser visitada, como si se tratara de un despacho u oficina. Y todo cambio de lugar de trabajo debe ser comunicado al empleador.

2. Equipo y útiles de trabajo: los equipos y materiales necesarios para el ejercicio de la actividad de teletrabajo serán suministrados por la empresa. Estos continúan siendo propiedad de la empresa. Su reemplazo, cuando sea necesario, está a cargo de la empresa así como también su mantenimiento y traslado.

3. Desplazamientos: el trabajador participará regularmente en las reuniones de información y de trabajo exigidas por el cumplimiento de su tarea. Se estima una vez por mes.

4. Indemnización por gastos de teletrabajo.

5. Duración de la relación de teletrabajo: si bien es variable, debería contemplar la vuelta al esquema anterior en caso de que el trabajador llegue a la conclusión de que no le conviene o interesa la experiencia, o bien porque la empresa concluya que él no es apto para trabajar en su casa.

6. Gastos extra ocasionados por el teletrabajo: luz, teléfono, calefacción, deben ser abonados por la empresa, la que podrá pedir una rendición de gastos con los recibos correspondientes.

7. El salario: en general no cambia. Hay compañías que en vez de pedir a sus empleados que rindan los gastos extra originados en el teletrabajo prefieren abonar un plus que compense estos gastos. Hay casos en que, por el contrario, se abona al empleado un salario menor, porque el teletrabajo es voluntario y se considera en

realidad un premio. Otro factor que esgrimen los que abogan por pagar menos es que el teletrabajador tiene menos gastos en transporte, ropa y comidas.

8. No debería significar una pérdida de las seguridades sociales que el empleado tenga.

9. El control del teletrabajador: no es posible llevar a cabo ningún control horario sobre el empleado. El empleado es a su vez responsable de su propio equipo y herramientas de trabajo.

10. La seguridad y protección de los datos: esto es vital para la empresa. El teletrabajador debe comprometerse a resguardar la información.

Ventajas y desventajas del teletrabajo para la empresa y para el trabajador

Ventajas

Para la empresa

❏ Ahorro de espacio físico y de todo lo que de allí se deriva : luz, teléfono, etc.
❏ Disminuyen los problemas de ausentismo.
❏ Se realiza una gestión por resultados.
❏ Aumento de la productividad.

Para el empleado

❏ Soluciona problemas de la vida de familia al permitir un contacto más directo con ella.
❏ Si el trabajador tiene una buena productividad, puede tener más tiempo libre. Más libertad real, y sensación de libertad.
❏ Pueden disminuir los problemas laborales que provengan de la interacción con otros compañeros.
❏ Menos gastos de ropa, transporte, etc.

Inconvenientes

Para la empresa

❏ En la etapa inicial, el coste de los equipos y otras inversiones.
❏ Imposibilidad de un control con presencia del empleado.

❏ Mayor dificultad del trabajo en equipo.

❏ Pérdida paulatina de la identificación del empleado con la organización.

Para el empleado

❏ Aislamiento y sensación de pérdida de estatus.

❏ Pérdida de uno de los principales beneficios del trabajo: la socialización.

❏ Pérdida de la guía en la carrera laboral (el marco de referencia).

❏ Afrontar la primera etapa de cambio a teletrabajador.

❏ Falta de apoyo de compañeros y referentes (no tiene a quién preguntarle una duda).

❏ Desvinculación paulatina de la empresa (pérdida de identificación).

Paliativos

Hay distintos modos de encarar el teletrabajo que pueden ayudar a superar estas desventajas; por ejemplo, tomarlo por un período sin asumirlo como una modalidad permanente, o combinar semanas de trabajo en el domicilio con algún tiempo en las oficinas.

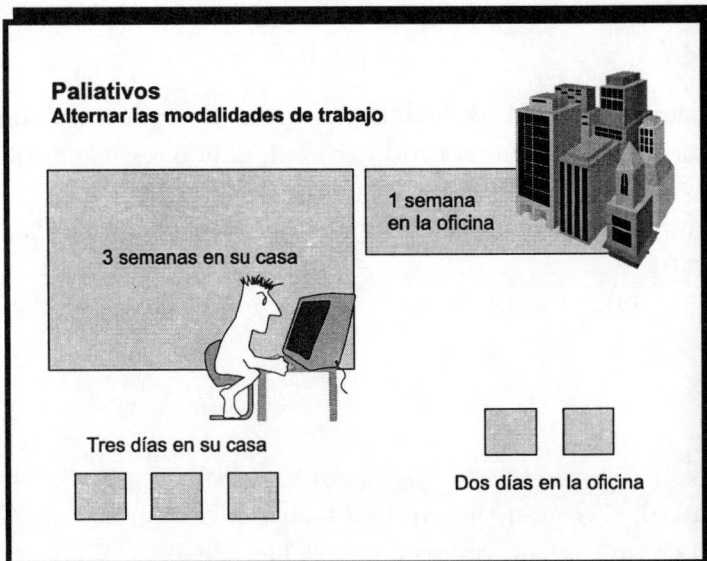

Paliativos
Alternar las modalidades de trabajo

1 semana en la oficina

3 semanas en su casa

Tres días en su casa

Dos días en la oficina

Una buena implementación de teletrabajo combina tres elementos

1. Personalidad del teletrabajador.
2. Tipo de trabajo a realizar.
3. Estilo de supervisión del jefe.

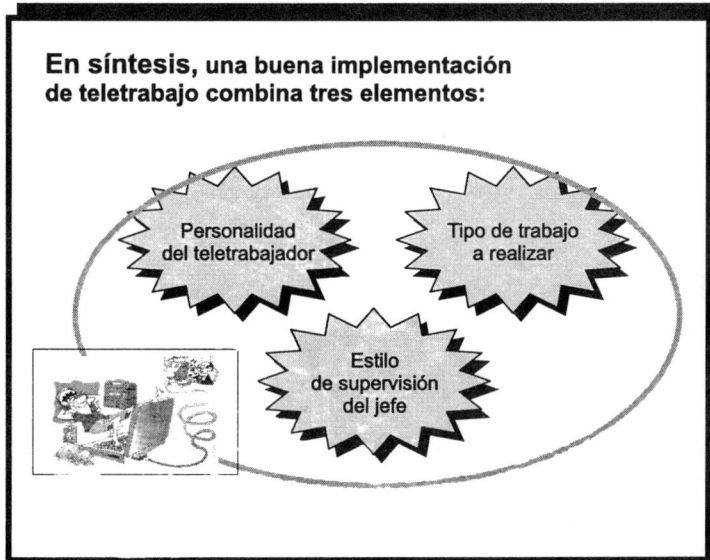

En síntesis, una buena implementación de teletrabajo combina tres elementos:

- Personalidad del teletrabajador
- Tipo de trabajo a realizar
- Estilo de supervisión del jefe

Los mejores puestos para el teletrabajo

Algunos puestos parecen hechos a propósito para esta modalidad. Requieren paz y tranquilidad, el mínimo posible de interrupciones, y concentración. Ejemplos prácticos:

◊ Ventas de todo tipo: servicios, venta directa y otras.

◊ Utilización de base de datos de una oficina central para actividades derivadas.

◊ *Data entry* (ingreso de datos desde una fuente en papel).

◊ Programación de computadoras.

◊ Trabajos relacionados con periodismo, redacción, edición de libros y revistas.

◊ Producción de programas periodísticos de cualquier medio: televisión, radio.

◊ Especialidades en procesamiento de textos y otros trabajos de secretaría administrativa.

◊ *Research* (investigación).

◊ Actividades profesionales: traducción, abogacía, arquitectura, psicología, sociología, economía, consultorías, contaduría, entre otros.

◊ Capacitación de adultos o específica en diversos temas.

Los peores puestos para el teletrabajo

Los siguientes puestos no permiten el teletrabajo por tiempo completo:

* Managers de altos niveles.
* Empleados en niveles más bajos que necesitan un seguimiento y supervisión constante.
* Fabricantes.
* Profesionales de la salud.

Síntesis del capítulo

➤ Analizar puestos, para luego confeccionar su descripción, comprende una serie de procedimientos para reunir y analizar la información sobre sus contenidos, las tareas a realizar, los requerimientos específicos, el contexto en que las tareas son efectuadas y qué tipo de personas deben contratarse para cada posición. Cuando las compañías definen correctamente los puestos se facilitan una serie de otras tareas en relación con el área de Recursos Humanos, entre ellas las ya estudiadas de reclutamiento y selección de nuevos empleados.

➤ El análisis, descripción y documentación de puestos es una técnica de recursos humanos que, de forma sintética, estructurada y clara, recoge la información básica de un puesto de trabajo en una organización determinada.

➤ La descripción de puestos, que permite la realización del inventario del personal, es la base para los restantes procesos de recursos humanos: formación y selección, compensaciones, evaluación de desempeño y la administración de carreras.

➤ Para una correcta descripción de puestos pueden identificarse tres momentos clave: la entrevista de relevamiento estructurada con utilización o no de un cuestionario, la confirmación de la información obtenida y la descripción de puesto propiamente dicha. En todos los casos el resultado del relevamiento debe ser revisado con el supervisor inmediato.

➤ Diferencia entre tarea y puesto: la tarea es el conjunto de actividades individuales que ejecuta el ocupante de un puesto, y el puesto es la posición ubicada dentro de la estructura organizacional.

➤ Distintos métodos para la descripción y análisis de puestos: observación directa para los casos más simples, entrevista dirigida al ocupante del puesto, cuestionario que completa el ocupante, o mixta, que combina la entrevista con el cuestionario.

➤ La adecuación persona-puesto se efectúa relacionando el perfil del puesto con el perfil de la persona que lo ocupa.

➤ Los mapas y planes de carrera se confeccionan sobre la base de la descripción de puestos.

➤ Si una empresa maneja sus recursos humanos por competencias, la descripción de puestos debe incluirlas, como parte del relevamiento y en la descripción en sí misma. Los cuestionarios y entrevistas que se realicen para el relevamiento deben prever esta información. Las preguntas deben estar especialmente diseñadas para relevar las competencias, por ejemplo, ¿cuáles son las competencias necesarias para ser exitoso en el puesto?

➤ La revisión de las descripciones de puestos es muy importante. No es necesario tener una fecha rígida, por ejemplo una vez al año; dependerá de la compañía, del negocio y de la función. Las organizaciones cambian a causa del mercado, la tecnología, los negocios.

➤ Las nuevas formas de trabajo, como el teletrabajo, afectan las descripciones de puestos. Se entiende que hay teletrabajo cuando convergen en forma simultánea el trabajo a distancia, las comunicaciones y la relación de dependencia con el empleador. Los elementos que se necesitan, el tipo de trabajo a realizar así como la personalidad requerida del empleado y del eventual jefe son algunos de los aspectos a tener en cuenta en la descripción de puestos bajo la modalidad de teletrabajo.

El lector encontrará los esquemas en INTERNET *(Clases)*: **www.granica.com/derrhh** y **www.marthaalles.com/derrhh** y la ejercitación correspondiente a estos temas en la obra **Dirección estratégica de Recursos Humanos. Gestión por competencias.** *Casos*. **Capítulo 7.**

Casos: **Descripción de puestos por competencias. Caso Supermercados. Descripción de puestos de teletrabajadores. Caso Top Bicycle.**

A continuación incluimos los siguientes formularios:

1. **Cuestionario para un empleado en un análisis del puesto.**
2. **Entrevista para el análisis del puesto.**
3. **Análisis del puesto.**
4. **Descripción del puesto.**

CUESTIONARIO DE UN ANÁLISIS DEL PUESTO PARA UN EMPLEADO

NOMBRE Y APELLIDO DEL EMPLEADO _____

FECHA _____

TÍTULO DEL PUESTO _____

DEPARTAMENTO _____

SUPERVISOR _____

EXPLICACIÓN

El análisis del puesto es el proceso de determinar y reportar información pertinente en relación con la naturaleza de un puesto en particular. Es la determinación de tareas que abarca el puesto, junto con habilidades, conocimiento, responsabilidades, etc., necesarios para el buen desempeño y que diferencian ese puesto de otros. Los datos se utilizarán para preparar una descripción del puesto. Pídale a su supervisor o al analista del puesto una explicación de los usos de las descripciones de puestos y formule cualquier pregunta que le surja.

PROCEDIMIENTO

EMPLEADO: Complete los espacios arriba y en la Sección I. Describa en detalle las tareas más importantes que usted realiza. Mencione las tareas laborales en oraciones claras y concisas. Indique la frecuencia (día, semana, mes) y el tiempo que utiliza para realizar estas tareas. Asegúrese de proveer suficiente información acerca de cada tarea para que las personas que no conocen su trabajo comprendan lo que su puesto acarrea. Si tiene cualquier tipo de pregunta debe dirigirse a su supervisor.

SUPERVISOR: Complete los espacios de la Sección II.

CUESTIONARIO DE UN ANÁLISIS DEL PUESTO PARA UN EMPLEADO
(continuación)
SECCIÓN I

1. Tarea (qué) _____

Procedimiento (cómo) _____

Propósito de la tarea (por qué) _____

Frecuencia _____ y porcentaje _____ de tiempo utilizado para realizar la tarea.

2. Tarea (qué) _____

Procedimiento (cómo) _____

Propósito de la tarea (por qué) _____

Frecuencia _____ y porcentaje _____ de tiempo utilizado para realizar la tarea.

3. Tarea (qué) _____

Procedimiento (cómo) _____

Propósito de la tarea (por qué) _____

Frecuencia _____ y porcentaje _____ de tiempo utilizado para realizar la tarea.

4. Tarea (qué) _____

Procedimiento (cómo) _____

Propósito de la tarea (por qué) _____

Frecuencia _____ y porcentaje _____ de tiempo utilizado para realizar la tarea.

5. Tarea (qué) _____

Procedimiento (cómo) _____

Propósito de la tarea (por qué) _____

Frecuencia _____ y porcentaje _____ de tiempo utilizado para realizar la tarea.

6. Tarea (qué) _____

Procedimiento (cómo) _____

Propósito de la tarea (por qué) _____

Frecuencia _____ y porcentaje _____ de tiempo utilizado para realizar la tarea.

CUESTIONARIO DE UN ANÁLISIS DEL PUESTO PARA UN EMPLEADO
(continuación)

¿Qué tipo de máquinas/equipo/software debe utilizar en su puesto? ¿Cuánto tiempo dedica por día o semana utilizando cada máquina/equipo/software mencionado?

Máquina/equipo/software   Tiempo en uso (aclarar por día o semana)

_____   _____

_____   _____

_____   _____

¿Cuáles son las tareas que considera más importantes en su puesto?

_____

_____

_____

Describa las condiciones laborales que pueden causar presión o disconformidad. Considere entorno, distracciones e interferencia que pueden dificultar el desempeño de la(s) tarea(s):

_____

_____

_____

Describa los contactos personales que debe tener para desempeñarse en el puesto.

Nombre (título) _____   Razón   _____

Nombre (título) _____   Razón   _____

Nombre (título) _____   Razón   _____

_____

Firma Empleado

CUESTIONARIO DE UN ANÁLISIS DEL PUESTO PARA UN EMPLEADO
(continuación)

SECCIÓN II

Sección del empleado revisada y aprobada por _____

Supervisor inmediato

Comentarios: _____

_____

_____

_____

_____

_____

_____

_____

Los **errores** que pueden suceder en el desempeño de este puesto:
(indicar con una cruz donde corresponda)

☐ son fáciles de detectar en la rutina común de revisión de los resultados.

Dar ejemplo: _____

_____

☐ no se detectan hasta que causan inconvenientes en otros departamentos.

Dar ejemplo:

☐ no se detectan hasta que causan inconvenientes importantes a un cliente.

Dar ejemplo: _____

Describa la **responsabilidad** de la persona que ocupa esta posición con respecto al trabajo de otros empleados.
(Indicar con una cruz donde corresponda)

☐ No es responsable del trabajo de los demás. Puede mostrarles a los demás empleados cómo realizar una tarea o asistir en la capacitación de nuevos empleados.

☐ Guía y capacita a otros empleados. Asigna, controla y mantiene la calidad del trabajo.

ENTREVISTA PARA EL ANÁLISIS DEL PUESTO

Entrevistador
Fecha
Persona entrevistada

Título actual del puesto
Título del puesto sugerido
Superior inmediato
Título del puesto del superior inmediato
Departamento
Localidad del puesto
Número de empleados en este puesto

Describir **las tareas más importantes** que el/los empleado/s realiza/n diariamente. Si se realizan tareas importantes con menos frecuencia, describirlas y especificar la frecuencia.

Describir **las tareas secundarias** que el empleado realiza semanal, mensual, trimestralmente, etc. y establecer la frecuencia.

ENTREVISTA PARA EL ANÁLISIS DEL PUESTO (hoja 2)

Describir el equipo de computación y/o software que se requiere:

Describir máquinas y otros equipos requeridos:

Describir las condiciones laborales:

Describir la educación formal o su equivalente considerada como el mínimo requisito para un desempeño laboral satisfactorio.

Especificar capacitación o educación necesaria antes de que un empleado ingrese al puesto o capacitación necesaria inmediatamente después del ingreso.

Describir la experiencia laboral requerida e indicar la cantidad de semanas, meses o años necesaria para obtener esa experiencia, y establecer si se la adquirió en esa organización o en otro lado.

ENTREVISTA PARA EL ANÁLISIS DEL PUESTO (hoja 3)

Describir la proximidad y extensión de la supervisión que recibe un empleado en este puesto. ¿En qué grado el supervisor inmediato hace hincapié en los métodos a seguir, los resultados a alcanzar, controla el progreso y desempeño laboral y maneja los casos excepcionales?

Describir la clase de supervisión que el/los empleado/s en este puesto debe/n brindar a otros empleados. ¿Qué grado de responsabilidad por los resultados tiene el empleado en cuanto a métodos, trabajo realizado y personal?

¿Cuántos empleados se supervisan directamente?

indirectamente?

Responsabilidad por precisión y seriedad de error. ¿Cuál es la seriedad de error en este puesto? ¿Los errores afectan el trabajo del empleado que comete el error, otros en el mismo departamento, otros departamentos, personas fuera de la organización?

ENTREVISTA PARA EL ANÁLISIS DEL PUESTO (hoja 4)

Responsabilidad por los datos confidenciales. Establecer la clase de datos confidenciales manejados: si son personales, salariales, de política, secretos de negocio, etc.

Responsabilidad por el dinero o valores. Establecer la clase de responsabilidad y el monto aproximado que el empleado debe manejar.

Describir la clase de contactos personales que debe manejar el empleado en el puesto. ¿El contacto debe ser con personas dentro del departamento, en otros departamentos, fuera de la organización? Describir la importancia de los contactos para la organización.

Describir la complejidad del puesto. ¿Hasta qué grado se le permite al empleado independencia de acción? ¿Qué tipo de decisiones se le permite tomar?

Describir la clase y la cantidad de habilidad física requerida en el desempeño laboral. Indicar las tareas laborales donde se requiere agilidad.

Describir el grado de repeticiones que el empleado debe realizar. Determinar la posibilidad de aburrimiento en el puesto.

Mencionar cualquier requisito físico fuera de lo común del puesto: visión, fuerza, etc.

ANÁLISIS DEL PUESTO

Identificación del puesto
Nombre del área o división
Título actual del puesto
Localidad
Reporta a

Trabajo a desempeñar
Tareas específicas y comunes
Responsabilidades
Supervisa a
Interacción con
Qué tareas se supervisan
Qué tareas no se supervisan
Cómo se controla la calidad

Condiciones físicas
Condiciones que rodean el área laboral
En qué horas se trabaja
Períodos de descanso
Condiciones del entorno

ANÁLISIS DEL PUESTO (hoja 2)

Habilidades requeridas

Intelectuales

Manuales

Interpersonales

Conocimientos requeridos

Universidad/Cursos especiales/Experiencia/Capacitación

Requisitos especiales (describir)

Viajes

Trabajo nocturno

Horas extras

Fines de semana

Otros

Responsable (describir)

De equipo

De los márgenes de ganancia

De gastos

De relaciones exteriores

Otros

DESCRIPCIÓN DEL PUESTO

Empresa	Puesto
Nombre y apellido del titular	
Área/Dirección	
Departamento	Puesto superior

Aprobaciones	Fecha
Titular del puesto	Analista
Superior	RR.HH.

Organigrama

DESCRIPCIÓN DEL PUESTO (hoja 2)

Síntesis del puesto

Responsabilidades del puesto Actividades/Tareas/Responsabilidades	Grado de relevancia (alto-medio-bajo)

Requisitos del puesto
Formación básica
Otra formación complementaria
Experiencia requerida
Idioma
PC (detallar)

DESCRIPCIÓN DEL PUESTO (hoja 3)

ANEXO

Competencias conductuales Competencia: describir	Nivel de requerimiento

Capítulo **8**

Capacitación
y entrenamiento

Usted aprenderá en este capítulo

➤ Cuáles son los elementos básicos de la capacitación y el entrenamiento.

➤ La relación de capacitación y entrenamiento con la función de Desarrollo.

➤ Cómo realizar capacitación y entrenamiento por competencias.

➤ El esquema de un entrenamiento.

➤ Métodos de capacitación y entrenamiento.

➤ Qué se evalúa en la capacitación.

➤ Tendencias en formación.

El papel de la educación en la sociedad

Las cualidades de la fuerza de trabajo serán el arma competitiva básica del siglo XXI y las personas especializadas la única ventaja competitiva perdurable[1]. Este concepto se relaciona con lo visto en el capítulo 1 sobre empleabilidad. Dos de los principales factores que la componen son la capacitación y el desarrollo, que trataremos en este capítulo.

Usted podrá pensar: si la empresa destina esfuerzos a capacitar y desarrollar recursos humanos y de este modo esos recursos se tornan más empleables, el mercado los requerirá, los perderé y solo habré producido mejores recursos para la competencia.

---

[1] Gore, Ernesto, *La educación en la empresa*, Ediciones Granica, 1996.

Visto tan parcialmente, quizá tenga razón: las consultoras internacionales suelen quejarse de ese modo. Por otra parte, si usted no entrena y desarrolla a sus propios recursos humanos, su personal no será competitivo y no lo será su empresa. Es decir, no sobrevivirá.

En el prólogo a la edición en castellano de un libro de Peter Senge, dice Gore[2]: *durante muchos años las ideas de aprendizaje organizacional fueron un ámbito complejo, vedado a la curiosidad del hombre de acción.*

La realidad ha convertido en buena práctica lo que hasta ayer eran buenas teorías. Hasta no hace mucho una organización podía ser competitiva sobre la base de una división horizontal del trabajo y vertical de las decisiones. Uno pensaba y al resto se le pagaba para hacer, no para pensar.

Las organizaciones tienden a ser hoy en día organizaciones del conocimiento. Cada puesto es ocupado por alguien que conoce la tarea, que no actúa tanto por delegación como por pericia. Los mercados globales son cada vez más exigentes.

Quienes normalmente están más cerca del cliente son quienes están más lejos del poder. Esta idea la vimos en el capítulo 1. Bajo el título *La función de recursos humanos cambió sus prioridades* se muestran los organigramas según el dibujo tradicional, y la pirámide invertida al servicio de los clientes.

¿Cómo podrá dialogar con el cliente una organización que no dialoga con sus empleados?, se pregunta Gore. *¿Cómo podría responder a las demandas de su público una institución que no es capaz de convertir la experiencia individual de sus miembros en acción de conjunto?* Y cierra su trabajo con esta afirmación: *La capacidad de aprender debe llegar a ser nuestra única ventaja competitiva.*

El papel de la capacitación dentro de la empresa

Peter Senge[3] se pregunta: *¿cómo es posible que un grupo de talentosos managers con un coeficiente individual promedio de 120 puedan tener como colectivo un coeficiente intelectual de 63?*

Para este autor, la disciplina del aprendizaje aborda esta paradoja. *Cuando los equipos aprenden de veras, no solo generan resultados extraordinarios sino que sus integrantes crecen con mayor rapidez.*

En otra parte de la obra leemos: *las organizaciones solo aprenden a través de individuos que aprenden. El aprendizaje individual no garantiza el aprendizaje organizacional, pero no hay aprendizaje organizacional sin aprendizaje individual.*

---

[2] Gore, Ernesto, prólogo a *La quinta disciplina*, de Peter Senge, Ediciones Granica, Barcelona, 1998.
[3] Senge, Peter, *La quinta disciplina*, Ediciones Granica, Barcelona, 1998.

Sparrow[4] escribe sobre el conocimiento: *hemos establecido que necesitamos una comprensión cabal de lo que está escondido en cada decisión y acción de los empleados en el trabajo.*

Parece ser que necesitamos comprender el "conocimiento" que los participantes organizacionales tienen en cuenta para desarrollar sus tareas.

Conocimiento es una de esas palabras que usamos frecuentemente y en forma no muy precisa.

En un análisis más profundo de su significado, el término no es suficientemente amplio para cubrir todos los aspectos del material mental que es usado como fuente de información en una acción o decisión en particular.

A menudo nos sentimos más cómodos creyendo que una persona toma sus decisiones sobre la base de su conocimiento más que sobre sus opiniones. Es como si sintiéramos que el conocimiento es un material mental más fáctico y verdadero, y que hay otras fuentes más sesgadas o prejuiciosas. Necesitamos un término que incluya conocimiento y opinión.

Las personas combinan conocimientos con opiniones. En el trabajo, no se utilizan todos los conocimientos sino una parte de ellos, y en ocasiones una parte pequeña.

A su vez, el aprendizaje que influye en los conocimientos se ve afectado por factores internos y externos. Según Cole,[5] los factores internos tienen que ver con el propio individuo, su inteligencia, su temperamento, su salud y experiencia personal. Los factores externos se relacionan con el medio donde se desarrolla la actividad de aprendizaje: la habilidad del instructor, los métodos de enseñanza, la ayuda recibida, el grado de dificultad planteado, la comunicación entre el instructor y el participante sobre los resultados, y por último el ámbito físico, comodidad, luz, ausencia de ruidos, etc.

Para el mismo autor, entre los medios para crear el compromiso de los empleados están el entrenamiento y la capacitación, en el marco de un proceso de cambio organizacional.

Cada vez que en las empresas se plantea el tema de la capacitación, lo que está en juego es la forma de difundir conocimientos, promover su aplicación práctica en pos de la obtención de resultados concretos y generar los cambios necesarios para continuar compitiendo en el mercado.

Una de las tareas que debe abordar la función de Capacitación es colaborar con las empresas que necesitan que sus empleados hagan mejor su tarea. Vasto terreno para la acción, ya que todas las organizaciones necesitan que su gente mejore la forma de trabajar. Y aún más, hoy demandan que sean capaces de hacer más tareas y, en muchos casos, de distinto orden que las que tradicionalmente realizaban.

---

[4] Sparrow, John, *Knowledge in organizations*, Sage Publications, Londres, 1998.
[5] Cole, Gerald, *Organisational Behaviour*, DP Publications, Londres, 1995.

En este proceso de búsqueda de mejoras permanentes, la formación de las personas cobra un valor estratégico. La tarea de la función de Capacitación consiste en mejorar el presente y ayudar a construir un futuro en el que los recursos humanos estén formados y preparados para superarse continuamente.

Ni una ni otra tarea son sencillas. **Entre las dificultades podemos citar las características particulares de la educación de adultos, y que la preocupación central de sus destinatarios no es la capacitación en sí sino completar adecuadamente su trabajo. Por tanto, la capacitación se desarrolla siempre resolviendo la tensión entre las demandas acuciantes de obtención de resultados y la necesidad de actualizar conocimientos para mejorar esos resultados e impulsar cambios.**

Gore[6] dice que *no se puede iniciar una capacitación para comunicarse mejor, trabajar en equipo o descentralizar las decisiones solamente porque el gerente de Capacitación o el gerente general tienen buenas intenciones.* Es necesario el compromiso de toda la organización. El cambio debe ser construido entre todos.

Por otra parte, en el actual mercado de empleos, la iniciativa individual de mejoramiento es una condición indispensable para conservar la empleabilidad y desarrollarse profesionalmente, lo cual aumenta la exigencia sobre la oferta de capacitación.

Como vemos, los requerimientos que las organizaciones y las personas formulan a la función son crecientes y cada vez de mayor complejidad.

Blake,[7] al referirse a la capacitación como una oportunidad para el desarrollo de las personas, dice que educar es siempre una actividad transformadora. Transmitir conocimientos, desarrollar habilidades, facilitar ciertas actitudes, es habilitar a las personas para promover cambios, en sí mismos y en su entorno.

El aprendizaje exige la actividad del sujeto. No hay transmisión efectiva si no hay curiosidad, búsqueda, interrogantes, premura, carencia, involucramiento.

Educar y aprender, capacitar y capacitarse, transformar y transformarse. Quienes se involucran en este devenir de la actividad educativa, crecen, mejoran su capacidad, crean un futuro distinto.

Las organizaciones capacitan para poder optimizar sus resultados, su posición competitiva. Las personas buscan capacitarse para hacer bien su tarea, para crecer personal y profesionalmente, para mejorar su posición relativa en la estructura, para, en síntesis, tener un mejor nivel de vida.

Para que las acciones de capacitación produzcan efectos transformadores deben cumplir con ciertos requisitos, respetar ciertos principios. Por eso es que, desde la perspectiva organizacional y personal, los resultados de la capacitación merecen ser

---

[6]   Gore, Ernesto, obra citada.
[7]   Blake, Oscar J., *La capacitación*, Ediciones Macchi, Buenos Aires, 1997, Capítulo 4.

evaluados. *Las actividades de las que participamos, ¿generaron lo que esperábamos? Si fue así, ¿hemos podido aplicarlo?, ¿nos ayudó a mejorar?*

Del autor al lector

También vale la pena delimitar las **expectativas respecto de la capacitación**. Si bien promover el cambio en una empresa es inherente a la función de Capacitación, no creamos por esto que por sí misma puede impulsar las transformaciones estructurales que muchas organizaciones demandan. La capacitación no puede ni debe estar ausente cuando un cambio es deseado, pero no alcanza por sí sola para producirlo. (Luego abordaremos con más profundidad la viabilidad del resultado de la capacitación en las organizaciones.)

Según Gore, el ambiente organizativo no es educativamente "neutro", y lo que la gente aprende en las empresas se origina sobre todo en el mero "estar" dentro de ellas, en trabajar, convivir e interactuar.

Sin embargo, las que habitualmente se conocen como acciones de capacitación o desarrollo son las acciones individuales u organizativas cuya intención es producir aprendizaje en los participantes.

Continuando con la obra de Gore: *la organización que aprende y enseña debe aprender a capturar y procesar información del contexto para crecer y sobrevivir.*

Por último, para Blake[8] el aprendizaje es una tarea, un trabajo, y como tal requiere el uso de energía, de esfuerzo. Nada podrá sustituir el esfuerzo personal del que aprende. Ni la tecnología, con todos sus medios y recursos, ni el propio coordinador de la actividad podrán suplantar el esfuerzo del participante.

Del autor al lector

Revise la **utilidad de la capacitación que recibió en su trayectoria laboral**. Considere tanto actividades formales de capacitación como situaciones fuera del aula que hayan constituido para usted instancias significativas de aprendizaje. Indique por lo menos una consecuencia importante de esas actividades en el desarrollo de su tarea. *¿Obtuvo de su capacitación formal todo lo que esperaba y necesitaba? Si no fue así, ¿a qué adjudica la diferencia entre sus expectativas y los resultados alcanzados?*

---

[8]   Blake, obra citada.

¿Qué entendemos por capacitación?

➢ Capacitar a una persona es darle mayor aptitud para poder desempeñarse con éxito en su puesto.

➢ Es hacer que su perfil se adecue al perfil de conocimientos, habilidades y aptitudes requeridos para el puesto, adaptándolo a los permanentes cambios que la tecnología y el mundo globalizado exigen.

La capacitación debe estar siempre en relación con el puesto o con el plan de carreras, y con los planes de la organización, su visión, misión y valores. No puede estar disociada de las políticas generales de la empresa.

Elementos básicos de capacitación y entrenamiento

Si bien capacitación y entrenamiento pueden ser utilizados como sinónimos, no lo son.

La capacitación

Se entiende por capacitación actividades estructuradas, generalmente bajo la forma de un curso, con fechas y horarios conocidos y objetivos predeterminados. Por lo tanto, debe ser una transmisión de conocimientos y habilidades:

✧ organizada;

✧ planificada;

✧ evaluable.

Entrenamiento

Entrenamiento es un **proceso de aprendizaje** en el que se adquieren habilidades y conocimientos necesarios para alcanzar objetivos definidos, siempre en relación con la visión y la misión de la empresa, sus objetivos de negocios y los requerimientos de la posición que se desempeña o a desempeñar.

Implica:

➢ transmisión de información;

➢ desarrollo de habilidades;

➢ desarrollo o modificación de actitudes;

➢ desarrollo de conceptos.

Entrenamiento y capacitación en relación con la empleabilidad (capítulo 1)

Dos de los cuatro factores que componen la empleabilidad se conectan con la temática de este capítulo, ya que mantener empleables nuestras competencias duras (*skills*) y las blandas (*competence*) es responsabilidad de cada uno de nosotros y también de las empresas que nos emplean.

Las competencias duras y blandas de todos los empleados conforman el capital intelectual de una organización.

La función de Capacitación dentro del área de Recursos Humanos[9]

El contexto impone condiciones, y las organizaciones, a su vez, lo modelan. Es un juego dialéctico que enriquece a ambos. Las organizaciones tienen que poseer capacidad para reaccionar y adaptarse y, en la misma medida, necesitan capacidades para cambiar y adecuar el entorno en función de sus propios requerimientos.

Tradicionalmente, la función de Capacitación se orientó a difundir entre los miembros de la organización conocimientos, habilidades y actitudes que probaron ser exitosos para enfrentar y resolver situaciones conocidas.

En el mejor de los casos, las respuestas eficaces y probadas se transmitían a todos los integrantes, aumentando la efectividad de la organización en su conjunto. Procedimientos exitosos se convertían en normas y se comunicaban a quienes correspondía para su aplicación efectiva ante determinadas circunstancias. Esta secuencia lógica era aplicable en formas estandarizadas de producción e incluso en modelos de toma de decisiones o resolución de problemas. Era la transmisión de *"la forma en que se hacen aquí las cosas"*.

Pero, *¿qué ocurre cuando debemos enfrentar situaciones desconocidas? ¿Qué hacer cuando las respuestas habituales no dan el resultado esperado? ¿Cómo preparar a nuestra gente para enfrentar aquellas situaciones para las cuales no hay una respuesta probada?*

De lo que se trata en estos casos es de aprender nuevas formas de pensar y actuar que no conocíamos previamente. Es avanzar a tientas tratando de adaptarnos a una realidad diferente, desconocida hasta hoy.

No se trata de reproducir el conocimiento adquirido, sino de producir nuevo conocimiento, de prepararse para aprender ante lo desconocido.

---

[9] Material proporcionado por el licenciado José Duducharck.

¿Complejo? Sin duda. *¿Cuál será, entonces, el rol que debe asumir la capacitación en estos nuevos escenarios? ¿Cuáles las pautas que deberá respetar para preparar a las personas ante lo imprevisible de los cambios? ¿Cómo hacer que el conocimiento generado esté oportunamente a disposición de todos aquellos que lo necesiten? ¿Qué hacer cuando los destinatarios de ese conocimiento se encuentran alejados por razones de tiempo o distancia?*

Quizá podamos sintetizar lo dicho hasta aquí en dos grandes **desafíos que hoy enfrenta la función:**

➢ Promover la generación de conocimiento y ponerlo a disposición de todos los actores de una organización.

➢ Desarrollar habilidades y actitudes que faciliten el trabajo así como el aprendizaje en entornos virtuales.

En ambos casos, un cada vez más sofisticado arsenal tecnológico estará a disposición de la actividad de capacitación y seguramente le agregará nuevos protagonistas. Pero de nada servirá la tecnología si no está respaldada por un enfoque innovador de la función de Capacitación.

Para responder a estos desafíos, la función debe estar en condiciones de **preparar a las personas** para:

➢ Aprender en la acción; citando una vez más a Ernesto Gore[10]: "meterse en el hacer y educarse uno mismo antes de saber qué es lo que estamos tratando de aprender".

➢ Predisponerse para la autoinstrucción.

➢ Conducirse efectivamente en contextos de cambio continuo.

➢ Acceder a información a través de redes informáticas.

➢ Seleccionar la información relevante para la toma de decisiones.

➢ Comunicarse y trabajar productivamente en entornos virtuales.

➢ Conducirse en entornos multidisciplinarios y multiculturales.

➢ Ejercer influencia independientemente de las jerarquías.

El desafío de promover la generación de conocimientos disponibles para todos exige pensar en **la organización como** *sujeto de aprendizaje.* Es decir, un sistema capaz de reconocer, incorporar y adaptar la información del contexto que le permita actuar eficazmente y sobrevivir. Si bien esta es una capacidad inherente a las organizaciones (sin ella no podría responder al medio y sucumbiría), su aplicación se ve generalmente limitada por obstáculos propios de la dinámica organizacional.

---

[10] Gore, Ernesto, obra citada, pág. 24.

Es frecuente observar en las empresas cómo el conocimiento, muchas veces clave para el éxito de la gestión, no circula, se concentra generalmente en la cúspide y se torna inaccesible a quienes lo necesitan para operar. En tales casos, **la principal contribución de los especialistas en capacitación consiste en generar sistemas que permitan la fluida circulación, aplicación y revisión del conocimiento con objeto de mejorarlo permanentemente.**

El capital intelectual y la capacitación

Entrenar y capacitar al personal, además de mantenerlo empleable, actualiza el capital intelectual[11] de la empresa. Por ello la capacitación tiene un valor estratégico para la organización. Realmente *marcará la diferencia entre una organización y otra.*

Métodos de desarrollo[12] de personas en el trabajo

➢ Coaching.
➢ Rotación de puestos.
➢ Asignación a comités.
➢ Asistente de posiciones de dirección.
➢ Paneles de gerentes en entrenamiento.

Métodos de desarrollo de personas fuera del trabajo

➢ Método de estudio de casos.
➢ Juegos gerenciales.
➢ Seminarios externos.
➢ Programas relacionados con universidades.
➢ *Role-playing.*
➢ Moldeado del comportamiento.
➢ Tiempo sabático.

---

[11] Nos referiremos al capital intelectual de las organizaciones en el capítulo 9.
[12] El desarrollo de los recursos humanos será tratado en el capítulo 9; se menciona aquí por la estrecha relación entre ambas funciones: entrenamiento y desarrollo de personas.

En la visión de Cole[13] los modernos métodos de capacitación incluyen la participación activa y la experimentación del conocimiento. A su vez, los programas deben ser flexibles, acordes con la disponibilidad del trabajador y de la organización.

La capacitación puramente teórica esta en desuso; las nuevas generaciones quieren rápida experimentación práctica. Se espera de los instructores "la fórmula" para solucionar los problemas *bien y rápido*. Se requiere cada vez más la habilidad de combinar las *recetas* prácticas con la teoría. El desafío es mayor para la capacitación y los capacitadores.

Para Cole, el aprendizaje experimental o la capacitación con base experimental puede resumirse en etapas. El participante parte de una **experiencia concreta** que trae consigo. En segunda instancia, el aprendizaje se inicia en **forma inducida** por el instructor. Sigue una etapa de **formación abstracta** de conocimientos, y finalmente una **etapa deductiva** donde se relacionan los conocimientos adquiridos con la experiencia concreta aportada al inicio de la actividad.

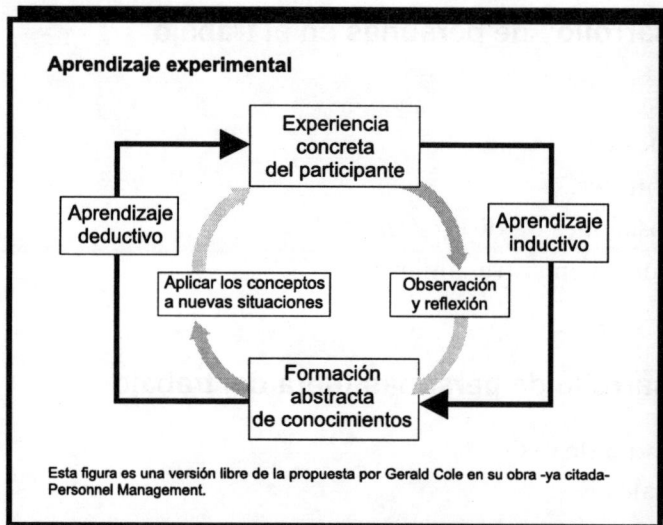

Aprendizaje experimental

Experiencia concreta del participante

Aprendizaje deductivo

Aprendizaje inductivo

Aplicar los conceptos a nuevas situaciones

Observación y reflexión

Formación abstracta de conocimientos

Esta figura es una versión libre de la propuesta por Gerald Cole en su obra -ya citada- Personnel Management.

Desde la óptica de la organización, la capacitación puramente teórica es insuficiente. En este ejemplo se combina la capacitación "en el aula" con la experiencia del participante; este va relacionando su experiencia con los conocimientos adquiridos, y luego del paso por las aulas relaciona estos conocimientos con nuevas situaciones concretas, en un círculo de enriquecimiento.

---

[13] Cole, Gerald, *Personnel Management*, Letts Educational Aldine Place, Londres, 1997.

Capacitación y entrenamiento en la gestión por competencias

Según Spencer,[14] el entrenamiento puede tener diferentes vertientes. Por ejemplo, para el entrenamiento en disertaciones carismáticas propone la Teoría de aprendizaje social.

Esta teoría sostiene que las personas aprenden habilidades interpersonales mediante un "modelo de conducta": observando e imitando a otras personas que demuestran una conducta eficaz en una situación. Los métodos de modelos de conducta muestran a los participantes muchos ejemplos en vivo, filmados o grabados, de una persona que utiliza las competencias específicas en una situación real. Los participantes deben imitar el modelo. Por ejemplo: deben formular las mismas preguntas, con la misma entonación, que el actor usó en el papel de un manager que conduce una evaluación de desempeño. Los managers que están aprendiendo a dar un discurso carismático pueden escuchar grabaciones de oradores importantes, como el discurso de Winston Churchill a los británicos durante la Segunda Guerra Mundial, el discurso denominado "Tengo un sueño", de Martin Luther King, o el discurso inaugural de John F. Kennedy. Luego, los participantes tratan de ofrecer un "discurso carismático" propio, imitando –o incluso exagerando– a Churchill, King o Kennedy. La exageración ayuda a romper con el temor de tratar con nuevas conductas: los participantes producen un estilo más natural en sus puestos. Varios estudios han demostrado que el modelo de conducta resulta eficaz para enseñar habilidades interpersonales difíciles de transmitir en palabras.

Un esquema global por competencias

---

[14] Spencer, obra citada, capítulo 21.

Nos hemos referido a la gestión por competencias dentro del capítulo 2. En nuestro afán de presentar al lector un enfoque amplio, haremos una mención a esta clase de gestión en relación con la temática de este capítulo.

Si una compañía y su máxima dirección han decidido e implementado un sistema de gestión de recursos humanos por competencias, será sobre estas que se centrarán los mayores esfuerzos de capacitación y entrenamiento, de modo que la nómina en su conjunto logre el perfil requerido.

¿Cómo entrenar por competencias? Como se deriva del gráfico anterior, la gestión por competencias se relaciona con todos los procesos o funciones, y a su vez estos entre sí.

Ejemplos de interacción de distintos procesos de recursos humanos con la capacitación y entrenamiento por competencias:

1. De la aplicación de un esquema de evaluación de desempeño por competencias (capítulo 10) se desprende que una persona o un grupo deben mejorar ciertas competencias.

2. La empresa decide entrenar a determinado colectivo –por ejemplo, los comerciales de segundo nivel de la red de sucursales– en ciertas competencias.

3. A los primeros, segundos y terceros niveles, la organización desea entrenarlos en liderazgo y trabajo en equipo.

4. Se requiere entrenar a toda la empresa en orientación al cliente interno y externo.

5. Reforzar las habilidades comerciales y de atención al público de todos los que de un modo u otro tienen relación con clientes.

Para estos casos y otros similares deben primero definirse las competencias y su alcance, y partir de allí preparar las actividades de entrenamiento más adecuadas.

¿Cómo iniciar capacitación por competencias?

Los mercados suelen estar sobreofrecidos de cursos *enlatados* sobre diversos temas: liderazgo, trabajo en equipo, presentaciones eficaces, comunicación y otras "competencias" requeridas en este momento.

Entonces, parecería que basta con contratar alguno de los cursos ofrecidos. Pero la solución no es tan simple.

1. En primer lugar, la empresa debe definir cuáles son las competencias que necesita, luego el grado requerido para los diferentes puestos de la organización.

2. Con este primer mapa de puestos y competencias, se debe hacer un inventario de competencias del personal. El inventario de competencias debe ser amplio, es decir, relevar las competencias de conocimientos y las de gestión (relacionadas con las conductas).

3. De la comparación de estos dos elementos (pasos 1 y 2) surgirán las necesidades de entrenamiento por competencias.

Del autor al lector

Una forma exitosa de implementar la capacitación o entrenamiento por competencias es combinarlos con un entrenamiento específico, por ejemplo técnicas de ventas. Por ejemplo, para el conjunto de comerciales de una red de oficinas distribuidas en una amplia superficie geográfica, la secuencia sería:

Formación actitudinal:

⇨ Dirección de equipos.

⇨ Trabajo en equipo.

⇨ Servicio al cliente.

Formación de habilidades comerciales y directivas:

⇨ Habilidades comerciales.

⇨ Técnicas básicas de ventas.

⇨ Negociación.

⇨ Liderazgo, comunicación y conflictos.

Formación técnica:

⇨ Técnicas avanzadas de ventas y productos.

⇨ Planificación comercial y gestión del tiempo.

⇨ Otros necesarios según la empresa y el segmento de la economía.

De este modo, en un programa integrado con plazos precisos se combinan los dos tipos de capacitación o entrenamiento: los conocimientos tradicionales más el entrenamiento por competencias.

Para un entrenamiento por competencias es necesario primero definir las competencias de la organización y su nivel por puestos, y relacionándolas con las competencias del personal (inventario) [15] se diseña la capacitación necesaria, como en el ejemplo planteado.

---

[15] Nos hemos referido al Inventario de Recursos Humanos en *Empleo: discriminación, teletrabajo y otras temáticas,* obra citada.

Rol de Recursos Humanos en la capacitación

Para una exitosa gestión de capacitación deben intervenir Recursos Humanos, a través de su área de Capacitación, y la línea para la cual se está desarrollando la actividad. Debe ser necesariamente un trabajo en equipo para un correcto desempeño de todos los involucrados, capacitadores y participantes. En una apretada síntesis, las funciones de cada uno son:

Recursos Humanos	Línea
📖 Prepara el material del entrenamiento.	📁 Provee la información técnica necesaria.
📖 Coordina los esfuerzos de capacitación.	📁 Verifica necesidades de entrenamiento.
📖 Conduce y organiza el entrenamiento fuera del trabajo.	📁 Conduce el entrenamiento dentro del trabajo.
📖 Diseña el relevamiento de necesidades de capacitación.	📁 Determina quién debe ser capacitado.

El diseño de la actividad está a cargo de Recursos Humanos. Si el área tiene un responsable de Capacitación, será este el encargado de hacerlo.

Incluimos a continuación otra parte del material que nos proporcionó gentilmente el licenciado José Duducharck sobre el papel de Recursos Humanos en el diseño de la capacitación.

El **macrodiseño** puede ser definido como **la estructura o plan general del curso**, que sirve para organizar sus contenidos, sus tiempos y actividades en un todo armónico y coherente a la vez que permite verificar si el conjunto responde a los objetivos planteados.

Contenidos de la sesión	Duración	Objetivos
¿Qué temas deben ser trabajados? *¿Con qué profundidad?*	*¿Cuál es la cantidad de horas que se dedicará?* *¿Con qué periodicidad se realizarán los encuentros?* *¿En qué momento del día?*	*¿Qué serán capaces de hacer de modo diferente los participantes tras completar la actividad?*
Métodos	**Criterios de evaluación**	**Transferencia del aprendizaje**
¿Cuáles son los métodos y técnicas que nos ayudarán a que los participantes lleguen a aprender las habilidades y conocimientos requeridos?	*Después de la sesión ¿cómo verificaremos los logros, habilidades o destrezas adquiridos por los participantes?*	*¿Cómo nos aseguraremos de que lo aprendido será aplicado al trabajo?* *¿Cómo verificaremos sus progresos?*

Algunas **preguntas orientadoras** que siempre se formulan los expertos al realizar este tipo de trabajos:

- Los participantes no conocen al instructor y quizá no se conozcan entre sí. El coordinador de la actividad tendrá que promover la confianza y la integración entre los asistentes. *¿Cómo piensa "romper el hielo" al iniciar la actividad?*

- *¿Explicitó los logros (objetivos) que espera alcancen los participantes al finalizar el curso?* Considere esta fórmula al momento de redactar los objetivos: "Al finalizar la sesión los participantes podrán..."

- *¿Está balanceada la cantidad de tiempo dedicado a presentaciones a cargo del instructor y el destinado a ejercicios como para mantener el entusiasmo y la participación de los asistentes?*

- *Los contenidos y las actividades programadas, ¿consideran la experiencia y el nivel actual de conocimientos de los participantes sobre el tema?*

- *¿Previó descansos (breaks) suficientes?*

- *¿Planificó alguna actividad para ir verificando los progresos de los asistentes?*

No deje de verificar que lo enseñado haya sido aprendido. Esto no necesariamente demanda un "examen". Prevea algún ejercicio que permita poner en acción y reforzar el conocimiento transmitido.

- *¿Cómo finalizará el curso?*

Recuerde "cerrar" adecuadamente la actividad. Una síntesis y una invitación a aplicar lo aprendido en la tarea cotidiana no deben faltar.

- *¿Cómo son los materiales de apoyo para los participantes?*

Cuide la calidad de los materiales que va a presentar.

- *¿Están dadas las condiciones físicas y preparados todos los recursos necesarios para desarrollar las actividades programadas?*

Verifique que las condiciones del ambiente de aprendizaje (lugar, iluminación, servicios, elementos de trabajo) sean adecuadas y oportunas.

Este trabajo previo servirá de base para la elaboración del **microdiseño**, que **reúne toda la información necesaria para dictar el curso**. Comprende el contenido específico del curso que se va brindar así como las instrucciones detalladas para conducir las actividades. **Su expresión final lo constituyen el Manual del Instructor y el material destinado a los participantes.**

¿Cómo relacionar capacitación y entrenamiento con desarrollo?

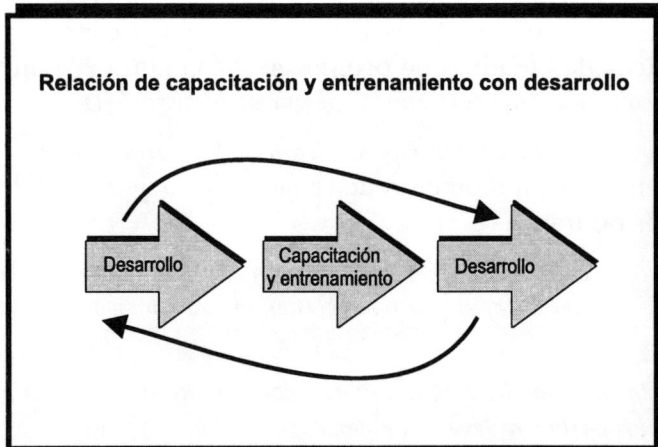

Relación de capacitación y entrenamiento con desarrollo

Desarrollo → Capacitación y entrenamiento → Desarrollo

Las funciones de capacitación y entrenamiento están en constante interacción con el desarrollo del personal. Constituyen la herramienta básica para lograrlo. En las empresas ambas funciones están dentro de un área y responden por lo general a un mismo gerente o responsable. Para Ernst & Young[16] *un plan de formación se puede definir como un conjunto coherente y ordenado de acciones de formación, concretado en un período determinado de tiempo y encaminado a dotar y perfeccionar las competencias necesarias para conseguir los objetivos estratégicos predeterminados.*

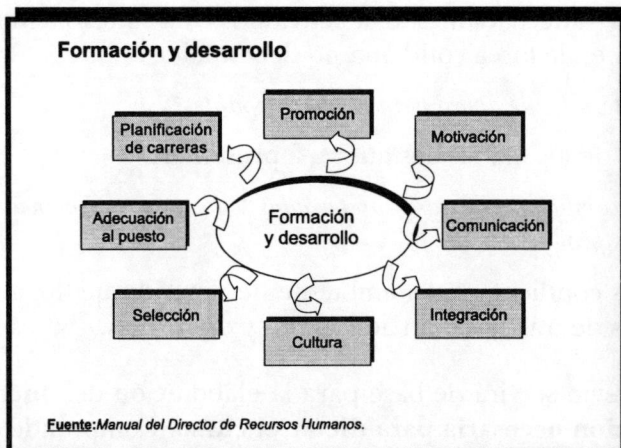

Formación y desarrollo

Planificación de carreras — Promoción — Motivación — Comunicación — Integración — Cultura — Selección — Adecuación al puesto — Formación y desarrollo

Fuente: *Manual del Director de Recursos Humanos.*

---

[16] *Manual del director de Recursos Humanos*, Ernst & Young Consultores, edición especial de Cinco Días, Madrid, 1998.

Para que un plan resulte plenamente eficaz, deberá estar coordinado con el resto de las políticas y herramientas de recursos humanos (plan de carreras, selección e integración, análisis de potencial, adecuación de la personal al puesto, evaluación de desempeño, etc.), que a su vez serán coherentes con la tecnología y los medios disponibles en la organización.

En el ejemplo que presentamos a continuación se ha tomado un área de tecnología para mostrar cómo evolucionan las competencias en un plan de carrera, y a partir de allí determinar las necesidades de capacitación y entrenamiento necesarias para las personas involucradas.

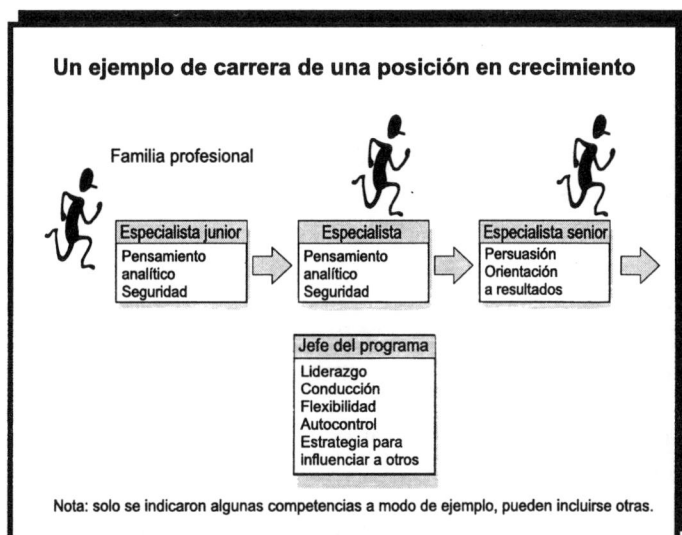

Un ejemplo de carrera de una posición en crecimiento

Familia profesional

Especialista junior
Pensamiento
analítico
Seguridad

Especialista
Pensamiento
analítico
Seguridad

Especialista senior
Persuasión
Orientación
a resultados

Jefe del programa
Liderazgo
Conducción
Flexibilidad
Autocontrol
Estrategia para
influenciar a otros

Nota: solo se indicaron algunas competencias a modo de ejemplo, pueden incluirse otras.

En las familias de puestos o mapas de puestos, usualmente dentro de una misma área, las competencias tienen una evolución, acumulándose nuevas competencias a las de los puestos inferiores.

Para la elaboración del gráfico[17] expuesto hemos tomado como referencia la obra de Caretta, Dalziel y Mitrani.[18]

Como se puede ver en el cuadro siguiente, para cada puesto se prevé un tiempo para alcanzar la nueva posición en la última columna, y en las anteriores, hacia la izquierda del gráfico, las competencias diferenciales de la posición y las actividades

---

[17] Nota del autora: este mismo gráfico se presentará nuevamente en el capítulo 9.
[18] Caretta, Antonio; Dalziel, Murray M. y Mitrani, Alain, *Dalle Risorse Umanalle Competenze*, Franco Angeli Azienda Moderna, Milán, 1992, páginas 68 y siguientes.

de capacitación y entrenamiento necesarias para llegar al objetivo en el tiempo previsto.

Planeamiento de carrera para una familia profesional

Familia profesional	Competencia	Disciplina	Competencia diferencial	Formación y desarrollo	Tiempo
Especialista junior	Pensamiento analítico Seguridad	Ingeniería Software Sistemas X			
Especialista			Competencia: pensamiento analítico y seguridad	Curso de liderazgo	Dos años
			Disciplina: Ingeniería Software Sistema XYZ	Curso técnico Entrenamiento en el campo	Dos años
Especialista senior			Competencia: Persuasión Conducción Flexibilidad	Curso general de management Curso sobre cómo construir un team (make a team)	Tres años
			Disciplina: Sistema PLR Contratos Gestión de proyectos	Curso sobre sistema PLR Curso sobre contratos Entrenamiento en el campo	Tres años

En el ejemplo –presentado en forma muy sintética por ser solo un esquema teórico para ejemplificar la explicación– se muestra cómo en los planes de carrera es posible presentar los puestos, su posible evolución y las necesidades de capacitación y entrenamiento para lograrlo.

Para elaborar el plan de sucesión, por ejemplo, de la gerencia, se tomarán en cuenta las personas que ocupan los puestos y las posibilidades de ocupar otros en el futuro en base a sus competencias actuales y su posible desarrollo, considerando las eventuales necesidades de capacitación y entrenamiento.

En el gráfico siguiente se presenta un esquema de planificación de sucesión a nivel gerencial, en el que se muestran los pasos a seguir: la empresa define primero la estrategia; a partir de allí es posible determinar los factores críticos para la sucesión del puesto, se analiza el diseño organizacional, se analiza nuevamente la posición y se evalúa a las personas. ¿La conclusión? Puede determinarse que es posible seleccionar un gerente interno competente para el cargo; que esto no es posible y por lo tanto es necesario reclutar un gerente de otra empresa; o que es posible desarrollar a un empleado interno, para lo cual se deberá confeccionar un plan de desarrollo a ejecutarse en cierto período de tiempo.

Este plan para desarrollar a una persona interna incluirá seguramente acciones de capacitación y entrenamiento.

Planificación de sucesión del management

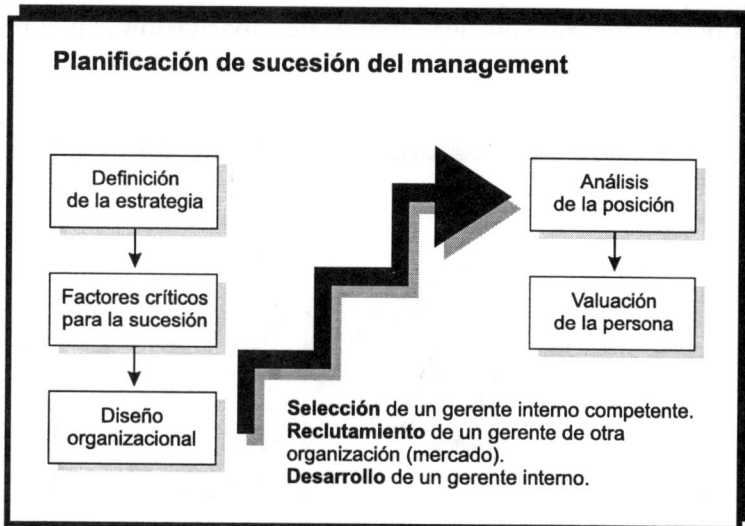

Las organizaciones no solo desarrollan gerentes, es necesario desarrollar a todo el personal. Para ello se utilizan distintos indicadores que muestran problemas y necesidades. Por otro lado se deben considerar los recursos disponibles, en relación por lo general con el presupuesto de la organización. A partir del análisis y compatibilización de estos elementos se determina el presupuesto de capacitación.

Determinar objetivos y necesidades

La detección de necesidades de capacitación puede provenir de diferentes fuentes: de la evaluación de desempeño (capítulo 10), de planes de sucesión, o de otras funciones dentro del desarrollo de las personas (capítulo 9). Otra fuente es la administración a los supervisores de cuestionarios como los que presentamos al final de este capítulo.

Estas necesidades deben devenir en planes de capacitación concretos y operativos.

Cuando se administran formularios de relevamiento de necesidades de formación, en el momento de las evaluaciones de desempeño o cuando se inician programas de cambio cultural, las necesidades de capacitación pueden exceder a las posibilidades de la organización. Por ello es imprescindible establecer cuáles son las necesidades prioritarias.

De ese modo, relacionando las necesidades de capacitación con la magnitud de los problemas a solucionar y con los recursos disponibles, es posible confeccionar el **presupuesto de capacitación**.

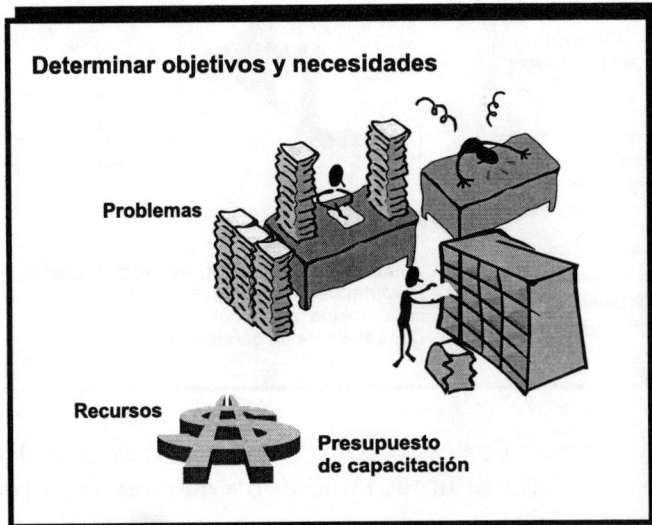

¿Cómo fijar objetivos operativos?

Hay medios de capacitación muy costosos que requieren muchas horas de diseño, y otros no tanto, como los programas a distancia o basados en un diseño estándar. Para el presupuesto de capacitación se consideran diferentes aspectos:

➤ Los medios de formación.

➤ Los participantes, número, tipo, características. Hay que considerar que algunos pueden tener números mínimos o máximos de participantes, según la actividad o el tema a tratar. En función de la cantidad de participantes y el tema, puede variar el número de instructores por cada actividad.

➤ La cantidad de capacitadores que se necesita y las competencias de los mismos. Considerar si los formadores son internos o externos.

➤ El ámbito geográfico donde será impartida la capacitación. En ocasiones es posible que todos los participantes se trasladen a la misma localización o que los instructores lo hagan. También pueden designarse plazas cabeceras para optimizar los recursos.

➤ A partir de allí se determinarán objetivos, plazos y tiempos de las diferentes actividades.

Priorizar las necesidades permite ordenarlas en función de su urgencia o importancia. Si en un grupo se detectan, por ejemplo, siete carencias formativas, quizá el presupuesto o los recursos permiten únicamente atender a la mitad. Se sugiere determinar prioridades altas, medias y bajas.

A continuación, se determinarán los canales por los cuales llegará la formación a sus destinatarios: aula, a distancia o presencial, en el puesto de trabajo, asistida por computadora, mediante vídeos, aulas virtuales, etc. La elección dependerá del objetivo a cubrir: adquirir o incrementar conocimientos, cambiar actitudes, desarrollar habilidades o varias de estas competencias a la vez.

Los centros de entrenamiento

Las empresas han tomado conciencia, y es una tendencia en crecimiento, de la ventaja de contar con su propio centro de entrenamiento para responder a la necesidad constante de capacitación, tanto de jóvenes como de personas experimentadas.

¿Qué es un centro de entrenamiento? Un lugar físico, muchas veces fuera del ámbito de las oficinas centrales, para el dictado de cursos. Hasta no hace mucho, el papel del área de Capacitación se circunscribía a la contratación de cursos o instructores externos. Hoy su alcance es mucho más amplio. La tendencia nos indica que los centros de entrenamiento están equipados con moderna tecnología, son más profesionales en cuanto a contenidos y orientados a la capacitación en los distintos tipos de competencias, las duras (en relación a conocimientos específicos) y las blandas (relacionadas con las conductas).

Esto no significa que las empresas no continúen contratando especialistas para el dictado de cursos. Esto es inevitable, porque no es posible tener dentro de una organización, aunque se trate de una empresa grande, el número y la diversidad de instructores necesarios. Pero la participación del especialista interno en capacitación y entrenamiento es permanente y con una doble función: por un lado participa aportando sus conocimientos y perspectiva, y por otro, no menos importante, vigila, el cumplimiento de las políticas de la empresa.

El centro de entrenamiento y la instrucción en tiempo real[19]

El cuadro que incluimos a continuación lo hemos tomado del mencionado libro del colega Ernesto Gore.

Capacitación	Basada en la línea	Basada en multimedias
Centralizada	Apoyo a la línea a través del diseño y la formación de instructores; cursos organizados por el centro de entrenamiento.	El centro de entrenamiento acuerda las necesidades de capacitación con la línea y desarrolla programas de capacitación multimedia.
Descentralizada	La línea desarrolla la capacitación; el centro de entrenamiento asesora, audita y se dedica a los procesos de capacitación con márgenes de tiempo amplios.	La línea detecta sus necesidades de formación y el centro de entrenamiento contrata a terceros para el desarrollo de herramientas multimedia de formación.

Haremos una referencia a la tecnología y la formación al final de este capítulo; queremos señalar aquí que la tecnología debe estar a nuestro servicio en todos los casos, también en el diseño de la capacitación y el entrenamiento.

Esquema de un entrenamiento

Como síntesis de lo visto hasta aquí le proponemos seguir los siguientes pasos en un esquema de entrenamiento:

---

[19] Gore, Ernesto, obra citada.

➢ Determinar necesidades de entrenamiento.

➢ Identificar necesidades y objetivos de capacitación.

➢ Desarrollar criterios de medición.

➢ Elaborar / diseñar una actividad piloto.

➢ Seleccionar métodos.

➢ Conducir el entrenamiento.

➢ Medir resultados y compararlos en base a la aplicación de índices de gestión. En los formularios y esquemas que incluimos al final del capítulo prevemos la evaluación del instructor y del participante. Sugerimos además la utilización de índices de medición de satisfacción o de control de gestión para medir los resultados de la capacitación impartida.

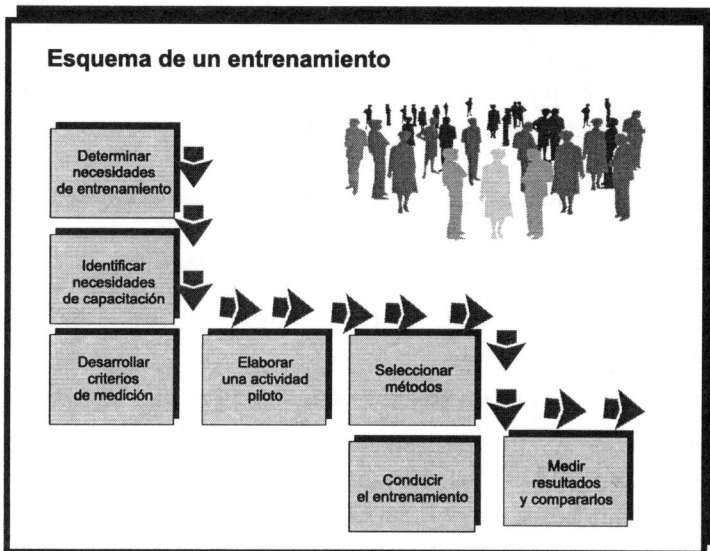

Esquema de un entrenamiento

- Determinar necesidades de entrenamiento
- Identificar necesidades de capacitación
- Desarrollar criterios de medición
- Elaborar una actividad piloto
- Seleccionar métodos
- Conducir el entrenamiento
- Medir resultados y compararlos

Análisis de perfil requerido *versus* habilidades y conocimientos del participante

Se ha señalado en párrafos anteriores que la capacitación está siempre relacionada con las necesidades de la organización y del puesto ocupado por los participantes, o el que ocuparán en el futuro. Cuando se evalúa un caso en particular, se debe comparar la descripción del puesto (capítulo 7) con la evaluación del participante (evaluaciones de potencial o *assessment* vistos en capítulo 4 o evaluación de desempeño, capítulo 10).

De la comparación de ambos elementos pueden surgir diferencias como las grafi-
cadas en el siguiente esquema.

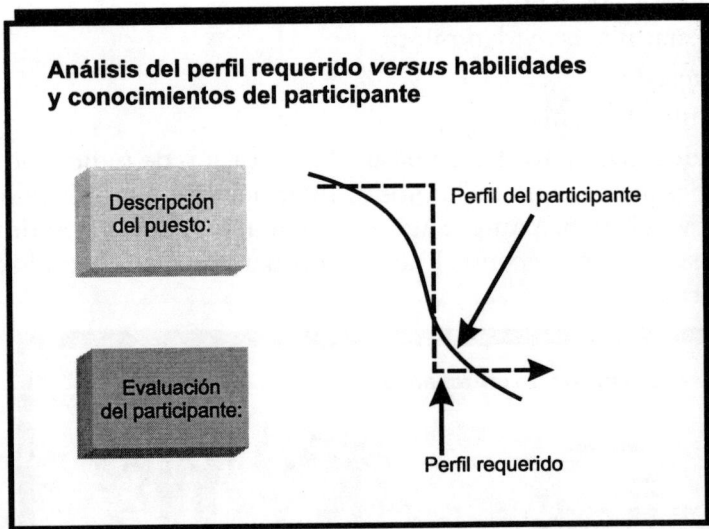

Análisis del perfil requerido *versus* habilidades y conocimientos del participante

Descripción del puesto:

Evaluación del participante:

Perfil del participante

Perfil requerido

Diseño o rediseño de un centro de entrenamiento

Citaremos una vez más a Ernesto Gore[20]; según este autor son cuatro los ejes sobre los cuales basar el entrenamiento:

⇨ las necesidades de la empresa en relación con la capacitación existente;

⇨ la oferta educativa;

⇨ aprendizaje que se lleve a la práctica en la tarea;

⇨ la formación de formadores.

Parecería que si una compañía atiende estos cuatro ejes para rever sus políticas de
capacitación o para diseñarlas si no las tiene, estará en un camino más correcto que las
que toman la capacitación como, por ejemplo, una forma de premio o compensación.

Desde un ángulo diferente, complementando el enfoque académico de Gore, podemos citar a Arthur Pell[21] en una obra dirigida a gente no especializada en Recursos
Humanos: *Establezca un programa para usted y los miembros de su equipo, a fin de que en forma continua mejoren sus conocimientos actuales y adquieren nuevos. En ese programa, asegúrese
de lo siguiente:*

[20] Gore, Ernesto, obra citada.
[21] Pell, Arthur R., *¡Administre su personal fácil!*, Prentice Hall Hispanoamericana, México, 1996.

⇨ *Identifique los conocimientos de cada miembro del equipo.*

⇨ *Investigue nuevos equipos y métodos.*

⇨ *Determine qué conocimientos adicionales necesitan.*

⇨ *Organice o pida capacitación en esas áreas.*

En el mismo libro, el autor menciona que *cuando el aprendizaje continuo se convierte en una parte integral de la cultura de la compañía, los empleados buscan oportunidades de aplicar sus conocimientos en su trabajo diario, así como desarrollar sus habilidades y obtener los conocimientos necesarios para vencer los retos del mañana.*

Evaluación de las necesidades de entrenamiento

⇨ La organización necesita buscar la solución a los problemas de rendimiento del personal. Para encontrarla hay que identificar las áreas con deficiencias de entrenamiento. Si el personal sintiera que la implementación de un nuevo sistema implicará la desvinculación de alguno o de todos ellos, el entrenamiento deberá focalizarse en que si ellos aprenden la nueva tecnología, eso tan temido no sucederá. Hay que lograr que se acepte y se entienda la nueva tecnología.

⇨ Evaluación de las tareas: una de las más frecuentes causas de necesidades de entrenamiento derivan de la falta de las capacidades necesarias para realizar las tareas, porque el empleado nunca las tuvo o porque las olvidó. En otras ocasiones, la falta de adecuado rendimiento de un área se debe a sistemas inadecuados, un pobre *layout* de máquinas o equipamiento obsoleto.

⇨ Análisis de las necesidades individuales: en ocasiones, la baja performance de un departamento deviene de incentivos inadecuados para empleados y jefes o desmotivación que afecta la conducta de una o varias personas.

Las herramientas para analizar necesidades

⇨ Examinar estándares de varias áreas.

⇨ Entrevistas individuales con supervisores, empleados, gerentes y si es posible clientes u otras personas relacionadas.

⇨ Analizar el grupo: juntos o en pequeños grupos, generando la discusión sobre el área en estudio. Observar las conductas grupales e individuales, acuerdos y desacuerdos, conflictos y sentimientos.

⇨ Consultar con expertos de la compañía y externos qué se puede hacer para optimizar el rendimiento.

⇨ Identificar los buenos rendimientos y por qué esos empleados hacen su tarea correctamente.

Distintos métodos de capacitación y entrenamiento

➪ Lectura guiada.

➪ Trabajar en un proyecto.

➪ Tutoría.

➪ Rotación de funciones.

➪ Tareas de asistente.

➪ Entrenamiento a través de la simulación.

➪ Instrucción asistida por computadora.

Cómo evaluar la capacitación

Hay diversos elementos a través de los cuales se puede evaluar la eficacia del proceso de capacitación:

➪ **Reacción** de los participantes: participación, preguntas y otras manifestaciones.

➪ **Aprendizaje** medido en base a preguntas o ejercicios. Los jefes de los participantes podrán evaluar el resultado en la aplicación diaria de los contenidos.

➪ **Comportamiento** durante la actividad.

➪ **Resultados:** beneficios de la capacitación comparados con los costes del entrenamiento.

¿Qué evaluamos en la capacitación?

Qué	Cómo	Quién	Dónde
Capacidad	Pruebas	Instructores	Situación de formación
Desempeño	Observación guiada	Supervisores	Situación de trabajo
Productividad	Estándares de producción	Supervisores	Situación de trabajo
Aspectos económicos	Indicadores económicos	Responsable de la explotación	Unidad operativa

Al decir de Oscar Blake,[22] *todo aprendizaje tendrá sus consecuencias, así como la falta de aprendizaje; es responsabilidad del capacitador intentar que se creen las condiciones óptimas para que suceda lo que se busca.*

[22] Blake, Oscar, obra citada.

Abraham Pain[23] aporta ideas para mejorar la efectividad de las acciones de capacitación. Para este autor es importante ponerse en contacto con los futuros participantes unas semanas antes del comienzo de la actividad. El objetivo es ubicar la práctica en su contexto y conocer las expectativas. Estos encuentros son valorados por los participantes y resultan interesantes y fructíferos para capacitados e instructores.

Existen dos momentos de evaluación: durante el proceso de capacitación y después de él. Esta última evaluación puede dividirse a su vez en tres instancias: a corto plazo (por ejemplo a los quince días), a mediano plazo (tres meses) y a largo plazo (por ejemplo al año).

Hay una tendencia a "archivar" la carpeta del curso y no implementar lo aprendido. Por ello el seguimiento de la evaluación después de la práctica es muy importante.

Ejemplo de un plan de formación

A continuación presentamos un ejemplo tomado del *Manual del Director de Recursos Humanos* ya mencionado:

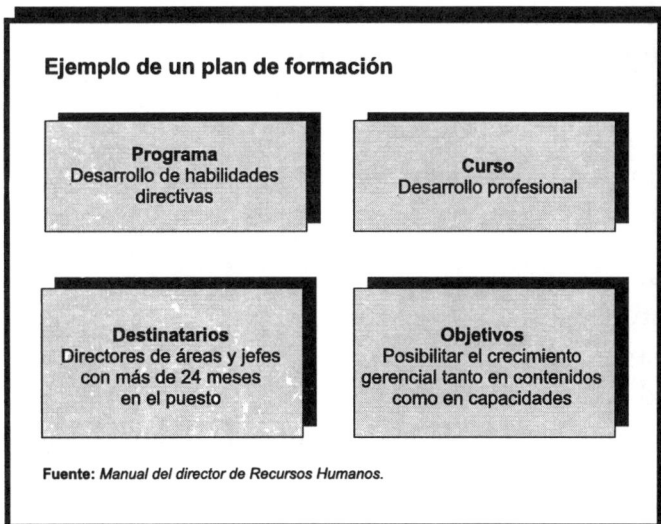

Ejemplo de un plan de formación

Programa
Desarrollo de habilidades directivas

Curso
Desarrollo profesional

Destinatarios
Directores de áreas y jefes con más de 24 meses en el puesto

Objetivos
Posibilitar el crecimiento gerencial tanto en contenidos como en capacidades

Fuente: *Manual del director de Recursos Humanos.*

---

[23] Pain, Abraham, *Cómo evaluar las acciones de capacitación*, Ediciones Granica, Barcelona, 1993.

Ejemplo de un plan de formación

En qué	Por quién	Dónde	Cuánto	Cuándo
• Aspectos organizativos y funcionales del área. • Aspectos clave en la toma de decisiones. • Análisis del entorno económico.	Áreas... (nombre de las áreas participantes)	Centro de entrenamiento	Tres días.	De... Al... (fechas)

Fuente: *Manual del director de Recursos Humanos.*

Costes y beneficios de la capacitación

Los costes

⇨ Salario del entrenador.

⇨ Material para el entrenamiento.

⇨ Coste de la logística.

⇨ Equipamiento.

⇨ Transporte.

⇨ Coste de las horas "perdidas" del empleado que asiste al curso.

Los beneficios

⇨ Incremento en la producción.

⇨ Reducción de errores.

⇨ Reducción de la rotación.

⇨ Menor necesidad de supervisión.

⇨ Cambio de actitudes por parte de los asistentes. El cambio de actitudes derivado de los procesos de entrenamiento es tratado por Edwards y Ewen.[24]

⇨ Enriquecimiento del puesto de trabajo.

---

[24] Edwards, Mark R. y Ewen, Ann J., *360° Feedback, The powerful new model for employee assessment & performance improvement*, Amacom, American Management Association, New York, 1996.

El futuro de la formación: uso intensivo de la tecnología[25]

En los nuevos planes formativos de las organizaciones, la tendencia más clara es la progresiva utilización de aplicaciones derivadas de la tecnología.

La innovación tecnológica obliga a implantar procesos de formación continua que permitan una adecuación de las cualificaciones profesionales a las demandas cambiantes del entorno.

Estos procesos se refieren tanto al aprendizaje de nuevas aplicaciones de tecnologías de la información y las comunicaciones, como al aprovechamiento de las nuevas tecnologías en las labores formativas.

Las organizaciones empresariales tienen que hacer frente a amenazas y oportunidades económicas y tecnológicas.

Para hacer frente a los impactos del entorno, cada empresa dispone de unas herramientas estratégicas, posibles elementos desequilibradores frente a la competencia: equipamiento tecnológico, cualificación de los trabajadores, mecanización de los procesos productivos, sistemas de comunicación y de información, controles de calidad y disponibilidad de equipos eficaces, entre otros.

La formación y la tecnología son los elementos más destacados para aprovechar las fortalezas de la empresa frente a las amenazas del entorno.

Las nuevas tendencias en formación

	Sistema tradicional	Nuevas tendencias
Profesor	Dirige el proceso formativo.	Coordina y orienta la formación.
Alumno	Receptor pasivo / Formación dirigida	Autoaprendizaje / Formación personalizada
Contenidos	Áreas básicas	Desarrollo de procesos mentales / Formación en nuevas tecnologías
Soporte	Papel impreso (libros) / Audio (casete y radio)	Ordenador/multimedia / Vídeo y televisión
Escenario	Aulas	Centros remotos (hogar y lugar de trabajo)
Método	Enseñanza presencial	Formación a distancia

---

[25] Para la redacción de este punto hemos tomado como base el *Manual del director de Recursos Humanos*, obra citada.

El uso generalizado de las aplicaciones tecnológicas tiene que ver con las siguientes condiciones:

- Equipos con un precio accesible y de fácil uso.
- Disponibilidad de infraestructura de comunicaciones.
- Mayor calidad y menor coste de los equipos.
- En consecuencia, rentabilidad de las inversiones en formación.

Como cierre de este punto queremos presentar las tendencias en formación, que si bien se refieren a la comunidad europea pueden ser de aplicación general.

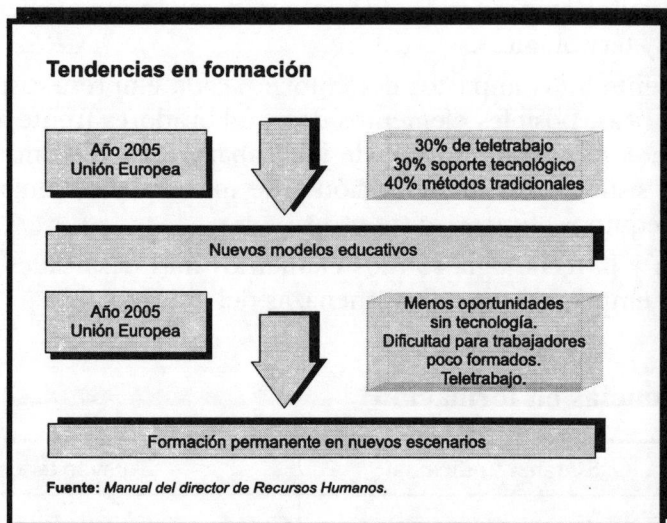

Tendencias en formación

Año 2005
Unión Europea

30% de teletrabajo
30% soporte tecnológico
40% métodos tradicionales

Nuevos modelos educativos

Año 2005
Unión Europea

Menos oportunidades
sin tecnología.
Dificultad para trabajadores
poco formados.
Teletrabajo.

Formación permanente en nuevos escenarios

Fuente: *Manual del director de Recursos Humanos.*

Síntesis del capítulo

➢ Una de las principales funciones del área de Capacitación es lograr que las personas realicen mejor su tarea. En este proceso de búsqueda de mejoras permanentes, la formación cobra un valor estratégico. La tarea de la función de Capacitación consiste en mejorar el presente y ayudar a construir un futuro en el que los recursos humanos estén formados y preparados para superarse continuamente.

➢ Capacitar a una persona es darle mayor aptitud para poder desempeñarse con éxito en su puesto. Es hacer que su perfil se adecue al perfil de conocimientos, habilidades y aptitudes requeridos para el puesto, adaptándolo a los permanentes cambios que la tecnología y el mundo globalizado exigen.

➤ La capacitación debe estar siempre en relación con el puesto o el plan de carrera y con los planes de la organización, su visión, misión y valores. No puede estar disociada de las políticas generales de la empresa.

➤ Las funciones de capacitación y entrenamiento están en constante interacción con el desarrollo del personal. Constituyen la herramienta básica para lograrlo.

➤ Si la organización ha implementado gestión por competencias, la capacitación y el entrenamiento estarán en función de ellas. Los pasos a seguir para implementar capacitación por competencias serán: definir las competencias y los grados requeridos para los diferentes puestos; realizar un inventario de competencias del personal; a partir de la comparación de la información obtenida en los dos primeros pasos, elaborar un plan de capacitación y entrenamiento por competencias.

➤ Para combinar la capacitación por competencias con la tradicional, se puede por ejemplo realizar un plan como el siguiente: para el conjunto de comerciales de una red de oficinas distribuidas en una amplia superficie geográfica:

Formación actitudinal
- Dirección de equipos;
- trabajo en equipo;
- servicio al cliente.

Formación de habilidades comerciales y directivas
- Habilidades comerciales;
- técnicas básicas de ventas;
- negociación;
- liderazgo, comunicación y conflictos.

Formación técnica
- Técnicas avanzadas de ventas y productos;
- planificación comercial y gestión del tiempo;
- los necesarios según la empresa y el segmento de la economía.

De este modo, en un programa integrado con plazos precisos se combinan los dos tipos de capacitación: los conocimientos tradicionales más el entrenamiento por competencias.

➤ El futuro de la formación incluye un uso intensivo de la tecnología, como herramienta necesaria para realizar las tareas y como soporte de la capacitación en sí misma.

El lector encontrará los esquemas en INTERNET *(Clases)*: **www.granica.com/derrhh** y **www.marthaalles.com/derrhh** y la ejercitación correspondiente a estos temas en la obra **Dirección estratégica de Recursos Humanos. Gestión por competencias.** *Casos*. **Capítulo 8.**
Casos: **Un plan de formación. Caso Banco de Salamanca.**

A continuación incluiremos los siguientes formularios:

1. **Guía de capacitación estratégica**: para ser confeccionada por gerentes de área o unidades de negocios.

2. **Lista de control para capacitación**: para ser confeccionada por personas que supervisan personal, puede ser un gerente o un jefe con responsabilidad y decisión sobre el tema.

3. **Evaluación del instructor**: por parte del participante de una actividad.

4. **Evaluación de la actividad**: también por el participante.

GUÍA DE CAPACITACIÓN ESTRATÉGICA

1. Mencione los cambios más importantes que haya experimentado durante los últimos tres años en las siguientes áreas.

Mercados y competencia: _____

_____

Nuevos productos: _____

_____

Aumento de ventas: _____

_____

Tecnología: _____

_____

2. Describa la capacitación que considera implementar en estas áreas considerando los cambios que prevé para los próximos tres años.

_____

_____

_____

1. ¿En qué grado sus programas actuales de capacitación alcanzan estas necesidades?

_____ Completamente _____ Más o menos _____ Nada

4. Consigne los tres objetivos de capacitación más importantes que dicta la estrategia de su compañía.

a. _____

b. _____

c. _____

GUÍA DE CAPACITACIÓN ESTRATÉGICA (continuación)

5. Mencione sus áreas de capacitación actuales y establezca la necesidad estratégica de cada una. ¿Estas necesidades son aún válidas?

Programa: _____

Necesidad estratégica: _____

¿Es válida? (Sí / No): _____

Programa: _____

Necesidad estratégica: _____

¿Es válida? (Sí / No): _____

Programa: _____

Necesidad estratégica: _____

¿Es válida? (Sí / No): _____

6. ¿Qué es lo más importante que sus empleados necesitan aprender (por ejemplo: manejo de PC, habilidades de ventas, habilidades técnicas, etc.)?

_____

_____

_____

7. ¿Cuáles son los programas de capacitación que más les cuesta aprender a sus empleados?

_____

_____

LISTA DE CONTROL PARA CAPACITACIÓN

NECESIDADES DE CAPACITACIÓN

1. ¿Ha identificado discrepancias específicas de desempeño por las cuales se da cuenta de que sus empleados necesitan capacitación? _____
2. ¿La capacitación que se necesita se relaciona con las tareas laborales habituales o con otras nuevas? _____
3. ¿La capacitación es necesaria al preparar a los empleados para promoción? _____
4. ¿Los problemas o incidentes apuntan a una necesidad de capacitación? _____
5. ¿Los problemas de moral o de actitud indican una necesidad de capacitación? _____
6. ¿Es necesario un programa de orientación para los nuevos empleados? _____
7. Mencione todas las necesidades potenciales de capacitación más importantes:

_____

_____

_____

SITUACIONES DE CAPACITACIÓN

8. ¿Pueden fijarse pasos para los propósitos de capacitación? _____
9. ¿Se les pueden enseñar a los empleados estándares de calidad? _____
10. ¿Existen habilidades o técnicas que los empleados deben aprender? _____
11. ¿Existen prácticas de seguridad que se deben enseñar? _____
12. ¿Existen técnicas de manejo de materiales que se deben enseñar? _____
13. ¿Ha determinado la mejor manera para que los empleados manejen el equipo? _____
14. ¿Existen estándares de desempeño que los empleados deben alcanzar? _____
15. ¿La información sobre sus productos ayudará a los empleados a desempeñarse mejor? _____
16. ¿Los empleados necesitarán instrucción sobre otros departamentos? _____

TÉCNICAS DE CAPACITACIÓN

17. ¿Es posible capacitar en el puesto para que los empleados puedan producir mientras aprenden? _____
18. ¿Es mejor que un instructor pagado capacite a los empleados en un curso? _____

LISTA DE CONTROL PARA CAPACITACIÓN (continuación)

19. ¿Es mejor una combinación de capacitación en el puesto y en un curso? _____

20. ¿El tema necesita clases? _____

21. ¿El instructor debe hacer un seguimiento con sesiones de discusión? _____

22. ¿El tema necesita demostraciones? _____

23. ¿Pueden simularse los problemas operativos en el curso? _____

24. ¿El instructor puede dirigir a los empleados mientras realizan su trabajo? _____

25. ¿Se utilizará un manual de instrucciones incluyendo instrucción laboral? _____

26. ¿Se les brindará a los empleados un resumen del programa de capacitación? _____

27. ¿Se pueden utilizar otros libros y materiales? _____

28. Si la capacitación requiere el uso de diapositivas, vídeos o fotos, ¿se dispone de estos elementos? _____

29. ¿Posee dibujos o fotografías de la maquinaria, equipo o productos que puedan utilizarse? _____

30. ¿Dispone de miniaturas o modelos de la maquinaria y el equipo para demostrar la operación? _____

LOGÍSTICAS DE CAPACITACIÓN

31. Si la capacitación no puede realizarse en la planta de producción, ¿dispone de una sala de conferencias? _____

32. ¿La capacitación debería realizarse fuera del establecimiento, en una escuela, un restaurante o un hotel cercano? _____

33. ¿El instructor dispone de las herramientas necesarias, como pizarra, atril y micrófono (si es necesario)? _____

34. ¿Se dispone de asientos y escritorios suficientes para los empleados? _____

35. ¿La capacitación debe realizarse durante las horas laborales? _____

36. ¿Las sesiones deben realizarse después de las horas laborales? _____

37. ¿La capacitación ocupará un período de tiempo predeterminado (por ejemplo dos semanas)? _____

38. ¿Dispone de suficientes instructores? _____

39. ¿Dispone de un manager de personal que tenga el tiempo y la habilidad para conducir la capacitación? _____

LISTA DE CONTROL PARA CAPACITACIÓN (continuación)

40. ¿Sus supervisores o jefes de departamento pueden conducir la capacitación? _____

41. ¿El instructor debe ser un empleado capacitado? _____

42. ¿Deberá capacitar al instructor? _____

43. ¿Conoce a un instructor fuera de la organización que pueda conducir la capacitación *part-time*? _____

QUIÉN SE CAPACITARÁ

44. ¿La capacitación de nuevos empleados debería ser una condición para ingresar? _____

45. ¿Existen empleados en este momento que necesiten capacitación? _____

46. ¿La capacitación debería ser una condición para promociones? _____

47. ¿Se les permitirá a todos los empleados participar en la capacitación? _____

EL COSTE DE LA CAPACITACIÓN

48. ¿Debería cobrar el programa por el espacio, las máquinas y materiales utilizados? _____

49. ¿Se incluirán los sueldos de los empleados? _____

50. Si el instructor es un empleado, ¿se le pagará un extra? _____

51. ¿Se incluirá en el coste el tiempo que usted y los demás utilizarán para preparar y administrar el programa? _____

52. ¿Cuál es el coste total estimado del programa? _____

Notas:

_____

_____

_____

_____

_____

_____

_____

_____

EVALUACIÓN DEL INSTRUCTOR

Nombre del instructor: _____

Domicilio: _____

Contacto: _____ Teléfono: _____

Necesidad de capacitación: _____

Departamento/división afectada: _____

Número de participantes: _____ Presupuesto aproximado: _____

Duración de la capacitación: _____

Objetivos de capacitación

_____ Habilidades _____ Motivación _____ Información

_____ Otros _____

Descripción detallada del objetivo de capacitación

_____

_____

Tipo de instructor(es) que se considera(n)

_____ Conferencia   _____ Instrucción programada

_____ Seminario_____   _____ Aprendizaje experimental

_____ Curso_____   _____ Material audiovisual

_____ Curso al cliente   _____ Facilidad de capacitación

_____ Otros _____

Criterio de selección

1. El instructor utiliza lenguaje/términos adecuados. _____ Sí _____ No
2. El instructor se adapta al entorno y necesidades. _____ Sí _____ No
   de la compañía.
3. El instructor puede modificar programa/materiales. _____ Sí _____ No
4. La compañía proporcionará el material. _____ Sí _____ No
5. El instructor tiene buen conocimiento de la audiencia. _____ Sí _____ No
6. El instructor dará descuentos. _____ Sí _____ No
7. El instructor basará el precio en los resultados logrados. _____ Sí _____ No

Presentado por:

Nombre y puesto ocupado: _____

Área de experiencia: _____

EVALUACIÓN DEL INSTRUCTOR (continuación)

Calificación de la presentación (de 1 a 5)

____ Interesante	____ Claro
____ Material cubierto	____ Buen manejo de las preguntas
____ Inolvidable	____ Buena relación con los participantes
____ Buena presentación de los conceptos	____ Participación de la clase
____ Oportunidad de practicar	____ Resumen adecuado
____ Buen ritmo	____ Visuales adecuados
____ Apariencia profesional	____ Discusión en clase

Referencias del instructor

_____

_____

_____

_____

Cantidad de años del instructor en el tema _____

Recomendación _____

_____

_____

_____

_____

Completado por _____ Fecha _____

EVALUACIÓN DEL PARTICIPANTE

Empleado _____ Fecha _____

Mencione los tres conceptos más importantes que haya aprendido en esta capacitación:

1. _____
2. _____
3. _____

Piense en una situación donde pueda aplicar algo que haya aprendido en la capacitación cuando regrese a su puesto. Descríbala:

_____
_____
_____

¿En qué sentido lo aprendido lo ayudará a desempeñarse mejor en esta situación?

_____
_____
_____

Piense en otras dos situaciones donde utilizará las habilidades aprendidas en las primeras dos semanas cuando regrese al puesto:

1. _____
2. _____

¿Cómo se desempeñará mejor en estas situaciones como resultado de su capacitación?

1. _____
2. _____

De lo que aprendió en la capacitación, ¿qué habilidad o conocimiento le será más útil?

1. _____
2. _____

Mencione tres maneras en que mejorará su desempeño como resultado de lo aprendido:

1. _____
2. _____
3. _____

Capítulo **9**

Cuidado del capital intelectual
La función de Desarrollo en el área de Recursos Humanos

Usted aprenderá en este capítulo

➢ Qué es capital intelectual.
➢ Qué es la función de Desarrollo dentro del área de Recursos Humanos.
➢ Concepto de carrera y los distintos esquemas posibles.
➢ La función de Desarrollo dentro de un esquema de gestión por competencias.
➢ La planificación de sucesión del management.
➢ Los planes de sucesión y los diagramas de reemplazo.
➢ Las tutorías (*mentoring*) y el desarrollo de los recursos humanos.

El capital intelectual

El concepto de capital intelectual es tratado por muchos autores; veremos a continuación algunos de los consultados para la realización de esta obra.

Thomas Stewart[1] dice que *es difícil encontrar una rama de actividad, una empresa, una organización de cualquier tipo, que no se haya vuelto más dependiente de la "información intensiva" que antes, del conocimiento como recurso para atraer clientes y de la tecnología informática para su gestión.*

---

[1]   Stewart, Thomas A., *Intellectual Capital*, Doubleday, Nueva York, 1997; y *La nueva riqueza de las organizaciones: el capital intelectual*, Ediciones Granica, Buenos Aires, 1998.

Más adelante menciona que las empresas tienen dos tipos de gastos: los derivados de la compra de equipos, maquinarias y otros activos, e inversiones a largo plazo, por ejemplo en investigación, desarrollo y capacitación.

Para Annie Brooking[2] el capital intelectual de una compañía puede dividirse en cuatro categorías:

1. Activos del mercado: los constituyen el potencial derivado de los bienes inmateriales de una organización que guardan relación con el mercado. Por ejemplo: la clientela y su fidelidad, las marcas, los canales de distribución y acuerdos tales como licencias o franquicias.

2. Activos de propiedad intelectual: incluyen el *know how,* los secretos de fabricación, las fórmulas, las patentes.

3. Activos centrados en el individuo: son las cualificaciones que conforman al hombre y determinan que sea lo que es. Para nosotros, serían las competencias. No existe ninguna empresa que pueda "funcionar" sin un mínimo de personas.

4. Activos de infraestructura: son las tecnologías, metodologías y procesos que hacen posible el funcionamiento de la organización.

Estudiaremos en este capítulo el desarrollo del capital intelectual desde la perspectiva del punto 3, es decir, el representado por los activos centrados en el individuo.

A partir de estos activos se desarrollarán e incrementarán los demás factores.

Para Edvinsson y Malone[3] el capital intelectual está compuesto según el gráfico de la página siguiente:

El **capital humano** se compone, a su vez, por todas las capacidades individuales, los conocimientos, las destrezas y la experiencia de los empleados y gerentes de la compañía, y **capital estructural** es la infraestructura que incorpora, capacita y sostiene al capital humano.

No nos extenderemos más sobre este tema, muy rico por cierto, y nos concentraremos en relacionar el capital intelectual con los procesos y procedimientos de recursos humanos.

El **valor** de las compañías puede medirse de acuerdo a diferentes variables; una muy importante es el valor de su personal. Cuidar su desarrollo es enriquecer y aumentar el valor de la compañía. Este concepto está siendo incorporado como un elemento nuevo en las transacciones de compraventa de empresas.

---

[2] Brooking, Annie, *El capital intelectual*, Paidós, Buenos Aires, 1997.
[3] Edvinson, Leif y Malone, Michael, *El capital intelectual*, Editorial Norma, Bogotá, 1998.

El capital intelectual

CAPITAL INTELECTUAL

CAPITAL ESTRUCTURAL

CAPITAL HUMANO

LIDERAZGO

CULTURA
Y VALORES

Fuente: Edvinsson, Leif y Malone, Michael.

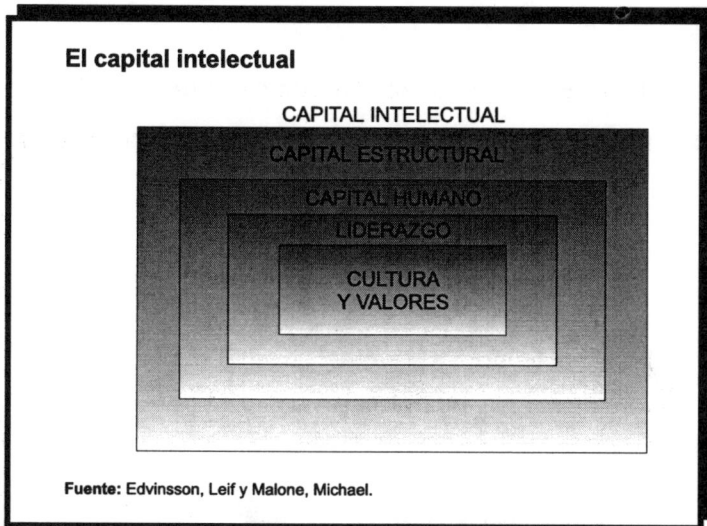

Para Marina Montironi[4] y Matteo Coppari, el capital humano, el manejo adecuado de los recursos humanos a través del empowerment y la valorización de las personas es un factor clave para el éxito.

Desde otra perspectiva, Hargrove[5] hace una reflexión sobre la importancia de agregar valor a través del coaching (entrenamiento) de individuos o equipos de trabajo.

El principio básico del coaching para agregar valor a individuos o equipos es pedirles a ellos que se pongan en lugar de los clientes. Deben pensar en todas las cosas que el cliente piensa cuando hace una compra o contrata un servicio; la misma fórmula se aplica no sólo hacia los clientes externos sino hacia colegas dentro de la organización. La ecuación del valor añadido pregunta: ¿qué valor tenemos para ofrecer?, en definitiva: ¿qué hacemos para satisfacer una necesidad específica de un cliente? Si ese valor que ofrecemos lleva a satisfacer la necesidad del cliente, ¿qué más pueden hacer nuestra compañía y nuestro equipo? Es crítico ofrecer al cliente "la solución completa" más que pensar en términos de lo que la empresa estrictamente hace. Esta solución puede incluir no sólo un nuevo producto, sino también intangibles como los conocimientos del equipo de ventas, responsabilidad en las entregas o flexibilidad en la facturación.

En cuanto al agregado de valor, Hargrove menciona las cuatro "P": *Definición "personal" de qué significa agregar valor; la "percepción" de los demás acerca de su producto; "performance" (desempeño) en constante mejora; "personas" trabajando en un clima positivo donde cada uno extrae de sí mismo lo mejor. El valor agregado que produce cada empleado puede multiplicarse por diez con un adecuado coaching.*

---

4   Montironi, Marina, *Capitale Umano e Imprese di Servizi*, Il Sole 24 Ore Media e Impresa, 1997.
5   Hargrove, Robert, *Masterful Coaching*, Pfeiffer, San Francisco, 1995.

En síntesis

El capital intelectual de una organización está compuesto por:

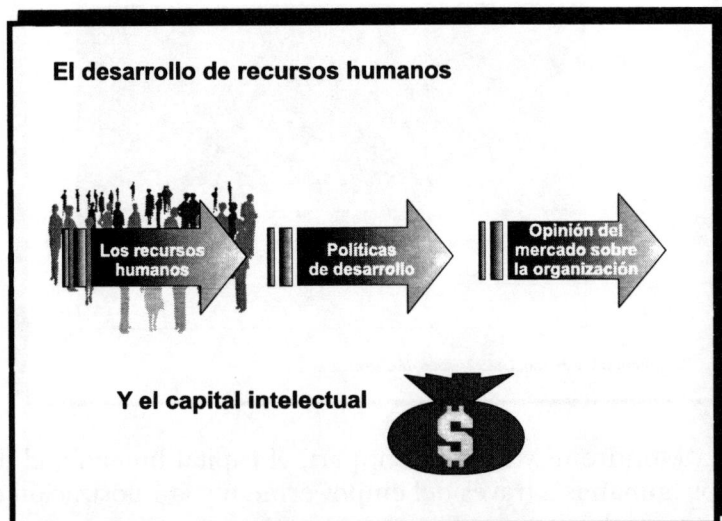

El desarrollo de recursos humanos

Los recursos humanos → Políticas de desarrollo → Opinión del mercado sobre la organización

Y el capital intelectual

Las políticas de desarrollo de las personas formarán la opinión que sobre la empresa se tenga en el mercado. Si esta cuenta con buenos recursos humanos, buenas políticas para su personal, buenas prácticas en materia de desarrollo, el resultado final será un alto capital intelectual de la empresa.

¿Por qué tratar el capital intelectual en esta obra sobre dirección estratégica de recursos humanos? En nuestra opinión, la principal función del área de Recursos Humanos –y de Desarrollo de Recursos Humanos en particular– es el cuidado del capital intelectual de la compañía.

Esta función se relaciona con la retención e incorporación de candidatos (capítulos 3, 4, 5 y 6), capacitación y entrenamiento (capítulo 8) y con evaluación de desempeño y administración de carreras (capítulo 10). En realidad, el cuidado del capital intelectual está en relación con cada una de las funciones de Recursos Humanos.

En el capítulo 1 mencionamos a David Ulrich[6] al referirnos a estrategia y planeamiento. Para este capítulo queremos señalar otro concepto interesante de este autor: *Convertirse en un socio estratégico. Cuando los profesionales de Recursos Humanos actúan como socios de los negocios cumplen muchas funciones, una de las cuales es convertir la estrategia en acción.*

---

[6] Ulrich, obra citada

Funcionar como socios estratégicos significa:

➢ *Crear una arquitectura organizativa y ser capaces de usarla para traducir la estrategia en acción.*

➢ *Aprender a hacer efectivos diagnósticos de la organización, formulando las preguntas adecuadas y generando prácticas creativas y útiles.*

➢ *Ser capaces de fijar prioridades para la concreción de iniciativas y hacer su correspondiente seguimiento hasta una feliz conclusión.*

Y citaremos nuevamente a Ulrich para referirnos a las *capacidades relativas a los profesionales de recursos humanos como socios estratégicos.* Para el autor, estas capacidades son:

1. Conocimiento de los negocios:[7] aspectos financieros, tecnológicos, etc.
2. Conocimiento de prácticas de recursos humanos (evaluación de desempeño, planes de remuneración, etc.).
3. Conducción del cambio (resolución de problemas, innovación y transformación, influencia).

Antes de adentrarnos en los temas específicos del capítulo, debemos agregar –en la misma línea de pensamiento que Ulrich– que un profesional de recursos humanos que quiera insertarse en el nuevo siglo con una perspectiva de futuro, deberá hacerlo como "socio" de los profesionales de línea y conociendo *necesariamente* los negocios de la compañía donde trabaje.

Dice el autor sobre el particular[8]: *los profesionales agregan valor a sus organizaciones cuando entienden la forma de operar de la empresa, porque esa comprensión ayuda al profesional de recursos humanos a adaptar sus actividades y las de la organización a las condiciones cambiantes de los negocios. El conocimiento de las capacidades financieras, estratégicas, tecnológicas y organizativas de una organización es la condición necesaria para participar en cualquier discusión estratégica.*

Desarrollo de recursos humanos

El desarrollo de los recursos humanos tiene una relación directa con el valor de la compañía; hay que desterrar la idea de que *son gastos de los que es difícil ver su retorno o su*

---

[7] Nota de la autora: Desde mucho antes de leer a Ulrich me gustó definir a la consultora que me tocó en suerte dirigir como "Una consultora en Recursos Humanos orientada a los negocios, donde en función del negocio de nuestro cliente y a través de su entendimiento y comprensión, brindamos asesoramiento en selección de ejecutivos y consultoría en Recursos Humanos"

[8] Ulrich, obra citada, páginas 405 y siguientes.

rendimiento. Los especialistas en recursos humanos deben entender esta diferencia de enfoque para poder explicarla a otras personas, por ejemplo a los directivos de la compañía.

El desarrollo de los recursos humanos se utiliza para:

➢ Incrementar las capacidades de los empleados para asegurar crecimiento y avance en la carrera.

➢ Mejorar las capacidades intelectuales y emocionales.

➢ Focalizar en aspectos menos tangibles de performance, como las actitudes y los valores.

➢ Tomar en cuenta datos como: preferencia de carrera, evaluaciones de desempeño y necesidades organizacionales.

Las principales funciones del área de Desarrollo de Recursos Humanos

➢ Administrar las descripciones de puestos y supervisar su vigencia.

➢ Definir los planes de carrera de la organización, mapas o familias de puestos.

➢ Coordinar las evaluaciones de desempeño e implementar las herramientas a utilizar, actualizarlas o modificarlas.

➢ Administrar los sistemas de planes de sucesión.

➢ En ocasiones, la función de Desarrollo incluye, o supervisa, la capacitación y el entrenamiento del personal.

La carrera

Cualquier empleado de una organización puede hacer una carrera, aun la recepcionista que asciende a secretaria o el cadete que pasa a trabajar en Proveedores. Todos ellos, en su nivel, hacen carreras, y estas, por más cortas que sean, deben ser tomadas en cuenta en los planes de desarrollo.

Sin embargo, es altamente recomendable identificar a la *key people* (gente clave) de la organización, a fin de elaborar para ellos planes especiales de carrera que deben ser verificados con atención.

Es necesario prever cómo reemplazar a cada una de las personas clave de la organización ante la eventual desvinculación de la compañía o las habituales licencias.

Por lo tanto, cada posición clave, gerencial o de supervisión, o la de aquel vendedor que atiende al mejor cliente, debe tener su cuadro de reemplazo. *¿No identifica a* *ningún otro que pueda reemplazarlos ahora? ¿Y dentro de un año o dos? ¿Qué tal si a nuestro joven ingeniero de planta se le otorga una beca para realizar un master y que en dos o tres años pueda ser gerente industrial?*

Recursos Humanos deberá velar por estas situaciones, ayudando a armar planes de carrera para todo el personal.

Del autor al lector

No importa el tamaño de su empresa; aunque sea pequeña en cantidad de personal, es importante que tenga presente este tipo de técnicas y herramientas, porque en pequeña escala son aplicables sin necesidad de contratar a un especialista.

Si una empresa tiene más de cien empleados, este trabajo no podrá hacerlo una persona sola y necesitará ayuda. Si el grupo es pequeño, ¡anímese! Introduzca estos conceptos en su gente. Ellos comprenderán y mejorará el resultado final.

Concepto de carrera[9]

¿Qué es hacer carrera? Quizá se trate de un concepto muy personal, que puede relacionarse con el enfoque que cada uno le da a su propia vida. Para algunos, hacer carrera puede significar tener un trabajo que les permita estar en su casa a las seis de la tarde y regar el jardín o cuidar animales domésticos; otros, la carrera que elegirán será ser sostén espiritual de los necesitados de su barrio.

⇨ Hacer carrera es conquistar lo que más nos interesa en nuestro trabajo, satisfacer las motivaciones que nos impulsan a trabajar, diferentes en cada persona.

⇨ Es crecer en cierta dirección hasta donde lo permitan nuestras reales posibilidades, es decir, hasta donde sea productivo para la organización y para el individuo.

Nunca se puede crecer sanamente si sólo es bueno para una de las partes. No es bueno crecer hasta el propio nivel de incompetencia: un exitoso gerente de área puede ser el más nefasto gerente general, aunque el interesado crea lo contrario. Tampoco es sano crecer hasta el punto de ser infelices porque se nos exige un esfuerzo que compromete nuestra salud o nuestra vida familiar.

---

[9] Algunos de estos conceptos los hemos desarrollado en un libro anterior, *Cómo manejar su carrera*, Ediciones Granica, 1998.

En síntesis, lo mejor para todos es hacer carreras laborales por medios éticos y profesionales, recurriendo a armas lícitas, con sana competencia y sanos objetivos, en una clara correspondencia entre los objetivos propios y los de la compañía que lo emplea.

La carrera puede ser planificada por la propia compañía o no. Hay muchas empresas que trabajan con planes de desarrollo de carrera cuidadosamente administrados, y otras que, sin tanta *prolijidad*, con igual eficiencia cuidan a su personal. Hay individuos que se planean sus propias carreras, y estos planes pueden coincidir o no con los de sus compañías empleadoras. Y por último hay carreras fruto de las circunstancias o el azar.

En todos los casos, aunque exista planificación, hay una cuota de casualidad o azar. El planeamiento de carreras tiene como factor principal al ser humano, e independientemente de las creencias religiosas, convendremos en que ningún mortal puede planear *totalmente* su vida.

Para Gary Dessler,[10] a partir de la vida adulta la carrera se divide en etapas:

Etapa de establecimiento

Es el período que generalmente abarca desde los 24 a los 44 años y es el núcleo de la vida laboral de la mayoría de las personas. A su vez, tiene subetapas.

➢ **La prueba**: aproximadamente desde los 25 a los 30 años, época en la que se determina si el campo elegido es adecuado, y si no lo es se intenta cambiarlo.

➢ **La estabilización**: entre los 30 y los 40 años; se establecen metas ocupacionales firmes y se realiza el plan de carrera explícitamente, es decir, se determina la secuencia para alcanzar las metas.

➢ **La crisis a mitad de la carrera**: generalmente entre mediados de los 30 y mediados de los 40, las personas realizan una reevaluación importante de sus progresos en relación con sus ambiciones y metas originales.

Etapa de mantenimiento

Es el período entre los 45 y los 65 años, durante el que se asegura el lugar en el mundo del trabajo.

Etapa de decadencia

Muchas personas enfrentan en este período la perspectiva de aceptar niveles reducidos de poder y responsabilidad.

---

[10] Dessler, Gary, *Administración de personal*, Editorial Prentice-Hall Hispanoamericana S.A., México, 1994.

En algún momento llega el inevitable retiro, después del cual se deben encontrar usos alternativos para el tiempo y esfuerzo anteriormente dedicados a su ocupación.

Para Edgar Schein,[11] *la planificación de carrera es un proceso continuo de descubrimiento, en el que una persona desarrolla lentamente un autoconcepto ocupacional más claro: cuáles son sus talentos, habilidades, motivos, actitudes, necesidades y valores.* En la medida en que las personas se conozcan mejor a sí mismas, tendrán más posibilidades de planear correctamente su carrera.

Gary Dessler, en su capítulo sobre el desarrollo de carreras, propone un ejercicio para la identificación de las propias habilidades:

Tome el lector una hoja de papel en blanco y haga un listado con el título "las actividades laborales más agradables que he realizado", consignando con tanto detalle como sea posible las habilidades y aptitudes que usted debía emplear en cada actividad. Lo mismo en otras hojas de papel respecto de otras tareas que no le hayan gustado tanto. Luego revise los listados, y fíjese qué tipo de habilidades ha utilizado con más frecuencia, en especial en la primera hoja.

Para Dessler, las aptitudes comprenden *inteligencia, aptitud numérica, comprensión mecánica, destreza manual, y también talento artístico, teatral o musical, que desempeñan un papel importante en las decisiones de carrera.*

Las empresas y los empleados en relación con la carrera

⇨ **LAS EMPRESAS DEBEN...**

☛ Satisfacer las necesidades mínimas del empleado.

☛ Darles oportunidad de crecer y desarrollarse.

⇨ **LOS EMPLEADOS ESPERAN...**

☛ Sentirse seguros y recibir un buen trato.

☛ Oportunidad de crecer y aprender.

☛ Que se les diga cómo están haciendo las cosas.

---

[11] Schein, Edgar H., *Psicología de la organización*, Prentice-Hall Hispanoamericana S.A., México, 1982.

Las carreras dentro de una organización pueden crecer en diferentes sentidos:

✧ ASCENDENTE. Es la acepción más clásica del concepto de carrera, el ser promovido a una posición superior.

✧ ENRIQUECIMIENTO O EXPANSIÓN. Profundización en la posición. Según este concepto, más moderno o menos tradicional, se entiende que una persona "hace carrera" –su carrera es exitosa o está bien encaminada– cuando sin ser promovido, dentro de su mismo puesto, logra enriquecerlo con nuevas técnicas, aplicando una nueva metodología, extendiendo el alcance de sus funciones, mejorando la calidad, etc.

✧ DESPLAZAMIENTO LATERAL. Asignación a otra posición que no implica mayor nivel jerárquico ni remunerativo. El desplazamiento lateral puede deberse a que la persona está transitando un programa de desarrollo –es muy aplicado en el desarrollo de jóvenes profesionales y en desarrollo gerencial– o simplemente a razones tales como cubrir necesidades de la empresa o a requerimientos del mismo empleado.

✧ DESCENDENTE: REALINEAMIENTO. Sobre esta última variante no hay consenso entre los especialistas. Se entiende por realineamiento: 1) que una persona "baje" para luego ascender; 2) que se le proponga un puesto de menor nivel más acorde a sus reales posibilidades.

En el primer caso se da una situación análoga a la descrita en el punto anterior, relacionada con el desarrollo de las personas. Por ejemplo: un gerente industrial "desciende" a jefe de producto para entrenarse en temas comerciales, en carrera hacia la gerencia general. Las opiniones encontradas se dan en el segundo caso, que podríamos ejemplificar: una persona es promovida a gerente de ventas nacionales; esto implica una fuerte presencia en sucursales alejadas de su domicilio y debe viajar tres semanas al mes; la excesiva carga de viajes le trae problemas y el interesado prefiere volver a su posición anterior de jefe de ventas, con la consiguiente readecuación salarial.

La carrera autodirigida

Para la realización de un trabajo anterior[12] hemos entrevistado a ejecutivos y empresas para *descubrir* qué elementos se tienen en cuenta en el desarrollo de las carreras, desde la óptica de la empresa y en la de los ejecutivos exitosos. Presentamos en el siguiente cuadro los resultados de estas entrevistas.

---

[12] Alles, Martha Alicia, *Cómo manejar su carrera*, Ediciones Granica, 1998.

ELEMENTOS A CONSIDERAR SEGÚN LAS EMPRESAS RELEVADAS[13]
Un rápido resumen incluye:

♦ Capacidades técnicas con relación a la función; en los niveles gerenciales se dan por sobreentendidas, pero deben confirmarse y estar actualizadas.
♦ Conocimiento de idiomas.
♦ Perfil gerencial y de liderazgo.
♦ Capacidad para generar buenas relaciones interpersonales.
♦ Capacidad de consecución de objetivos, propios y de su equipo de trabajo.
♦ Compenetración con el plan estratégico de la compañía.
♦ Resultados obtenidos.
♦ Grado de cumplimiento de los objetivos y qué se hizo para cumplirlos.
♦ Disponibilidad para eventuales traslados.
♦ Potencial.
♦ Posibilidad de ser *back up* de su jefe.

Hacer carrera implica algún tipo de sacrificio que se contrapone con una vida cómoda, aunque mucho se fantasee sobre la vida de los ejecutivos. Por ello nos pareció interesante incluir una muy apretada síntesis de sus opiniones.

ELEMENTOS A CONSIDERAR SEGÚN LOS EJECUTIVOS ENTREVISTADOS[14]

♦ Ninguno de nuestros entrevistados se tomó la vida con comodidad. Parecería que esta disposición es el primer elemento a tener en cuenta.
♦ Tomando las palabras de muchos de nuestros entrevistados: 95% de esfuerzo y 5% de suerte.
♦ Pasión por lo que se hace, *placer al realizar la tarea y por la profesión elegida.*
♦ La capacitación, posgrados formales o *dentro de la tarea.*
♦ No olvidarse de la globalización, que se relaciona con el punto anterior: disponibilidad para eventuales traslados y conocimiento de idiomas.
♦ El planeamiento de la propia carrera. No dejar las cosas libradas al azar.
♦ La buena salud; si bien no está dicho expresamente, surge de las historias de vida de nuestros entrevistados.

---

[13] Se realizó un relevamiento en doce empresas de primera línea como soporte de un libro de la autora sobre desarrollo de carreras.
[14] Se entrevistaron a 30 ejecutivos exitosos y que se desempeñan en empresas de primera línea, como soporte de un libro de la autora sobre desarrollo de carreras.

Para analizar estas conclusiones reunimos a un grupo de responsables de distintas empresas para debatir sobre los elementos que se consideran en el desarrollo de carreras.[15] Un punto que surgió netamente es que una persona no desarrolla su carrera en una empresa, sino que, por el contrario, su vida laboral transcurre en cinco o seis empresas. Cuando las carreras se desarrollaban en una sola empresa, esta las "guiaba". Frente a la realidad de la migración por varias empresas, la responsabilidad por la carrera completa se transfiere de la empresa al individuo. El desarrollo de carreras pasó a ser autodesarrollo.

¿Por qué nos referimos a este tema aquí? Hemos tratado el concepto de *empleabilidad* muy brevemente en el capitulo 1, que junto con este tiene una estrecha la relación con el desarrollo de carreras. En el esquema de años anteriores, cuando las empresas eran las únicas responsables del desarrollo de la carrera de sus funcionarios, también eran responsables de mantener su empleabilidad. En el esquema actual, donde una persona cambia de empresa varias veces en el transcurso de su vida laboral, ella es responsable de las decisiones de cambio que asume y, desde esa óptica, también es responsable de su carrera. Y en esta situación, es responsable, además, de su empleabilidad.

Elementos a considerar en el desarrollo de carreras según distintos autores

Nos pareció verdaderamente contundente conocer qué evalúan las empresas y cómo actúan los ejecutivos exitosos para hacer carrera. Como complemento, mencionaremos qué aptitudes se valoran según algunos especialistas en la materia. Comenzaremos con Dessler:[16]

◇ *Inteligencia.*
◇ *Aptitud numérica.*
◇ *Comprensión numérica.*
◇ *Destreza manual.*
◇ *Talento artístico, teatral o habilidad musical que desempeñen un papel importante en las decisiones de carrera.*

Con un enfoque distinto, Schein[17] considera que el hecho de que *la gente trabaje eficientemente, genere compromiso, lealtad y entusiasmo por la organización y sus objetivos y se sienta satisfecha de su trabajo, depende en gran parte de dos condiciones:*

---

[15] Conclusiones del desayuno-debate "Cómo manejar su carrera", realizado en el Club Inglés el 18 de junio de 1997.

[16] Dessler, Gary, *Administración de personal*, Prentice-Hall Hispanoamericana, México, 1994.

[17] Schein, Edgar H., *Psicología de la organización*, Prentice-Hall Hispanoamericana, México. 1982.

1. *La medida en que se compaginen las expectativas del individuo con relación a lo que la organización le puede dar y lo que él le puede dar a la organización, y las expectativas que la organización tiene en cuanto a lo que puede dar y lo que puede recibir a cambio.*

2. *La naturaleza de lo que en realidad se intercambia: dinero a cambio de tiempo laboral extra, satisfacción de necesidades sociales y de seguridad a cambio de más trabajo y más lealtad, oportunidades de alcanzar autoactualización y encontrar un empleo interesante a cambio de más productividad, alta calidad de trabajo y esfuerzo creativo puesto al servicio de los objetivos de la organización, o muchas otras combinaciones.*

Tocando un aspecto diferente, un tradicional libro de Byrne[18] sobre los *head hunters* dice que estar *en una compañía durante treinta años es casi un punto negativo, y los ejecutivos con ese tipo de marcas tienen muchas dificultades si se quedan sin trabajo...*

Un primer paso: el planeamiento de la propia carrera

El tema de este capítulo es la función de Desarrollo en el área de Recursos Humanos, pero le hemos antepuesto el título de "cuidado del capital intelectual". A efectos de este objetivo principal, nos interesa estudiar todas las posibilidades de planeamiento de carreras, desde los que conllevan una óptica absolutamente *dirigista* hasta los que se realizan con el nuevo enfoque de carrera abierta o autodirigida.

Varios de los ejecutivos entrevistados para el trabajo mencionado más arriba consideraron de vital importancia el plan que ellos mismos crean para su carrera, generado en sus propias actitudes y pensando a largo plazo. Uno de ellos –casi al cierre de la entrevista– nos dijo: *Estoy pensando en mis próximos diez años; no pienso a corto plazo.* Al hablar de la capacitación, otro agregó: *Siempre pienso en lo que quiero para dentro de diez años; en un momento me di cuenta de que para llegar a donde yo quería la licenciatura no alcanzaba, necesitaba un master...* Este mismo entrevistado, cuando se le pidieron consejos para los más jóvenes, dijo no sentirse con autoridad para dar consejos, pero que les sugeriría *comunicarse con la empresa cuando quieren lograr algo; deben hacerlo conocer, no tenerles miedo a los jefes estrictos, y pensar dónde quieren estar dentro de diez años y estudiar y trabajar para lograrlo.*

---

[18] Byrne, John, *La búsqueda de grandes ejecutivos*, Planeta, 1988.

Del autor al lector

Hemos mencionado competencias en el Diccionario, capítulo 2. Reforzando estos conceptos y como síntesis del relevamiento sobre carreras, sugerimos repasar los siguientes conceptos:

Capacitación y actualización permanentes

Todos podemos trabajar a diario en nuestra formación, pues la capacitación no es únicamente formal, y debe ser un interés cotidiano en nuestras vidas. El cambio, las novedades, los avances, la información, son tan vastos que parece imposible acceder a todo eso, pero con una preocupación permanente podremos acercarnos. Por ello, la **capacitación debe ser constante.**

El compromiso

Este tema lo hemos desarrollado en un libro anterior.[19] El compromiso es un elemento que nos ayudará mucho a mejorar nuestra performance de carrera.

La disponibilidad

No es un concepto nuevo, pero sí lo es su requerimiento explícito en los perfiles de búsquedas.

¿Qué quiere decir "disponibilidad"? La actitud y aptitud para resolver una emergencia fuera de los horarios laborales acordados. Ampliando el concepto, es considerar al trabajo como la primera prioridad y *no como la actividad que desarrollamos luego de atender los problemas personales.*

¿Las palabras en cursiva parecen exageradas? Le asombraría saber que es así en un gran número de casos, aun en personas que han llegado a un nivel importante de desarrollo.

Disponibilidad quiere decir que si usted tiene un problema lo resolverá adecuadamente, pero no por ello se desentenderá de sus obligaciones. Muchas veces un simple llamado telefónico ayuda a resolver un asunto personal desde el lugar de trabajo. Es más una cuestión de actitud frente al trabajo que de dedicación horaria.

La aceptación de viajes y traslados también se considera parte de la disponibilidad. La realidad laboral actual los requiere. Si una compañía multinacional con negocios en distintos países de Latinoamérica necesita que una persona de la Argentina resuelva un problema en Chile o Perú, el empleado deberá encontrar la forma de resolver sus impedimentos personales, y viajar. En caso contrario, tarde o temprano el empleador encontrará a otro que no tenga limitaciones.

[19] Alles, Martha Alicia, *Las puertas del trabajo*, Editorial Catálogos, Buenos Aires, 1995.

> *Del autor al lector*
>
> Nuevos tipos de carrera
>
> ➢ **La carrera autodirigida**. Las personas ya no trabajan toda la vida en una misma organización; sus carreras les pertenecen y "deben" hacer algo para dirigirlas.
>
> ➢ **La carrera abierta**. Va un paso más allá que la carrera autodirigida. En estos casos, la empresa abre todas las posiciones y las personas se postulan para los puestos que deseen ocupar. Se relaciona con la autopostulación *o job posting* que hemos tratado en el capítulo 3 y al final de este.

Desarrollo gerencial de los recursos humanos

El desarrollo de gerentes tiene mucho que ver con el capítulo anterior –capacitación y entrenamiento–, pero en este nos ocuparemos del desarrollo del liderazgo y otras competencias que los gerentes necesitan para desarrollar su trabajo.

Se entiende por desarrollo gerencial a todos los esfuerzos que se realizan para mejorar el desempeño actual o futuro de los gerentes mediante transmisión de conocimiento, entrenamiento de actitudes y mejoramiento de habilidades.

Un esquema de entrenamiento para gerentes

Jenks[20] marca la necesidad de estudiar muy cuidadosamente las necesidades de los niveles gerenciales, las individuales y las de la compañía en cuanto a sus estrategias globales. Propone las siguientes herramientas para el entrenamiento de gerentes con un enfoque de desarrollo:

1. *Assessment*: regular revisión de las necesidades de entrenamiento de los gerentes, evaluando sus fortalezas y debilidades.

2. Desarrollo de asignaciones, rotaciones de puestos o movimientos de un departamento o división a otro.

---

[20] Jenks, James M., *The hiring, firing (and ereything in between)*, Personnel Book, Round Lake Publishing, USA, 1991.

3. Desarrollo de proyectos o tareas en relación con su experiencia y capacidades especiales.
4. Desarrollar y tomar provecho de las relaciones públicas del gerente.
5. Cursos internos, originados en los programas de entrenamiento de la compañía.
6. Cursos externos: seminarios cortos "enlatados" o prearmados en relación con las necesidades de la compañía. Usualmente solucionan necesidades específicas y puntuales.
7. MBA –*Master en Business Administration*–, cursos de posgrado en Administración y eventualmente en otra disciplina, cuya duración es de alrededor de dos años y se cursan en universidades.
8. *Shadowing* –seguimiento–: entrenamiento en la tarea con la supervisión de un gerente más experimentado.
9. Autodesarrollo focalizado en el entrenamiento en áreas semejantes y directamente aplicables a su trabajo.

Desarrollo y competencias

Ya nos hemos referido a este tema en el capítulo 2. Si una empresa realiza su gestión bajo el esquema de competencias, estas deberán ser consideradas al momento de planear la capacitación (capítulo 8) y desarrollo del personal, que veremos a continuación.

Manejarse dentro de un modelo de competencias facilita el desarrollo del personal clave y la confección de los planes de sucesión. A través de la evaluación por competencias (capítulo 10) es posible:

Desarrollo y competencias

Identificar al personal con alto potencial de desarrollo

Identificar puestos individuales a corto y mediano plazo

Las carreras de los individuos

- identificar al personal con alto potencial de desarrollo;
- identificar puestos individuales a corto y largo plazo; y con ambos elementos,
- planear las carreras de estos individuos.

Dentro del esquema de gestión por competencias que presentamos en el capítulo 2, ubicamos el desarrollo de gerentes.

Un esquema global por competencias

El desarrollo de los recursos humanos materializado en planes de carrera y de sucesión, toma como base las competencias de los puestos, las de los individuos que los ocupan y las de quienes lo harán en el futuro.

Aplicación de un esquema

En un modelo por competencias, el seguimiento de la carrera y el desarrollo de los individuos permite confeccionar los planes de sucesión. En general, aunque no se utilice este modelo, los conceptos pueden ser igualmente aplicados.

Para la elaboración del gráfico siguiente hemos tomado como referencia la obra de Caretta, Dalziel y Mitrani[21]. Estos

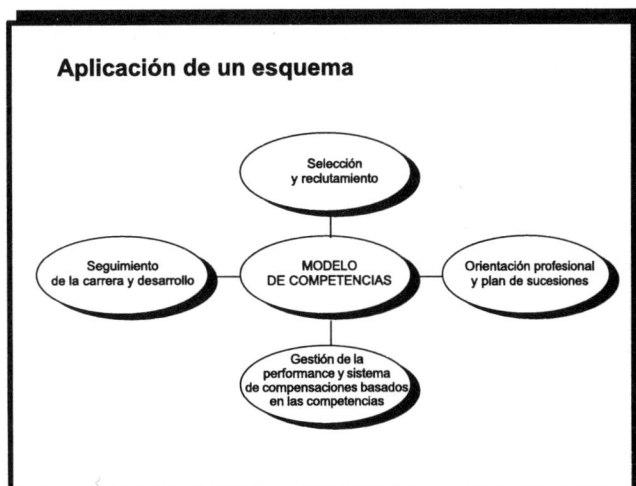

Aplicación de un esquema

---

[21] Carreta, Antonio; Dalziel. Murray M. y Mitrani, Alain, *Dalle Risorse Umanealle Competenze*, Franco Angeli Azienda Moderna, Milán, 1992, páginas 37 y siguientes.

gráficos fueron expuestos en el capítulo 8 para explicar la evolución de las competencias en relación con el entrenamiento. Dada la estrecha interrelación entre entrenamiento y desarrollo, es necesario utilizarlos otra vez.

Al trabajar por competencias para el desarrollo de un individuo, deben evaluarse sus competencias (capítulo 10), las de los puestos (capítulo 7) y su evolución en los planes de carrera.

Incluimos a continuación un ejemplo teórico-práctico.

Las competencias en una carrera dentro de un área de tecnología informática

Gerente de Cuentas
Relaciones interpersonales
Persuación
Capacidad de organización
Flexibilidad

Jefe de Métodos
Orientación a resultados
Iniciativa
Tenacidad
Flexibilidad

Analista programador
Capacidad técnica
Seguridad

Analista de sistemas
Pensamiento analítico

Líder de proyecto
Conducción
Liderazgo
Autocontrol

Jefe de Tecnología
Orientación a resultados
Iniciativa
Tenacidad
Flexibilidad

Jefe de Base de Datos
Tenacidad

Nota: solo se indicaron algunas competencias a modo de ejemplo, pueden incluirse otras.

En el gráfico se presentan las competencias relativas a una familia de puestos o plan de carrera para un área de tecnología. En el primer nivel se muestran las competencias[22] para un analista programador, y luego estas van evolucionando en una carrera ascendente.

Analista programador: capacidad técnica y seguridad.

Analista de sistemas: pensamiento analítico (a las anteriores se les suma esta).

Líder de proyecto: conducción, liderazgo y autocontrol.

Para cada jefatura, las competencias evolucionan en un curso diferente:

Jefe de Métodos: orientación a resultados, iniciativa, tenacidad y flexibilidad.

Jefe de Tecnología: orientación a resultados, iniciativa, tenacidad y flexibilidad.

---

[22] Nota de la autora: las competencias se indican a modo de ejemplo y faltan las correspondientes definiciones; pueden agregarse otras.

Jefe de Base de Datos: tenacidad.

Gerente de Sistemas: relaciones interpersonales, persuasión, capacidad de organización y flexibilidad.

Si analizamos las competencias de este gráfico, veremos que son iguales las de las jefaturas de Métodos y Tecnología y difiere la de Base de Datos, pero todas las jefaturas suman las competencias de los tres niveles iniciales.

Del autor al lector

Si una empresa no ha implementado un esquema integrado de gestión por competencias, puede, de todos modos, tomar los lineamientos generales que le presentamos en este capítulo. Muchos de ellos pueden considerarse para desarrollar personal sin la implementación del esquema global.

Si coincide conmigo –y con los autores citados– en que el nuevo siglo requiere competencias nuevas en adición a las tradicionales, está en condiciones de "trabajar" con estos criterios, aunque el tamaño de su empresa o su presupuesto no le permitan contratar un consultor para planear un esquema de gestión por competencias.

¿Cómo evolucionan las competencias a través de los niveles jerárquicos?[23]

Si analizó detalladamente el gráfico anterior, ya tendrá la respuesta. En el ejemplo propuesto, las competencias se suman, pero no tienen en todos los niveles la misma intensidad. En los niveles de jefatura y gerencia, las denominadas "habilidades gerenciales" tienen más peso que las técnicas, pero éstas no pueden estar ausentes.

En síntesis, en la medida en que se *sube* en la escala jerárquica las competencias pueden cambiar, o cambiar su peso específico para la posición. Muchas compañías solicitan la competencia "liderazgo" en niveles iniciales, como un modo de asegurarse cuadros gerenciales para el día de mañana, pero no se la requiere con la misma definición ni fuerza que para el gerente del área.

---

[23] Nota de la autora: se mencionó este tema en el capítulo 2.

Relación de evaluación de desempeño con el desarrollo de carreras

Ya dijimos que todas las funciones de recursos humanos se relacionan entre sí, pero evaluación de desempeño y desarrollo tienen una especial y estrecha relación. Uno de los beneficios de la evaluación de desempeño (capítulo 10) es que permite decidir promociones; su adecuada utilización será ser el *input* de la administración de carreras.

¿Cómo manejar a la *key people* (gente clave)?

La primera pregunta es: ¿a quiénes se considera *key people*? ¿A los especialmente "brillantes" o a aquellos que tienen a su cargo tareas clave de la organización? Si les preguntamos a cien directores de recursos humanos, la respuesta será mitad a favor de una y mitad de otra "definición".

Desde el punto de vista de la empresa, las personas más importantes son las que tienen a su cargo tareas clave, y desde el punto de vista de la valuación de los individuos, serán aquellas especialmente "brillantes".

La empresa deberá prestar atención a ambos grupos, tratando de hacer coincidir a las personas más brillantes con los puestos más críticos.

¿Qué sucede en las empresas en materia de desarrollo de personas? Una conducta frecuente es la detección de un grupo de personas clave para la organización, y a partir de allí ofrecerles "tratamiento especial".

En ocasiones, las empresas solo desarrollan y confeccionan planes de sucesión para este "grupo dorado".

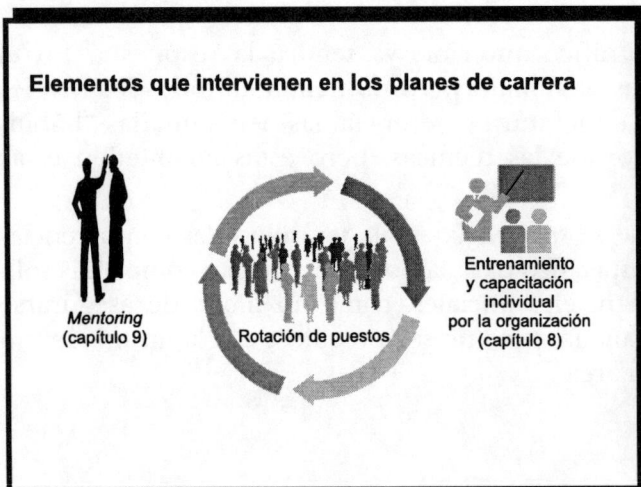

Elementos que intervienen en los planes de carrera

Mentoring (capítulo 9)

Rotación de puestos

Entrenamiento y capacitación individual por la organización (capítulo 8)

Si bien pueden existir muchos motivos válidos para que las empresas se manejen de este modo –bajos presupuestos, manejo más focalizado en las personas de alto rendimiento, etc.–, parece más justo planear las carreras de todas las personas.

Las posiciones críticas deberán ser "cuidadas" especialmente, y es posible realizar programas especiales para potenciar a las personas de alto desempeño.

Para un adecuado manejo de los planes de carrera es conveniente relacionar rotación de puestos, entrenamiento y capacitación individual según los planes de la organización (capítulo 8). Las empresas que utilicen planes de tutoría o *mentoring* serán un apoyo importante para el desarrollo de sus empleados.

Carreras en crecimiento o ascenso dentro de la misma especialidad

Las familias profesionales o familias de puestos existen en muchas organizaciones. Continuaremos utilizando para nuestros ejemplos la familia de puestos de un área de tecnología.[24]

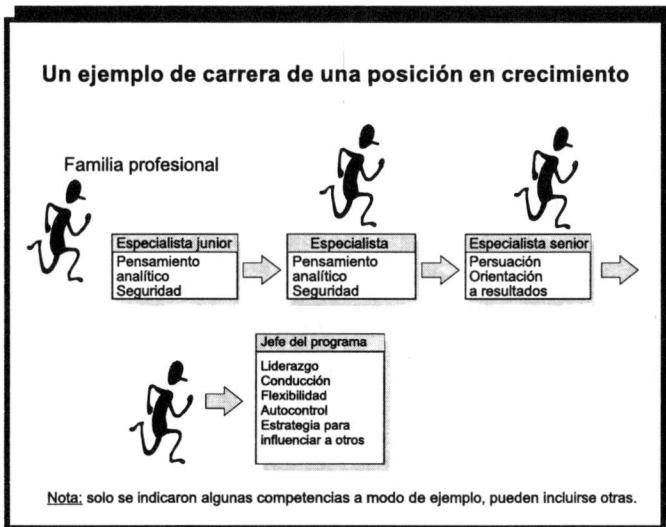

En las familias de puestos o mapas de puestos, usualmente dentro de una misma área, las competencias tienen una evolución a través de la cual se van acumulando las nuevas a las de los puestos inferiores.

Los planes de carrera. La familia de puestos

Según Spencer,[25] el desarrollo tiene una estrecha relación con la capacitación y la ruta profesional o plan de carrera.

---

[24] Nota de la autora: este gráfico se presentó en el capítulo 8.
[25] Spencer, obra citada, capítulo 18.

La comparación de las competencias individuales con los requisitos de competencias del puesto indicará qué clase de capacitación requiere cada persona: entrenamiento en habilidades interpersonales y de influencia, asistencia de un mentor en política corporativa, etc.

Esto ayudará a los empleados a mejorar su desempeño laboral y los preparará para avanzar hacia niveles más elevados.

Planes de carrera: ¿por qué y para qué?[26]

Estos son los principales objetivos de los planes de carrera, sucesión y promoción:

Favorecer la retención del personal clave

Cuando un empleado anuncia que se retira porque tiene una oferta de la competencia, se le suele hacer una *contraoferta* que supera en salario –y a veces también en responsabilidades– a la propuesta que viene del exterior. Esto ocasiona muchos inconvenientes, por ejemplo:

- desajustes en las compensaciones de la compañía;

- promesas que luego no se pueden cumplir;

- fracaso en la retención del empleado;

- efecto "contagio": los demás empleados pueden ver la oportunidad de presionar con una oferta exterior para mejorar sus condiciones laborales.

La existencia de planes de carrera, promoción o sucesión, no es lo que decidirá que un empleado se quede, pero puede ser un elemento que este tenga en cuenta al comparar las ofertas.

Desde el punto de vista de la empresa, si no se dispone de un plan de carreras definido y de las herramientas que lo complementan (análisis de puestos, evaluación de desempeño), no se dispone de la información y de los elementos de juicio necesarios para evaluar las consecuencias de una contraoferta. Será complicado encontrar una adecuada y equilibrada para ambas partes.

---

[26] Fuente: *Manual del director de Recursos Humanos*, Ernst & Young Consultores, Edición especial de Cinco Días, Madrid, 1998.

Del autor al lector

En mi opinión, la contraoferta a un empleado que tiene una oferta del exterior sólo debe realizarse si las ventajas que se ofrecerán están previstas de algún modo en los planes de carrera y sucesión, de modo que la contraoferta sólo represente para la compañía "adelantar" en unos meses algo que ya tenía en sus planes. En caso contrario, tratar de retener a un empleado "a cualquier precio" será malo para la compañía y para los demás empleados.

Asegurar la continuidad gerencial

Muchas compañías tienen "vacíos gerenciales". ¿Cómo se cubren? ¿Cuáles son las causas? ¿Es necesario tener más gerentes para cubrir ese vacío? ¿Cuántos puestos gerenciales se han cubierto con los empleados *menos malos*? La respuesta a estas preguntas se obtiene a partir de una gestión integrada de planes de carrera y sucesión.

Posibilitar el desarrollo y la realización del personal

Nos hemos referido en párrafos anteriores a la carrera y sus nuevos conceptos. Los planes de carrera basados en las competencias del puesto y en las del individuo resultarán un adecuado planeamiento desde la óptica de la empresa, brindando a su vez satisfacción al empleado.

¿Cuántos empleados, eficaces de acuerdo a las competencias requeridas por su puesto actual, se ven abrumados y quizá hasta *desesperados* cuando se los "premia" con un puesto superior para el cual no están preparados?

Si no existe un plan de desarrollo profesional en la empresa, materializado en planes de carrera y sucesión que definan una evolución adecuada de capacidades, puede ocurrir que:

➢ el empleado no conozca cuáles son las competencias que necesita desarrollar o potenciar;

➢ los puestos sean cubiertos por personas que no tienen las capacidades necesarias;

➢ la empresa haga "un gasto" en formación y no una inversión.

Planeamiento de carrera para una familia profesional

El plan de carrera para una familia de puestos es impersonal; es decir, se confecciona a partir de la descripción del puesto y prescindiendo de las personas.

Para la elaboración del gráfico[27] siguiente hemos tomado como referencia la obra de Caretta, Dalziel y Mitrani.[28]

Planeamiento de carrera para una familia profesional

Familia profesional	Competencia	Disciplina	Competencia diferencial	Formación y desarrollo	Tiempo
Especialista junior	Pensamiento analítico Seguridad	Ingeniería Software Sistemas X			
Especialista			**Competencia:** pensamiento analítico y seguridad	Curso de liderazgo	Dos años
			Disciplina: Ingeniería Software Sistema XYZ	Curso técnico Entrenamiento en el campo	Dos años
Especialista senior			**Competencia:** Persuasión Conducción Flexibilidad	Curso general de management Curso sobre cómo construir un team (make a team)	Tres años
			Disciplina: Sistema PLR Contratos Gestión de proyectos	Curso sobre sistema PLR Curso sobre contratos Entrenamiento en el campo	Tres años

Como se puede ver en el cuadro, para cada puesto se prevé un tiempo necesario para alcanzar la nueva posición en la última columna, y en las anteriores, más a la izquierda del gráfico, las competencias diferenciales de la posición y las actividades de capacitación y entrenamiento necesarias para llegar al objetivo en el tiempo previsto.

En el ejemplo, en forma muy sintética, se puede ver cómo en los planes de carrera es posible presentar los puestos, su evolución y los pasos a seguir para lograrla.

Para elaborar un plan de sucesión se tomarán en cuenta las competencias actuales de las personas que ocupan cada puesto, sus posibilidades de ocupar otros en el futuro de acuerdo a su desarrollo, y las eventuales necesidades de capacitación y entrenamiento.

---

[27] Nota de la autora: este mismo gráfico se presentó en el capítulo 8.
[28] Caretta, Antonio; Dalziel, Murray M. y Mitrani, Alain, *Dalle Risorse Umanalle Competenze*, Franco Angeli Azienda Moderna, Milán, 1992, páginas 68 y siguientes.

Planificación de sucesión del management

Ejemplo de un plan de sucesiones

A continuación mostramos un plan de sucesiones para una posición de gerente de Marketing. En este caso es posible que la sucesión recaiga en dos personas: la opción uno, María S., en forma inmediata, y la opción dos, Pedro J., en doce meses. No incluimos en el ejemplo el plan de acción para que en esos doce meses Pedro J. pueda suceder al gerente de Marketing.

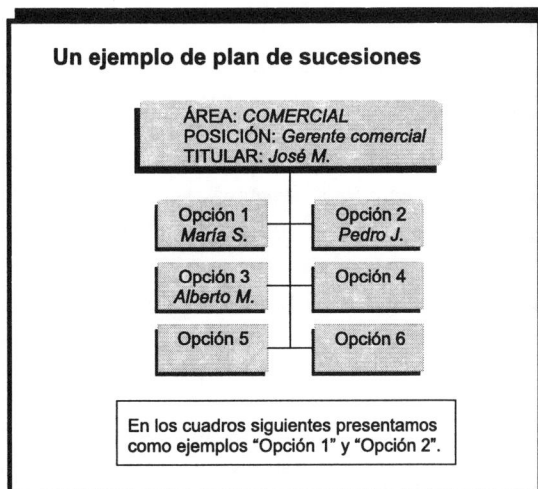

Una persona dentro de un plan de sucesiones (Opción 1)

Posición: *Jefe de Marketing*
Titular: *María S.* (nombre del que la ocupa actualmente)
Edad: ___   Valuación del cargo actual: *óptimo*
              Valuación del potencial: *alto*

Posible reemplazo de:
José M. Gerente de Marketing   Idóneo

Una persona dentro de un plan de sucesiones (Opción 2)

Posición: *Jefe de Ventas*
Titular: Pedro J. (nombre del que lo ocupa actualmente)
Edad: ___   Valuación del cargo actual: *óptimo*
              Valuación del potencial: *alto*

Posible reemplazo de:
María S. Jefe de Marketing   Idóneo
José M. Gerente de Marketing   En doce meses

Factores clave para el éxito del desarrollo ejecutivo

➢ Apoyo de la alta gerencia.

➢ Apoyo de un especialista en diseño de desarrollo.

➢ Apropiada relación entre el área de Desarrollo y las restantes áreas de Recursos Humanos.

Para el autor francés Jean-Marie Peretti,[29] un balance de la carrera tiene cinco etapas:

1. El análisis del pasado profesional.
2. El análisis de las aspiraciones, motivaciones y potencialidades.
3. La propuesta profesional.
4. Los medios disponibles para la adaptación.
5. La estrategia para el cambio y el plan de acción.

En definitiva, se trata de establecer los puntos a cubrir entre la situación actual: *qué sé hacer*, y la situación futura: *qué debo hacer*. A partir de allí, fijar calendarios y etapas intermedias, las acciones internas y externas y la negociación necesaria con la persona involucrada.

Para los autores Caretta, Dalziel y Mitrani[30] la valuación de candidatos puede hacerse con numerosos métodos, algunos ya tratados en otros capítulos de esta obra: la entrevista por incidentes críticos (BEI)[31], tests, simulaciones en un *assessment center,* in-

---

[29] Peretti, Jean-Marie, *Gestion des ressources humaines,* Librairie Vuibert, París, 1998, página 218.
[30] Caretta, Antonio; Dalziel, Murray M. y Mitrani, Alain, obra citada, páginas 1 y siguientes.
[31] La entrevista por incidentes críticos (BEI) se explicó en el capítulo 4.

formes sobre la evaluación del desempeño, evaluación de superiores, colegas y subordinados (evaluación de 360° que se explicará en el capítulo 10).

Diagramas de reemplazo

➢ Incluyen a los candidatos potenciales para cada posición gerencial o de dirección.

➢ Aseguran que el candidato apropiado esté disponible en el momento oportuno y tenga suficiente experiencia para manejar las responsabilidades de la nueva posición.

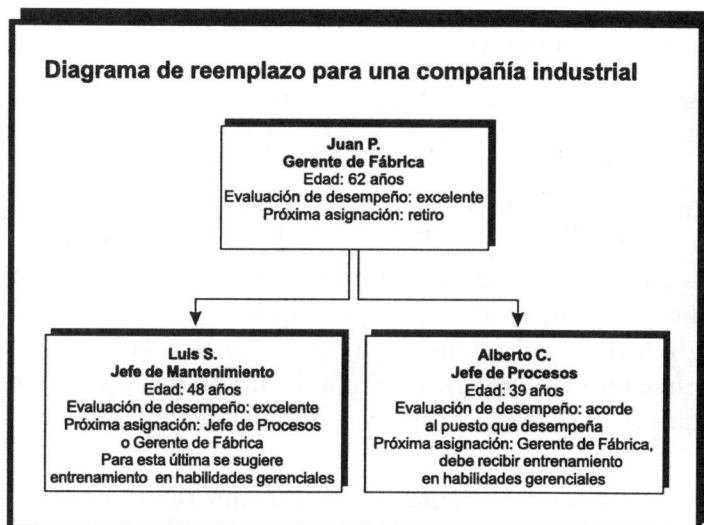

Diagrama de reemplazo para una compañía industrial

Juan P.
Gerente de Fábrica
Edad: 62 años
Evaluación de desempeño: excelente
Próxima asignación: retiro

Luis S.
Jefe de Mantenimiento
Edad: 48 años
Evaluación de desempeño: excelente
Próxima asignación: Jefe de Procesos
o Gerente de Fábrica
Para esta última se sugiere
entrenamiento en habilidades gerenciales

Alberto C.
Jefe de Procesos
Edad: 39 años
Evaluación de desempeño: acorde
al puesto que desempeña
Próxima asignación: Gerente de Fábrica,
debe recibir entrenamiento
en habilidades gerenciales

Capacitación y entrenamiento: métodos de desarrollo dentro del trabajo (ver capítulo 8)

➢ Coaching;

➢ rotación de puestos;

➢ asignación a comités;

➢ asistente de posiciones de dirección;

➢ paneles de gerentes en entrenamiento.

Para el autor francés Jean-Marie Peretti[32] la rotación de puestos es un método anticuado.

Métodos de desarrollo fuera del trabajo (ver capítulo 8)

➢ Estudio de casos;

➢ juegos gerenciales;

➢ seminarios externos;

➢ programas relacionados con universidades;

➢ role-playing;

➢ moldeado del comportamiento;

➢ tiempo sabático.

Las competencias del siglo XXI[33]

Presentamos en el Anexo del Capítulo 2 un Diccionario de competencias; en él nos referimos a las que son, en nuestra opinión, las competencias que deberá tener un CEO en el siglo XXI. Solo las enumeraremos: pensamiento estratégico, liderazgo para el cambio, relaciones públicas, habilidades mediáticas, visión de negocios, desarrollo de su equipo, *portability*; podrá ver las definiciones en el capítulo mencionado.

Según Spencer,[34] autor que hemos tomado como referencia para el tema de las competencias, el entorno futuro de negocios incluirá:

• un cambio tecnológico y social cada vez más creciente;

• una vida económica que requerirá empleados con alto conocimiento;

• intensificación de la competencia global;

• fragmentación de los mercados en áreas especializadas;

• variedad: empleados y clientes de cualquier raza, sexo, país y cultura.

---

[32] Peretti, Jean-Marie, obra citada, página 215.
[33] Este tema lo hemos desarrollado más extensamente en el libro *Elija el mejor*, de esta misma editorial.
[34] Spencer, obra citada, capítulo 25.

Simultáneamente, el potencial laboral[35] estará:

* *menos* preparado educacionalmente para puestos técnicos de información;
* *menos* comprometido en el trabajo y más enfocado hacia un "estilo de vida equilibrado" que hace hincapié en la familia y en el ocio.

Estas tendencias crearán un mercado laboral reducido. Para responder a estos cambios, las organizaciones deberán innovar con más rapidez, mejorar el servicio, la calidad y la productividad continuamente, y dirigir, capacitar y motivar a diversos tipos de personas. Las organizaciones importantes serán más pequeñas y escasas (con menos niveles gerenciales medios); los empleados más cercanos a los clientes y la producción deberán encargarse de tomar las decisiones. Gran parte del trabajo será llevado a cabo por empleados habilidosos en equipos temporarios con múltiples tareas.

Planeamiento de carrera centrado en la organización

➤ Se focaliza en posiciones; el progreso de cada individuo está sujeto a las necesidades de la organización.
➤ Identifica futuras necesidades de reclutamiento de la organización.

Planeamiento de carrera centrado en el individuo

➤ Se centra en la identificación de las habilidades e intereses personales.
➤ Evalúa posibilidades de carrera dentro y fuera de la organización.

Desarrollo y aprovisionamiento interno

La identificación de candidatos potables para el desarrollo de carrera está muy conectado con el aprovisionamiento interno, ya que implica el mejoramiento de las habilidades y actitudes de las personas que ya están dentro de la organización.

---

[35] Nota de la autora: recordar que Spencer habla del mercado laboral de Estados Unidos de Norteamérica, pero muchos de estos conceptos son globales y pueden adaptarse a otros países, entre ellos los de habla hispana a quienes dirigimos especialmente esta obra.

Este punto se relaciona con el capítulo 3, donde se trataron las fuentes de reclutamiento. Las empresas tendrán buenas posibilidades de realizar reclutamiento interno en la medida que tengan buenas políticas y procedimientos para desarrollar al personal. Sobre el fin del capítulo veremos una de las herramientas utilizadas para aprovisionamiento interno, la autopostulación o *job posting*.

Cómo implementar un programa de planes de carrera y planes de sucesión

a) Definición de los objetivos del plan.
b) Identificación de puestos tipo por familias profesionales.
c) Definición de los perfiles de requerimientos profesionales de los puestos tipo.
d) Diseño del mapa de carreras.
e) Definición del plan de desarrollo asociado a la carrera profesional.
f) Manual de gestión de carreras.
g) Planes de sucesión.

a) Objetivos del plan

-   Establecer las finalidades del plan de carrera;
-   potenciales problemas de implantación;
-   aplicaciones provisionales de los resultados;
-   vehículos de información más eficaces.

Algunos de los temas concretos que se abordarían en esta fase son:

• ¿Qué se espera conseguir del plan de carrera?

• ¿Qué relaciones debe tener con otros elementos de la política de Recursos Humanos (formación, retribución, sistema de desempeño)?

• ¿Cuál es el grado de involucramiento que se pretende de la alta dirección?

• ¿Qué posibles barreras existirían en la implantación del plan de carrera?

• ¿Qué experiencias anteriores existen en este ámbito?

• ¿Qué aspectos clave de la cultura deben ser tenidos en cuenta?

Una vez que estos problemas sean analizados, se estará en condiciones de comenzar a ejecutar los pasos del plan.

b) Identificación de puestos tipo por familias profesionales

El objetivo de esta fase radica en identificar las distintas familias profesionales que existen en la empresa y los puestos tipo correspondientes a cada familia.

Para ello es necesario realizar la documentación de los puestos, y posteriormente clasificar los puestos tipo por afinidad funcional, dentro de las familias profesionales.

c) Perfiles profesionales de los puestos tipo

Es necesario analizar los criterios, procedimientos e instrumentos de definición de los perfiles profesionales requeridos y su actualización. Para ello se realizarán entrevistas con una serie de expertos vinculados a cada familia profesional.

Por último, se elaborarán los perfiles profesionales de los puestos tipo, y posteriormente se presentarán para su aprobación.

d) Diseño del mapa de carreras

El objetivo de esta etapa es expresar gráficamente las rutas profesionales que las personas podrían seguir en la empresa.

Como punto de partida, se tomarán las familias profesionales existentes y los puestos tipo de cada familia, clasificados por afinidad funcional y requerimientos profesionales. Dicha información provendrá de etapas anteriores.

Posteriormente, se definirán para cada familia las diferentes rutas de promoción que pueden existir, identificando distintos niveles de avance profesional e interrelación entre familias profesionales.

En este apartado, para completar la información existente se realizarán una serie de entrevistas individuales y grupales con responsables de las diferentes áreas de la organización.

e) Plan de desarrollo asociado a la carrera profesional

Se identificarán, dentro de cada ruta profesional, las necesidades de desarrollo necesarias para la promoción, por medio de entrevistas con responsables clave para identificar las carencias y debilidades actuales en materia de desarrollo del personal, así como las acciones que ven necesario implementar en esta materia para ayudar en los planes de carrera.

Posteriormente, se describirá y se realizará una programación conjunta de acciones de desarrollo, evaluando los recursos materiales y logísticos disponibles en la organización, estableciéndose el plan de formación y desarrollo asociado al plan de carreras profesionales.

f) Manual de gestión de carreras

Para la confección de este Manual deberán recogerse los criterios para planificar y gestionar la promoción y desarrollo de los Recursos Humanos.

g) Planes de sucesión

Mientras que en un plan de carreras se definen las rutas profesionales, los requerimientos de perfil, los tiempos previstos, los sistemas de promoción, en un plan de sucesión se establece el plan de carrera personal para uno o varios individuos en especial.

El objetivo de esta fase es determinar quiénes se verán involucrados en dicho plan, desde dos lugares:

➤ personas que van a suceder a otra;

➤ personas que serán sucedidas por otras;

Un aspecto crítico de los planes de sucesión es decidir si serán públicos o secretos. Esta decisión afecta fuertemente al proceso, ya que si el plan es público se podrá contar con la dirección de la persona que va a ser sucedida en el puesto, mientras que si es de carácter secreto, el pilotaje del sistema recaerá en Recursos Humanos.

Independientemente de su carácter, los planes de sucesión se realizarían con la misma metodología que los planes de carrera, pero tomando como pieza básica a la persona, su situación actual en cuanto a conocimientos, capacidades y desempeño, y los requerimientos de la futura posición a ocupar.

Se establecerá un plan de carrera personal que posibilite la sucesión sin traumas, de acuerdo con el tiempo estimado para que se produzca.

Dicho plan debe contemplar:

☐ Rutas profesionales a seguir (promociones horizontales o verticales).

☐ Calendario tentativo de avances profesionales (cambios de puesto).

☐ Plan de formación asociado.

☐ Coaching de la persona que va a ser sucedida (solo si el plan es público).

☐ Seguimiento del desempeño de la persona que se espera promocionar.

Mentoring y otras tendencias

¿Qué es un mentor o tutor? En general se elige para esta tarea al jefe del jefe de un empleado, para evitar que el tutor esté involucrado directamente en el día a día del trabajo; su tarea es controlar el plan de carrera del empleado. Normalmente, el *mentoring* se utiliza para la *key people*; dentro de esta se debe considerar a los jóvenes profesionales.

No importa el tamaño de la empresa: las tutorías puede ser aplicadas aun en empresas pequeñas.

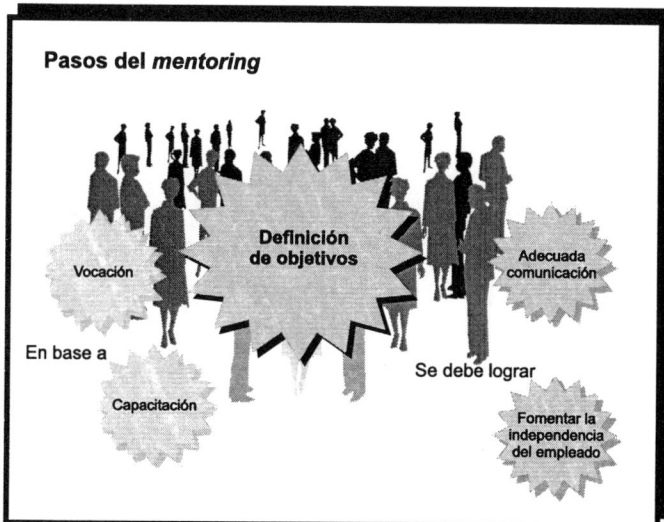

Pasos del *mentoring*

Los pasos a seguir para una buena implementación de un programa de *mentoring* son:

Primero, asegurarse la **vocación** de las partes intervinientes; el tutor y la persona bajo tutoría deben estar convencidos de las bondades de la tarea a desarrollar.

El *mentoring* también implica **capacitación** y entrenamiento de la persona bajo tutoría, y también del tutor, ya que si nunca lo fue antes, deberá recibir alguna capacitación al respecto.

En base a una adecuada **comunicación** entre las partes, la tutoría debe fomentar la **independencia** del empleado y cumplir con los **objetivos** fijados.

¿Cómo lograr que los gerentes y supervisores sean buenos tutores?

Si una empresa nunca aplicó estas metodologías, deberá "crear cultura" al respecto. No se implementan de la noche a la mañana.

Pero la primera condición es que quien es designado tutor sienta que no se le asignó una nueva carga, sino una nueva responsabilidad sobre la cual la empresa está interesada, que está en línea con los objetivos de la empresa y que él, a su vez, será evaluado por su desempeño en la tutoría.

La persona bajo tutoría debe sentir que su tutor…

➤ lo ayudará a salir adelante;

➤ lo conoce muy bien;

➤ es necesario para él.

Los americanos, para referirse a la persona bajo tutoría, utilizan una palabra del francés: "protégé".[36]

Bell[37] sugiere cuatro pasos para una relación con el "protégé" –protegido en castellano– sin resistencias y con éxito:

1. Informarle claramente el desempeño, sus problemas y logros.

2. Asegurarse de su comprensión y acuerdo sobre aquello que se espera de él.

3. Transmitirle ideas para mejorar su desempeño, cuidando las formas para generar adhesión y eliminar la resistencia frente al comentario.

4. Eliminar frases tales como "usted debe", reemplazándolas por "quiero ser una fuente de ayuda para usted".

La entrevista o reunión en la tutoría

Conceptualmente no difiere de una evaluación. Al final del capítulo incluimos un formulario que hemos denominado "Seguimiento de tutoría".

Al igual que en una evaluación de desempeño, las reuniones de avance antes del cumplimiento de la fecha de evaluación son decisivas. No es imaginable un esquema de tutoría o *mentoring* sin reuniones frecuentes, con sugerencias formales e informales, formularios escritos y comentarios verbales.

En definitiva, el mentor o tutor junto con su *protégé* deben conformar un equipo de trabajo, donde la persona más experimentada brinda su apoyo y consejo al más joven para lograr su mayor desarrollo, en beneficio de todos.

---

[36] *Protégé*: protegido. *Protéger*: proteger, amparar, defender, escudar, resguardar, salvaguardar, preservar, favorecer, ayudar.

[37] Bell, Chip R., *Managers as mentors*, Berrett-Koehler Publishers, San Francisco, 1998.

Del autor al lector

Reitero comentarios anteriores: si una empresa no ha implementado un esquema integrado de gestión por competencias con herramientas adicionales como el *mentoring*, puede, de todos modos, tomar los lineamientos generales que le presentamos en este capítulo. Muchos de ellos pueden considerarse para desarrollar personal sin la implementación del esquema global.

Todos hemos tenido contacto con personas que sin conocer "la herramienta" han ejercido y ejercen el papel de tutor o mentor dentro de sus empresas. Los criterios planteados, necesarios para desarrollar jóvenes, pueden ser tenidos en cuenta en empresas pequeñas, medianas o grandes.

El *job posting* como herramienta en el desarrollo de carreras

Hemos hecho referencia a la autopostulación en el capítulo 3. En este capítulo se analizará el tema en relación con el desarrollo de carreras. ¿Qué es *job posting* o autopostulación?[38] Es una forma de canalizar el planeamiento de la propia carrera a partir de una acción personal: explicitar que se desea participar en una búsqueda dentro del ámbito de la propia organización.

Breve *racconto* histórico. Desde hace mucho tiempo, quizá antes de que se aplicara el *job posting*, ya existían los concursos en las empresas del Estado. Antes de que yo naciera, mi padre –que trabajó toda su vida en Obras Sanitarias– ganó su primer concurso, que significó un traslado a Mar del Plata, y luego sucesivos concursos lo llevaron a distintos puntos del país, como Villa Mercedes, San Luis –donde nací– y Esquina, Corrientes, donde transcurrió mi niñez. ¿Qué eran los concursos en aquel entonces? Ofertas que se publicaban, según creo recordar, en alguna suerte de Boletín Interno, lo que hoy conocemos como *house organ*. De este modo los empleados se enteraban de la vacante abierta, y el que estaba interesado se anotaba. Ganaba el que tuviese los antecedentes más adecuados.

Cabe señalar que, según me han comentado, en aquel entonces la mayoría de esas vacantes abiertas se relacionaban con destinos en ciudades del interior, algunas muy alejadas de Buenos Aires, y que en general no contaban con agua corriente. Mi padre

---

[38] Fuente: *Cómo manejar su carrera*, Ediciones Granica, Buenos Aires, 1998.

tuvo mucha suerte, ya que ese primer concurso que ganó lo llevó a una ciudad que ya tenía agua corriente, aunque se estaba ampliando su red.

En resumen, los concursos ofrecían puestos que podían representar un ascenso pero tenían alguna *contra,* como por ejemplo la ubicación geográfica.

Existen aún muchos prejuicios ante la aplicación de técnicas de autopostulación interna. De los empleados: *¿qué pasa si me presento y no me eligen? ¿Qué dirá mi jefe si se entera?* De los jefes: *¿Cómo le digo que no sirve para el puesto?*

El esquema más común de búsquedas internas –aun en ambientes altamente profesionalizados– consiste en un proceso de decisiones que no incluye al empleado o ejecutivo. Siempre ocurre dentro de una área de decisión que supera el nivel del interesado. Y, sobre todo, aunque la promoción sea importante no siempre es del agrado del involucrado, por ejemplo cuando incluye traslados al exterior, pero si el funcionario no la acepta, por lo general allí *corta* su carrera.

Analizando el tema desapasionadamente y sin otro interés que la curiosidad profesional, parecería que esta situación es un *cóctel* con varios ingredientes:

Los prejuicios propios de la idiosincrasia de muchos países, entre ellos la Argentina, donde estamos tan preocupados por cómo nos ven, por *el qué dirán,* y tememos segundas intenciones de los demás.

La falta de una mentalidad abierta por parte de los niveles de supervisión, que dificulta *asumir que un empleado nuestro prefiera trabajar a las órdenes de otro.*

No tener en cuenta la conveniencia de considerar a personas que *deseen* la posición para la cual las estamos evaluando.

No postulamos a favor ni en contra del sistema. Existen muchas ventajas, pero en muchas empresas de nuestro país no ha funcionado, no ha sido una buena herramienta.

Los autores citan ejemplos sobre esta metodología de reclutamiento interno y enuncian una serie de principios útiles para que estos avisos de puestos disponibles sean efectivos:

Dar aviso de todas las oportunidades permanentes de transferencia y de promoción.

Notificar acerca de los puestos vacantes por lo menos una semana antes de iniciar el reclutamiento fuera de la organización.

Poner en claro las reglas de elección. Por ejemplo, especificar el tiempo de servicio mínimo en el puesto actual, las reglas que se utilizarán para elegir entre los aspirantes que califiquen en el mismo nivel, etc.

Hacer una lista de las especificaciones del puesto a cubrir, es decir el perfil de la búsqueda.

Indicar a todos los aspirantes de qué manera se ocupará el puesto de trabajo: metodología de selección.

En nuestro país, las empresas que aplican esta herramienta son pocas y casi todas de origen norteamericano o europeo, o con un estilo de management similar al norteamericano.

Las empresas que aplican exitosamente esta herramienta –la tendencia es en crecimiento– lo hacen primero en un ámbito de libertad de expresión, donde las personas pueden decir *sin temor a las represalias* que quieren cambiar de posición y crecer. Otra clave es la información: se debe difundir transparentemente cuáles son las búsquedas internas que se encaran, y cuando se decide salir al mercado, también explicitarlo claramente. Y por último, se deben ofrecer todas las posiciones dentro de los parámetros definidos. **Con claras reglas de juego, la herramienta es muy útil.**

Como complemento a la investigación y el debate realizados sobre manejo de carrera, se consultó al mismo conjunto de empresas sobre la aplicación de la herramienta de autopostulación (*job posting*). Muchos de los que no la aplican han manifestado su intención de hacerlo y otros *confesaron* que aplican algún sistema *casero* en su reemplazo.

En un desayuno-debate con especialistas de Recursos Humanos se preguntó sobre la utilización del *job posting* y el resultado fue un 61% de respuestas negativas, aunque el ánimo reinante en los especialistas es ampliamente favorable. Si bien todos son conscientes de las deficiencias que el sistema puede tener, en la opinión general los beneficios superan a los problemas.

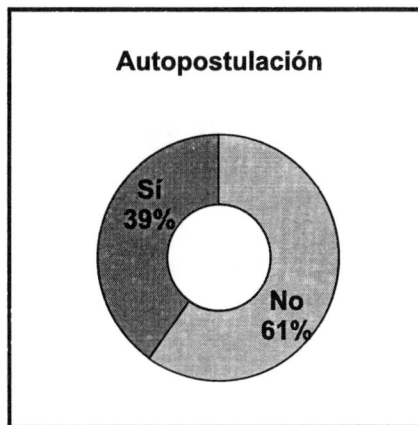

Autopostulación

Sí 39%

No 61%

Síntesis del capítulo

➢ La principal función del área de Desarrollo de Recursos Humanos es el cuidado del capital intelectual de la compañía. Esta función está en estrecha relación con capacitación y entrenamiento (capítulo 8) y con evaluación de desempeño (capítulo 10).

➢ El capital intelectual está compuesto por las personas que trabajan en una organización, los procedimientos y políticas y la valoración que sobre la compañía tiene el mercado en su conjunto: clientes, proveedores y la competencia.

➢ Las principales funciones del área de Desarrollo de Recursos Humanos son: administrar las descripciones de puestos, definir planes de carrera, mapas o familias de puestos, coordinar las evaluaciones de desempeño, administrar los sistemas de planes de sucesión y en ocasiones supervisar la capacitación y el entrenamiento del personal.

➢ Hacer carrera es obtener y conquistar lo que más nos interesa en nuestro trabajo, satisfacer las motivaciones que nos impulsan a trabajar, que son diferentes en cada persona. Es crecer en cierta dirección hasta donde lo permitan nuestras reales posibilidades, es decir, hasta donde sea productivo para la organización y para el individuo.

➢ Las carreras pueden progresar en diferentes direcciones: ascendente, de enriquecimiento o expansión (desplazamiento lateral) y realineamiento (que puede ser descendente).

➢ La evolución de las competencias varían según los puestos o familias de puestos. La función de Desarrollo requiere identificar al personal con alto potencial, y los posibles cambios de puesto a corto y mediano plazo, para de ese modo planear las carreras de los individuos.

➢ Al planear la sucesión de una posición gerencial se analizan las opciones disponibles: la sucesión puede recaer en una persona interna, puede realizarse una búsqueda en el mercado o desarrollar a un gerente interno.

➢ El mentor o tutor verifica el plan de carrera de la persona bajo tutoría. Habitualmente es el jefe del jefe el que asume esta función. El *mentoring* implica capacitación y entrenamiento de la persona bajo tutoría, y del tutor, ya que si nunca lo fue antes, deberá recibir algún entrenamiento al respecto. La fijación de los objetivos y la comunicación son dos de los pilares fundamentales para el éxito de esta práctica.

➢ El *job posting* (autopostulación) es una interesante herramienta en el desarrollo de carreras, ya que permite una participación activa de los interesados al presentar sus candidaturas para las posiciones en las cuales les interesaría participar; de ese modo orientan activamente su carrera.

El lector encontrará los esquemas en INTERNET *(Clases)*: **www.granica.com/derrhh** y **www.marthaalles.com/derrhh** y la ejercitación correspondiente a estos temas en la obra **Dirección estratégica de Recursos Humanos. Gestión por competencias.** *Casos*. **Capítulo 9.**

Casos: **La función de desarrollo: planes de carrera y de sucesión. Una prueba piloto de tutoría.**

Caso Supermercados.

SEGUIMIENTO DE TUTORÍA

Nombre del tutor _____

Nombre de la persona bajo tutoría _____

Puesto que ocupa

Fecha de la entrevista

Breve comentario sobre la actuación de la persona bajo tutoría

Puntos fuertes (formación y competencias conductuales)

Puntos débiles (formación y competencias conductuales)

Inquietudes de la persona bajo tutoría en relación a su carrera profesional: proyectos en los que participa, proyectos en los que quisiera participar, etc.

Compromiso asumido por el tutor en relación al desarrollo profesional en el periodo

Comentarios

Fecha próxima entrevista

Firma del tutor   Firma de la persona bajo tutoría

Capítulo 10

Evaluación de desempeño. Administración de carreras

Usted aprenderá en este capítulo

➢ La importancia de evaluar el desempeño.

➢ La secuencia de una evaluación de desempeño.

➢ Los problemas más comunes.

➢ Pasos de una evaluación y la importancia de la entrevista.

➢ Cómo evaluar el desempeño por competencias.

➢ La evaluación de 360º.

➢ La relación de la evaluación de desempeño con la administración de carreras.

¿Por qué evaluar el desempeño? Beneficios y problemas más comunes

El análisis del desempeño o de la gestión de una persona es un instrumento para gerenciar, dirigir y supervisar personal. Entre sus objetivos podemos señalar el desarrollo personal y profesional de colaboradores, la mejora permanente de resultados de la organización y el aprovechamiento adecuado de los recursos humanos.

Por otra parte, tiende un puente entre el responsable y sus colaboradores de mutua comprensión y adecuado diálogo en cuanto a lo que se espera de cada uno y la forma en que se satisfacen las expectativas y se mejoran los resultados.

Habitualmente se cree que las evaluaciones de desempeño se realizan para decidir si se aumentan los salarios o no, o a quiénes hay que despedir. Esto puede ser cierto en ocasiones, pero el significado de las evaluaciones de desempeño es mucho más rico y tiene otras implicaciones en la relación jefe-empleado y en la relación más perdurable entre la empresa y los empleados.

En forma sintética, las evaluaciones de desempeño son útiles y necesarias para:

⇨ Tomar decisiones sobre promociones y remuneración.

⇨ Reunir y revisar las evaluaciones de los jefes y subordinados sobre el comportamiento del empleado en relación con el trabajo. Recordemos a Edgar Schein[1] cuando explica que un trabajador "necesita saber cómo está realizando su trabajo", el grado de satisfacción que sus empleadores tienen en relación con la tarea realizada.

⇨ La mayoría de las personas necesitan y esperan esa retroalimentación; a partir de conocer cómo hacen la tarea, pueden saber si deben modificar su comportamiento.

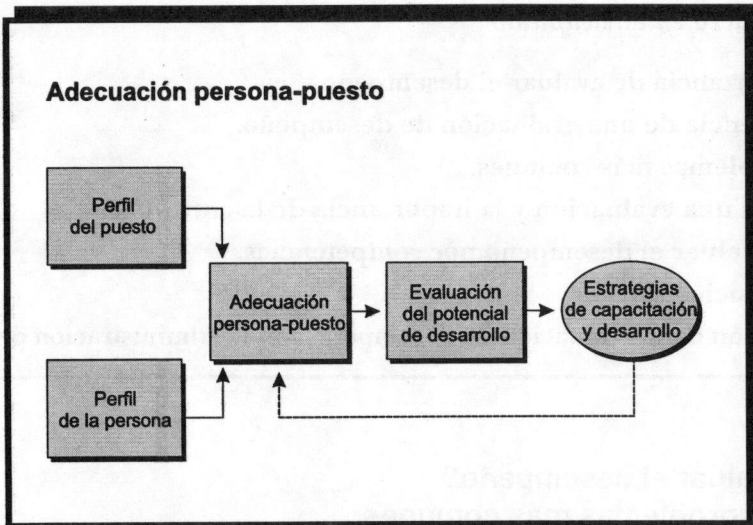

Analicemos el cuadro. Una evaluación de desempeño debe realizarse siempre con relación al **perfil del puesto**. Solo se podrá decir que una persona se desempeña bien o mal, en relación con lo que se espera de él en el puesto.

Confrontando el perfil de un puesto con el de la persona evaluada se establece una relación entre ambos, la **adecuación persona-puesto**.

---

[1] Ver capítulo 9.

A partir de allí será posible evaluar el desempeño, el potencial, y definir cuáles son las estrategias de capacitación y entrenamiento necesarias para una más correcta adecuación persona-puesto.

Como se ve, se puede utilizar la evaluación de desempeño para mucho más que determinar salarios. Mejora por igual los resultados de la empresa y la actuación futura de las personas. Una correcta metodología de evaluación de desempeño es beneficiosa para ambas partes.

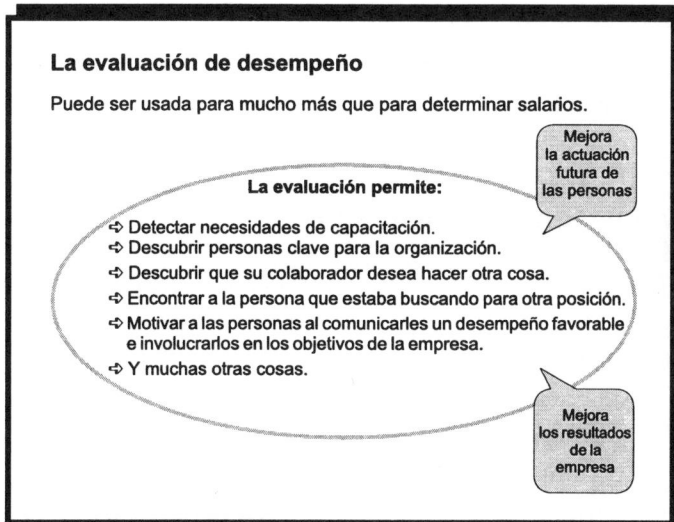

La evaluación de desempeño

Puede ser usada para mucho más que para determinar salarios.

La evaluación permite:

Mejora la actuación futura de las personas

⇨ Detectar necesidades de capacitación.
⇨ Descubrir personas clave para la organización.
⇨ Descubrir que su colaborador desea hacer otra cosa.
⇨ Encontrar a la persona que estaba buscando para otra posición.
⇨ Motivar a las personas al comunicarles un desempeño favorable e involucrarlos en los objetivos de la empresa.
⇨ Y muchas otras cosas.

Mejora los resultados de la empresa

Los problemas más comunes en la evaluación de desempeño

⇨ Carencia de normas;
⇨ criterios subjetivos o poco realistas;
⇨ falta de acuerdo entre el evaluado y el evaluador;
⇨ errores del evaluador;
⇨ mala retroalimentación;
⇨ comunicaciones negativas.

Para evitar estos problemas

⇨ Utilizar una adecuada herramienta de evaluación, que constará de un formulario y un instructivo.
⇨ Entrenar a los evaluadores. Muchas compañías se limitan a entregar el formulario y el instructivo, pero esto no basta. La mejor herramienta puede fracasar si los evaluadores no reciben una correcta y profunda capacitación sobre cómo utilizarla.

El entrenamiento de evaluadores

Debe realizarse cuando se modifica una herramienta o se implementa una nueva, y también cuando nuevos evaluadores se incorporan a la tarea, por ejemplo al promover a una persona, al incorporar un nuevo gerente o supervisor, etc.

⇨ Los supervisores son los que realizan la evaluación de su equipo; si bien el área de Recursos Humanos puede ejercer una cierta supervisión, no es la "dueña" o responsable de las evaluaciones.

⇨ Los evaluadores deben estar familiarizados con las técnicas que utilizarán.

⇨ Deben evaluar en forma justa y objetiva. El éxito del programa depende de ellos.

Pasos de una evaluación de desempeño

⇨ Definir el puesto: asegurarse de que el supervisor y el subordinado estén de acuerdo en las responsabilidades y los criterios de desempeño del puesto. Como ya se dijo, una evaluación solo puede realizarse en relación con el puesto; es necesario que el evaluador y el evaluado comprendan su contenido.

⇨ Evaluar el desempeño en función del puesto: incluye algún tipo de calificación en relación con una escala definida previamente.

⇨ Retroalimentación: comentar el desempeño y los progresos del subordinado.

El análisis de la gestión o el desempeño de una persona tiene a su vez tres momentos diferentes:

1. Una etapa inicial de fijación de objetivos, en la que se establecen los objetivos principales del puesto y los prioritarios para el año. Esta etapa inicial debe materializarse en una reunión donde estos objetivos se establezcan.

2. Etapas intermedias o de evaluación del progreso. Antes de llegar al período final de evaluación –generalmente un año– es aconsejable establecer con cierta periodicidad –por ejemplo cada tres meses, cada cuatro o cada seis– una reunión de progreso, donde se realice un balance de lo actuado en ese ejercicio en curso y el avance en la consecución de objetivos.

3. Al final del período, reunión final de evaluación de los resultados. Si por alguna circunstancia una persona tuvo dos dependencias –por ejemplo, un consultor que en el año lleva dos grandes proyectos reportando a dos jefes diferentes–, será evaluada por los dos jefes; si el empleado es transferido durante el año de área, de

plaza o ciudad, deberá segmentarse el período y será igualmente evaluado por los diferentes jefes.

Como se muestra en el gráfico, en base a la **descripción del puesto** y de las **conductas observadas** es factible realizar la **evaluación de desempeño,** proceso en el cual son muy importantes la comunicación y el registro no solo de la evaluación en sí misma –habitualmente se utiliza un formulario–, sino también del **resultado de la entrevista de evaluación**.

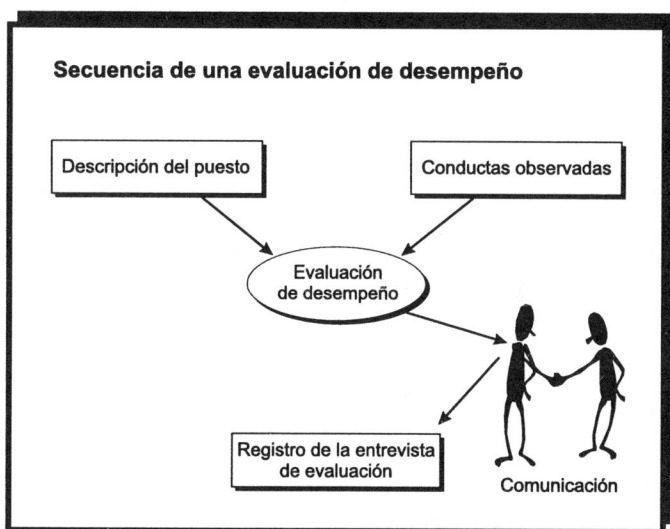

Secuencia de una evaluación de desempeño

Pasos de la reunión de evaluación

⇨ Saludo cálido para distender la entrevista.

⇨ Realizar un resumen de la evaluación para asegurarse de que el empleado comprende la forma en que fue evaluado.

⇨ Tratar primero los puntos fuertes y a continuación los débiles.

⇨ Darle al empleado la oportunidad de expresar sus sentimientos.

⇨ Modificaciones en la compensación: anunciar el nuevo salario y la fecha en que será efectivo, si mereció un aumento.

⇨ Excepto en caso de que el desempeño del evaluado sea en forma global *muy malo*, cerrar la reunión con una frase positiva.

Cuando las evaluaciones de desempeño no son satisfactorias

Cuando el resultado no es favorable y el evaluado fue un buen empleado durante mucho tiempo, con evaluaciones positivas anteriores, o en el caso de personas que están pasando un mal momento personal; en suma, para situaciones especiales, se puede implementar un programa especial de **mejora del rendimiento**.

Para lograrlo, tienen que "comprar la idea" en primer lugar el supervisor del empleado en cuestión, y en segundo lugar el empleado mismo. Luego, es importante acotar los tiempos, es decir, el programa debe tener un plazo definido, por ejemplo seis meses.

Un plan de mejora del rendimiento debe incluir:

▷ instrucciones y orientaciones verbales;

▷ comentarios y sugerencias frecuentes;

▷ conversaciones formales e informales;

▷ reportes de evaluación del rendimiento;

▷ entrenamiento;

▷ advertencias verbales y por escrito.

Para una correcta implementación, debe prepararse un plan de acción con fecha de inicio, fechas de revisiones parciales y firmas de la persona involucrada, su supervisor inmediato y el responsable del área.

¿Cómo confeccionar un plan de acción?

▷ analizar el tipo de problemas y las posibles causas que hayan dado origen a la situación;

▷ pensar medidas realistas que podrían ayudar a rectificar el problema;

▷ posibles ideas:

▶ ¿necesita entrenamiento? ¿en qué?

▶ ¿necesita repasar la descripción del puesto?

▶ ¿tiene dudas sobre las políticas o los procedimientos?

Si una empresa trabaja con esquemas de *mentoring*, la persona que cubra la función de mentor puede ser la indicada para aconsejar a quien está transitando por un programa de mejora del rendimiento.

¿Qué sucede si el empleado no *mejora* su rendimiento de acuerdo a lo esperado?

Posibles instancias:

➪ Realineamiento de carrera, ofreciéndole otra posición acorde con su nuevo estándar de rendimiento.

➪ Reingreso al programa de mejora del rendimiento con nuevos plazos y objetivos.

➪ Desvinculación.

Evaluar desempeño en el esquema de competencias

Nos hemos referido a los esquemas de competencias en el capítulo 2. En este capítulo haremos referencia a la evaluación de desempeño dentro de dicho esquema.

Las evaluaciones siempre deben hacerse en función de cómo se ha definido el puesto. Si la compañía trabaja con el esquema de competencias, evaluará en función de las mismas.

Las competencias se fijan para la empresa en su conjunto, y luego por área y nivel de posición. En función de ellas se evaluará a la persona involucrada. Habitualmente, las competencias referidas a un puesto se clasifican en una escala de puntuación.

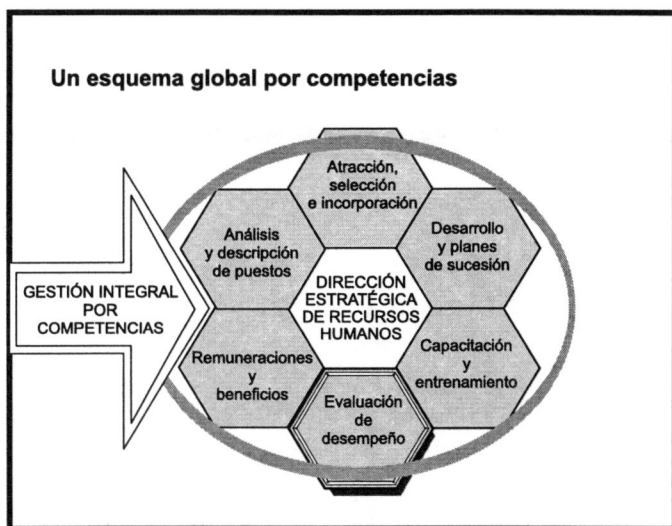

La evaluación de desempeño tomará en cuenta las competencias relacionadas con la posición evaluada y solo esas, y en el grado en que son requeridas por el puesto.

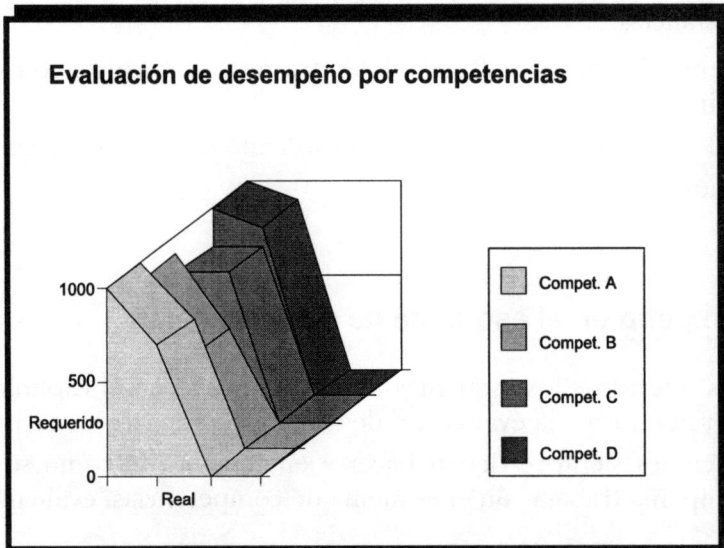

Evaluación de desempeño por competencias

1000

500

Requerido

0

Real

Compet. A

Compet. B

Compet. C

Compet. D

Para realizar este gráfico se consideraron cuatro competencias que hemos denominado A, B, C y D, con diferentes grados de cumplimiento en relación con lo requerido por el perfil.

Cuando una empresa cuenta con definiciones de **perfil por competencias** se puede realizar la **evaluación de desempeño por competencias**.

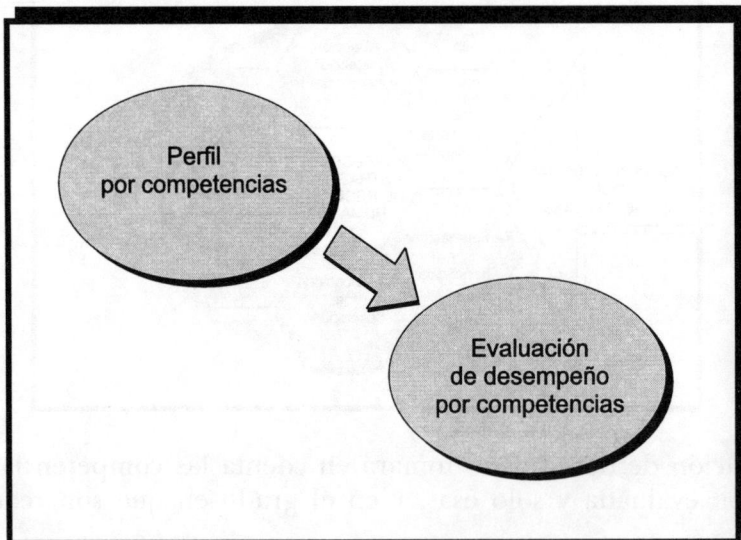

Perfil
por competencias

Evaluación
de desempeño
por competencias

Análisis del rendimiento

En párrafos anteriores nos referimos a la necesidad de fijar los objetivos al inicio del período de evaluación. El análisis del rendimiento se realizará en base a esos objetivos. A su vez, estos objetivos deben ser mensurados o ponderados de algún modo, idealmente con valores que sumen diez o cien para su rápida visualización.

Los objetivos serán evaluados en relación con el grado de consecución, por ejemplo, en una escala de 1 a 5:

1. Supera ampliamente.
2. Supera.
3. Alcanzó el objetivo.
4. Estuvo cerca de alcanzar el objetivo.
5. No alcanzó el objetivo.

	Objetivos de gestión	Ponderación	Nivel de consecución (1 a 5)	Comentarios
1.				
2.				
3.				
4.				
5.				
6.				
7.				
8.				
9.				
10.				
		100%		

Análisis del desempeño

Para el análisis de desempeño se usarán las competencias en relación con el nivel requerido para la posición.

Para ello se sugiere también una escala de 1 a 5 como la siguiente:

1. Excelente.
2. Muy bueno.
3. Normal (se entiende como normal el desempeño esperado para la posición).
4. Necesidad de desarrollo.
5. Necesidad de mejora urgente.

Se sugiere adicionar la autoevaluación de la persona involucrada, con la misma escala.

Suponiendo 10 factores o competencias para un determinado puesto:

Competencias y comportamiento esperado	Nivel según el evaluado (1 a 5)	Nivel según el evaluador (1 a 5)	Comentarios
Orientación a resultados Preocupado por el cumplimiento de objetivos y consecución de resultados. Utiliza criterios de negocio en los casos en que hay que tomar decisiones sobre alternativas distintas.			
Colaboración Es capaz de trabajar con grupos multidisciplinarios, con compañeros de trabajo muy distintos: expectativas positivas respecto de los demás, comprensión interpersonal.			
Orientación al cliente Preocupado por sincronizar las necesidades de los clientes con las propias, de forma que se genere una relación de colaboración permanente. Busca permanentemente nuevas formas de mejorar la relación con los clientes.			

Competencias y comportamiento esperado	Nivel según el evaluado (1 a 5)	Nivel según el evaluador (1 a 5)	Comentarios
Liderazgo Transmite la visión del negocio, desarrolla la cooperación y el trabajo en equipo, llevando al grupo de trabajo a la consecución de los objetivos, actuando como ejemplo o modelo a seguir por los demás.			
Delegación Delega responsabilidades en sus subordinados, instruyéndolos, desarrollándolos y perfeccionándolos, asegurando el control adecuado que regule la eficacia de las personas.			
Comunicación Transmite oportunamente la información necesaria a las personas de su área de influencia de forma clara, adecuada y asequible.			
Flexibilidad Es capaz de adaptarse con facilidad a los cambios, trabajando con efectividad frente a situaciones variables y diferentes.			
Trabajo en equipo Da prioridad al éxito del equipo frente al éxito personal. Su visión del equipo incluye, además de sus jefes, pares y colaboradores, a sus clientes y proveedores internos como socios.			
Decisión Toma decisiones consistentes, viables y ponderadas entre diferentes opciones, asumiendo plenamente las consecuencias.			
Organización Planifica y coordina su propio trabajo o el de su unidad, asignando bien las prioridades, utilizando los recursos y el tiempo con eficacia.			

Recomendaciones

En base a los objetivos para el nuevo ejercicio y al desempeño evaluado en "Análisis del desempeño", es factible recomendar acciones específicas para cada colaborador evaluado, por ejemplo capacitación o entrenamiento, participación en determinados proyectos de la compañía, asignaciones especiales, etc. Las mencionadas acciones deben ser acordadas con el evaluado.

Debe mejorar	Acción propuesta	Fechas o plazos
1.		
2.		
3.		
4.		
5.		

Evaluación final

Cada evaluación debe tener una "nota final", es decir, una única puntuación; según el esquema propuesto, sugerimos una puntuación de 1 a 5:

1. **Excepcional**: para aquellos que demuestren logros extraordinarios en *todas* las manifestaciones de su trabajo. Desempeño raramente igualado por otras personas que ocupan puestos de comparable ámbito de actuación y responsabilidad.

2. **Destacado**: cuando los resultados superan lo esperado. Refleja un nivel de consecución y desempeño que supera lo razonable. La persona demuestra de forma regular logros significativos. Como evaluación global, este nivel de desempeño se aplica a aquellos que están entre los mejores.

3. **Bueno**: se entiende como el esperado para la posición. Este nivel debe ser aplicado a aquellos cuyo desempeño cumple claramente las exigencias principales del puesto. Refleja un desempeño riguroso, el habitual de aquellas personas que tienen conocimientos, formación y experiencia apropiados para el puesto. Las personas en este nivel llevan a cabo su tarea regularmente de forma profesional y eficaz.

4. **Necesita mejorar**: este nivel refleja un desempeño que no cumple completamente las necesidades del puesto en las principales áreas de trabajo. La persona demuestra capacidad para lograr la mayoría de las tareas, pero necesita mayor desarrollo.

5. **Resultados inferiores a los esperados**: se aplica para aquellos cuyo trabajo en términos de calidad, cantidad y cumplimiento de objetivos está claramente por debajo de las exigencias básicas de su puesto de trabajo. Si el individuo va a permanecer en la posición, el desempeño debe mejorar significativamente dentro de un período determinado.

Firmas

1. Del evaluador;
2. del jefe directo del evaluador;
3. del evaluado. Su firma no indica necesariamente acuerdo de su parte.

Firma del evaluador	Comentarios
Firma del jefe del evaluador	Comentarios
Firma del evaluado	Comentarios

Del autor al lector

En los capítulos 2, 3 y 4 hemos puntuado los grados de competencia con una escala de 1 a 4, utilizando letras: A, B, C, D (Alto, Bueno, Mínimo necesario e Insatisfactorio). En este capítulo, para las evaluaciones de desempeño, utilizamos la puntuación de 1 a 5 (Excepcional, Destacado, Bueno, Necesita mejorar y Resultados inferiores a lo esperado).

Esto no es una incongruencia de nuestro trabajo. En nuestra opinión, para la definición del perfil es suficiente trabajar con cuatro niveles y para la instancia de evaluación sí es importante contar con dos niveles para las situaciones negativas o poco favorables, diferenciando el caso de una persona que necesita mejorar de aquel otro que tiene resultados inferiores a los esperados.

Una forma de garantizar el éxito

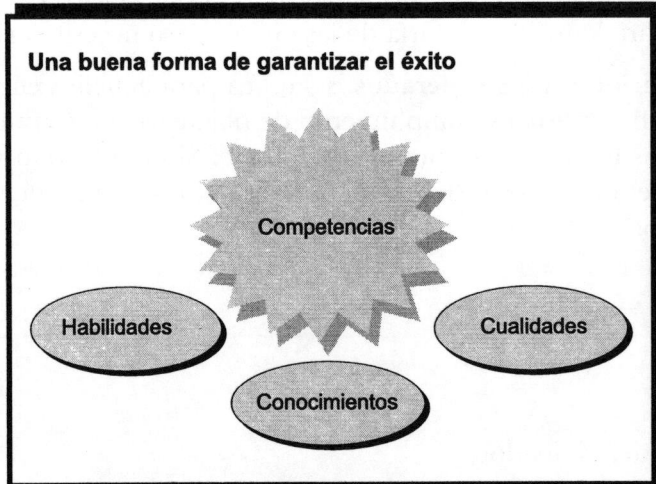

Una buena forma de garantizar el éxito

Competencias

Habilidades

Cualidades

Conocimientos

Trabajar bajo la modalidad de competencias tiene una serie de ventajas. Entre ellas, objetiviza los procedimientos combinando las habilidades, los conocimientos y las cualidades de una persona y, por extensión, los de toda la organización. Las competencias necesarias, como se vio en el capítulo 2, son fijadas para la empresa, prescindiendo de las personas que circunstancialmente ocupan los puestos, y por ello la evaluación del desempeño por competencias garantiza un proceso objetivo.

A continuación brindaremos un ejemplo de cómo evaluar una competencia. Hemos elegido "cuidado del cliente".

Evaluación de desempeño por competencias: "cuidado de los clientes"

Conducta tipo

Explicar en detalle a los clientes _____
Asegurarse de que los clientes _____
Mirar a los clientes para detectar confusión, ansiedad, etc., durante el ingreso a _____

Incidente crítico o conducta observable (brindar ejemplos)

1. Situaciones reales de la persona evaluada en relación con la competencia evaluada.

Se evalúan las conductas

Encontrará un caso práctico en *Dirección Estratégica de Recursos Humanos. Casos.* Ediciones Granica, 2000.

360° feedback o evaluación de 360 grados

¿Cuál es el feedback habitual en cualquier evaluación de desempeño? La relación del evaluado con su jefe directo.

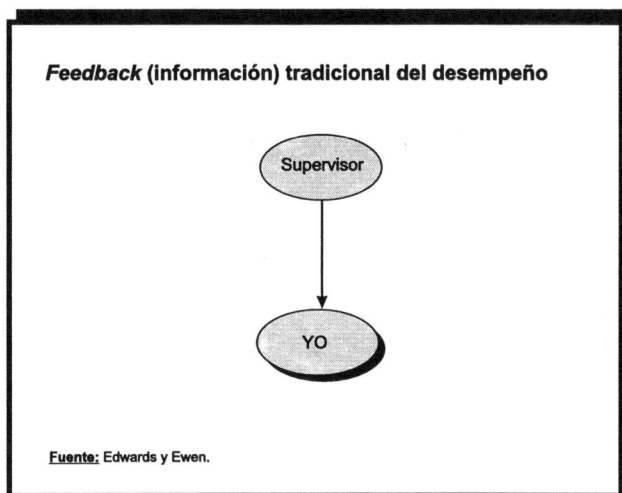

Fuente: Edwards y Ewen.

¿Qué es una evaluación de 360º?

Es un esquema sofisticado que permite que un empleado sea evaluado por todo su entorno: jefes, pares y subordinados. Puede incluir otras personas como proveedores o clientes.

Las evaluaciones jefe-empleado pueden ser incompletas, ya que toman en consideración una sola fuente. Las fuentes múltiples pueden proveer un marco más rico, completo y relevante del desempeño de una persona. Por añadidura, pueden crear un clima de mayor colaboración en el trabajo. Los empleados asumen más y mejor sus conductas y cómo impactan en los demás. Si esto sucede, es factible prever un incremento en la productividad.

Tomaremos como referencia la obra de Edwards y Ewen,[2] que presenta este modelo de evaluación del personal. Los beneficios de este esquema son múltiples, pero el más significativo es que la evaluación no queda sujeta al único juicio del supervisor.

---

[2] Edwards, Mark R. y Ewen, Ann J., *360º Feedback*, Amacom, American Management Association, Nueva York, 1996.

La evaluación de 360 grados o 360° feedback es la forma más novedosa de desarrollar la valoración del desempeño, ya que dirige a las personas hacia la satisfacción de las necesidades y expectativas, no solo de su jefe, sino de todos aquellos que reciben sus servicios internos y externos.

El concepto de evaluación de 360° es claro y sencillo: consiste en que un grupo de personas valoren a otra por medio de una serie de ítems o factores predefinidos. Estos factores son comportamientos observables en el desarrollo diario de su práctica profesional.

El proceso a seguir en un proceso de evaluación de 360° es el siguiente:

➤ **Definición de los factores de comportamiento críticos de la organización**. Normalmente los factores son los mismos que los de la evaluación del desempeño.

➤ **Diseño de la herramienta** soporte del proceso, es decir el cuestionario de evaluación de 360°.

➤ **Elección de las personas** que van a intervenir como evaluadores: superior, pares, colaboradores, clientes internos de otras áreas, clientes y proveedores externos. Estos últimos pueden o no incluirse. Es importante recalcar que estas evaluaciones son **anónimas**.

➤ **Lanzamiento del proceso** de evaluación con los interesados y evaluadores.

➤ **Relevamiento y procesamiento de los datos** de las diferentes evaluaciones, que en todos los casos debe realizar un consultor externo para preservar la confidencialidad de la información.

➤ **Comunicación a los interesados** de los resultados de la evaluación de 360°.

La herramienta de la evaluación de 360° consiste en un cuestionario de carácter anónimo en el que el evaluador realiza dos apreciaciones:

1. Valora la efectividad del evaluado en distintos aspectos (como las diez competencias de nuestro ejemplo) en condiciones normales de trabajo, es decir, en su día a día.

2. La segunda valoración se realiza también sobre los mismos factores, pero bajo condiciones especiales como estrés, plazos cortos, tareas de alta complejidad, etc.

Veamos en un gráfico quiénes intervienen en un método de 360°.

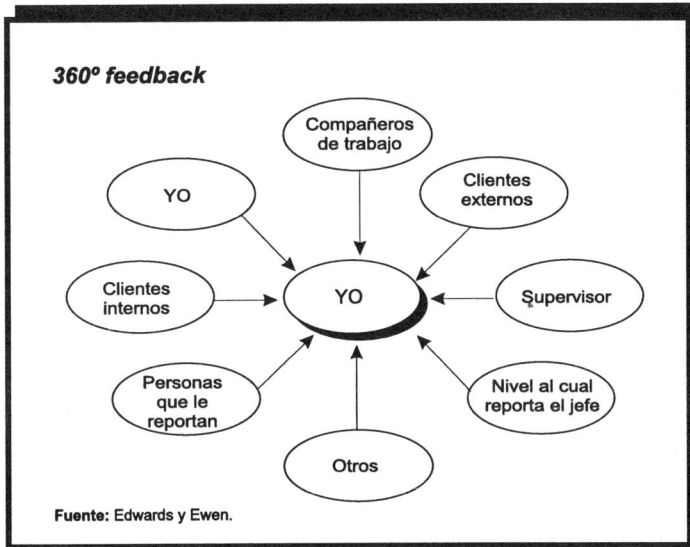

360° feedback

Fuente: Edwards y Ewen.

Como surge claramente del gráfico, una persona, a la que hemos llamado "YO", es evaluada por ocho sujetos diferentes:

⇨ Él mismo.

⇨ Clientes internos.

⇨ Personas que le reportan.

⇨ Clientes externos.

⇨ Compañeros de trabajo, pares de su posición.

⇨ Su supervisor.

⇨ El jefe del jefe, es decir el nivel al cual reporta su jefe.

⇨ Otras personas, como proveedores.

Para que el método no se torne burocrático, se eligen uno o dos pares, dos supervisados, dos o tres clientes, etc., y no todos los involucrados en cada nivel. No deje de observar que el empleado en cuestión también se evalúa a sí mismo.

Beneficios

¿Por qué el *360° feedback* se está tornando una herramienta para el desarrollo cada vez más relevante? Se pregunta y se responde Larry Cipolla[3]: por la credibilidad. Como fuente única, el feedback proveniente del jefe puede no ser siempre aceptado por el empleado, especialmente si es diferente del que el empleado había esperado. La credibilidad también se ve afectada si el participante cree que la evaluación del jefe es parcial o que tiene algún grado de favoritismo.

Para Cipolla, el grado de aceptación del *360° feedback* es más alto cuando la evaluación la realizan al menos ocho personas. Cuantos más se involucren, *más altas serán la confiabilidad y la credibilidad*. Continuando con este autor, es ideal incluir cuatro pares, cuatro subordinados, etc., es decir cuatro personas por grupo; de este modo se logra un feedback más confiable y se da anonimato a los participantes. Sin embargo, la información del jefe debe ser un ítem separado. Algunos jefes prefieren que su opinión se sume a la de algún grupo, pero esto no es aconsejable. Mantener la información del jefe por separado ayuda a crear una comunicación abierta y honesta entre cada jefe y el participante.

¿Quiénes participan como evaluadores?

Clientes: este proceso da la chance a clientes internos y externos de tener voz y voto en el proceso de evaluación.

Empleados: participan en un proceso que tiene un fuerte impacto en sus carreras garantizando su imparcialidad; ellos pueden de este modo seleccionar el criterio a usar para juzgar su performance.

Miembros del equipo: es muy importante, ya que este tipo de evaluación permite identificar realmente a los equipos y mejorar su rendimiento.

Supervisores: el proceso amplía la mirada del supervisor y le permite disminuir a la mitad o más el tiempo que utilizaba en las evaluaciones individuales.

Gerentes: permite a los líderes tener mayor información sobre la organización y comprender mejor sus fortalezas y debilidades, conocer detalles y recibir sugerencias de otros participantes. Cada gerente puede darle, a su vez, la utilización que considere más efectiva.

---

[3] Cipolla, Larry, "Utilizando 360° *multi-rater feedback* para incrementar desempeño y productividad", *Revista C&D*, número 19, junio de 1999, Buenos Aires.

La empresa: las empresas se vuelven más "creíbles" al implementar estos procesos; la información les marca fortalezas y debilidades, y les permite conocer discrepancias en las relaciones y determinar necesidades de entrenamiento.

La devolución al participante o feedback a los evaluados

Nos hemos referido a la importancia de la entrevista de evaluación, y más allá de las herramientas utilizadas, a la comunicación como clave de cualquier proceso.

Estos conceptos son básicos y universales, aplicables también a la evaluación de 360°. Enviar al participante los resultados por escrito no es una buena idea. Una completa evaluación acompañada por una guía de comprensión sobre *360º feedback* puede ser muy útil, pero no suficiente. No reemplaza una reunión explicativa.

Del autor al lector

Una adecuada comunicación en una reunión grupal, bajo un esquema de *workshop*, puede incitar a cada participante a compartir la información con los otros. En una media jornada los participantes serán capaces de comprender sus feedback, crear planes de acción y compartirlos con otros en el *workshop*.

El esquema persona-persona puede ser muy productivo y focalizado, y efectivo para mejorar el desempeño individual.

A su vez, la estructura persona-persona es necesaria para quienes atraviesan problemas conocidos y para ejecutivos con posiciones estratégicas dentro de la organización.

Estos métodos de evaluación deben verse y analizarse desde una óptica integral y no separados de la organización. Continuando con los autores que hemos tomado como referencia,[4] ellos presentan un gráfico para mostrar las relaciones del método de 360° con la estrategia de la organización.

---

[1] Edwards y Ewen, obra citada.

¿Cómo integramos la evaluación de 360°
con la estrategia general de Recursos Humanos?

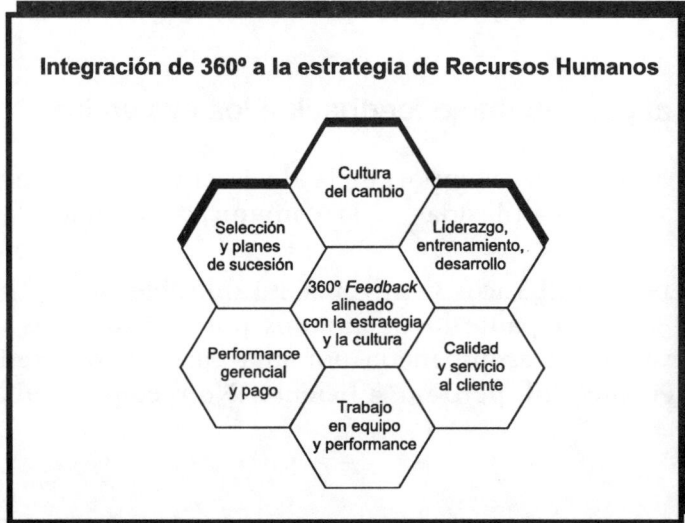

Integración de 360° a la estrategia de Recursos Humanos

Los cambios en las compañías suelen ser graduales. Si una empresa no implementa evaluaciones de desempeño, no puede comenzar a hacerlo con un esquema de 360°, o mejor dicho, no es lo más aconsejable. La organización debe estar madura para aplicar esta herramienta.

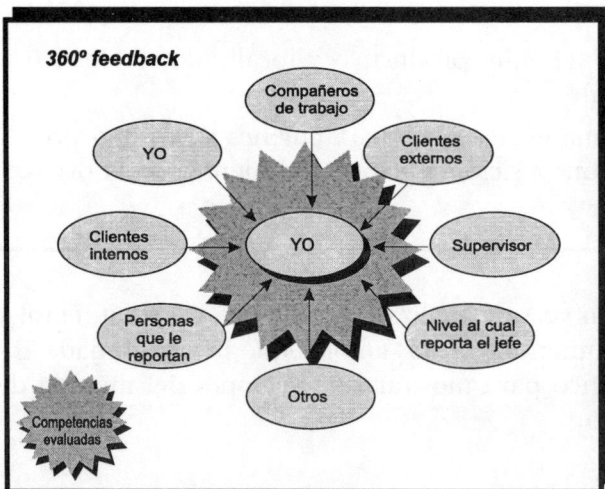

Habitualmente, al trabajar con este método la información se procesa fuera de la compañía, lo que incrementa el costo, por lo que son las grandes compañías las que usualmente lo implementan. No obstante, las buenas ideas no requieren necesariamente de una empresa de gran tamaño y pueden implementarse en menor escala.

Usualmente, las compañías que utilizan *360° feedback* lo hacen en combinación con un esquema de gestión por competencias.

Evaluación de desempeño en un esquema sencillo o para una empresa pequeña

Nos hemos referido a esquemas de evaluación de desempeño que pueden parecer complicados o poco aplicables a empresas pequeñas. Sin embargo, los criterios pueden ser los mismos aunque sea más sencillo el esquema de aplicación para adaptarlo a empresas con pocos empleados. No es necesario ser menos profundo o profesional. Algunas ideas:

Criterio de revisión de desempeño. El enfoque más simple es revisar el trabajo del empleado basándose en calidad y cantidad, en relación con los requisitos del puesto.

Calificaciones de desempeño. Debe calificarse el desempeño del empleado de una manera consistente.

A modo de ejemplo incluimos un sistema de calificación con aumentos sugeridos de sueldo. Si bien se ha mencionado que las evaluaciones no tienen esta única finalidad, ejemplificaremos aquí la relación entre ambos temas.

Descripción	Aumento sugerido
Resultados inferiores a los esperados. Este nivel se aplica para aquellos cuyo trabajo en términos de calidad, cantidad y cumplimiento de objetivos está claramente por debajo de las exigencias básicas de su puesto de trabajo.	0 %
Necesita mejorar. Este nivel refleja un desempeño que no cumple completamente las necesidades del puesto en las principales áreas de trabajo. La persona demuestra capacidad para lograr la mayoría de las tareas pero necesita mayor desarrollo y mejora.	0-3 %
Bueno. Se entiende como el esperado para la posición. Este nivel debe ser aplicado a aquellos cuyo desempeño cumple claramente las exigencias principales del puesto. Refleja un desempeño riguroso, el habitual de quienes tienen conocimientos, formación y experiencia apropiados para el puesto. Las personas en este nivel llevan a cabo su tarea regularmente de forma profesional y eficaz.	4-7 %
Destacado. Los resultados superan lo esperado. Refleja un nivel de consecución y desempeño que supera lo razonable en las diferentes manifestaciones de su trabajo. La persona demuestra de forma regular logros significativos. Como evaluación global, este nivel de desempeño se aplica a aquellos que están entre los mejores.	8-10 %
Excepcional (puede significar promoción). Para aquellos que demuestren logros extraordinarios en *todas* las manifestaciones de su trabajo. Desempeño raramente igualado por otras personas que ocupan puestos de comparable ámbito de actuación y responsabilidad.	+10 %

Debido a que las revisiones de desempeño pueden tener consecuencias emocionales, especialmente para el empleado, es conveniente realizar una revisión con una agenda en mente. El planeamiento es muy importante para objetivizar el proceso y manejar las emociones.

Es muy importante transmitir el mensaje deseado, prescindiendo de la eventual reacción del empleado.

Del autor al lector

Consejos sobre revisiones

☞ *Comunicación.* Es muy importante que el empleado comprenda la forma en que se califica su desempeño. Primero resuma el desempeño total, y luego explique qué significa la calificación. A menos que el desempeño del empleado sea netamente insatisfactorio, felicítelo por sus puntos fuertes y trate de cerrar la revisión con una actitud positiva. Sugiera aquello que debe modificar y qué espera de él en el futuro.

☞ *Salario.* Nunca mencione un cambio de remuneración hasta el final de la revisión de desempeño.

☞ *Sea sencillo durante las revisiones.* Algunos supervisores abordan estas situaciones con un cierto grado de histrionismo. No es conducente.

☞ *Revisiones negativas.* Cuando tenga que informarle a un empleado que su revisión de desempeño ha sido insatisfactoria, hable clara y concisamente. No dé mensajes ambiguos, solo confunden y no atenúan por ello lo desagradable de la situación.

☞ *Revisiones positivas.* Hasta los mejores empleados poseen algunas fallas. Trate de mantener la revisión en perspectiva.

Del autor al lector

Preguntas y respuestas sobre las revisiones:

◆ *Mi mejor empleado no está satisfecho con su revisión de salario. ¿Qué debo hacer?* No modifique su revisión de salario a menos que sienta que la revisión de desempeño no ha sido adecuada.

♦ *Las revisiones, ¿deben ser escritas?* Sin duda alguna. Todo lo que se manifiesta por escrito no deja dudas.

♦ *¿Cuáles son los peores errores que cometen los managers con las revisiones?* El error más común y más serio que los managers cometen es exagerar la revisión de un empleado que se encuentra debajo del nivel requerido. Otro error común es la tendencia a no remunerar a los mejores empleados como se lo merecen.

♦ *¿Cómo informo sobre una revisión realmente negativa?* Nunca endulce una revisión negativa. Repita el resumen del desempeño para asegurarse de que el empleado reciba el impacto completo de su revisión.

♦ *¿Cómo evito que los empleados compartan sus revisiones o sus niveles de salario con los demás?* La verdad es que no puede. Aunque solicite que la revisión y el salario se mantengan confidenciales, algunas personas, en especial los empleados jóvenes, compartirán esta información de todos modos.

♦ *Mi empresa se encuentra con problemas económicos y no estamos en condiciones de aumentar sueldos. ¿Debo retrasar las revisiones?* Es esencial realizar revisiones de desempeño a pesar de no estar en condiciones de aumentar sueldos. Explique la situación a sus empleados enfocando el futuro positivamente para que permanezcan en sus empleos.

♦ *¿Todos los empleados deben recibir su revisión al mismo tiempo?* En lo posible, sí. Las compañías suelen entrar en un pequeño caos en época de revisiones de desempeño, porque se desatienden las tareas habituales. Asúmalo. Es el costo de una compañía organizada. Los beneficios de las revisiones son para todos: para los colaboradores y para la empresa.

Recuerde que para retener al personal clave y saber cuándo hay que desvincular al mal empleado, las mejores herramientas de que dispone son la evaluación y revisión de desempeño.

El rol de Recursos Humanos en la evaluación de desempeño

En muchas organizaciones, tanto Recursos Humanos como las otras áreas piensan que las evaluaciones de desempeño son herramientas que pueden "dar poder", ya que permiten tomar decisiones sobre el futuro de las personas. Esto es, desde ya, un grave error. Si bien Recursos Humanos tiene un papel preponderante en estos temas, lo ejerce desde un lugar muy diferente:

⇨ Es un asesor (staff) que tiene una tarea técnica a su cargo.

⇨ Diseña la herramienta o contrata al consultor que la diseña, y conduce la relación con el consultor proveedor.

⇨ Ayuda a su implementación y cumplimiento, con su función de entrenamiento de los futuros evaluadores.

⇨ Vela por la objetividad del sistema.

⇨ Administra la herramienta.

Por ello, no debe olvidarse que...

⇨ Los verdaderos evaluadores y diseñadores de la carrera son el jefe y el jefe del jefe *(mentoring)*, y los distintos evaluadores participantes de una evaluación de 360º.

El rol de Recursos Humanos en la administración de carreras

Las evaluaciones de desempeño tienen relación con las carreras de las personas, ya que uno de los derivados de estas evaluaciones son las acciones de promoción y desarrollo de los evaluados. Como vimos en el punto anterior, Recursos Humanos es un asesor o staff que ayuda al cumplimiento de las políticas de la organización e implementa los resultados de las evaluaciones, las decisiones de promoción, etc., y vela por la objetividad del sistema.

➤ Los verdaderos autores de las carreras son los propios involucrados y sus jefes.

➤ Finalizadas las evaluaciones de desempeño, Recursos Humanos tiene por delante una ardua tarea.

➤ Para cada uno de los evaluados surgen planes de acción que pueden implicar tareas de capacitación, entrenamiento, transferencias, promociones, etc.

La importancia de la primera asignación

Nos hemos referido en capítulos anteriores a la importancia de una buena inducción para la mejor retención de empleados. En esta misma línea de preocupación –la retención de candidatos–, una correcta primera asignación será un ancla para las personas dentro de la organización, y su importancia se acentúa cuando las personas incorporadas trabajan por primera vez y no tienen un marco de referencia previo.

Manejo de promociones y transferencias

Las promociones suelen ser una consecuencia de las evaluaciones de desempeño, por lo que hemos incluido esta breve referencia en este capítulo. Las transferencias en especial deben ser consensuadas con los empleados, ya que si implican desplazamientos geográficos pueden ocasionar problemas con sus familias.

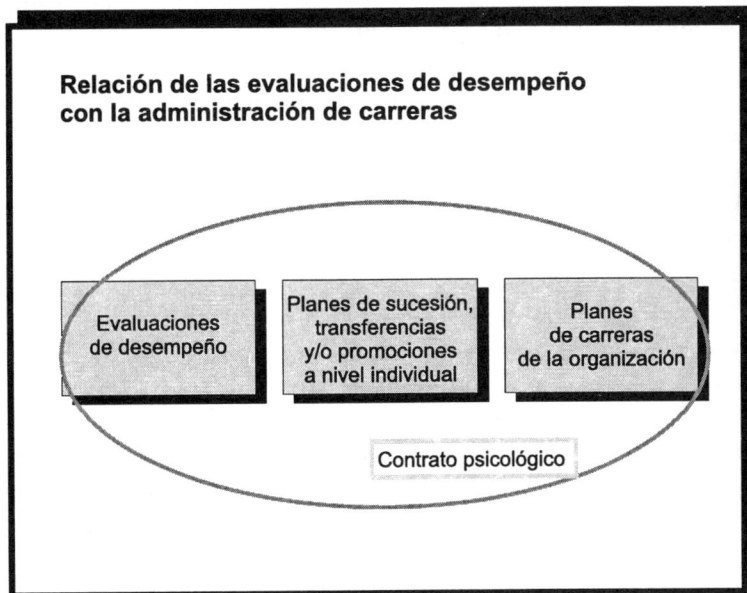

Relación de las evaluaciones de desempeño con la administración de carreras

Evaluaciones de desempeño

Planes de sucesión, transferencias y/o promociones a nivel individual

Planes de carreras de la organización

Contrato psicológico

El contrato psicológico de cada empleado con la empresa no se mantiene estático a lo largo del tiempo; por el contrario, se modifica y debe ser retroalimentado. Una correcta aplicación de las herramientas y políticas de recursos humanos lo fortalecerá.

Síntesis del capítulo

➢ El análisis del desempeño o de la gestión de una persona es un instrumento para gerenciar, dirigir y supervisar personal. Entre sus principales objetivos podemos señalar el desarrollo personal y profesional de colaboradores, la mejora permanente de resultados de la organización y el aprovechamiento adecuado de los recursos humanos.

➢ Por otra parte, tiende un puente entre el responsable y sus colaboradores de mutua comprensión y adecuado diálogo en cuanto a lo que se espera de cada uno, la forma en que se satisfacen las expectativas y cómo hacer para mejorar los resultados.

➢ El desempeño se evalúa para decidir promociones, remuneración o simplemente para decirles a los empleados cómo están haciendo su tarea. A partir de las evaluaciones, los jefes y sus subordinados pueden reunirse y revisar el comportamiento del empleado en relación con el trabajo, recordando que la mayoría de las personas necesitan y esperan esa retroalimentación.

➢ Los tres pasos para evaluar el desempeño son: primero, definir el puesto y asegurarse de que el supervisor y el subordinado están de acuerdo en las responsabilidades y los criterios de desempeño del puesto. Segundo, evaluar el desempeño en función del puesto (incluye algún tipo de calificación), y por último, la retroalimentación: comentar el desempeño y los progresos del subordinado.

➢ Evaluación de desempeño por competencias: las evaluaciones siempre están función de cómo se ha definido el puesto. Si la compañía trabaja bajo el esquema de competencias, evaluará en función de las mismas.

➢ Las competencias se fijan para la empresa en su conjunto, y luego por área y nivel de posición. En función de ellas y del grado de necesidad fijado para cada puesto se evaluará a la persona involucrada. Habitualmente, las competencias se fijan en base a una escala de puntuación.

➢ La evaluación de 360°, también conocida como *360° feedback,* es un esquema más sofisticado que permite que la persona sea evaluada por todo su entorno: jefes, pares y subordinados. Puede incluir otras personas como proveedores o clientes. Cuantos más evaluadores participen, el sistema adquiere mayor objetividad.

➤ La evaluación de 360º es la forma más novedosa de desarrollar la valoración del desempeño, ya que dirige a las personas hacia la satisfacción de las necesidades y expectativas no solo de su jefe, sino de todos aquellos que reciben sus servicios internos y externos.

➤ El concepto de evaluación de 360º es claro y sencillo: consiste en que un grupo de personas valoren a otra por medio de una serie de ítems o factores predefinidos. Estos factores son comportamientos observables en el desarrollo diario de la práctica profesional.

➤ Las evaluaciones de desempeño tienen relación con las carreras de las personas, ya que uno de sus derivados son las acciones de promoción y desarrollo de los evaluados. El área de Recursos Humanos es un asesor o staff que ayuda al cumplimiento de las políticas de la organización e implementa los resultados de las evaluaciones, las decisiones de promoción, etc., y vela por la objetividad del sistema. Los verdaderos autores de las carreras son los propios involucrados y sus jefes. Para cada uno de los evaluados surgen planes de acción que pueden implicar tareas de capacitación, entrenamiento, transferencias, promociones, etc.

El lector encontrará los esquemas en INTERNET *(Clases)*: **www.granica.com/derrhh** y **www.marthaalles.com/derrhh** y la ejercitación correspondiente a estos temas en la obra **Dirección estratégica de Recursos Humanos. Gestión por competencias.** *Casos*. **Capítulo 10.**

Casos: **La revisión de desempeño, la comunicación y el registro de una reunión de revisión del desempeño. Caso Supermercados.**

ANEXO PRÁCTICO

Incluimos a continuación una lista de control de los pasos a seguir en una reunión de evaluación: **antes, durante y después** de la misma y el formulario utilizado para la evaluación de desempeño para niveles gerenciales de una empresa multinacional.

LISTA DE VERIFICACIÓN DE LA ENTREVISTA DE REVISIÓN DE DESEMPEÑO

Antes de la entrevista

1. Organice la charla y entregue al empleado una copia de los formularios de revisión de desempeño al menos una semana antes. Si se trata de la primera revisión del empleado, siéntese junto a él/ella y explíquele la forma y el procedimiento de la entrevista.

2. Revise los resultados del empleado en los últimos seis meses. a) piense en ejemplos específicos que ayudarán al empleado; b) desarrolle alternativas para mejorar y corregir áreas problemáticas.

3. ¿Los objetivos acordados para los próximos 6-12 meses son comprensibles y específicos? a) Incluya criterio y medidas para el éxito; b) piense si necesitará algún tipo de asistencia, como recursos, información, consejo o consulta.

4. Planee la reunión. a) Desarrolle una secuencia provisoria, como por ejemplo resultados, objetivos y planes de desarrollo; b) trate de anticipar las áreas problemáticas y las alternativas para manejarlas; c) elija bien el lugar donde se llevará a cabo la entrevista y trate de eliminar posibles interrupciones.

Durante la entrevista

1. Desarrolle un clima de "nosotros" (no "usted versus yo") sin estar a la defensiva y con ánimo de resolver problemas.

2. Utilice el feedback de una manera constructiva y de desarrollo.

3. Evite argumentos que puedan convertirse rápidamente en estancamientos. Si esto ocurre, hable sobre el feedback desde su punto de vista y las consecuencias de continuar con la conducta o enfoque del momento.

4. Sea flexible cuando pueda.

5. Verifique con frecuencia si se comprende bien de lo que se está hablando.

Después de la entrevista

1. El empleado prepara un resumen de lo que se habló, en especial los compromisos, como última verificación para determinar si se comprendió bien lo conversado. Tanto el empleado como el supervisor se quedan con una copia.

2. El empleado y el supervisor deben conversar sobre cualquier cambio en los objetivos.

3. Se debe continuar con un seguimiento sobre el desempeño, regularmente y a medida que surjan asuntos específicos. No espere más de una semana o dos después de la entrevista formal para brindar feedback o discutir lo que haya surgido. El tiempo es muy importante.

Algunos comentarios sobre el formulario que se incluye a continuación: es una versión simplificada a los efectos de esta publicación de un formulario diseñado por Ernst & Young Consultores[5]. Comprende los siguientes campos:

Hitos de la evaluación del desempeño

La evaluación de desempeño tiene tres momentos:

1. Entrevista inicial de fijación de objetivos, en la que se establecen los objetivos principales del trabajo de la persona evaluada y los factores prioritarios para el año.

2. Entrevista de progreso o de mitad de ciclo, donde se realiza un balance del desarrollo de los objetivos y del comportamiento del evaluado.

3. Entrevista final de evaluación de resultados, en la que se hace balance del año.

---

[5] Ernst & Young Consultores, Madrid, 1999.

Áreas de mejora prioritarias

Son las acciones que se recomiendan como resultado de la evaluación: capacitación formal, participación en proyectos o asignaciones especiales. Dichas acciones deben ser acordadas con el evaluado en la entrevista.

Evaluación global

El objetivo es identificar el nivel de desempeño alcanzado por la persona durante el período de evaluación. Es un nivel global, y debe basarse en los resultados de esta evaluación, en el grado de obtención de un desarrollo completo de conocimientos y experiencias profesionales, así como en el cumplimiento de los objetivos indicados en aquella. Señale con una (X) la casilla correspondiente y describa sintéticamente las razones de dicha evaluación global.

Firmas

1. Primero firmará y anotará sus comentarios el evaluador.
2. Luego firmará y anotará sus comentarios el superior directo del evaluador.
3. Por último firmará y anotará sus comentarios el evaluado. La firma del evaluado no implica necesariamente su conformidad con esta evaluación, solamente indica conocimiento completo respecto de su contenido.

Análisis del rendimiento

Este apartado recogerá los **objetivos fijados para el puesto**, su indicador de medida y el valor relativo del mismo (ponderación).

Los objetivos, su indicador de medida y su ponderación se consensuarán al principio del período de evaluación entre evaluador y evaluado (las ponderaciones deben sumar 100%).

Nivel de consecución

Evalúe el nivel de resultados real para cada uno de los objetivos, de acuerdo con la siguiente escala:

1. Superado ampliamente.
2. Superado.
3. Alcanzado.
4. Cerca de ser alcanzado.
5. Claramente no alcanzado.

Análisis de los factores del desempeño

Este apartado permite determinar el nivel de actuación de la persona respecto de nueve factores distintos. Cada empresa decidirá los factores (competencias) y su definición.

Valoración de cada uno de los factores de acuerdo con la siguiente escala:

1. Altamente satisfactorio.
2. Muy satisfactorio.
3. Satisfactorio.
4. Poco satisfactorio.
5. No satisfactorio.

Cada factor llevará dos valoraciones:

1. El evaluado marcará su evaluación en la casilla.
2. Luego el evaluador marcará su evaluación en la casilla.

EVALUACIÓN DEL DESEMPEÑO

PERÍODO

DATOS DEL EVALUADO

APELLIDO: _____

NOMBRE: _____

PUESTO ACTUAL: _____

Nº DE LEGAJO: _____

ÁREA: _____

DATOS DEL EVALUADOR

APELLIDO: _____

NOMBRE: _____

PUESTO ACTUAL: _____

Nº DE LEGAJO: _____

ÁREA: _____

HITOS DE LA EVALUACIÓN DEL DESEMPEÑO

FECHA ENTREVISTA DE FIJACIÓN DE OBJETIVOS: ---- / ---- / ----

FECHA REUNIÓN DE PROGRESO   ---- / ---- / ----

COMENTARIOS:

_____

_____

_____

_____

FECHA ENTREVISTA ANUAL DE EVALUACIÓN: ------ / ------- / ---------

PERÍODO DE OBSERVACIÓN: DEL ---- / ---- / ---- AL ---- / ---- / ----

Toda la información recogida en este formato es estrictamente confidencial

ÁREAS DE MEJORA PRIORITARIAS

Áreas de mejora	Acción propuesta	Fecha de ejecución

EVALUACIÓN GLOBAL

1 EXCEPCIONAL. Esta posición debe reservarse exclusivamente para aquellos que de modo claro y constante demuestren logros extraordinarios en TODAS las manifestaciones de su trabajo. Desempeño raramente igualado por otras personas que ocupan puestos de comparable ámbito de actuación y responsabilidad.

2 DESTACADO. Los resultados superan lo esperado. Refleja un nivel de consecución y desempeño que supera lo razonable en las diferentes manifestaciones de su trabajo. La persona demuestra de forma regular logros significativos. Como evaluación global, este nivel de desempeño se aplica a aquellos que están entre los mejores.

3 BUENO. Obtiene los resultados esperados. Este nivel debe ser aplicado a aquellos cuyo desempeño cumple claramente las exigencias principales del puesto. Refleja un desempeño riguroso, el habitual en aquellas personas que tienen conocimientos, formación y experiencia apropiados para el puesto. Las personas en este nivel llevan a cabo su tarea regularmente de forma profesional y eficaz.

4 NECESITA MEJORAR. Este nivel refleja un desempeño que no cumple completamente las necesidades del puesto en todas las principales áreas de trabajo. La persona demuestra capacidad para lograr la mayoría de las tareas pero necesita mayor desarrollo y mejora.

5 RESULTADOS CLARAMENTE INFERIORES A LOS ESPERADOS. Este nivel se aplica para aquellos cuyo trabajo en términos de calidad, cantidad y cumplimiento de objetivos, está claramente por debajo de las exigencias básicas de su puesto de trabajo. El desempeño debe mejorar significativamente dentro de un período predeterminado si el individuo va a permanecer en esta posición.

Describa brevemente las razones por las que Ud. ha valorado globalmente a la persona en la escala anterior:

_____

_____

_____

FIRMAS

EVALUADO	COMENTARIOS
Fecha: ------- /--- --- / -----------	
Firma:	

EVALUADOR	COMENTARIOS
Fecha: ------- / ------- / -----------	
Firma:	

SUPERIOR DEL EVALUADOR (N + 2) NOMBRE Y APELLIDO: PUESTO:	COMENTARIOS
Fecha: ------- / ------- / -----------	
Firma:	

ANÁLISIS DEL RENDIMIENTO

	CRITERIOS Y MÉTRICAS EMPLEADAS		NIVEL DE CONSECUCIÓN	COMENTARIOS
	PONDERACIÓN	UNIDAD DE MEDIDA	VALOR	1 2 3 4 5	
1.				1 2 3 4 5	
2.				1 2 3 4 5	
3.				1 2 3 4 5	
4.				1 2 3 4 5	
5.				1 2 3 4 5	
6.				1 2 3 4 5	
8.				1 2 3 4 5	
9.				1 2 3 4 5	
10.				1 2 3 4 5	
	100%				

ANÁLISIS DE LOS FACTORES DEL DESEMPEÑO

COMPETENCIA	¿Es aplicable al puesto?	COMPORTAMIENTO ESPERADO	NIVEL DE ACTUACIÓN	COMENTARIOS
	SI NO		1 2 3 4 5	
	SI NO		1 2 3 4 5	
	SI NO		1 2 3 4 5	
	SI NO		1 2 3 4 5	
	SI NO		1 2 3 4 5	
	SI NO		1 2 3 4 5	
	SI NO		1 2 3 4 5	
	SI NO		1 2 3 4 5	

Capítulo 11

Remuneraciones y beneficios

Atracción,
selección e
incorporación

Análisis
y descripción
de puestos

Desarrollo
y planes
de sucesión

DIRECCIÓN
ESTRATÉGICA
DE RECURSOS
HUMANOS

Remuneraciones
y
beneficios

Capacitación
y
entrenamiento

Evaluación
de
desempeño

Usted aprenderá en este capítulo

➢ **La función de un área de Compensaciones dentro del área de Recursos Humanos.**

➢ **La administración de las remuneraciones: los distintos pasos.**

➢ **Cómo administrar las remuneraciones dentro de un esquema por competencias.**

➢ **Las remuneraciones variables.**

➢ **Cómo aplicar remuneraciones variables.**

➢ **Los beneficios: distintos programas.**

➢ **Concepto de puntuación de puestos.**

La remuneración. Administración de remuneraciones. Cómo establecer planes de remuneración

La remuneración debe estar intrincadamente relacionada con el personal y su rendimiento y con la visión y los valores empresariales que respaldan su rendimiento. Dos de los factores más importantes que influyen sobre el rendimiento y los resultados son el clima de la organización –sus valores y cultura– y sus prácticas de gestión, que incluyen la remuneración. Estos y otros conceptos son vertidos por Flannery[1]. Estos autores describen el rol diferente que las remuneraciones tienen en el presente y tendrán, en nuestro criterio, en el futuro, donde como ya hemos visto, por un lado faltará el trabajo para todos[2] y por otro los perfiles serán más exigentes y difíciles de cubrir a todos los niveles.

Por lo tanto remunerar adecuadamente debe ser un tema de preocupación de todos los conductores. Entendiendo por remunerar adecuadamente a políticas uniformes, sin pagos discrecionales, que permitan a la empresa tener un adecuado margen de ganancias y con un adecuado clima interno.

Para Renckly[3] la responsabilidad primaria de la "Función Compensaciones" es el estudio y análisis de salarios, sus revisiones y comparación estadística con el mercado. Esto es asegurarse el pago equitativo dentro de la compañía manteniéndola competitiva al máximo en reclutamiento, contratación y retención del personal capacitado.

Si la compañía tiene un programa formal de remuneraciones esa área tendrá además las siguientes responsabilidades: analizar y evaluar los puestos, sus obligaciones, requerimientos y responsabilidades así como escribir y mantener actualizados las descripciones de puestos para todos los distintos puestos de la organización.

Es muy importante recalcar un concepto que veremos repetidamente al hablar de remuneraciones: por un lado el pago equitativo y por otro mantener la compañía competitiva.

Si partiéramos del absurdo que para ser competitivos en materia de remuneraciones se decide pagar salarios por sobre el mercado, más allá de lo que la lógica nos indica como razonable, no cumpliríamos los dos conceptos, ya que pondríamos en riesgo a la empresa de dejar de ser competitiva comercialmente. En efecto, al pagar sueldos excesivos, la ecuación de costes la obligaría a tener precios no competitivos que la dejarían fuera del mercado y lo que eventualmente podría hacerla quebrar. Desde ya planteé una situación absurda fuera del sentido común. La gestión de Recursos Humanos se ve muchas veces enfrentada a situaciones no tan claramente "absurdas", pero que en ocasiones hacen peligrar el negocio.

Para llevar a cabo las tareas en relación con las remuneraciones es necesario contar con herramientas tales como:

1. un programa para la liquidación de jornales y salarios,
2. un sistema de valuación de puestos,

---

[1] Flannery, Thomas, Hofrichter, David y Platten, Paul, *Personas, desempeño y pago,* Paidós, Buenos Aires, 1997.

[2] Ver Capítulo 1. Hemos desarrollado el tema de la falta de trabajo en *Empleo: el proceso de selección,* obra ya citada.

[3] Renckly, Richard G., *Human Resources,* Barron´s, New York, 1997.

3. ordenadores y el software necesario,

4. encuestas de mercado.

Esta es la función más *hard* –dura– de recursos humanos y es indispensable tener un buen manejo numérico para poder desempeñarla.

¿Qué es una política de remuneraciones? La síntesis de tres dificultades y un objetivo según los autores Cristian Bourreau y Gerad Mignotte.[4]

⇨ *Una dificultad económica: el mercado de trabajo.*

⇨ *Una dificultad de gestión: la evaluación de los puestos.*

⇨ *Una dificultad de gestión individual: apreciación del óptimo rendimiento.*

⇨ *El objetivo se enuncia muy simplemente. Se trata de atraer, retener y motivar los asalariados que la empresa necesita.*

Se menciona como una herramienta necesaria para el adecuado manejo de las remuneraciones las encuestas de mercado y se menciona como una dificultad económica el mercado de trabajo. ¿Por qué? La referencia al mercado de salarios y al mercado de trabajo es ineludible. En países con alto desempleo, es un tema vital. No obstante la aparente alta disponibilidad de mano de obra, que puede desprenderse de una mirada fría de un índice, esto puede tener una diferente incidencia sobre las remuneraciones.

Dividiremos en forma arbitraria el mercado en dos niveles a los únicos efectos de explicar la idea antedicha.

⇨ Personal de base (sin calificación específica): este personal puede estar desocupado. Por lo tanto será más fácil para la empresa fijar unilateralmente el salario a abonar. En este supuesto hay que tener en cuenta que si el personal ha pasado un alto período de desempleo será altamente probable que necesite un fuerte entrenamiento antes de ponerlo operativo para la tarea.

⇨ Personal profesional altamente calificado: este personal seguramente estará empleado y no afecta el índice de desempleo.

Por lo tanto no es cierto que frente a un contexto de alto desempleo las empresas "puedan pagar cualquier salario" o pagar salarios bajos. El problema es mucho más complejo y trataremos de analizarlo en este capítulo.

---

[4] Weiss, Dimitri y colaboradores, Tratado *La función de los Recursos Humanos,* tomo II, CND Ciencias de la Dirección, Madrid, 1993.

Función del área Compensaciones

En base a lo explicado en el punto anterior, la función del área de Compensaciones o la función de un área de Recursos Humanos en relación a las remuneraciones del personal son el estudio y análisis de:

➢ salarios;

➢ revisiones de salarios y políticas de beneficios;

➢ información estadística.

Debe asegurarse el pago equitativo dentro de la compañía manteniéndola competitiva al máximo en reclutamiento, contratación y retención del personal calificado.

La política retributiva debe objetivarse al máximo, por ello las distintas herramientas que maneja el área deben coadyuvar a implementar criterios cuantificables que garanticen la equidad de las mismas. Como hemos visto en el capítulo 7, la descripción de puestos es la base de una política de retribuciones. A partir de la misma es posible puntuar y valorar los mismos.

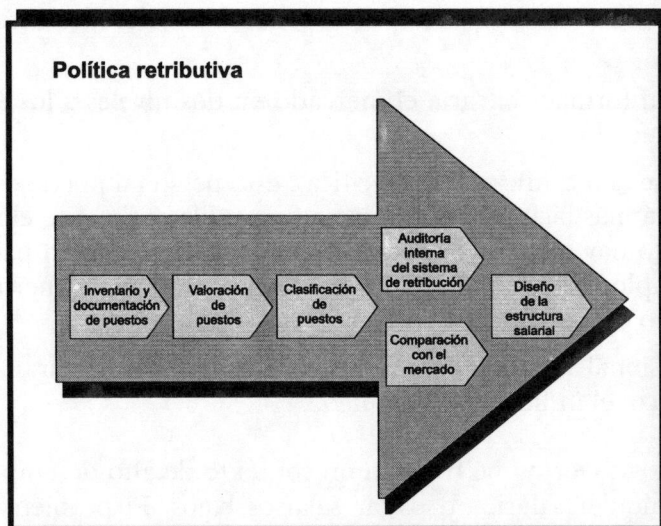

Política retributiva

La función de compensaciones se relaciona con todas las funciones de recursos humanos pero tiene una directa vinculación con dos de ellas: la descripción del puesto y la evaluación de desempeño.

Relación con otras funciones de Recursos Humanos

Reclutamiento y selección

Desarrollo y planes de carrera

COMPENSACIONES

Análisis y descripción de puestos

Evaluación de desempeño

Relación con otras funciones de Recursos Humanos

Descripción de puestos
Evaluación de desempeño

Remunerar empleados

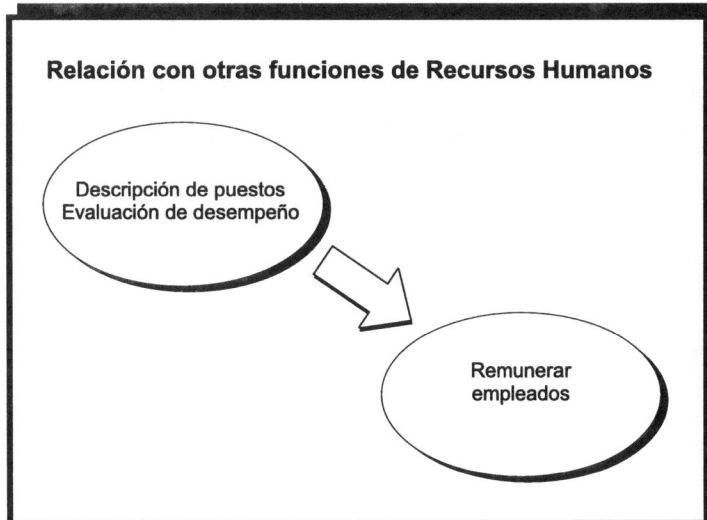

La remuneración debe estar además en estrecha relación con el contexto externo y con la situación de la empresa, sus objetivos a corto y mediano plazo y la cultura de la misma.

La remuneración dentro de un contexto

Mercado externo

Organización   Individuo

Mercado externo   *Cultura y valores de la empresa*   Mercado externo

Performance

La confrontación del esquema de remuneraciones de la compañía tiene dos momentos claves en su comparación con el mercado externo: cuando debe buscar un nuevo empleado en el mercado y cuando realiza encuestas de remuneraciones. Lo aconsejable es realizar estas últimas con alguna periodicidad para no sorprenderse cuando ocurre el primero de los "momentos clave".

A su vez, dentro del marco de la organización la remuneración de un individuo estará en relación con su propia *performance*, pero siempre dentro del marco de la misma organización. Es decir, que si una persona ha tenido un desempeño muy bueno, su remuneración estará igualmente sujeta al resultado final de la empresa. Muchas compañías no otorgan beneficios extras como *bonus* o no consideran eventuales aumentos a la nómina si no han tenido ganancias en el ejercicio.

¿Cómo implementar un esquema de remuneraciones?

Cuando una compañía no tiene un esquema de remuneraciones es posible que tampoco tenga implementado otros procesos relativos al área. Los pasos a seguir son:

1. Realizar un análisis y descripción de puestos de la empresa o del sector que se quiere analizar e implementar un esquema de remuneraciones. Muchas veces las compañías inician estas tareas con algún sector para luego implementarlo en toda la compañía.

2. Evaluar los puestos en grado de importancia para la organización. Es muy importante no engañarse con los nombres de los puestos, hay que trabajar en base a los contenidos, si este aspecto queda claro desde aquí, será más sencillo el paso 4.

3. Clasificación de puestos para permitir la comparación entre las distintas áreas y funciones

4. Estudiar valores y escalas de salarios. La comparación con el mercado permite al mismo tiempo cubrir dos objetivos: la comparación en sí misma y evaluar la lógica de la evaluación y clasificación que se hizo internamente de los puestos.

5. Establecer un rango por cada puesto. Este es el resultado final del trabajo.

Del autor al lector

Muchas compañías recurren a asesores externos para implementar nuevos esquemas de remuneración por dos razones igualmente importantes: el consultor –en general– tiene más conocimientos técnicos, está actualizado con las últimas tendencias y posee más experiencia que la persona interna de Recursos Humanos. La segunda razón es objetivizar los procedimientos dando –además– una imagen de seriedad e imparcialidad al proceso.

Sacar del núcleo de la compañía la implementación evita los "ruidos" que ocasionará un nuevo sistema de remuneraciones.

Al final del capítulo incluimos un listado de preguntas a responder por el responsable de Recursos Humanos antes de implementar o modificar un plan de compensaciones. ("Lista de verificación de planeamiento de compensación".)

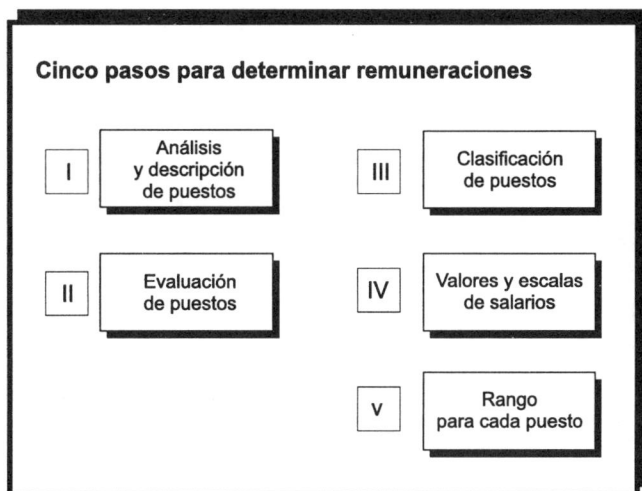

Cinco pasos para determinar remuneraciones

I	Análisis y descripción de puestos	III	Clasificación de puestos
II	Evaluación de puestos	IV	Valores y escalas de salarios
		V	Rango para cada puesto

Remuneraciones dentro de un esquema de gestión por competencias

Si una empresa decide manejarse con un esquema de competencias (ver capítulo 2) las remuneraciones deben también relacionarse con estos conceptos.

Para aplicar un esquema de competencias en relación con remuneraciones –muy controvertido por especialistas y colegas– deben implementarse primero los otros procesos bajo el esquema de competencias: descripción de puestos, selección, evaluación de desempeño, desarrollo de carrera y planes de sucesión y por último llegar a remunerar por competencias.

Si se evalúa por competencias y a partir de estas evaluaciones se toman decisiones sobre el personal, tales como promociones y modificaciones salariales o a partir de las evaluaciones se determinan remuneraciones variables: ya se está remunerando por competencias.

De todos modos y además de lo antedicho, si se evalúa por competencias es factible remunerar por competencias. En ese caso la remuneración en base a competencias focaliza las características individuales, habilidades o competencias por debajo o por encima de lo que corresponde a esa posición

Para Spencer[5] la remuneración basada en la competencia significa que esa persona debe ser recompensada por el desarrollo de las habilidades interpersonales y de influencia mediante la provisión de *bonus* de "remuneración por habilidad" por el desarrollo y la demostración de estas competencias.

---

[5] Spencer, obra citada, capítulo 18.

Muchas empresas que aplican esquemas por competencias no implementan el módulo de remuneraciones. En teoría cuanto más altas sean sus competencias le correspondería una mayor compensación.

Explicaremos más adelante dentro del punto remuneraciones variables un cálculo teórico de compensaciones por competencias.

Del autor al lector

Es aconsejable implementar remuneración por competencias después de varios ejercicios de evaluación de desempeño por competencias. En ese caso y ya con un personal entrenado y maduro, es posible implementar compensación por competencias con éxito.

Como vimos en el capítulo 3, el salario es un componente más del perfil. El mercado, por otra parte, ofrece mejores oportunidades y mejores salarios a los buenos empleados. Esto es tan real como los altos índices de desempleo.

Este es el caso de la mayoría de los países de habla hispana, donde las personas que se necesitan para cubrir los puestos que la empresa requiere no necesariamente se encuentran entre los desempleados. Por el contrario, los perfiles requeridos se encuentran entre aquellos que tienen trabajo y que -además- son "tentados" con nuevas oportunidades con frecuencia.

Como una contrapartida a esta necesidad de pagar buenos salarios y "salarios de mercado" las empresas se ven compelidas a "estudiar" sus precios de venta en un contexto cada vez más competitivo.

En teoría el mercado laboral se maneja con las leyes de la oferta y la demanda como cualquier otro mercado. El asalariado se supone una persona factible de moverse de una empresa a otra para mejorar su situación laboral. La empresa , se supone también, tiene libertad para contratar, aumentar o bajar salarios y despedir personal. Como ustedes sabrán si bien se habla de mercado laboral ni la oferta ni la demanda se mueve de este modo. Ni unos ni otros, asalariados y empresa, se mueven como en un mercado clásico.

Pero aún con limitaciones, las leyes de mercado operan también sobre el mercado laboral. Cada empresa es única pero pueden existir otras que se le asemejen y a partir de allí se puede generar la movilidad.

Las distintas fuentes para conocer el mercado de remuneraciones

Las fuentes de información sobre el mercado de salarios pueden ser varias y de diferente alcance o preciosismo.

⇨ **Encuestas salariales.** Las más usuales se venden preelaboradas. Las encuestas salariales más útiles presentan distintos niveles de salarios de diferentes compañías dentro de una misma categoría de especialidad. Pero debe tener en cuenta que ciertos puestos de su organización son *commodities* dentro del mercado laboral y porque quienes los ocupan pueden desempeñarse en cualquier tipo de industria. Usted debe saberlo para no equivocarse al leerlas.

> *Del autor al lector*
>
> Por ejemplo: usted se desenvuelve en un sector donde los salarios están deprimidos porque el mismo está en crisis. Usted está preocupado por los salarios de su personal y realiza una encuesta entre empresas de su mismo rubro. Es lo más correcto. Pero debe tener en cuenta que los especialistas en informática y su contador pueden encontrar trabajo en una empresa de otra actividad porque su especialidad no se correlaciona con la industria. Usted quizá no pueda hacer nada, es cierto, pero debe saberlo.

⇨ **Firmas similares.** Una de las mejores formas de determinar los niveles salariales es establecerlos de acuerdo con los salarios que se ofrecen en firmas similares dentro de la misma región geográfica.

⇨ **Candidatos para un puesto.** Otro modo de expandir su conocimiento salarial es en los momentos en que se encaran búsquedas y se entrevistan varios candidatos para un puesto.

Factores para considerar al evaluar remuneraciones. Los factores que debe considerar cuando establece los niveles de remuneración son:

1. La habilidad requerida para la posición;
2. La experiencia requerida para la posición;
3. Escasez o abundancia de candidatos apropiados;
4. Remuneraciones para posiciones similares dentro de la compañía;
5. Condiciones laborales especiales;
6. Otros conceptos que integran la remuneración, como ser distintos incentivos o remuneraciones variables;
7. Beneficios no monetarios.

Cómo establecer niveles de remuneración.
Tendencias actuales en materia de compensación

Las empresas evolucionan y cambian con el tiempo, por lo tanto las políticas sobre remuneraciones así como sobre otros temas de recursos humanos no deben ser rígidas ni permanentes en el tiempo.

Con la salvedad antedicha las empresas deben posicionarse en el mercado y definir en qué nivel de salarios quieren posicionar la compañía.

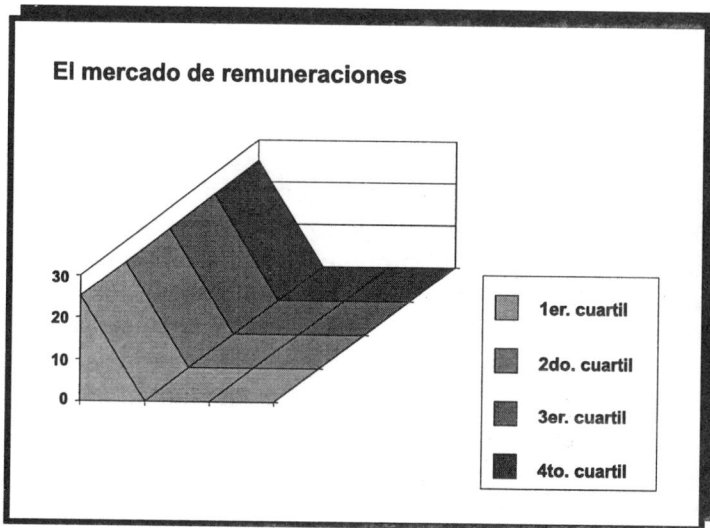

El mercado de remuneraciones

Las compañías que definan posicionarse en el primer cuartil, por ejemplo, deberán estar muy seguras sobre cómo motivar al personal con elementos diferentes a la remuneración o bien asumir el riesgo de alta rotación. Esto a su vez se relaciona con el grado de entrenamiento del personal, ya que si éste es muy alto, complejo o difícil de obtener, el riesgo será mayor. Hay compañías, como las cadenas de comidas rápidas, que tiene asumida una alta rotación de personal en el segmento de personas que atienden los locales. En este caso la alta rotación no es índice *de problema,* sino una característica asumida por la compañía.

Más allá de estos posicionamientos las compañías deben afrontar diferentes dificultades, una de ellas, remunerar según el puesto.

Hay métodos altamente probados de puntuar los diferentes puestos de una organización y existen, también, otros más sofisticados que no solo realizan la puntuación de los puestos dentro de una compañía, sino que relacionan estos puntos con la puntuación de otras compañías, lo que permite una rápida comparación de salarios dentro de todas las que suscriban ese método comercializado por unas pocas consultoras internacionales.

Del autor al lector

¿Qué debe hacer una compañía cuando un ejecutivo *senior*, una persona clave dentro de esa empresa es "tentada" por otra que ofrece pagarle un salario más alto o un paquete[6] de compensaciones anuales más alto? En mi opinión, nada, solo dejarlo ir. Pero no es así como piensa y opera el mercado.

Es frecuente que las compañías negocien y retengan al empleado que recibe una oferta de trabajo.

¿Por qué digo que no es aconsejable negociar? Por varios motivos. El empleado especulador "usa" estas situaciones para obtener un beneficio personal, un aumento o ascenso rápido, por un camino poco ético. El empleado sorprendido por la situación, que no buscó especulativamente, pensará, *ahora que tengo una oferta de otra empresa se acuerdan de aumentarme el sueldo…* Los otros empleados de la empresa quedarán dolidos y, tenga en cuenta, que nada le asegura que la persona en cuestión no lo vuelva a hacer. Conocemos casos donde se ha negociado varias veces para retener a esa persona clave, resintiendo -inevitablemente- al resto de la organización. Unos con sentimientos negativos hacia la persona "retenida" y otros pensando en hacer ellos lo mismo en la primer oportunidad que se les presente. Usted podrá decirme que los negocios mandan y que en ocasiones es lo que debe hacerse y quizá tenga razón. Pero si eso es así deberá asumirse el problema y de alguna manera hacer saber a la empresa que esa no es una política sino una verdadera excepción. No es una buena política de personal.

Cómo compensar los puestos profesionales y gerenciales

Según los autores Flannery y otros[7] *para aprovechar al máximo su valor, las estrategias de compensación no monetaria, como los otros programas en efectivo, se deberían compatibilizar con las metas y estrategias empresariales y con las culturas laborales de la organización. El pri-*

---

[6] En el lenguaje común se utiliza el término "paquete" de remuneración para referirse a la sumatoria de compensaciones anuales monetarias y no monetarias que componen la remuneración de un individuo.

[7] Flannery, Thomas; Hofrichter, David y Platten, Paul, obra citada.

mer paso en esa compatibilización es comprender de qué manera han evolucionado los beneficios, como otros aspectos de la organización.

En general es complejo remunerar niveles altos dentro de una compañía y el mercado así lo determina. Al final del capítulo incluiremos un anexo para la República Argentina sobre los beneficios más comunes para estos niveles.

Remuneraciones variables. Distintos tipos

Las remuneraciones variables son de diferente tipo y significatividad. En ocasiones pueden representar un porcentaje muy alto de la remuneración y en otros solo un complemento. Algunas de las más comunes:

➤ Salarios a destajo: son aquellos donde se remunera por cantidad producida de "algo", se utiliza generalmente para áreas de producción pero por extensión puede aplicarse a otras tareas similares, como *data entry*.

➤ Comisiones: son porcentajes sobre ventas o sobre cobranzas o sobre ambos conceptos. Se aplica a vendedores y cobradores.

➤ *Bonus* o incentivos a corto plazo. Son generalmente de aplicación gerencial y su método de cálculo es normalmente una fórmula que "mezcla" desempeño, con resultados propios y de la compañía. Habitualmente suele expresarse en meses de salario, por ejemplo entre uno y tres salarios anuales si se cumplen "x" e "y" variables.

➤ Salarios con una parte a riesgo: una parte del salario no está fija (8% a 15% según las compañías relevadas) y solo se abona si la compañía alcanza ciertos objetivos.

➤ Participación en las utilidades: como su nombre lo indica se "asocia" al colaborador a los resultados de la compañía. Su utilización es en general para niveles de máxima conducción.

➤ Incentivos a largo plazo: valores u opciones de valores (*stock options*). Es común en EE.UU. y no es aceptado por todas las legislaciones. Deberá analizar si las leyes del país lo permiten[8].

Los sistemas de retribución de una compañía deben estar en correlación con los planes de negocio de la compañía.

A partir de este listado de los tipos de remuneración variable es posible realizar diferentes planes de incentivos:

---

[8] Nota de la autora: Se han puesto de moda en las denominadas "Compañías Punto Com" (en aclaración a las empresas de Internet), con diversas dificultades de implementación práctica en países latinoamericanos.

⇨ Para gerentes

⇨ Para vendedores

⇨ Para cobradores

⇨ Para otras profesiones

⇨ Para toda la organización

La compensación variable, ¿se debe aplicar a toda la nómina?

Se pueden aplicar diferentes criterios según los tipos de variable que se desee implementar:

➤ A toda la nómina: por ejemplo reparto de utilidades, *stock options;*

➤ A grupos específicos: comisiones a vendedores, comisiones a cobradores, salarios a destajo en producción.

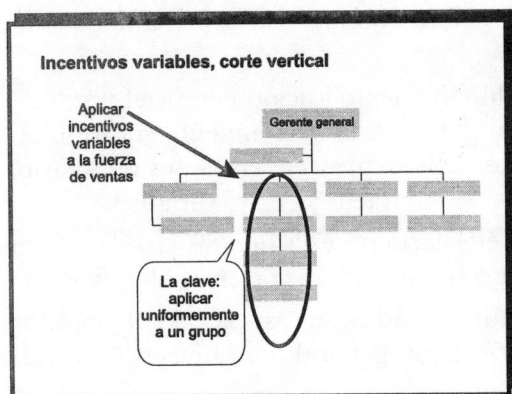

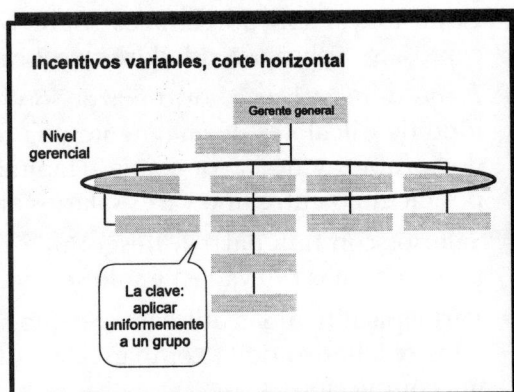

Incentivos variables, corte vertical

Aplicar incentivos variables a la fuerza de ventas

Gerente general

La clave: aplicar uniformemente a un grupo

Incentivos variables, corte horizontal

Gerente general

Nivel gerencial

La clave: aplicar uniformemente a un grupo

Sí es fundamental tener en cuenta que el criterio de aplicación debe ser uniforme: a todos los vendedores o a todos los cobradores o si desea hacer un corte vertical a una unidad de negocios en particular.

Es muy perjudicial para una empresa la aplicación discrecional de remuneraciones variables. Debe quedar claramente establecido para todos, los que la reciben y los que no, cuál es el criterio de aplicación.

Cuando se aplica remuneración variable en base a resultados hay que ser muy cuidadosos en la implementación. Primero, si la compañía no remuneraba de esa forma y ahora desea hacerlo deberá preguntarse ¿deseamos incrementar nuestras remuneraciones al personal?. La mayoría de las legislaciones no permiten reducir salarios y aunque esto legalmente se resuelva, será altamente desmotivante para el personal pasar de un esquema "fijo" a uno "variable" si "pierde" o se disminuye el fijo. Muchas veces los empresarios esperan encontrar soluciones mágicas en estos esquemas y no es así.

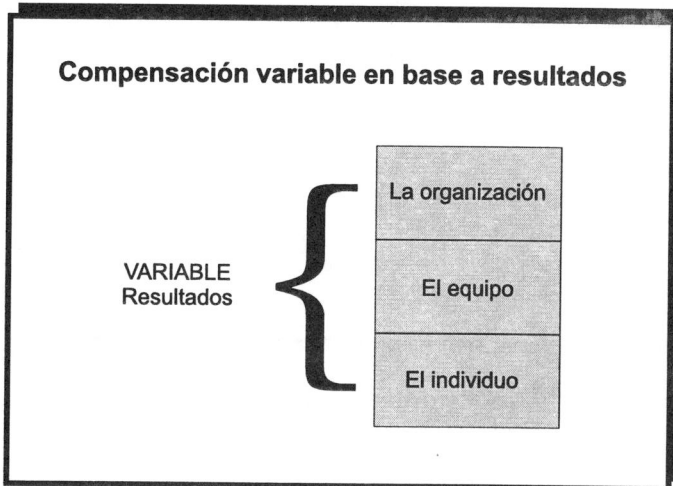

Compensación variable en base a resultados

VARIABLE
Resultados

La organización

El equipo

El individuo

La compensación variable en base a resultados puede implementarse por área o a toda la nómina. Dentro de un área deberán tenerse en cuenta los resultados de la organización, del equipo y del individuo en particular.

La remuneración variable en un esquema por competencias

Se parte habitualmente de una parte fija en relación al puesto ocupado y a partir de allí como imaginarios "ladrillos" de un juego infantil se van adicionando valores en función de las competencias –según lo establezca cada compañía– hasta llegar a un teórico 100 por ciento del puesto. A esto se lo puede denominar competencias aportadas por el individuo al puesto: idioma, creatividad, etc. Es hasta aquí lo que el mercado determina para esa posición. Deberá confrontarse si el individuo las aporta efectivamente.

A partir de allí y sobre ese 100 por ciento teórico se suman las competencias de-...ostradas por el individuo por sobre el standard del puesto. A partir de aquí se remunera por cada competencia demostrada adicional.

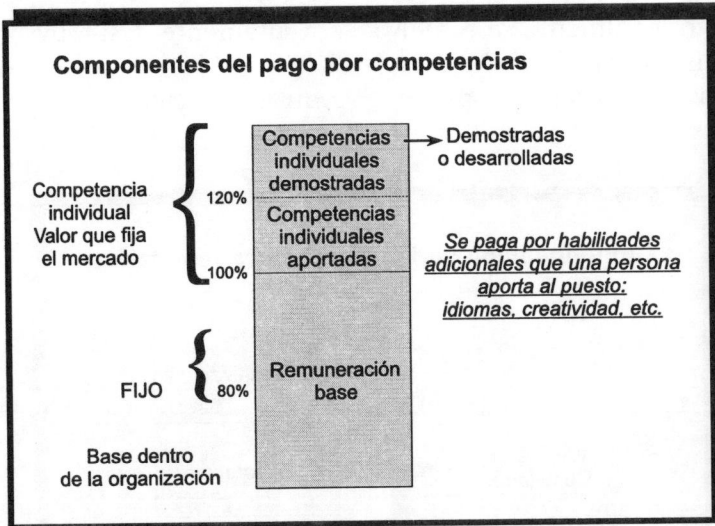

Componentes del pago por competencias

En el segundo cuadro se muestra un esquema de remuneración por competencias en relación con el individuo y con su grupo de pertenencia.

El 100% se corresponde: a su remuneración base (80%) y el 20% restante deriva de sus competencias individuales. Por sobre ese 100% recibe un 20% adicional por las competencias demostradas por el equipo de trabajo. Visto desde otro punto de vista percibe el 67% fijo y el 33% variable.

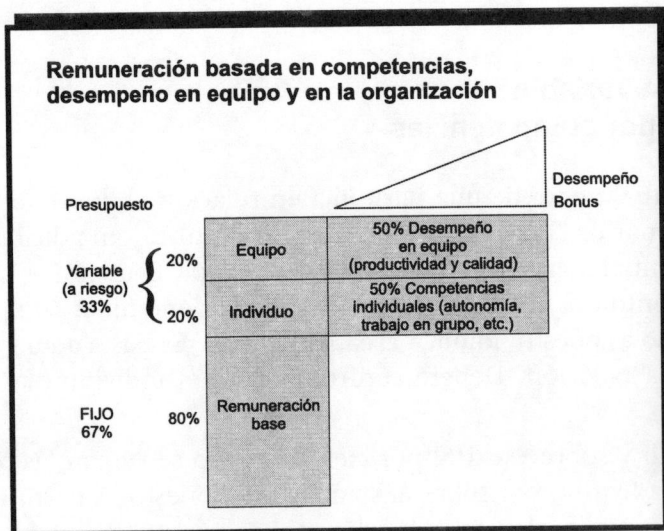

Remuneración basada en competencias, desempeño en equipo y en la organización

Más allá de los ejemplos que son teóricos, es importante destacar que las competencias se remuneran.

Para Ernst & Young[9] las tendencias en **política retributiva** son claras. *La tendencia hacia estructuras más planas dentro de las organizaciones, con un menor grado de jerarquía, requieren de la implantación de una nueva política retributiva con un parámetro adicional al puesto de trabajo que se desempeña. Las competencias pueden ser un buen marco de referencia para la fijación del salario variable en función al desempeño realizado. Permiten remunerar a las personas en función a sus conocimientos y habilidades/cualidades con parámetros objetivos de medición previamente definidos.*

Las competencias son un método muy efectivo para medir la retribución variable dentro de un sistema, ya que miden el desempeño de las personas dentro de su puesto de trabajo. Sin embargo, no pueden ser el único parámetro para la fijación del salario fijo o base ya que se deben tener en cuenta otros factores como:

❏   *La responsabilidad del puesto*
❏   *El salario que se paga en el mercado laboral*
❏   *Los requerimientos del puesto*

Este cambio en los enfoques retributivos se plasma en el siguiente cuadro:

Tendencias en política de retribución

Modelo Clásico

🗲 Rigidez
🗲 Retribución por *status* y permanencia
🗲 Incrementos salariales garantizados
🗲 Crecimiento vegetativo de la masa salarial
🗲 Evaluación subjetiva de la actuación individual

Nuevos modelos

🗲 Flexibilidad
🗲 Retribución por mérito/desempeño
🗲 Incrementos salariales personalizados.
🗲 Establecimiento de la masa salarial en función de la rentabilidad de la empresa.
🗲 Desarrollo de sistemas de evaluación participativos

[9]   Ernst & Young, "Innovación en la gestión empresarial". Fascículo Nº 6 *Gestión por competencias*, Cuadernos Cinco Días, Madrid, 1998.

Los modelos retributivos incorporan cada vez más las tendencias mencionadas.

Cada vez más los sistemas retributivos se relacionan con los **planes de carrera y sucesión.** *A través de una política de recursos humanos se busca el formar personas que vayan creciendo profesional y personalmente dentro de la organización. Bajo el enfoque de competencias, el plan de carreras es un método que determina las tareas organizativas y los conocimientos y habilidades clave que se deben desarrollar para un desempeño superior, ya sea en el puesto de trabajo actual o en otro de la organización. Con el canal de información que proporcionan las competencias es posible identificar las características y aptitudes de cada persona y de cada puesto con el fin de proponer un plan de carrera adaptado a las características de la persona, a su potencial y a su desarrollo.*

Lo anterior tiene una relación muy directa con los procesos de sucesión, ya que se conoce el momento en que una persona tiene las características necesarias para cubrir un puesto y cuándo otra persona carece de ellas, permitiendo, de ese modo, definir el momento de la sucesión.

¿Qué es puntuación de puestos?

Es una técnica cuantitativa de valuación, consistente en identificar factores donde cada uno tiene varios grados. De este modo sumando los grados correspondientes se llega a un valor para cada posición o puesto de una compañía.

Este sistema tiene varios beneficios. El primero de ellos es que permite equiparar los distintos puestos de una empresa, por ejemplo qué relación tiene el jefe de costes con el jefe de mantenimiento, en base a elementos cuánticos evitando la subjetividad. Esto tiende a lograr la **equidad interna.** El segundo beneficio importante es que permite la comparación entre aquellas compañías que implementen un sistema similar para lograr la **equidad externa.**

Agrupar puestos similares en grados de remuneración

Si se aplicó el método de valuación de puestos es posible "armar" grupos de puestos por niveles de remuneración.

Para empresas con mucho personal este tipo de métodos facilita el análisis y comparación de salarios.

¿Cuándo se incrementan los salarios?

Los países que han sufrido períodos de alta inflación saben –como ningún otro– el desequilibrio que ello acarrea a las remuneraciones, distorsionando cualquier sistema que se implemente.

En períodos de estabilidad las remuneraciones son susceptibles de modificaciones en cuatro situaciones diferentes.

➢ Aumentos generales a toda la nómina: esto se utiliza cuando se desea hacer una corrección general de salarios.

➢ Aumentos individuales dentro del rango del puesto. De acuerdo con la evaluación de desempeño y dentro del rango de la posición.

➢ Cambio de puesto: promoción

➢ Antigüedad, si bien no son recomendables estos sistemas muchos regímenes obreros, entre otros, incrementan las remuneraciones por este concepto.

Tendencias en remuneraciones

Autores como Handy[10], Rifkin[11], del Río[12], entre otros, han anunciado de un modo u otro desde el "fin del trabajo", los más rotundos, hasta un severo cambio de reglas de juego en materia del trabajo humano, producto del avance tecnológico, de los recursos escasos en la humanidad y otros factores convergentes. Más allá de esto, respecto de lo cual, aunque con matices, todos concuerdan, hay otro fenómeno que conjuga ese cambio de realidades. En el contexto actual globalizado y competitivo las personas, los trabajadores, deben verse expuestos a esa enorme competencia que, para hacerla más efectiva, se ha traducido en remuneración variable. Por un lado es un fuerte incentivo al incremento de la productividad y por otro puede ser un elemento *presionador*, según con qué tipo de individuo nos enfrentemos. Estas son las reglas del juego que solo nos limitamos a enunciar.

Por estos motivos cada día más compañías aplican compensaciones variables en diferentes formas y se prevé una fuerte tendencia a las compensaciones variables no solo de los niveles ejecutivos sino –en ocasiones– para toda la nómina.

Objetivos de los beneficios sociales. Tipos de beneficios. Programas de beneficios. La investigación salarial

Un primer punto que hay que diferenciar son los beneficios de tipo social que están implementados a partir de una ley. Por ejemplo, en Argentina, los asalariados perciben trece salarios al año. El salario número trece se abona en dos veces en los meses de junio y diciembre. Este es un claro ejemplo de beneficio social aplicable a todos los trabajadores en relación de dependencia y no es un beneficio en el sentido estricto de

---

[10] Handy, Charles, *El futuro del trabajo humano,* Ariel, Barcelona, España, 1986.

[11] Rifkin, Jeremy, *El fin del trabajo,* Paidós, Estado y Sociedad, Buenos Aires, Argentina, 1996.

[12] Del Río, Enrique, Jover, Daniel y Riesco, Lola. *Formación y Empleo. Estrategias posibles*, Editorial Paidós, Barcelona, España, 1991.

la acepción con que la enfocaremos al estudiar las remuneraciones. Por ello hay que diferenciar los beneficios sociales de los que adicionalmente otorga la empresa.

Un ejemplo: si a una persona le corresponden 14 días de vacaciones anuales y la empresa tiene establecido que a esa posición se le otorga 21 días, será un beneficio la semana extra.

Por lo tanto hay que tener esto en cuenta cuando se analizan los beneficios a otorgar más allá de los beneficios establecidos por la ley y/o el convenio colectivo pertinente.

Opciones de remuneración e incentivos

Hoy en día, muchas compañías ofrecen un paquete de incentivos a todos sus empleados. Y otras a colaboradores directamente relacionados con el negocio.

Ya nos hemos referido a este punto al tratar las remuneraciones variables.

Beneficios legales y usuales

Incluimos a continuación un listado de aspectos que se consideran beneficios al personal. En algunos casos están previstos en la legislación y en otros, los usos y costumbres los han hecho populares.

Beneficio	Se ofrece usualmente	Se ofrece comúnmente	Es raro que se ofrezca
1. Licencia paga	x		
2. Vacaciones pagas	x		
3. Cobertura médica	x		
4. Licencia por funeral		x	
5. Licencia por tareas judiciales		x	
6. Licencia por enfermedad		x	
7. Seguro de vida		x	
8. Plan de retiro		x	
9. Asistencia educacional			x
10. Discapacidad por corto tiempo		x	
11. Discapacidad por largo tiempo			x
12. Cobertura dental			x
13. Programas de apoyo			x
14. Beneficios familiares			x

Beneficio	Se ofrece usualmente	Se ofrece comúnmente	Es raro que se ofrezca
15. Licencia por razones personales			x
16. Licencia por maternidad		x	

La clasificación establecida: se ofrece usualmente, se ofrece comúnmente o rara vez se ofrece, puede variar de país en país. Hemos reflejado la situación general.

Del autor al lector

Este es un listado de las condiciones más usadas en materia de personal. Le sugiero que usted confirme cuáles son las obligatorias por ley en su país. Por lo tanto, si son obligatorias, debe aplicarlas.

Como un segundo paso, averigüe cuáles son las más usadas, más allá de lo estrictamente legal, para el tipo de personal que usted tiene, en su ámbito geográfico, porque esto puede variar según las diferentes zonas aun dentro de un mismo país y según el tipo de empresa, y aunque no sea obligatorio, también aplíquelas, si no quiere que la competencia le robe a su personal.

Y por último, averigüe cuáles son las menos usadas y evalúe si quiere o no aplicarlas.

Para Argentina incluimos un anexo al final del capítulo con los beneficios más usuales.

Pago por beneficios e incentivos financieros. El dinero como motivación

Balloy[13] trata este tema extensamente y ubica sus orígenes hace más de un siglo en Francia. Visionarios que intentaron instaurar la colaboración entre patrones y asalariados y suprimir de este modo los conflictos salariales. En los Estados Unidos según este autor se implementaron a principios del siglo XX.

En el naciente siglo XXI, con un occidente capitalista y un oriente que lo imita, el incentivo monetario es muy importante pero no el único a ser valorado por los individuos que trabajan. En ocasiones el orgullo de pertenecer a una determinada firma, las posibilidades de formación y crecimiento, la calidad de vida y para muchos el poder armonizar otros intereses son fuertes fuentes de incentivo para los individuos. Por lo tanto una compañía debe cuidar y atender especialmente a estos aspectos sin descuidar las restantes políticas y procesos de los

---

[13] Weiss, Dimitri y colaboradores, obra ya citada.

recursos humanos. Una buena política de remuneraciones e incentivos en conjunción con adecuadas políticas de desarrollo y cuidado del personal se corresponde con los ideales de los trabajadores. Pensar solamente en incentivos financieros puede ser insuficiente.

Las compañías que más pagan atraen más fácilmente a los buenos candidatos pero luego deben cuidar otros aspectos para retenerlos. Una remuneración sobre el promedio no compensa por ejemplo la falta de reconocimiento de un superior o un clima de enojo o desagradable.

Por otra parte una compañía que no pague la remuneración básica que necesita un trabajador[14] para su satisfacción tendrá altos índices de rotación o bien deberá recurrir a muchos incentivos extras para retenerlo.

Las empresas que más pagan no son necesariamente las más competitivas y muchas veces las empresas "pagan un sobre precio" cuando son conscientes de un mal clima interno que por algún motivo no pueden mejorar.

Del autor al lector

Consejos sobre remuneración

- ↪ *Por encima del promedio.* La situación ideal es cuando una empresa puede remunerar por sobre el promedio, es decir, tercer cuartil.
- ↪ *Remunerar persona o puesto.* Si la remuneración prevista para el puesto difiere del que la persona pretende y el mercado indica como el adecuado, deberá rever el esquema de salarios en general. Es un toque de atención sobre su escala de salarios o la persona está fuera de su cargo.
- ↪ *Revisiones anuales.* Realizar una revisión una vez por año. Si no lo hace, pueden correr riesgos de perder personal clave o de tener dentro de su estructura malos empleados.
- ↪ *La remuneración es un tema al cual le debe prestar atención.* Considere con sumo cuidado la remuneración antes de actuar.
- ↪ *La remuneración y la retención del personal clave.* Aumentar el sueldo de alguien es una inversión inteligente. Formar y formar gente es antieconómico, muy desgastante y es malo para toda la organización. Pero, ¡cuidado! No puede ser rehén de un colaborador. Por lo tanto, no desatienda la remuneración del personal clave, no piense cosas tales como *hace tantos años que trabajamos juntos con Juan, somos como hermanos, cómo se va a ir, no, no se iría por una oferta tentadora...*Si piensa así sobre Juan y no le aumenta el salario, es la situación justa para que la competencia le robe a Juan. En el otro extremo de cosas, no se deje extorsionar por su mejor gerente. Todas las personas son reemplazables.

---

[14] Ver capítulo 3, "Necesidades de un trabajador".

Síntesis del capítulo

➤ La función del área de Compensaciones o la función de un área de Recursos Humanos en relación a las remuneraciones del personal incluye el estudio y análisis de salarios, revisiones de salarios y políticas de beneficios más allá de lo que fijen las leyes vigentes en cada país y el manejo de información estadística para la comparación con el mercado. Asegurándose, de ese modo, el pago equitativo dentro de la compañía manteniéndola competitiva al máximo en reclutamiento, contratación y retención del personal calificado.

➤ La política de remuneraciones es la síntesis de tres dificultades: una, la económica, en relación con el mercado de trabajo, otra dificultad, de gestión interna, la evaluación de puestos y una tercera dificultad, de gestión individual, la apreciación del rendimiento individual y un objetivo: atraer - retener - motivar a los empleados que necesita la organización

➤ Encuestas salariales. Las más usuales se venden preelaboradas. Las encuestas salariales más útiles presentan distintos niveles de salarios de diferentes compañías dentro de una misma categoría de especialidad. Pero se debe tener en cuenta que ciertos puestos de una organización son *commodities* dentro del mercado laboral, porque quienes los ocupan pueden desempeñarse en cualquier tipo de industria.

Para empresas con mucho personal este tipo de métodos facilita el análisis y comparación de salarios.

➤ Las remuneraciones pueden ser de monto fijo o variables en base a alguna fórmula de cálculo. Existen distintos tipos de remuneraciones variables:
  – Salarios a destajo;
  – Comisiones;
  – *Bonus* o incentivos a corto plazo;
  – Salarios con una parte a riesgo;
  – Participación en las utilidades;
  – Incentivos a largo plazo (*stock options*).

➤ Remuneración por competencias o dentro de un esquema de gestión por competencias es aquella en base a características individuales, habilidades o competencias por debajo o por encima de lo que corresponde a esa posición. Su aplicación no es compartida por muchos especialistas, ya que si bien en un plano teórico es de fácil comprensión no lo es así en cuanto a llevarlo a una implementación práctica.

Si se aplica este esquema, cuanto más altas sean las competencias le correspondería una mayor compensación.

➢ En países con moneda estable, donde las remuneraciones no deben actualizarse por el mero hecho de una desvalorización monetaria, las mismas son susceptibles de ser modificadas frente a determinadas circunstancias.

Las remuneraciones usualmente se modifican en las siguientes cuatro situaciones:

– Aumentos generales a toda la nómina (esta opción se utiliza en países con inflación para realizar una corrección global a toda la nómina);
– Aumentos individuales dentro del rango del puesto;
– Cambio de puesto: promoción;
– Antigüedad.

➢ Puntuación de puestos es una técnica cuantitativa de valuación, consiste en identificar factores donde cada uno tiene varios grados. De este modo sumando los grados correspondientes se llega a un valor para cada posición o puesto de una compañía.

Si se aplicó el método de valuación de puestos es posible preparar luego grupos de puestos por niveles de remuneración.

➢ Tendencia en remuneraciones: cada día más compañías aplican compensaciones variables. Se prevé una fuerte tendencia a las compensaciones variables no solo de los niveles ejecutivos sino –en ocasiones– de toda la nómina.

➢ Algunos conceptos básicos sobre remuneraciones:

Salario bruto o nominal en el recibo de sueldo

Salario neto o de bolsillo. Es el valor neto que recibe el empleado (neto de deducciones a cargo del empleado)

Coste final para el empleador. Sobre el salario bruto o nominal pueden existir cargos adicionales (impuestos sobre la mano de obra u otras cargas sociales a cargo del empleador)

El lector encontrará los esquemas en INTERNET *(Clases)*: **www.granica.com/derrhh** y **www.marthaalles.com/derrhh** así como la ejercitación correspondiente a estos temas en la obra **Dirección Estratégica de Recursos Humanos. Gestión por competencias**. *Casos*. **Capítulo 11**

Casos: **Salario bruto. Salario neto. Coste para el empleador. Implementación de Bonus. Guerra entre sucursales. Caso Supermercados.**

LISTA DE VERIFICACIÓN DE PLANEAMIENTO DE COMPENSACIÓN

	Sí	No	Acción posible
1. ¿La dirección apoya activamente el programa?	_____	_____	_____
2. ¿Todos los *managers* y ejecutivos comprenden los procedimientos a seguir y sus propósitos?	_____	_____	_____
3. ¿La dirección comprende los objetivos del programa dentro del contexto de los objetivos de negocio de la compañía y las condiciones financieras?	_____	_____	_____
4. ¿Los supervisores comprenden la función que tendrán en la reunión de verificación de información?	_____	_____	_____
5. ¿La dirección y el personal comprenden claramente que son responsables de las decisiones salariales en sus departamentos dentro de la estructura del programa de compensación?	_____	_____	_____
6. ¿Se ha informado a los miembros del sindicato sobre los objetivos y los procedimientos a seguir a medida que el programa se desarrolla?	_____	_____	_____
7. ¿El sindicato accedió, o al menos no se negó, a cooperar en el desarrollo del programa?	_____	_____	_____
8. ¿El establecimiento de un programa de compensaciones se considera como un sistema laboral, o, si ya se tiene uno, se pueden considerar cambios?	_____	_____	_____
9. ¿Los *managers* comprenden que después de la instalación del programa de compensación el administrador revisará su desempeño para llevar a cabo las políticas establecidas?	_____	_____	_____

LISTA DE VERIFICACIÓN DE PLANEAMIENTO DE COMPENSACIÓN
(continuación)

	Sí	No	Acción posible
10. ¿Se dispone de información adecuada sobre los programas de compensación de las firmas cercanas y competidores?	_____	_____	_____
11. ¿Es posible que los niveles salariales actuales contribuyan a la excesiva rotación de personal, moral baja o poca productividad?	_____	_____	_____
12. ¿Todos los empleados comprenden las implicancias y requisitos de los siguientes procedimientos?:			
• Análisis del puesto.	_____	_____	_____
• Preparación de las descripciones del puesto.	_____	_____	_____
• Establecer los niveles de compensación.	_____	_____	_____
• Utilización de incentivos monetarios.	_____	_____	_____
• Mantener el programa.	_____	_____	_____
• Análisis y evaluación de desempeño.	_____	_____	_____
13. ¿Se sabe qué sistema se utilizará para compensar al personal de ventas?	_____	_____	_____
14. ¿Se planea una revisión de los salarios de los ejecutivos?	_____	_____	_____
15. ¿Se ha presentado el programa a los empleados?	_____	_____	_____
16. ¿Se pueden resumir los datos en forma de gráficos y tablas para realizar una compensación?	_____	_____	_____
17. ¿Se dispone de evaluaciones de desempeño objetivas para todos los niveles?	_____	_____	_____

ANEXOS PARA ARGENTINA

Anexo I

Conceptos básicos: salario bruto y salario neto

Cálculo de un salario

Cálculo de un salario

SALARIO BRUTO	1.000.-
Deducciones:	
Jubilaciones 11% (110)	
INSSJP 3% (30)	
Obra social 2,7% (27)	
ANSSAL 0,3% (3) (170)	
SALARIO NETO	830.-

Coste para el empleador

SALARIO BRUTO		1.000,00
Aportes:		
Jubilación 7,81%	78,10	
Asignaciones familiares 5,25%	52,50	
Fondo nacional de empleo 1,05%	10,50	
INSSJP 0,59%	5,90	
Obra social 4,5%	45,00	
ANSSAL 0,5%	5,00	
Total: 19,7%		1.197,00

Coste para el empleador

Coste para el empleador (cont.)

Continuando con el ejemplo anterior: el coste total para el empleador es 1.197.- mensuales.

En Argentina para calcular el coste total anual se debe multiplicar por 13 salarios = 15.561.

Si se desea llevar este valor a coste mensual real, es decir aquel que debe utilizarse para un presupuesto mensual de gastos o el balance mensual de sumas y saldos, este valor anual debe dividirse por 12.

Por lo tanto, el cost real para el empleador es el 29,68%

1296,75.- (29,68%)

Beneficios legales y usuales

➢ Vacaciones

➢ Cobertura médica

➢ Licencias por fallecimientos/enfermedad/etc.

➢ Seguro de vida

➢ Licencia por maternidad

➢ Plan de retiro

Son poco frecuentes:

➢ Asistencia educacional

➢ Cobertura dental

➢ Otras licencias

Descuentos y aportes más comunes
en relación de dependencia
Ejemplo aplicable a ciudad de Buenos Aires

Concepto	Normativa legal	Aporte empleado (*)	Contribución empleador
Sistema Int. de Jubilac.y Pens.	Ley 24.241	11,0%	7,81% (**)
Asignaciones familiares	Ley 24.714	0,0%	5,25% (**)
Fondo Nacional de Empleo	Ley 24.013	0,0%	1,05% (**)
I.N.S.S.J.P.	Ley 19.032	3,0%	0,59% (**)
Obra Social	Ley 23.660	2,7%	4,5% (**)
ANSSAL	Ley 23.661	0,3%	0,5% (*)
TOTALES		17,0%	19,7% (*)

Los porcentajes se modifican con cierta frecuencia; los consignados aquí fueron actualizados a abril de 2000
(*)   sobre un máximo de $ 4.800.-
(**) sobre un máximo de $ 6.000.-   **Fuente:** Estudio Gentile, Palazzo y Asociados

Fuente: Estudio Gentile, Palazzo y Asociados, Buenos Aires, Argentina, mayo de 2000.

Anexo II

Beneficios más usados

Alta dirección

- *Bonus* anual. Se calcula en función de la *performance* personal en la gestión y los resultados de la compañía durante el ejercicio considerado. Usualmente se ubica entre un 5 % y un 30 % de la remuneración bruta anual.
- Otras compensaciones mensuales percibidas en dinero (premios, gastos, etc.).
- Almuerzos pagos.
- Tarjeta *corporate* para gastos de representación.
- Auto asignado, gastos pagos y cochera.
- Teléfono celular.
- Cobertura médica prepaga plan abierto o reintegros totales.
- Seguro de vida.
- Jubilación privada.
- *Pension Plan o Stock Option:* depende de cada compañía, usualmente se presenta en aquellas de capitales internacionales.

- Cuando existen funciones complementarias, de carácter Regional, Corporativo, Apoderado de una sociedad controlada o como integrante del directorio de una o varias empresas, que involucran responsabilidades extraordinarias a las típicas de la función, se deben considerar las siguientes dos alternativas:
  - Se valora como un *plus* sobre la remuneración total y se factura aparte como honorarios.
  - No involucra suma adicional o *plus*. El puesto recibe una remuneración próxima al rango máximo de la escala.

Gerencias intermedias

- Cobertura médica prepaga con plan abierto o reintegros totales.
- Asignación de auto -o reintegro de gastos- y cochera.
- Jubilación privada. -opcional-
- Tickets de almuerzo y/o compras
- Bonus anuales

Para niveles de mandos medios o de responsabilidad -no ejecutiva- :

- Cobertura médica prepaga. Plan asignado de acuerdo a la categoría del empleado, opcional.
- Tickets de almuerzo y/o compras, calculando aproximadamente un 10 % del salario mensual bruto. opcional.

En el área *comercial*, para los puestos estrechamente ligados a la *concreción de negocios* se consideran, habitualmente, los siguientes adicionales a los anteriormente nombrados:

- Almuerzos y gastos de representación
- Teléfono celular
- Asignación de coche cuando la función requiere una alta movilidad. El modelo de vehículo varía por categoría. Otra opción puede ser reintegro de gastos contra presentación de comprobantes.

Niveles *staff*

- Cobertura médica prepaga plan cerrado, opcional.
- Tickets de almuerzo, opcional.

Secretarias y otro personal administrativo y operativo

- Cobertura médica prepaga, opcional.
- Tickets de almuerzo, opcional.

Capítulo 12

El fin
de la relación laboral
Renuncias. Despidos. Jubilación.

Temas sobre los que se profundizará en este capítulo:

➢ **Renuncia de empleados: la importancia de la entrevista de salida.**

➢ **Pasos previos antes del despido.**

➢ **Consejos para las entrevistas de despido.**

➢ **Los programas de desvinculación asistida.**

➢ **Qué hacer desde Recursos Humanos para "amortiguar" los efectos de la jubilación o el retiro anticipado de empleados.**

➢ **Conceptos generales sobre marketing personal.**

➢ **Otro concepto para tener en cuenta: el autoempleo.**

Toda relación laboral finaliza en algún momento: cuando una persona renuncia, cuando es desvinculada por decisión de su empleador y cuando llega el momento de la jubilación o retiro. Los tres casos tienen diferente repercusión en la persona involucrada y en la organización, pero los tres por igual requieren la atención del especialista en recursos humanos.

Una buena política de recursos humanos focalizará su atención en dos direcciones: el individuo que finaliza la relación laboral y los demás integrantes de la organización.

¿Por qué es tan importante pensar en ambos? En el individuo, porque se necesitará brindar contención psicológica en algunos casos, y en otros comprender cabalmente las razones que lo llevaron, por ejemplo, a elegir otra empresa y renunciar. Para los restantes integrantes de la organización es importante el mensaje que se transmite: la importancia que se le da a la gente, el cuidado de los recursos humanos reflejado *a lo largo de toda la vida laboral de las personas en la organización.*

Renuncia de empleados

La renuncia involucra dos puntos de vista: el de la persona que renuncia y el del empleador. En ambos es dable encontrar dos tipos de posiciones.

Algunas empresas tienen "la costumbre" de contraofertar cuando un empleado renuncia, mejorando su salario o brindándole beneficios adicionales como una forma de *retenerlo*. Otras, en la posición opuesta, nunca contraofertan al que quiere irse.

En el caso de los individuos, algunos, cuando toman la decisión de retirarse, lo hacen aunque reciban una contraoferta de su empleador, y otros no solo aceptan la nueva propuesta, sino que propician esta situación saliendo al mercado a buscar empleo solo para *presionar* a su actual empleador y obtener ventajas extra. Casos extremos son aquellos donde individuo y empleadores –el actual y el oferente del nuevo empleo– hacen varias rondas de negociaciones disputándose al valioso candidato.

Del autor al lector

Muchas veces me pregunto si estaré equivocada respecto de cómo manejan algunas personas el cambio de empresa. Parecería que la ética es un valor fuera de consideración. Pero cuando la ética se deja de lado, existen también las leyes y la jurisprudencia para protegerla.

Veamos una historia. *Adela es una joven talentosa que trabaja en una compañía multinacional en el área de Marketing. Un día recibe una oferta para trabajar en la competencia. No está especialmente interesada, pero el salario es más alto... No lo duda, acepta la propuesta, pero como ella "está en el mercado" les hace saber a sus empleadores que si mejoran esa oferta, ella quizá lo analice.*

Ingresa a su nuevo trabajo y a los dos días la llaman para ofrecerle un salario mejor aún que el de la nueva posición. "No lo dudé ni un minuto, regresé a mi anterior empleo". "¿Y los que te habían contratado?" "Y, tú sabes, todos estamos en el mercado."

¿Qué piensa usted de un caso así?

La importancia de la entrevista de salida

Tiene múltiples ventajas y es una política que la empresa debe aplicar uniformemente, a todos los que salen de la compañía por uno u otro motivo. En el caso de renuncias, es importante determinar las causas, ya que no siempre se originada en un problema económico, aunque esta sea la excusa más común que se esgrime a la hora de renunciar.

Si la persona que renuncia argumenta que tiene una mejor propuesta económica o de desarrollo de carrera –lo que puede ser cierto–, deben indagarse más profundamente las causas.

Renuncias: alerta roja

Es muy importante tener en cuenta el índice de renuncias de un sector (o de la empresa en su conjunto). Cuando estos índices se elevan más allá de los considerados estándar, es de suma importancia el análisis de sus causas, y la entrevista de salida es una herramienta muy valiosa.

Cuando se infiera un problema que merece atención, se sugiere implementar, junto con la entrevista de salida, una reunión adicional con los jefes directos de las personas que renuncian y eventualmente con el jefe del jefe.

¿El capital intelectual es del empleado o de la empresa?

Tratamos el capital intelectual en el capítulo 9 al referirnos a la función de Desarrollo. En esa instancia, Recursos Humanos vela por el desarrollo del capital intelectual de sus empleados con visión de futuro, dándole valor añadido a la organización. En este capítulo nos ocuparemos del momento final de la relación laboral. Hay una serie de conocimientos y "secretos" de la compañía que cada empleado conoce. ¿Son de su propiedad? ¿Son de la compañía? Hay situaciones muy claras y otras no tanto, al menos en opinión de muchas personas.

¿De quién es el capital intelectual? La primera respuesta seguramente será: de la organización. Pero, ¿qué ocurre con un ejecutivo que pasa a otra? Sin ser desleal, esta persona llevará consigo, inevitablemente, sus conocimientos, motivo por el cual lo han contratado en la nueva organización.

Cuando en el capítulo 3 analizamos el reclutamiento externo, se expuso que una de las ventajas es que se *aprovechan las inversiones en capacitación y desarrollo de personal efectuadas por otras empresas o por los propios postulantes.* Esto es una realidad ineludible, pero hay límites éticos a tener en cuenta.

La información, confidencial o no, le pertenece a la empresa y esta no desea que pase a manos de la competencia. Esto es más que razonable. Todo aquello que una persona crea, diseña o desarrolla mientras trabaja para una empresa, es propiedad de la empresa.

¿A quién le pertenece lo que una persona tiene "en su cabeza"? ¿A él mismo o al empleador por el cuál obtuvo la información?

La propiedad intelectual es cada vez más importante en relación con la de los bienes físicos en la realización de un negocio o actividad empresaria; en consecuencia, las empresas deben proteger su capital intelectual mediante diferentes acciones.

A Daniel O'Neill[1], un ejecutivo de la Campbell Soup, en 1996 le ofrecieron un puesto que no podía rechazar en H.J. Heinz Co. Campbell le hizo un juicio en relación con un contrato que O'Neill había firmado acordando no aceptar un empleo con la competencia durante 18 meses después de retirarse de la organización. Lo obligaron a esperar siete meses antes de poder aceptar otra posición. No tuvo la misma suerte Kevin O'Rourke, a quien enjuiciaron por haber revelado los secretos de su compañía sobre cómo mantener el pan fresco por más tiempo, lo que le implicó renunciar a su nuevo trabajo y la prohibición de trabajar en cualquier compañía de la competencia.

El capital intelectual de las empresas tiene diferentes aspectos: los meramente técnicos y los estratégicos. En ambos casos le pertenecen, pero no tienen las mismas implicaciones.

Si una persona se retira de una empresa y se lleva consigo los conocimientos que tenía al ingresar más los que adquirió en los años de trabajo, se podrá discutir de quién es la propiedad intelectual de sus conocimientos y probablemente se llegue a una solución salomónica: es de ambos.

Pero, ¿qué pasa cuando esa persona tiene en su poder una fórmula o un secreto específico, aunque sea de su creación? ¿Qué pasa si esa información es estratégica para el negocio? ¿Es lícito que se la entregue a la competencia? Claramente, en este caso, no.

Pero como la vida continúa y las empresas desean cada vez más captar "justamente" a esos ejecutivos que poseen "la llave" de un negocio, es preciso tomar algunos recaudos para un final feliz en cada caso.

---

[1] Revista *Forbes* del 23 de febrero de 1998.

Del autor al lector

A continuación le daremos algunas reglas básicas a seguir desde ambos lados del mostrador.

Para retirarse de una empresa y no tener luego problemas:

- ⇨ Retírese en buenos términos.
- ⇨ Comente su decisión solo con quien sea indispensable.
- ⇨ Comente lo menos posible sobre su nuevo destino, sin llegar a dar la impresión de que le está ocultando algo a su interlocutor.
- ⇨ No haga nada que perjudique los negocios de la compañía que abandona.
- ⇨ No se lleve consigo a su equipo de gente.
- ⇨ No se lleve documentos o información a la que usted tenga acceso.
- ⇨ Sea cuidadoso en todos los pasos de su desvinculación, no deje personas heridas.
- ⇨ No firme acuerdos con un nuevo empleador antes de estar seguro de no tener problemas con el actual.
- ⇨ No superponga los trabajos comenzando en el nuevo sin haber finalizado el anterior. Esto se aplica especialmente cuando usted decide pasarse a la competencia.
- ⇨ Ofrézcase a firmar un acuerdo de no revelar secretos estratégicos de su actual compañía a la nueva. Si usted piensa que la información le pertenece porque solo está en su cabeza, sea igualmente cuidadoso.

Para que la compañía proteja su capital intelectual:

- ⇨ Hacer firmar acuerdos de confidencialidad.
- ⇨ Asegurarse de que los que se retiran devuelvan todo el material que puedan tener a su cargo.
- ⇨ Realizar entrevistas de desvinculación, despejando los temas confidenciales, idealmente a cargo de un representante de Recursos Humanos y del jefe directo de la persona involucrada.

El fin de la relación laboral por jubilación o retiro

Las consideraciones previas sobre renuncia de empleados son aplicables a la finalización de la relación laboral por jubilación. Pueden existir además algunas similitudes con las consideraciones que haremos al tratar los despidos. Si bien la causa de la jubilación está en la edad, muchas veces las personas no desean jubilarse, y en ese caso estamos, al igual que en un despido, ante una desvinculación no deseada.

Más adelante le sugeriremos ideas para el caso de desvinculaciones no deseadas.

El fin de la relación laboral por despido

En las legislaciones, usos y costumbres de cada país existen varias clases de despido:

➢ con causa;
➢ sin causa.

En ambas situaciones, es necesario un análisis exhaustivo del caso. Es aconsejable seguir varios pasos previos al despido de empleados, para proceder de la manera más segura para todas las partes involucradas y cubrir dos aspectos: el legal para evitar posibles juicios, y el humano, para no despedir injustamente.

Pasos previos

➢ Pasos disciplinarios adecuados.
➢ Revisar todo lo actuado y la documentación que lo respalda.
➢ Revisar la decisión con el jefe inmediato, Recursos Humanos y el asesor legal.
➢ Planear la entrevista.

El fin más frecuente de una relación laboral es la desvinculación por propia decisión del empleado, punto al que ya hicimos referencia, y en el segundo caso más frecuente la desvinculación se produce por decisión de la empresa.

Una buena política de Recursos Humanos debe prever esta situación, implementando instrumentos y pasos que hagan la desvinculación lo menos traumática posible.

Un despido es siempre traumático para quien lo sufre, pero lo es también para el jefe del despedido, para el responsable de Recursos Humanos y para los compañeros, aun en el caso extremo de que la persona despedida hubiese cometido un ilícito. En todos los casos quedarán personas afectadas por el hecho. Todos los recaudos que se tomen para atemperar el problema serán bienvenidos.

Enfocando el tema desde las consecuencias para el trabajador, Aquino y otros[2] mencionan como un factor importante la pérdida de identidad del individuo: *la pérdida*

---

[2] Aquino, Jorge A.; Vola, Roberto; Arecco, Marcelo J. y Aquino, Gustavo J., *Recursos Humanos*, Ediciones Macchi, Buenos Aires, 1996.

del empleo obnubila el pensamiento creativo trabando toda iniciativa y acción superadora de la situación de crisis. El verdadero síndrome se presenta como un ataque a las relaciones personales y profesionales, y la puesta en discusión de los valores tradicionales ligados al trabajo y a la seguridad que brinda.

Las empresas también sufren con la situación, y a pesar de ello no tienen políticas, en general, sobre este tema. Muchos piensan que cumpliendo lo que indica la ley han hecho su parte, y no es así.

Uno de los errores más frecuentes en los que se incurre es retrasar hasta *el último minuto* la comunicación, por diferentes razones; pero retrasar el momento no lo hará menos difícil. Debe tenerse en cuenta además que en las empresas existen los *rumores*, y la persona que va a ser despedida puede enterarse por la vía incorrecta.

Del autor al lector

En el extremo de la inapropiada comunicación de los despidos están aquellos que sostienen que el mejor día es el viernes a las cinco de la tarde. ¿Por qué? Argumentan que la persona despedida se va a su casa con la mala noticia, y los compañeros también. Estos últimos olvidarán el tema en el fin de semana, y el despedido... *bueno, él ya no pertenece a la organización.* ¿Le parece terrible? Se asombraría si supiera cuántos lo aplican. En el colmo de este mal hábito conozco el caso de un jefe de Ventas al que le comunicaron su despido un viernes a las cinco de la tarde, ¡el día en que salía de vacaciones! No se lo esperaba, ya que su zona había superado en un 30% el presupuesto de ventas del año, y su esposa y los tres niños pequeños estaban alistando todo para salir a la mañana temprano hacia la playa.

¿Quién debe comunicar?

Los especialistas en Recursos Humanos coinciden en que lo más saludable es la comunicación a cargo del superior inmediato. Es importante, además, dejar la puerta abierta para una conversación con el jefe del jefe. Aun en el caso de que esta no se lleve a cabo, ofrecerla da transparencia al proceso y seguridad y confianza al despedido. En cuanto a la oportunidad, es ideal un lunes. De este modo la persona tiene tiempo de organizarse, pensar qué caminos seguir y cómo comunicarlo a su familia.

Consejos para la entrevista de despido

En el siguiente gráfico brindamos una lista de todo lo que no debe olvidarse en relación con la entrevista de despido. Como toda entrevista o reunión importante, es fundamental la preparación previa y dejar las emociones de lado. Muchas veces esto es difícil, el jefe se sentirá responsable o con culpa o quizás enojado. Como responsables de Recursos Humanos, debemos estar atentos a estas eventuales situaciones y ayudar al que debe "pasar el mal trance". Aun los ejecutivos más experimentados y aparentemente más "duros", pasan un mal momento cuando deben despedir empleados. El responsable de Recursos Humanos puede ofrecer ayuda, desde asesoramiento para la entrevista hasta apoyo profesional si fuese necesario.

Consejos para entrevistas de despido

Evitar las emociones y planear la reunión de despido

- Ser cordial.
- Hablar claro.
- Indicar los aspectos negativos que llevaron a tomar la decisión.
- Marcar los aspectos positivos.
- Solicitar devolución de identificaciones, llaves y otra documentación.
- Informar fechas y detalles de los aspectos económicos.
- Informar del servicio de desvinculación.
- Darle un cierre

¡Registrarla!

El papel de Recursos Humanos

El área de Recursos Humanos debe tener una participación activa. Antes de la comunicación podrá asesorar al jefe directo sobre cómo llevar adelante la entrevista, y luego de comunicado el despido será la que implemente los detalles prácticos de la salida.

Si la empresa estuviese pasando por una temporada de muchos despidos, se puede implementar un taller con la realización de *role playing* de entrevistas de despido y su seguimiento y control.

El responsable de Recursos Humanos no debe comunicar los despidos en ningún caso. Si el jefe directo tuviese algún problema de salud o un viaje que lo mantenga alejado de sus funciones, o simplemente *no se anima a afrontar la situación*, es aconsejable que la comunicación la realice el jefe del jefe.

En un libro[3] destinado a empresas sin estructura profesional en Recursos Humanos se dan una serie muy interesante de consejos para aquellos que deban manejar despidos. Uno de ellos es una lista de verificación para despidos.

En ocasiones un jefe o empresario puede sentirse muy enojado, pero deberá dominar sus emociones. Una buena práctica en estas situaciones –y en cualquiera donde medie el enojo– es la preparación previa, y en este caso en particular el control de todas las instancias previas a la toma de una decisión de despido.

¿Qué factores tener en cuenta antes de tomar la decisión?

Nombre del empleado:

Fecha de ingreso a la compañía:

Pasos disciplinarios aplicados (si corresponde a un caso de mala conducta).

Para el que debe tomar la decisión, breve cuestionario:

1. ¿Está al tanto de toda la documentación relativa con este caso?

2. ¿Cómo actuó en el pasado frente a casos similares?

3. ¿Analizó la situación con el jefe inmediato?

4. ¿Analizó la situación con el departamento de Recursos Humanos?

5. ¿Analizó la situación con el departamento legal o el abogado consultor en temas laborales?

6. ¿Tiene el empleado otra causa pendiente con la compañía?

Para la entrevista de despido:

Realizada por:

Fecha:

Lugar:

Testigo:

Comentarios especiales:

Acciones finales:

No olvidar de asegurarse:

1. ¿Devolvió las identificaciones y llaves?

2. ¿Devolvió todas las pertenencias de la compañía?

3. ¿Se abonó la liquidación completa dentro del plazo que marca la legislación?

---

[3] Frohlich, William O., *Administre a su personal fácil*, Prentice Hall Hispanoamericana S.A., México, 1996.

Este listado presenta aspectos que pueden parecer obvios, pero muchas empresas omiten alguno de ellos y esto puede acarrear problemas posteriores. Aun en los casos en que usted considere que el despido es justo, se debe analizar el tema en toda su dimensión y no omitir detalles.

Algunas reglas básicas para despedir empleados

De todas las confrontaciones que pueden producirse con un empleado, la respuesta que se obtiene de alguien a quien se despide es la más difícil de predecir. Los pasos a seguir deben prepararse con sumo cuidado.

1. *La decisión, ¿cuándo tomarla?* ¿Cuánto tiempo le debe brindar al empleado para mejorar su desempeño? No existe una guía para esto. Pero considere el tiempo en que el empleado ha trabajado en la compañía y su lealtad.

2. *La decisión de despedir.* Debe ser la última medida. Como se explicó anteriormente, muchos de los problemas de desempeño se pueden solucionar mediante un trabajo en conjunto con el empleado. Si esto no funciona, debe advertirle al empleado que tiene que mejorar su desempeño. Si esto tampoco funciona, imparta una advertencia por escrito.

3. *Cómo despedir a un empleado.* No posponga el despido si, después de todo, es inevitable. Cuando llegue el momento, llame al empleado a la oficina en una reunión privada y comience la conversación de la siguiente manera: "Tengo que discutir algo con usted". Explique brevemente las razones principales del despido y señale que tuvo la oportunidad de mejorar su desempeño.

4. *Indemnización.* En todos los casos se debe conocer y acatar lo que marca la ley, por lo que hay que recurrir al asesoramiento adecuado y ser justo. No es el momento de hacer economías. Aunque el empleado deba ser despedido, es aconsejable terminar la relación en la mejor forma y con grandeza, preparar la liquidación y tener el dinero o el cheque disponible. No le pida a la persona despedida que pase *otro día para cobrar.* Si existe una diferencia, que sea a favor del empleado.

5. *Riesgos legales.* Si piensa que el empleado despedido puede demandarlo, consulte a un abogado antes de tomar una decisión contra él.

6. *Evitar un juicio.* La primera forma de evitar una demanda es que todos los supervisores y el área de Recursos Humanos comprendan y conozcan las leyes.

Cómo preparar una entrevista de despido

Le sugerimos dar una copia de estas instrucciones al jefe directo que deberá realizar la entrevista de despido, desde ya si están de acuerdo con las políticas de recursos humanos de la compañía.

❏ Releer la historia del empleado, cada uno de los documentos del legajo y repasar las razones y aspectos relacionados con la decisión de este despido

❏ Revisar todo lo que sea posible sobre la personalidad del individuo: si tuvo problemas personales con él, cómo respondió a sanciones disciplinarias si las hubo, cómo es la relación de esta persona con el grupo de trabajo, qué problemas pudo haber tenido con otros empleados.

❏ Analizar los problemas que usted haya tenido anteriormente al despedir empleados.

❏ Buscar asesoramiento sobre cómo actuar, revisar manuales de la compañía, consultar al departamento de Recursos Humanos.

❏ Tratar de estar tranquilo durante la reunión. Haga todo lo que esté a su alcance para controlar sus emociones y alcanzar su mayor nivel de racionalidad frente a la situación. Si usted trató de ayudar al empleado, si su actitud fue correcta y aún así se llegó a esta situación, no tiene por qué sentirse culpable.

❏ Si a pesar de todo esto usted se siente mal, haga un *role playing* de reunión; todo lo que intente en esta dirección le será útil.

El siguiente diálogo provee un ejemplo de despido que involucra a un empleado que ha tratado de desempeñarse bien en el puesto pero no ha sido capaz de alcanzar un nivel satisfactorio.

SEÑOR RAMÍREZ: (gerente del área donde trabaja Raúl F.; jefe del jefe en este caso):	Raúl, tome asiento, por favor.
RAÚL F.: (el despedido):	Gracias.
SEÑOR RAMÍREZ:	Raúl, sé que se ha esforzado para tener éxito en su puesto. Sin embargo, desde hace unos meses su desempeño no ha sido satisfactorio. Comete demasiados errores en los registros de las cuentas, y en su intento de revisar cuidadosamente cada registro ha disminuido la velocidad en su trabajo. No podemos retenerlo en esta posición y debemos dejarlo ir.
RAÚL F.:	¿Quiere decir que estoy despedido?

SEÑOR RAMÍREZ:	Sí. Lamento que no haya funcionado.
RAÚL F.:	Sé que puedo desempeñarme bien en el puesto. Bríndeme otra oportunidad. Realmente me gusta trabajar aquí.
SEÑOR RAMÍREZ:	Raúl, le hemos otorgado al menos dos advertencias por escrito y varias verbales.
RAÚL F.:	Pero mi supervisor dice que la calidad de mi trabajo ha mejorado.
SEÑOR RAMÍREZ:	Aunque el número de errores ha disminuido, la calidad aún no es satisfactoria. Y mientras trata de disminuir la cantidad de errores, la velocidad de su trabajo se tornó insatisfactoria. Sé que lo ha intentado... pero sigue sin funcionar.
RAÚL F.:	¿Por qué no me asignan a otra posición? Sinceramente, nunca me ha gustado trabajar en cuentas a pagar. ¿Por qué no me asignan la posición de nivel de entrada en las cuentas por cobrar? Allí podré dar todo.
SEÑOR RAMÍREZ:	Raúl, ya es hora de seguir adelante. Usted nos agrada, esta es una decisión difícil para todos. Pero la decisión ya se tomó. Le deseamos lo mejor.

Consejos sobre los despidos

Le sugerimos compartir estos consejos con el jefe o jefes relacionados con la persona a despedir y con el responsable de la entrevista de despido.

➢ *No tomarse el despido a la ligera.* Despedir significa un gran riesgo legal. También tiene un impacto traumático en los miembros de su staff, aunque comprendan las razones del despido.

➢ *Consultar con el departamento de Recursos Humanos.* Es necesario estar absolutamente seguro de que se está haciendo lo correcto, que se siguieron todos los procedimientos éticos, que se cumplieron todas las normas internas.

➢ *Consultar con asesor legal en temas laborales.* Si tiene cualquier duda sobre el despido, consulte a un abogado experto en leyes laborales antes de despedir al empleado.

➢ *Preparar la entrevista de despido.* Si no planea cuidadosamente lo que dirá a la hora de despedir al empleado, es posible que termine diciéndole lo bien que se desempeña, y esto puede conducir a acciones legales.

➢ *Permanecer tranquilo.* Incluso si el empleado lo irrita, no se deje llevar.

➤ *Ser comprensivo*. Trate al empleado que despide lo más gentilmente posible. El despido es un experiencia traumática para él.

➤ *Evitar las sorpresas*. Bríndele varias oportunidades al empleado para mejorar su desempeño y adviértale que se encuentra por debajo del nivel requerido.

➤ *Asegurarse de que toda la documentación legal es correcta*. La documentación eficaz de la actitud o el desempeño insatisfactorios es esencial para defenderse de las demandas erróneas.

➤ *Ofrecer ayuda a la persona a desvincular*. Una posibilidad es contratar un programa de desvinculación asistida (otro nombre de estos programas es *outplacement*) que le explicaremos más adelante. Otra posibilidad es simplemente ayudarlo dando buenas referencias o presentándolo a un *mailing* de empresas que usted conozca.

Del autor al lector

Preguntas y respuestas sobre los despidos

◆ *¿Debería considerar volver a contratar a un empleado despedido?* Probablemente no. El empleado que se despidió suele tener una actitud negativa hacia la firma.

◆ *¿Es más conveniente despedir a varias personas al mismo tiempo?* Si ha decidido despedir a más de una persona, es mejor despedirlas simultáneamente. Si su empresa atraviesa una circunstancia que implique varios despidos, por ejemplo cierre de una planta, de una línea de negocios, reingeniería de procesos, reducción de actividades, etc., comunique abiertamente al personal los planes y los motivos. Por duro que sea conocer la realidad, siempre tranquiliza más que la incertidumbre.

◆ *¿Debo mencionar las razones de un despido a los demás?* No. Ya se corre demasiado riesgo con el solo hecho del despido. Limítese a decir que esa persona se retiró o que prescindieron de sus servicios.

◆ *¿Debería despedir a alguien que se retirará pronto?* A menudo, pero no siempre, los empleados que han notificado que se retirarán disminuyen la velocidad de su trabajo. Si no le agrada esta actitud, pregúnteles si preferirían retirarse antes de lo previsto.

◆ *¿Cómo puedo evitar un juicio después de despedir a alguien?* Si la posibilidad de una demanda le preocupa realmente, consulte a un abogado que se especialice en leyes laborales.

Tres razones para comprar un paquete de desvinculación asistida

El mercado ofrece diferentes programas de ayuda a las personas que son despedidas de su trabajo. Diferenciaremos dos grandes grupos: los que proveen de oficinas temporales para los asistentes al programa, y los que no. Una segunda gran diferenciación sería en cuanto a la calidad del programa, pero eso es muy difícil de explicar en un libro.

¿Por qué comprar un programa de ayuda a una persona que se despide?

➤ Para ayudar a la persona desvinculada.

➤ Para ayudarse usted mismo (o a la persona que debió tomar la decisión). No solo le quitará culpa: le ayudará a elaborar la decisión tomada.

➤ Para "tranquilizar" a los demás empleados, que verán que la organización se preocupa por su gente.

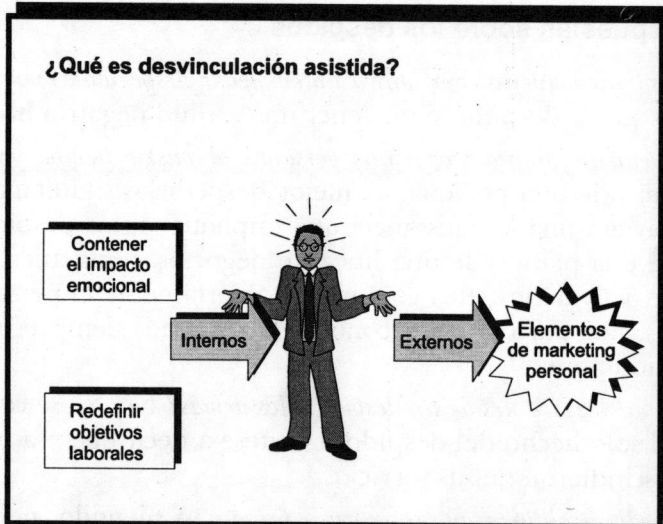

Por último, un programa de desvinculación asistida –*outplacement*– nunca puede garantizar la reubicación del personal involucrado. Si el programa es bueno, a través de él se incrementará la empleabilidad[4] de las personas, pero no es una fórmula mágica que asegure el éxito.

---

[4] Sobre empleabilidad hemos hablado en el capítulo 1.

¿Qué es desvinculación asistida? Un caso práctico[5]

Cuando se debe despedir personal *una buena idea* es ofrecer a la/s persona/s que se desvincule/n un programa de desvinculación asistida. ¿En qué consiste?

Como ya se expuso, hay distintas aproximaciones al tema y diferentes productos en el mercado. En esta obra nos referiremos con más extensión a uno de ellos, que en nuestra opinión cubre los aspectos fundamentales para ayudar a una persona a resolver su problema de desempleo. Para aspirar a una reubicación laboral, debe primero aceptar su situación, y después salir al mercado.

La desvinculación asistida consta de dos partes bien diferenciadas pero tendientes al mismo objetivo:

⇨ **Contención psicológica:** En un número de sesiones variable –entre cuatro y cinco– un psicólogo debidamente entrenado asiste a la persona que está transitando un despido y por consiguiente un período de desempleo. La experiencia es muy rica y satisfactoria para los involucrados.

⇨ **Marketing personal:**[6] Puede estar dirigido a buscar empleo en relación de dependencia, similar a la situación perdida, o iniciar un nuevo camino hacia el autoempleo. Uno u otro camino será el más aconsejable según el caso.

¿Qué es marketing personal?

---

[5] El enfoque práctico que describimos es el que se utiliza en mi consultora.

[6] En nuestra consultora seguimos la metodología de trabajo plasmada en tres libros publicados por esta misma editorial: *Mitos y verdades en la búsqueda laboral, 200 Modelos de currículum*, Ediciones Granica, Buenos Aires, 1997 y *La entrevista laboral*, Ediciones Granica, 1999.

En un número de sesiones variable que representan aproximadamente 16 horas de trabajo práctico, se transmiten al interesado los rudimentos básicos para salir al mercado:

1. Confección de un currículum.
2. La carta de presentación: cómo usarla.
3. Los canales de acceso al mercado.
4. Cómo leer inteligentemente los anuncios.
5. La venta directa: cómo hacerla.
6. La entrevista: incluye *role playing*.
7. *Follow up* del proceso.
8. Las cartas de agradecimiento.

Estos servicios tienen un costo, pero tanto los directamente involucrados como el resto del personal de la compañía apreciarán su esfuerzo.

La administración de estos programas no garantiza por sí sola el éxito, pero sin ninguna duda ayuda a la persona que debe salir al mercado sin habérselo propuesto. En nuestro trabajo vemos a diario personas con muchas capacidades que el mercado requiere, pero que no logran insertarse simplemente porque enfocan inadecuadamente su búsqueda. Lo que un programa de desvinculación asistida garantiza es una adecuada salida al mercado laboral.

Cuando deba desvincular colaboradores, aun cuando usted se sienta enojado con ellos, siempre es aconsejable terminar esa relación lo mejor posible. Esto incluye desde liquidar correctamente los temas económicos hasta dejar abierta la comunicación para el futuro. Tenga en cuenta que usted puede reencontrarse con esta persona más adelante, en una empresa cliente o proveedora, y tener que relacionarse con él desde otra perspectiva. Más allá de la responsabilidad social que pueda sentir al despedir a alguien, hay además razones prácticas.

Posibilitar un programa de desvinculación asistida es una forma de terminar bien una relación.

El enfoque psicológico de la desvinculación.
Una ayuda para salir al mercado laboral

El caso práctico de mi consultora se basa en la firme convicción de que el apoyo psicológico es fundamental, ya que de nada sirve toda la teoría sobre marketing personal si las personas no pueden elaborar "la salida" de su trabajo, la pérdida de su empleo –utilizando un lenguaje prestado de los psicólogos, "el duelo"–, que además de la pérdida del ingreso económico afecta la autoestima y las deja sin marco de referencia. Hasta ayer, era el señor A que trabajaba para la empresa B; era por lo tanto A de B, y de un día para otro se encuentra con que no es más "de B".

A continuación se incluirán algunos fragmentos de la charla que para el curso de posgrado dio la licenciada Elsa Montauti[7].

> Como metodología, el *outplacement* es desarrollado en EE.UU. desde hace aproximadamente unos 25 años. Se hablaba en ese entonces de reubicación de personal, si bien esta reubicación era fuera de la organización.
>
> Una organización puede plantearse un cambio en su situación, ya sea porque hay una modificación en la estructura, en su plan estratégico o producto de una fusión; también puede haber cambios tecnológicos que impacten en sus recursos humanos. Esto significa que se requiere otro tipo de personas-recursos, con otras calificaciones que estén a tono con el cambio que la organización está haciendo. Recursos Humanos tiene que acompañar o ayudar a la organización y a sus directivos a pensar cuál es la mejor opción, no solamente una reducción de costos.
>
> Además de los aspectos económicos, deben tenerse en cuenta otros elementos: frente a la desvinculación de personas se afecta la visión interna, por el impacto que puede producirse en aquellos que quedan en la organización, que no saben si fueron elegidos para quedarse o si serán los próximos en ser desvinculados. Esto genera desmotivación, temor, una merma en la productividad y el compromiso, un incremento en el estrés. Entonces la reducción de personal pensada inicialmente para mejorar las finanzas, termina siendo una suerte de *shock*.
>
> En lo que hace a la visión externa, los despidos impactan en el mercado, tanto en la competencia con otras compañías como en la opinión pública. Hay organizaciones que han hecho su proceso de reducción pensando que esto era bueno desde el punto de vista de los costos y, en cambio, generaron una serie de conflictos, caída de imagen y además problemas internos.
>
> Es necesario trabajar dos aspectos con la persona involucrada: el primero es el impacto por la pérdida de su trabajo, ya que sufre una baja de autoestima y sentimiento de marginación. No es lo mismo cuando uno decide desvincularse: cuando ya no hay coincidencia con los objetivos, proyectos y propuestas que ofrece la organización y la persona siente que ha crecido y decide retirarse, hay

---

[7] *Empleo: el proceso de selección*, Ediciones Macchi, Buenos Aires, 1998.

una propia generación de la situación. En el otro caso, uno piensa ¿qué hice yo?, ¿qué error cometí? (aunque tal vez no cometió ninguno). El consultor tiene que acompañar a la persona para que ella pueda rescatar qué cosas se lleva y qué recursos tiene para poder armar una nueva vida. Es un tema muy complejo sobre todo con personas que están en la medianía de la vida.

De alguna manera, el objetivo es proporcionarle herramientas como para que pueda lograr una positiva identificación de sus propios recursos, y que esto le permita comenzar a transitar esta situación en la cual se encuentra instalado.

Nunca tiene que ser un proceso clínico, se puede implementar la aplicación de algunos tests que le ayuden a conocer sus aspectos más fuertes y potencialidades para su nuevo trabajo. Esto se aborda desde ciertos aspectos de la personalidad, porque la autoestima se desarrolla aproximadamente desde el momento del nacimiento y se forma a partir de las necesidades de protección, de sostén y de afecto, que están siempre presentes.

La primera etapa es de contención, lograr que puedan ponerse en palabras todos los sentimientos; hay que ayudar a procesarlos, a que las personas puedan decir por ejemplo: "me sentí muy mal". Esto también le sucede a la gente que se jubila: siente que ya no sirve más, que es un mueble, hasta que pueden ver qué es lo que se llevaron, algo que recupere su sensación de utilidad, de ocupar un rol social.

Hay gente habituada a realizar cambios de trabajo y que ha tenido cierto entrenamiento, pero hay otras personas que no. Estas personas tienen que pensar en cómo van a manejar sus recursos económicos. Tienen que pensar además que este tipo de servicio no les va a resolver el problema de reinserción laboral, solamente les va a dar mejores herramientas. Hay que ayudarlos a redefinir su rol porque, por ejemplo, un gerente de una empresa mediana o grande de mediana edad difícilmente se pueda reinsertar en otra empresa mediana o grande en un nivel similar (porque las organizaciones tienden a incluir otros aspectos en el perfil, junto con un cambio en el requerimiento de edad). Él tiene que hacer primero su reconversión interna.

La segunda etapa es acompañarlos para que evalúen su trayectoria laboral y armen su currículum –por lo general lo hacen en forma obsoleta–; también ayudarlos a analizar el mercado, aprender a leer avisos, seleccionar las ofertas y en función de esto entrenarlos para la búsqueda laboral, ya sea desde el armado de una carta de presentación acompañando el CV hasta su presentación personal. Trabajar sobre las escenas temidas, en lo que se refiere al tipo de técnicas o tests que les puedan tomar.

Se trabaja fundamentalmente con la técnica de *role playing*, que permite hacer un ensayo de estas escenas temidas, implementándose distintas situaciones que faciliten la elaboración del conflicto y permitan estructurar mejor la estrategia de búsqueda.

El marketing personal

La autora de esta obra ha publicado hasta ahora cinco libros –mencionados en la bibliografía– sobre cómo hacer ***marketing personal*** para jóvenes y no tan jóvenes, cómo hacer un currículum y la carta de presentación, cómo encarar una búsqueda laboral, una entrevista y cómo enfocar una carrera profesional. Nos ocuparemos aquí del tema remitiéndonos a las mencionadas obras.

La entrevista de egreso en Recursos Humanos

Cuando el despido se realiza en la línea, tal cual lo aconsejamos al tratar el tema de despidos, o cuando una persona renuncia y lo hace ante su jefe directo, creemos que debe existir una entrevista de egreso en el área de Recursos Humanos. La entrevista de egreso no es de aplicación generalizada pero sí muy recomendable. Como ya vimos, es necesario planificar cualquier tipo de entrevista, y en el caso de la entrevista de egreso la preparación es indispensable.

El responsable de comunicar el egreso deberá reflexionar previamente sobre lo que debe decir y cómo lo va a decir. Si bien no debe justificar la decisión tomada por otros, tampoco deberá utilizar excusas. Si la desvinculación es por el mal desempeño de la persona, deberá exponer las causas en forma adulta y con sinceridad. Si las razones que la originan se relacionan con políticas de la compañía o estrategias generales que exceden su nivel, deberá explicarlo sin solidarizarse con el despedido aunque piense que en otro momento puede tocarle a él mismo.

No deberá hacerse la entrevista con poco tiempo, ya que la persona que recibió este tipo de noticia puede necesitar hablar. Asimismo, es bueno tomar recaudos para no ser interrumpidos por mensajes o llamados urgentes.

El responsable de Recursos Humanos tiene muchos más elementos que cualquier otro gerente de la empresa para ayudar en su reinserción a un empleado de cualquier nivel que se despide. No obstante, aconsejamos contratar un consultor externo para que lo lleve a cabo, como vimos con anterioridad.

Si la organización está efectuando despidos masivos, podrá contratar servicios acordes a la situación. Los programas aplicables a desvinculación pueden ser adaptados a distintos niveles y no hay que pensar en ellos solo en relación con altos ejecutivos.

El retiro anticipado

La relación laboral finaliza cuando ha llegado la edad de la jubilación según la legislación vigente en cada país. En ocasiones la empresas multinacionales tienen normas internacionales. Cuando estas fijan una edad menor que la fijada en las leyes locales, se habla de retiro anticipado. Pero una compañía puede decidir implementarlo por cualquier otra razón. Lo usual en estos casos es pagar un salario por los años anticipados a la edad vigente de jubilación. Por lo general no se abona el salario pleno, sino un porcentaje (usualmente entre 70 y 80%) ya que se entiende que la persona no incurre en los gastos normales de los años activos: movilidad y ropa son los factores que se usan como ejemplo, aunque no son los únicos a considerar.

El retiro anticipado es también una variante de despido orientado a un segmento especial de la nómina, y debe ser tratado especialmente. En general, afecta a personas que han sido muy valiosas para la empresa en otro momento y la fuerte competencia actual las ha dejado fuera de carrera, por propia pérdida de competencias o porque el mercado dejó de requerirlas. En uno u otro caso hay que ser muy cuidadosos en la aplicación de los programas.

Las compañías tienen esquemas básicos de retiro según la edad, el sexo y los años de antigüedad. Algunos computan doble los años trabajados en asignaciones especiales. Una vez establecidos estos valores, las personas, si lo desean, pueden beneficiarse con un retiro anticipado al que las leyes del país prevén.

Pero, ¿cuál es la realidad? Las personas viven más, y la medicina hace que cada vez estén más jóvenes con mayor edad cronológica.

Y como un último elemento, los matrimonios tienen hijos más tarde y los hijos dejan más tarde la casa paterna, al haberse prolongado la etapa de adolescencia[8].

Con estos tres elementos que en ocasiones se conjugan, es frecuente encontrar el caso de personas que según las pautas de su organización están en condiciones de pedir su retiro anticipado a los 60 años[9], pero que gozan de un perfecto estado de salud, practican deportes, se sienten más jóvenes que nunca, siguen una dieta estricta, no fuman ni beben y su núcleo familiar directo está compuesto por tres hijos entre 25 y 14 años, todos a su cargo.

¿Usted imagina a estas personas interesadas en un retiro anticipado, aun en el caso que sea ventajoso económicamente?

---

[8] Dolto, Françoise, *La causa de los adolescentes*, Barcelona, Seix Barral, 1988.
[9] La ley argentina marca los 65 como la edad de retiro de los varones (1999).

Debemos encarar cuidadosamente estos casos. La gerencia debe ofrecer programas abiertos con incentivos para aquellos que deseen tomarlos, combinados con programas de desvinculación asistida. El posible involucrado debe ser informado y asesorado sobre los programas; los conflictos se derivan de la mala información en la mayoría de los casos.

Una vez más, es de vital importancia el papel que asuma el área de Recursos Humanos. Muchas veces se pide a las personas que integran el área que asuman roles más allá de sus propias posibilidades, ya que ellos pueden verse a sí mismos como *futuros participantes del programa de retiro anticipado*. Las personas comienzan a pensar de ese modo en sí mismas después de los 40 años, y es humano que así sea. Pero en el doble papel de "humanos" y de integrantes del área de Recursos Humanos, debemos dejar en casa el primero de los roles y actuar como profesionales.

Cuando llega la edad de la jubilación...

Por último, sugerimos utilizar programas de desvinculación asistida diseñados *ad hoc* para personas que se retiran cuando han llegado a la edad de jubilación marcada por las leyes del país. Si bien no será factible para ellos reinsertarse en el mercado laboral en relación de dependencia, podrán –previa preparación y análisis de sus habilidades y potencial– encarar alguna actividad que les interese. Desde ya, el programa debe tener un fuerte componente psicológico.

La jubilación –anticipada o en el término que fija la ley– llega muchas veces cuando las personas aún están plenas de vigor y ganas de trabajar.

Si bien no es frecuente, las compañías podrían atemperar estos efectos con diversas medidas. Por ejemplo:

➢ Utilizar sus conocimientos ofreciéndole una posición *staff* y *part time*; esto atempera el impacto del retiro en el individuo y la compañía no pierde su caudal de conocimientos y experiencia.

➢ Brindar servicios de desvinculación asistida preparados especialmente para personas que atraviesan esta instancia.

Otra opción: el autoempleo[10]

Difiere del inicio de una empresa en su objetivo, ya que el autoempleo tiene como único propósito –al menos al inicio de las actividades– generar ingresos en reemplazo

---

[10] El autoempleo es tratado por la autora en *Mujeres, trabajo y autoempleo*, Ediciones Granica, 2000, y en otro libro en preparación no solo orientado a mujeres.

de los percibidos en el empleo, aunque en ocasiones, personas que inician una actividad como autoempleo devienen en empresarios y la actividad desarrollada se transforma en una empresa.

El autoempleo es una modalidad de trabajo independiente, donde la misma persona se transforma en su empleador y ofrece sus servicios o productos a eventuales clientes, en ocasiones un empleador anterior. El autoempleo puede ser unipersonal o incluir colaboradores.

¿Cómo iniciar una actividad de autoempleo o un microemprendimiento?

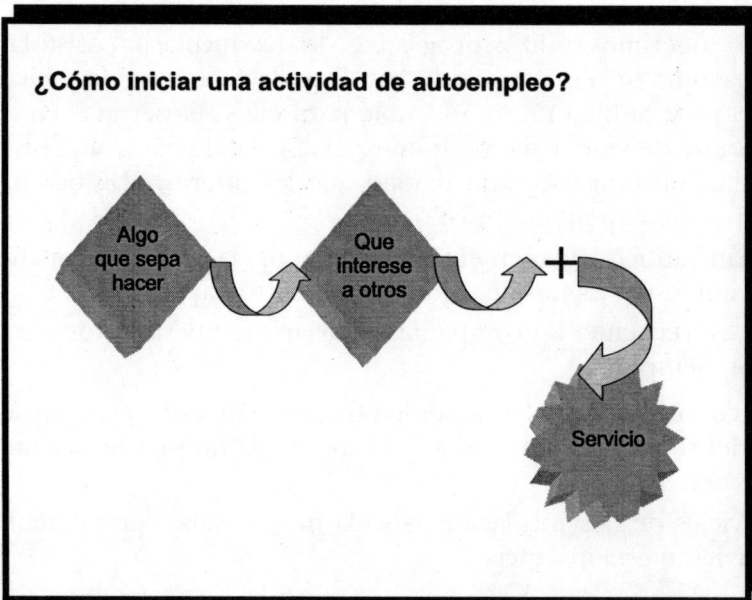

El primer paso para decidir una actividad de autoempleo es el análisis de las propias capacidades y preferencias. El segundo es determinar cuáles de esas capacidades y preferencias les interesan a otras personas o empresas (el mercado), y a todo esto hay que sumarle el componente de "servicio". No importa lo técnica o específica que sea la actividad, deberá ser brindada con alto concepto de servicio.

Síntesis del capítulo

➤ Toda relación laboral finaliza en algún momento: cuando una persona renuncia, cuando es desvinculada por decisión de su empleador y cuando llega el momento de la jubilación o retiro. Los tres casos tienen diferente repercusión en la persona involucrada y en la organización, pero los tres por igual requieren la atención del especialista en recursos humanos.

➤ Renuncia de empleados: es la desvinculación originada por una decisión del empleado. Las compañías tienen políticas al respecto: algunas "contraofertan" mejorando las condiciones laborales del involucrado como una forma de retenerlo, y otras compañías no lo hacen nunca. Del mismo modo, algunas personas "renuncian" para conseguir un aumento de salario sin una verdadera vocación de cambio, y otras no retroceden frente a una decisión de desvincularse aunque la contraoferta sea interesante.

➤ La entrevista de salida, que usualmente se estila en caso de despidos, es una práctica muy buena también en el caso de renuncias, ya que pueden evitarse otras si se detectan eventuales problemas que sea factible solucionar.

➤ La relación laboral finaliza cuando ha llegado la edad de la jubilación según la legislación vigente en cada país. En ocasiones, las empresas multinacionales tienen normas internacionales. Cuando estas fijan una edad menor para el retiro que la que fijan las leyes locales, se habla de retiro anticipado. Pero una compañía puede decidir implementarlo por cualquier razón. Lo usual en estos casos es pagar un salario por los años anticipados a la edad vigente de jubilación. Por lo general no se abona el salario pleno, sino un porcentaje (usualmente entre 70 y 80%), ya que se entiende que la persona no incurre en los gastos normales de los años activos: movilidad y ropa son los factores que se usan como ejemplo, aunque no son los únicos a considerar.

➤ La relación laboral se corta por el despido de personas, en este caso por una decisión del empleador. Puede haber despidos con causa o sin causa. De todos modos, es una situación traumática para todos los involucrados. Hay que tomar recaudos especiales si la persona tiene a su cargo temas importantes o confidenciales. La entrevista de despido debe ser cuidadosamente planificada y es aconsejable que la realice el jefe directo de la persona involucrada.

➤ Para atenuar el tránsito del despido, se aconseja la administración de los "programas de desvinculación asistida". De este modo se logra: ayudar a la persona desvinculada, ayudar a la persona que debió tomar la decisión, y dar una imagen favorable a los ojos de los demás integrantes de la organización. Estos programas brindan contención psicológica y ayudan a reinsertarse en el mercado (técnicas de marketing personal).

➢ El autoempleo es una opción adecuada para muchas personas desvinculadas de una organización. Es una forma de reemplazar el trabajo por una actividad que no implica relación de dependencia con un empleador; no tiene el propósito de crear una empresa, sino de generar ingresos en reemplazo del salario proveniente de un empleo. El autoempleo puede ser una actividad unipersonal o incluir el trabajo de otras personas.

El lector encontrará los esquemas en INTERNET *(Clases)*: **www.granica.com/derrhh** y **www.marthaalles.com/derrhh** y la ejercitación correspondiente a estos temas en la obra **Dirección estratégica de Recursos Humanos. Gestión por competencias.** *Casos*. **Capítulo 12.**

Casos: **Desvinculación asistida en el cierre de una unidad de negocios. Caso Tornado S.A.**

BIBLIOGRAFÍA

Adams, Bob, *Streetwise. Small Business Start-up*, Adams Media Corporation, Holbrook, Estados Unidos, 1996.

Agonito, Rosemary, Ph. D., *No more "Nice Girl"*, Bob Adams, Massachusetts, Estados Unidos, 1993.

Aldao Zapiola, Carlos M., *La negociación: un enfoque integral con específicas referencias a la negociación laboral*, Ediciones Macchi, Buenos Aires, Argentina, 1992.

Allen, Jeffrey G., *Jeff Allen's Best Win the Job*, John Wiley & Sons, Inc., Nueva York, Estados Unidos, 1990.

Alles, Martha Alicia, *200 Modelos de currículum*, Ediciones Granica S.A., Buenos Aires, Argentina, 1997.

Alles, Martha Alicia, *La entrevista laboral*, Ediciones Granica S.A., Buenos Aires, Argentina, 1990.

Alles, Martha Alicia, *Cómo manejar su carrera*, Ediciones Granica S.A., Buenos Aires, Argentina, 1998.

Alles, Martha Alicia, *El teletrabajo*, Escrito presentado al congreso INFOCOM '97, área Recursos Humanos.

Alles, Martha Alicia, *Empleo: el proceso de selección*, Ediciones Macchi, Buenos Aires, 1998.

Alles, Martha Alicia, *Empleo: discriminación, teletrabajo y otras temáticas*, Ediciones Macchi, Buenos Aires, 1999.

Alles, Martha Alicia, *Las puertas del trabajo*, Editorial Catálogos, Buenos Aires, Argentina, 1995.

Alles, Martha Alicia, *Mitos y verdades en la búsqueda laboral*, Ediciones Granica S.A., Buenos Aires, Argentina, 1997.

Alles, Martha Alicia, *Su primer currículum*, Ediciones Granica S.A., Buenos Aires, Argentina, 1997.

Aquino, Jorge A.; Vola, Roberto; Arecco, Marcelo J. y Aquino, Gustavo J., *Recursos Humanos*, Ediciones Macchi, Buenos Aires, Argentina, 1996.

Arsmstrong, Michel, *Using the HR Consultant. Achieving Results, Adding Value*, Institute of Personnel Management, Londres, Inglaterra, 1994.

Arthur, Diane, *Selección efectiva de personal*, Grupo Editorial Norma, Bogotá, Colombia, 1992.

Bacal, Robert, *Performance Management*, McGraw-Hill, Nueva York, Estados Unidos, 1999.

Banco Mundial, *El mundo del trabajo en una economía integrada. Indicadores del desarrollo mundial*, Informe sobre el desarrollo mundial, Washington, Estados Unidos, 1995.

Barkley, Nella y Sandburg, Eric, *Taking Charge of Your Career*, Workman Publishing, Nueva York, Estados Unidos, 1995.

Beaty, Richard H., *Get the Right Job in 60 Days or Less*, John Wiley & Sons, Inc., Nueva York, Estados Unidos, 1991.

Belker, Loren B., *The First-Time Manager*, AMACOM, Nueva York, Estados Unidos, 1993.

Bell, Chip R., *Managers as Mentors*, Berrett-Koehler Publishers, San Francisco, Estados Unidos, 1998.

Blake, Oscar J., *La capacitación*, Ediciones Macchi, Buenos Aires, Argentina, 1997.

Blanchard, Ken; Carlos, John P. y Randolph, Alan, *El empowerment,* Ediciones Deusto, Bilbao, España, 1996.

Bleger, José, *Temas de psicología (Entrevistas y grupos),* Ediciones Nueva Visión, Buenos Aires, Argentina, 1985.

Bracchi, Giampio y Campodall'Orto, Sergio, *Progettare el telelavoro,* Franco Angeli, Milán, Italia, 1997.

Brooking, Annie, *El capital intelectual,* Paidós, Buenos Aires, Argentina, 1997.

Buys, Kathy y Berohn, Jonathan, *Invement Basics for Women,* Macmillan Spectrum/Alpha Books, Nueva York, Estados Unidos, 1996.

Byrne, John A., *La búsqueda de grandes ejecutivos. Un negocio muy lucrativo,* Editorial Planeta, Barcelona, España, 1988.

Carew, Jack, *The Mentor,* Donald I. Fine Books, Nueva York, Estados Unidos, 1998.

Caretta, Antonio; Dalziel, Murray M. y Mitrani, Alain, *Dalle Risorse Umanalle Competenze,* Franco Angeli Azienda Moderna, Milán, 1992.

Chapman, Elwood N., *Human Relations in Small Business,* Crips Publications, EEUU, 1994.

Cipolla, Larry, "Utilizando *360° multi-rater feedback* para incrementar desempeño y productividad", Revista *C&D,* número 19, Buenos Aires, junio de 1999.

Cole, Gerald, *Personnel Management,* Letts Educational Aldine Place, Londres, Inglaterra, 1997.

Cole, Gerald, *Organisational Behaviour,* DP Publications, Londres, Inglaterra, 1995.

Consejo Empresario Argentino, *Un trabajo para todos,* Buenos Aires, Argentina, 1997.

Cooper, Dominic y Roberson, Ivan T., *The Psychology of Personnel Selection, a Quality Approach,* Series Editor: Clive Fletcher, Londres, Inglaterra, 1995.

Corcodilos, Nick A., *Ask the Headhunter,* Editorial Plume, Nueva York, Estados Unidos, 1997.

Courtis, John, *Recruitment Advertising. Right Firts Time,* Institute of Personnel and Development, Londres, Inglaterra, 1994.

Coussey, Mary y Jackson, Hilary, *Making Equal Opportunities Work,* Pitman, Londres, Inglaterra, 1991.

De Ansorena Cao, Alvaro, *15 Pasos para la selección de personal con éxito,* Paidós Empresa, Barcelona, España, 1996.

De Piccolo, Elsa Grassano, *Indicadores psicopatológicos en técnicas proyectivas,* Editorial Nueva Visión, Buenos Aires, Argentina, 1977.

Del Río, Enrique; Jover, Daniel y Riesco, Lola, *Formación y empleo. Estrategias posibles,* Editorial Paidós, Barcelona, España, 1991.

Delich, Francisco, *El desempleo de masas en la Argentina,* Grupo Editorial Norma, Buenos Aires, Argentina, 1997.

Demanziere, Didier, *Le chômage de longue durée,* Presses Universitaires de France, París, 1995.

Dessler, Gary, *Administración de personal,* Editorial Prentice-Hall Hispanoamericana S.A., México, 1994.

Dolto, Françoise, *La causa de los adolescentes,* Seix Barral, Barcelona, España, 1988.

Donoso, José, *Donde van a morir los elefantes,* Alfaguara, Buenos Aires, Argentina, 1995.

Doury, Jean Pierre, *Cómo conducir una entrevista de selección de personal,* El Ateneo, Buenos Aires, Argentina, 1995.

Edvinsson, Leif y Malone, Michael, *El capital intelectual,* Editorial Norma, Bogotá, Colombia, 1998.

Edvinsson, Leif y Malone, Michael, *Intellectual Capital,* Harper Business, Nueva York, Estados Unidos, 1997.

"El empleo en el mundo 1996/1997. Las políticas nacionales en la era de la mundialización", OIT, Ginebra, Suiza, 1996.

"El empleo en la nueva economía", 7mas. Jornadas de ABRA, en especial las disertaciones de Jorge Videla, Francisco Delich y Orlando Ferreres, Buenos Aires, Argentina, 1996.

"Empleabilidad", *Management* N° 45 de *El Cronista*, Buenos Aires, mayo de 1997.

"Empleo, responsabilidad de todos", XXXI Coloquio Anual publicado por IDEA (Instituto para el Desarrollo Empresarial de la Argentina), Buenos Aires, Argentina, 1995.

Employees, Careers and Job Creation. Developing Growth. Oriented Human Resource Strategies and Programs, Parte dos: "New Patterns of Employement", Manuel London Editor, EEUU, 1995.

Ernst & Young, *"Gestión por competencias. Innovación en la gestión empresarial"*, Fascículo N° 6, Cuadernos Cinco Días, Madrid, España, 1998.

Ernst & Young Consultores, *Manual del director de Recursos Humanos*, Edición especial de Cinco Días, Madrid, España, 1998.

Fear, Richard A. y Chiaron, Robert J., *The Evaluation Interview*, McGraw- Hill, Baskerville, Estados Unidos, 1990.

Fear, Richard A., *La entrevista de evaluación*, Editorial Paidós, Buenos Aires, Argentina, 1979.

Fisher, Ury R. y Patton, W., *¡Sí..., de acuerdo! Cómo negociar sin ceder*, Colombia, 1997.

Flannery, Thomas; Hofrichter, David y Platten, Paul, *Personas, desempeño y pago*, Paidós, Buenos Aires, Argentina, 1997.

Forrester, Viviane, *El horror económico*, Fondo de Cultura Económica, Buenos Aires, Argentina, 1997.

Fry, Ron, *101 Great Answers to the Toughest Interview Questions*, Career Press, Franklin Lakes, Estados Unidos, 1996.

Gaudet, Pierre-Pascal; Estier, Marylene y Riera, Elisabeth, *La búsqueda de empleo, guía y planificación para pequeñas empresas*, Cuadernos Granica, Barcelona, España, 1993.

Gautié, J., *Les politiques de l'emploi. Les marges étroites de la lutte contre la chômage*, Librairie Vuibert, Pints fortes Economie, París, 1993.

Goleman, Daniel, *La inteligencia emocional en la empresa*, Javier Vergara Editor, Buenos Aires, Argentina, 1999.

Goleman, Daniel, *La inteligencia emocional*, Javier Vergara Editor, Buenos Aires, Argentina, 1996.

Gore, Ernesto, *La educación en la empresa*, Ediciones Granica, Buenos Aires, Argentina, 1996.

Hackett, Penny, *The Selection Interview*, Institute of Personnel and Development, Londres, Inglaterra, 1995.

Handy, Charles, *The Hungry Spirit*, Broadway Books, Nueva York, Estados Unidos, 1998.

Handy, Charles, *El futuro del trabajo humano*, Ariel, Barcelona, España, 1986.

Handy, Charles, *La organización virtual. Cómo confiar en la gente que no vemos*, Revista *Gestión*, Volumen 1, Número 2, Buenos Aires, Argentina, 1996.

Hargrove, Robert, *Masterful Coaching*, Pfeiffer, San Francisco, Estados Unidos,1995.

Helgesen, Sally, *La ventaja de ser mujer*, Ediciones Granica, Buenos Aires, Argentina, 1992.

Heller, Lidia, *Por qué llegan las que llegan*, Feminara Editores, Buenos Aires, Argentina, 1996.

Hyatt, Carole, *Woman's New Selling Game*, McGraw Hill, Nueva York, Estados Unidos, 1998.

Iaccoca, Lee, *Autobiografía de un triunfador*, Grijalbo, Buenos Aires, Argentina, 1985.

Jaques, Elliott y Cason, Kathryn, *Human Capability*, Cason Hall & Co. Publishers Ltda., Falls Church, 1994.

Jarrat, Jennifer y Coater, Joseph F., *Employees, Careers, and Job Creation*, Manuel London Editor, San Francisco, California, Estados Unidos, 1995.

Jenks, James M., *Personnel Forms Book, Hiring, Firing and everything in between,* Round Lake Publishing, Connecticut, Estados Unidos, 1992.

Jolis, Nadine, *Compétences et compétitivité,* Les éditions d'organisation, París, Francia, 1998.

Kador, John, *The manager´s Books of Questions,* McGraw-Hill, Nueva York, Estados Unidos, 1997.

Klinvex, Kevin C.; O'Connell, Matthew S. y Klinvex, Christopher P., *Hiring Great People,* Mc Graw Hill, Nueva York, Estados Unidos, 1999.

Krannich, Ronald L. y Krannich, Caryl Rae, *Dynamite Salary Negotiations,* Impact Publications, Manassas Park, EEUU, 1998.

"L'insertion des jeunes", *Travail et Emploi* N° 69, París, Francia, 1996.

"La mujer y el trabajo", *Revista de Trabajo y Seguridad Social* Número 10, año 3, MTSS, Buenos Aires, Argentina, 1993.

"Les relationes industrielles en Allemagne, un modele de question", *Travail et Emploi* N° 67, París, Francia, 1996.

"Les relationes sociales en entreprise: une approche nouvelle, Réduire la durée légale du travail pour créer des emplois : à quelles conditions?", *Travail et Emploi* N° 66, París, Francia, 1996.

Lesourne, Jacques, *Vérités et mensonges sur le chômage,* Editions Odile Jacob, París, Francia, 1995.

Levy-Leboyer, Claude, *Gestión de las competencias,* Ediciones Gestión 2000, Barcelona, España, 1997.

Levy-Leboyer, Claude, *La gestion des compétences,* Les éditions d'organisation, París, Francia, 1992.

Mateo, Juan y Valdano, Jorge, *Liderazgo,* El País Aguilar, Madrid, 1999.

Mays, June, *Women's Guide to Financial Self-Defense,* Warner Books, Nueva York, Estados Unidos, 1997.

McClelland, David C., *Human Motivation,* Cambridge University Press, Cambridge, Inglaterra, 1999, Obra original de 1987.

Milkovich, George T. y Boudreau, John W., *Dirección y administración de Recursos Humanos,* Editorial Addison-Wesley Iberoamericana, México, 1994.

Mochón y Beker, *Economía. Principios y aplicaciones,* McGraw Hill, Madrid, España, 1995.

Montironi, Marina, *Capitale umano e imprese di servizi,* Il Sole 24 Ore Media e Impresa, Milán, Italia, 1997.

Nicholson, Nigel, profesor de la London Business School, *Management* N° 28, Buenos Aires, Argentina, junio 1996.

Nicholson, Nigel, *El análisis de la personalidad puede ser un arma poderosa. Financial Times. El Cronista Management* N° 28, junio de 1996.

OIT, "Igualdad en el empleo y la ocupación", Conferencia Internacional del Trabajo N° 83, 1996.

Ordoñez Ordoñez, Miguel, *La nueva gestión de los recursos humanos,* Ediciones Gestión 2000 S.A., Barcelona, España, 1995.

Ortiz Chaparro, Francisco, *El teletrabajo, una nueva sociedad laboral en la era de la tecnología,* Editorial McGraw-Hill, Madrid, 1996.

Pain, Abraham, *Cómo evaluar las acciones de capacitación,* Ediciones Granica, Barcelona, España, 1993.

Parra, Rodrigo; Rama, Germán W.; Rivero, Herrera J. y Tedesco, Juan Carlos, *La educación popular en América Latina,* Unesco, Cepal, PNUD, Editorial Kapelusz, Buenos Aires, Argentina, 1984.

Pell, Arthur R., *¡Administre su personal fácil!,* Prentince Hall Hispanoamericana, México, 1996.

Peretti, Jean-Marie, *Gestion des ressources humaines,* Librairie Vuibert, París, Francia, 1998.

Perkins, Graham, *Cómo seducir a los cazatalentos,* Editorial Paraninfo, Madrid, España, 1991.

Pesino, Carola, *La anatomía del desempleo,* Primeras Jornadas de Investigación en Economía, Buenos Aires, Argentina, 1998.

Plassard, Jean-Michel y Plunchard, Thierry, "Méthodologie pour une prospective d'emploi et de qualification", En *Travail et Emploi* N° 71, París, Francia, febrero de 1997.

Pochard, Marcel, *L'Emploi et ses problèmes*, Presses Universitaire de France, París, Francia, 1996.

Porot, Daniel, *Búsqueda de trabajo, solución a un problema. Estrategia de Job Hunting*, CV Newsletter/Atlántida, Buenos Aires, Argentina, 1989.

Prieto, José M., Prólogo a la edición en español del libro *Gestión de las competencias*, de Claude Levy-Leboyer, Ediciones Gestión 2000, Barcelona, España, 1997.

Rae, Leslie, *The Skills of Interviewing, a Guide for Managers y Trainers*, Gower, Inglaterra, 1988.

Renckly, Richard G., *Human Resources*, Barron's Educational Series, Nueva York, Estados Unidos, 1997.

Rifkin, Jeremy, *El fin del trabajo*, Paidós Estado y Sociedad, Buenos Aires, Argentina, 1996.

Sachs, Randi Toler, *How to Become a Skillful Interviewer*, AMACOM, Nueva York, Estados Unidos, 1994.

Sainz, Francisco Javier y Gorospe, Lourdes, *El test de Rorschach y su aplicación en la psicología de las organizaciones*, Editorial Paidós, Ginebra, Suiza, 1994.

Scajola, Silvano, *Il telelavoro, istruzioni per l'uso*, Edizioni Lavoro, Roma, 1998.

Schein, Edgar H., *Psicología de la organización*, Prentice-Hall Hispanoamericana S.A., México, 1982.

Scholtes, Peter R.; Joiner, Brian L. y Streibel, Barbara J., *The Team Handbook*, Joiner, Madison, Estados Unidos, 1996.

Sculley, John y Byrne, John A., *De Pepsi a Apple*, Emecé Editores, Buenos Aires, Argentina, 1989.

Shaw, Lisa, *Telecommute*, John Wiley & Sons, Nueva York, Estados Unidos, 1996.

Simon, Mary B., *Negotiate Your Job Offer*, John Wiley & Sons, Inc., Nueva York, Estados Unidos, 1998.

Situación de la mujer en el mundo, Tendencias y Estadísticas, Naciones Unidas, Nueva York, Estados Unidos, 1995.

Sorman, Guy, *La singularidad francesa*, Editorial Andrés Bello, Santiago de Chile, Chile, 1996.

Sparrow, John, *Knowledge in organizations*, Sage Publications, Londres, Inglaterra, 1998.

Spencer, Lyle M. y Spencer, Signe M., *Competence at Work, Models for Superior Performance*, John Wiley & Sons, Inc., Nueva York, Estados Unidos, 1993.

Stewart, Thomas A., *Intellectual Capital*, Doubleday, Nueva York, Estados Unidos, 1997.

Stewart, Thomas A., *La nueva riqueza de las organizaciones: el capital intelectual*, Ediciones Granica, Buenos Aires, Argentina, 1998.

Stockdale, J.E., *El acoso sexual en el trabajo*, Ediciones Morata, Madrid, 1993.

Torres, A. y Mazzino, P., "Las mujeres trabajadoras en la Argentina: brechas en participación, remuneración y política pública", *Revista del Trabajo y Seguridad Social*, año 3, N° 10, Buenos Aires, Argentina, 1996.

"Training and Jobs. What works?", *The Economist*, Nueva York, Estados Unidos, 6 de abril de 1996.

Ulrich, Dave, *Recursos Humanos Champions*, Buenos Aires, Argentina, 1997.

Vican, Pierre, *Le guide du télétravail*, Manitoba, París, Francia, 1998.

Vimont, Claude, *Le diplôme et L'emploi. Enjeu économique, Ambition culturelle, Défi social*, Editorial Económica, París, Francia, 1995.

Weiss, Dimitri y colaboradores, *La función de los Recursos Humanos*, CDN Ciencias de la Dirección, Madrid, España, 1992, tomo I.

Weiss, Dimitri y colaboradores, Tratado *La función de los Recursos Humanos*, CND Ciencias de la Dirección, Madrid, España, 1993, tomo II.

Wilson, Robert F., *Conducting Better Job Interviews*, Nueva York, Estados Unidos, 1997.

Yate, Martin, *Hiring the Best*, Adams Media Coporation, Massachusetts, Estados Unidos, 1994.

Unas palabras sobre la autora

Martha Alicia Alles. Se graduó en la Universidad Nacional de Buenos Aires con el título de Contadora Pública Nacional. Tiene una amplia experiencia como docente universitaria, tanto en carreras de grado como de posgrado. Es profesora titular de: *La Problemática del Empleo (y del Desempleo)*, del Posgrado de Especialización en Dirección Estratégica de Recursos Humanos de la Facultad de Ciencias Económicas de la Universidad de Buenos Aires; *La problemática del Empleo (y del Desempleo)*, del Posgrado de Planeamiento Estratégico de Recursos Humanos que se dicta en la Ciudad de Córdoba. Universidad Siglo 21, U.B.A. y Universidad de Córdoba; *Administración de Recursos Humanos I*, de las carreras de Contador Público, Lic. en Administración y carreras cortas de la Facultad de Ciencias Económicas y Empresariales de la Universidad de Palermo; *Atracción - Selección - Incorporación de Recursos Humanos* del MBA en Recursos Humanos, Universidad de Palermo; *Selección de Personal*, del Posgrado en Especialización en Desarrollo de Recursos Humanos de la Universidad Católica de Santiago del Estero; *Gerencia de Recursos Humanos* en el posgrado de Especialización en Dirección de Recursos Humanos en la Facultad de Ciencias Económicas de la Universidad Nacional de Tucumán.

Es la autora argentina que ha publicado la mayor cantidad de libros sobre su especialidad. Cuenta con colecciones destinadas a personas (*management* personal) como también de libros técnicos y de texto.

Entre su colección de libros técnicos y de texto podemos mencionar: *Empleo: El proceso de selección*, 1998; *Empleo: Discriminación, Teletrabajo y otras temáticas*, 1999; *Elija al mejor - Cómo entrevistar por competencias*, Ediciones Granica, 1999; *Dirección de recursos humanos estratégicos - Gestión por competencias*. **Casos**, Ediciones Granica, 2000. Su colección de libros destinados al management está compuesta por: *Las Puertas del Trabajo*, 1995; *Mitos y Verdades en la búsqueda laboral*, Ediciones Granica, 1997; *200 modelos de currículum*, Ediciones Granica, 1997; *Su primer currículum*, Ediciones Granica, 1997; *Cómo manejar su carrera*, Ediciones Granica, 1998; *La entrevista laboral*, Ediciones Granica, 1999; *Mujeres, trabajo y Autoempleo*, Ediciones Granica, 2000. Coautora de *De Mujeres y Profesiones*, 1992.

Martha Alles es habitual colaboradora en medios tales como C & D, *Apertura, Banqueros y Empresarios, Becas & Empleos, Mañana Profesional, Mercado, Negocios, Prensa Económica.* Es columnista de diarios como *BAE, El Cronista, Ámbito Financiero* y participante de numerosas columnas técnicas de los diarios *Clarín, La Nación, La Prensa, La Voz del Interior, Página/12* y de diversos portales como Laborum.com, Latinstocks.com, Zona 247.com, Bumeran.com, y Edunexo.com entre otros. Frecuentemente es invitada a participar de diversos programas en medios radiales y televisivos.

Ex socia y directora general de Ernst & Young Top Management, cuenta con una experiencia profesional de más de veinte años en su especialidad. Actualmente es presidenta de Martha Alles S.A. empresa Consultora en Recursos Humanos para la alta dirección y head-hunting.

Para conocer más sobre la obra de Martha Alles

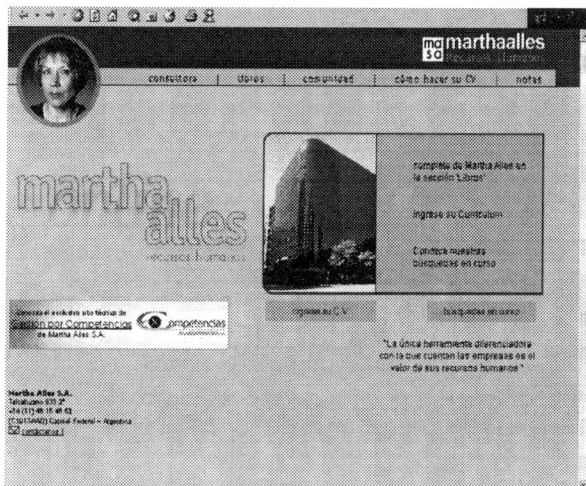

Página web de la autora

www.marthaalles.com

Rogamos escribir por e-mail a

alles@marthaalles.com.ar

Revista Técnica Virtual

Revista Técnica Virtual

www.xcompetencias.com

Rogamos escribir por e-mail a:

info@xcompetencias.com

Este libro se terminó de imprimir en el mes de abri de 2004,
en los Talleres Gráficos Color Efe, Paso 192, Avellaneda,
Buenos Aires, República Argentina.